金陵全書

甲編·方志類·專志

江甯府重修普育四堂志

（清）涂宗瀛 原輯
孫雲錦 重纂

南京出版社
南京出版傳媒集團

圖書在版編目（CIP）數據

江甯府重修普育四堂志 /（清）涂宗瀛原輯；（清）孫雲錦重纂. — 南京：南京出版社，2015.11
（金陵全書）
ISBN 978-7-5533-1029-9

Ⅰ. ①江… Ⅱ. ①涂… ②孫… Ⅲ. ①社會福利事業—概況—南京市—清後期 Ⅳ. ①D691.9

中國版本圖書館CIP數據核字（2015）第171481號

書　　名　【金陵全書】（甲編·方志類·專志）
　　　　　江甯府重修普育四堂志
編 著 者　（清）涂宗瀛　原輯　（清）孫雲錦　重纂
出版發行　南京出版傳媒集團
　　　　　南 京 出 版 社
　　　　　社址：南京市太平門街53號　郵編：210016
　　　　　網址：http://www.njcbs.cn　淘寶網店：http://njpress.taobao.com
　　　　　電子信箱：njcbs1988@163.com
　　　　　聯系電話：025-83283871、83283864（營銷）　025-83112257（編務）

出 版 人　朱同芳
責任編輯　徐　智　楊傳兵
裝幀設計　楊曉崗
責任印制　楊福彬

製　　版　南京新華豐製版有限公司
印　　刷　南京凱德印刷有限公司
開　　本　889毫米×1194毫米　1/16
印　　張　49.75
版　　次　2015年11月第1版
印　　次　2015年11月第1次印刷
書　　號　ISBN 978-7-5533-1029-9
定　　價　1300.00元

總序

南京，俗稱金陵，中國著名的四大古都之一，是國務院首批公佈的國家歷史文化名城。

南京有着六十萬年的人類活動史，近二千五百年的建城史，約四百五十年的建都史，享有『六朝古都』『十朝都會』的美譽。南京歷史的興衰起伏在某種程度上可以説是中國歷史的一個縮影。在中華民族光輝燦爛的歷史長河中，古聖先賢在南京創造了舉世矚目、富有特色的六朝文化、南唐文化、明文化和民國文化，爲中華民族文化的傳承和發展作出了不朽貢獻。然而，由於時代的遞遷、戰争的破壞以及自然的損毁等原因，歷史上南京的輝煌成就以物質文化形態留存下來的相對較少，見諸文獻典籍的則相對較多。南京文獻内涵廣博，卷帙浩繁，版本複雜。截至一九四九年中華人民共和國成立，南京文獻留存下來的有近萬種，在全國歷史文化名城中名列前茅。以六朝《世説新語》《文心雕龍》《昭明文選》，唐朝《建康實録》，宋朝《景定建康志》《六朝事迹編類》，元朝《至正金陵新志》，明朝《洪武京城圖志》《金陵古今圖考》《客座贅語》，清朝《康熙江寧府志》《白下瑣言》，民國《首都計劃》《首都志》《金陵古蹟圖考》等爲代表的南京地方文獻，不僅是南京文化的集中體現，也是中華民族優秀傳統文化的重要組成部分。這些南京文獻，積澱貯存了歷代南京人民的經驗和智慧，翔實地反映了南京地區的社會變遷，是研究南京乃至全國政治、經濟、軍事、文化、外交和民風民俗的重要資料。

歷史上的南京文化輝煌燦爛，各類圖書典籍琳琅滿目。迄今爲止，南京文獻曾經有過三次不同程度的整理。

第一次是距今六百多年前的明朝永樂年間，明朝中央政府在南京組織整理出版了《永樂大典》。《永樂大典》正文二萬二千八百七十七卷，凡例和目録六十卷，分裝成一萬一千零九十五册，總字數約三億七千萬字。書中保存了中國上自先秦、下迄明初的各種典籍資料達七八千種，是中國古代最大的類書。

第二次是民國年間，南京通志館編印了一套《南京文獻》。《南京文獻》每月一期，從一九四七年元月至一九四九年二月共刊行了二十六期，收入南京地方文獻六十七種，包括元明清到民國各個時期的著作，其中收録的部分民國文獻今天已經成爲絶版。
第三次是二〇〇六年以來，南京出版社選取部分南京珍貴文獻，整理出版了一套《南京稀見文獻叢刊》點校本，到二〇一三年初，已經出版了三十六册七十一種，時代上起六朝，下迄民國，在學術普及方面作出了一定的貢獻。
新中國成立六十年來，尤其是改革開放三十年來，南京的政治、經濟、文化建設飛速發展，但南京文獻的全面系統整理出版工作一直没有得到應有的重視，這與南京這座國家歷史文化名城的地位頗不相稱。據調查，目前有關南京的各類文獻主要保存在南京圖書館、南京市檔案館，以及全國各地的高等院校、科研院所、圖書館、檔案館、博物館，少數流散於民間和國外。一方面，廣大讀者要查閲這些收藏在全國各地的南京文獻殊爲不便；另一方面，許多珍貴的南京文獻隨着歲月的流逝而瀕臨損毁和失傳。南京文獻的存史、資治、教化、育人功能没有得到應有的發揮。
盛世修史（志）。在中華民族和平崛起和大力弘揚民族傳統文化、全力發展民族文化事業的大背景下，在建設『文化南京』的發展思路下，中共南京市委、南京市人民政府於二〇〇九年十二月作出決定，將南京有史以來的地方文獻進行全面系統的匯集、整理和影印出版，輯爲《金陵全書》（以下簡稱《全書》），以更好地搶救和保護鄉邦文獻，傳承民族文化，推動學術研究，促進南京文化建設；同時，也更爲有効地增加南京文獻存世途徑，提昇南京文獻地位，凸顯南京文獻價值。

爲編纂出能够代表當代最高學術水平和科技成就，又經得起時間檢驗的《全書》，我們將編纂工作分成三個階段進行。第一個階段爲調研階段，主要對南京現存文獻的種類、數量、保存現狀以及收藏地點等進行深入細緻的調研，召集專家學者多次進行學術論證和可操作性論證，撰寫出可行性調查報告，爲科學決策提供依據，此項工作主要由中共南京市委宣傳部和南京出版社組織完成。第二個階段爲啓動階段，以二〇〇九年十二月二十四日召開的『《金陵全書》編纂啓動工作會』爲標志，市委主要領導親自到會動員講話，市委宣傳部對《全書》的編纂出版工作作了明確部署。在廣泛徵求專家學者意見的基礎上，確定了《全書》的總體框架設計，確定了將《全書》列爲市委宣傳部每年要實施的重大文化工程，確定了主要參編責任單位和責任人，並分解了任務。第三個階段爲編纂出版階段，主要在全國範圍内進行資料的徵集、遴選和圖書的版式設計、複製、排版及印製工作。

爲了確保《全書》編纂出版工作的順利進行，中共南京市委、南京市人民政府成立了專門的編纂出版組織機構。其中編輯工作領導小組，由中共南京市委、市政府領導以及相關成員單位主要負責人組成；《全書》的編纂出版工作由市委宣傳部總牽頭；學術指導委員會，由蔣贊初、茅家琦、梁白泉等一批全國著名的專家學者組成，負責《全書》的學術審核和把關。

《全書》分爲方志、史料和檔案三大類。自二〇一〇年起，計劃每年出版四十册左右。鑒於《全書》的整理出版工作難度較大，周期較長，在具體操作中，我們採取了分工協作的方式。市委宣傳部和南京出版社負責《全書》的總體策劃，其中方志部分，主要由南京市地方志編纂委員會辦公室和南京出版傳媒集團·南京出版社共同承擔；史料部分，主要由南京圖書館承擔；檔案部分，主要由南京市檔案局（館）承擔。《全書》的編輯出版，得到了江蘇省文化廳、江蘇省新聞出版局、江蘇省檔案局（館）、南京大學、南京圖書館、南京市文廣新局、南京市社科聯（社科院）、南京市文聯、金陵圖書館以及各區委宣傳部和地方志辦公室等單位及社會各界的熱情鼓勵和大力支持，尤其是得到了中國國家圖書館和全國各地（包括港臺地區）高等院校、科研院所、圖書館、檔案館、博物館等藏書單位的鼎力相助，在此表示深深的謝意！

我們相信，在中共南京市委、南京市人民政府的長期不懈支持下，在各部門、各單位的積極配合和衆多專家學者的共同努力下，這項功在當代、利在千秋的傳世工程一定能够圓滿完成。

《金陵全書》編輯出版委員會

凡例

一、《金陵全書》（以下簡稱《全書》）收録的南京文獻，依内容分爲方志、史料和檔案三大類。

二、《全書》按上述三大類分爲甲、乙、丙三編，以不同的封面顔色加以區分；每編酌分細類，原則上以成書時代爲序分爲若幹册，依次編列序號。

三、《全書》收録南京文獻的範圍，以二〇一三年南京市所轄十一區，即玄武、秦淮、建鄴、鼓樓、浦口、六合、棲霞、雨花臺、江寧、溧水和高淳爲限。

四、《全書》收録的南京文獻，其成書年代的下限爲一九四九年。

五、《全書》收録方志和史料，盡量選用善本爲底本。《全書》收録的檔案以學術價值和實用價值較高爲原則，一般選用延續時間較長、相對比較完整的檔案全宗。

六、《全書》收録的南京文獻底本如有殘缺、漫漶不清等情況，必要時予以配補、抽换或修描，以保證全書完整清晰；稿本、鈔本、批校本的修改、批注文字等均保留原貌。

七、《全書》收録的南京文獻，每種均撰寫提要，置於該文獻前，以便讀者了解其作者生平、主要内容、學術文化價值、編纂過程、版本源流、底本採用等情況。

八、《全書》所收文獻篇幅較大時，分爲序號相連的若幹册；篇幅較小的文獻，則將數種合編爲一册。

九、《全書》統一版式設計，大部分文獻原大影印；對於少數原版面過大或過小的文獻，適當進行縮小或放大處理，並加以説明。

十、《全書》各册除保留文獻原有頁碼外，均新編頁碼，每册頁碼自爲起訖。

提要

《江寧府重修普育四堂志》六卷，清涂宗瀛原輯，孫雲錦重纂。

涂宗瀛（一八一二—一八九四），號朗軒，安徽六安人。以舉人銓江蘇知縣，曾國藩督兩江時檄主軍糧，累保授江寧知府。同治九年（一八七〇）擢蘇松太道，次年遷湖南按察使。

孫雲錦，號海岑，安徽桐城人。光緒四年（一八七八）至五年（一八七九）間以增生署江寧知府，後調任淮安知府；光緒十年（一八八四）又由淮安調江寧知府。

江寧普育堂始建於雍正十一年（一七三三），由時署兩江總督的趙洪恩創辦，堂址位於南城外佟園一帶，分老民、老婦、殘廢、育嬰四堂。太平天國時期，普育堂毀於戰火。同治四年（一八六五），江寧知府涂宗瀛就城内秦淮河南之崇義堂舊址重建普育堂。此後四年間，在兩江總督曾國藩、馬新貽的支持下，普育堂規模不斷擴大。除恢復老民、老婦、殘廢、育嬰四堂外，又增修清節堂以處少嫠之守志者，并設四義學以教孤兒。直至民國十二年（一九二三）改制爲紳辦善堂爲止，江甯普育堂以官營性質運營了近六十年，在地方慈善事務中發揮了重要作用。

作爲官營善堂，普育堂每年可從善後局獲得撥款，加之各項租息收入，運營經費相對充足，其社會救助功能較民辦善堂更爲全面。光緒十年（一八八四），江甯境内大水，各屬縣圩多殘破，高淳、溧水兩縣請借款修圩。時任江甯知府的孫雲錦爲借公款一萬兩，設立堤工局，亦附普育堂下。然而隨着普育堂出入銀錢增多、事務日益龐雜，資金與人員管理上極易出現漏洞。孫雲錦在涂宗瀛主持編修的《江甯府重建普育堂志》的基礎上重纂《江甯府重修普育四堂志》，或亦出於整頓堂務的考慮。如其在序文中所言，期望普育堂各堂總管、委員『上不濫委一人以耗費，下不虚糜一粟以曠職，永守定章，蕭規曹隨，此前人之所以望於我者，我亦竊以是望後人焉』。

《江甯府重修普育四堂志》共六卷，分別爲卷一《建置》、卷二《義捐》、卷三《職名》、卷四《圖説》、卷五《度支》、卷六《碑記》。在沿用《江甯府重建普育堂志》體例的基礎上，各章内容亦有微調。卷一《建置》合并了前志

《原始》與《章程》兩卷内容，首先概述普育堂戰後重建經過、各堂地址及規模，次記普育堂總規及各堂細規。卷二《義捐》載同治四年（一八六五）至光緒十年（一八八四）所收捐款。卷三《職名》列同治四年（一八六五）至光緒十二年（一八八六）正辦、幫辦、會辦委員姓名。卷四《圖説》合并前志《基址》《田産》兩卷内容，包括普育堂堂址及普育堂名下收租收捐之房地産。絶大多數房地洲産皆有圖説，并附買賣文契及領狀、保結等相關文書。卷五《度支》載各年份收支項目及詳細數額，迄於光緒十一年（一八八五）。卷六《碑記》收録雍正、乾隆及同治年間與普育堂相關的碑刻資料。與前志相比，《江甯府重修普育四堂志》增加了嘉慶十二年（一八〇七）曾燠撰《清節堂碑記》，嘉慶十七年（一八一二）許兆椿撰《清節堂碑記》、曾燠撰《江甯崇義堂碑記》，以及同治十二年（一八七三）《善後局新立四城義地碑記》。該堂志是研究晚清官辦善堂運營模式與特徵的珍貴史料。此外，堂志中收録的房産、田産買賣文書、圖示及租賃、租佃價格，也可爲晚清南京社會經濟史研究提供有價值的參考。

《江甯府重修普育四堂志》有光緒十二年刻本與民國十五年普育堂重印本。南京大學圖書館古籍部藏有光緒十二年刻本。民國十二年（一九二三），該堂由官營改歸紳辦，推江甯人顧花巖爲堂長。在顧花巖及襄辦堂務的李熙伯等人推動下，於民國十五年（一九二六）將同治、光緒年間刊刻的兩部志書分别重印。其中《江甯府重修普育四堂志》增加了顧花巖所撰序文及李熙伯撰重印附識。《金陵全書》收録的《江甯府重修普育四堂志》以南京圖書館藏民國十五年重印本爲底本原大影印。

羅曉翔

江寧府重脩普育堂志

光緒丙戌冬
季林邑開鐫

民國拾伍年歲次丙寅季春重印

江甯府南城外佟氏故園舊有普
育堂四曰老民曰老婦曰育嬰曰
殘廢雍正十一年江督趙公宏恩
捐建若清節堂在秦淮東岸
嘉慶十一年水月庵僧鏡澄募

建並設義學曰崇義堂曰集英
書塾相沿已久粵寇之亂皆燬
無存同治三年今制府湘鄉曾公
沅浦爵帥師克金陵時曾文正公
督兩江以安徽涂公宗瀛為江甯守

修園已廢為四城義葬地遂移建
普育堂於城內剪子巷收養老
民男女殘廢及難民子女之無
依者而以秦淮南岸崇義堂舊
址為老婦堂至清節堂則并集

英書塾而改作之新設義塾七分隸三堂桐城方存之先生爲之記廟後三年濟會馬端愍公任江督以普育堂所收之嬰多係貧婦携有子母而無母之呱呱者

蓋鮮於是遵會典之制於街北復建育嬰堂專育民間之生女而不能育者徐公為文以記其事此重脩普育清節兩堂之所自始也溯乾隆間江甯孫公禁革普育

堂董勤石由言經理故垂脩浚堂皆有秀而受成於江甯府外各牛痘局之支用亦附於普育堂牛痘蓋始於道光間陶文毅公而曾文正公踵行之光緒甲申沅浦爵

帥來督是邦重錦自淮安調守江甯值境内大水屬縣圩多殘破高溧兩邑請借欵脩圩按年征還因爲奏借公欵一萬兩查各圩之緩急次第督脩以普育堂務負墊

至役不另設局者經費也圩隄閘繫民命与普育堂皆爲善舉隄工局之附普育堂急務牛痘局之附普育堂以類相從也堂中田廛屋宇湫廠有契有備董事則

普育堂總管一員清節堂育嬰堂老婦堂各一員此外如經理收租及城鄉稽查之役則有隨員二人以分理庶務上不濫委一人以耗費下不靡一粟以曠職永守定章蕭規

江甯府重修普育四堂志

會隨此前人之所以建於我者我亦竊以是望後人焉是為序旹

光緒十六年季秋月穀旦知江甯府事桐城孫雲錦撰

重印堂志序

江寧普育堂向惟官治地方人士從未過問清季秦君伯厚來長是堂邀余視察清節堂義塾始知其內容遠不逮昔因向南通張公嗇庵建議轉陳浭陽制府端公檄江寧教育會公舉士紳調查洞見癥結之所在由是定官辦紳督之局而於堂務初未見有增進之望癸亥夏因吾鄉仇淶之魏梅蓀鄧孝先甘仲琴張曾壁陶席三諸先生謀堂務之改良建議改歸紳辦推余爲之長海安韓公紫石省長立允其請余因是承乏斯堂當受事之初頗懼弗克勝任繼思藉此補過未嘗非計且有董事會爲實行監督之地定額二十人仇淶之魏梅蓀鄧孝先甘仲琴張曾壁陶席三諸先

生均願應聘又先後得賈君雪堂李君希伯之匡導李君共事較久擘畫尤多在事同人均能潔已奉公成余之志於茲三載漸有清明之氣余非得道者而多助若是毋亦天之眷念無告之民爲之煦枯而回生乎李君提議先印舊有堂志補其殘缺藉存其眞余極韙其言至於規章之修改田房之變更其他興革之犖犖大者胥俟續纂新志再行編入藉垂永久云爾丙寅季春江寧顧琪花巖氏謹序

後序

余幼時習聞先君象春公諭及笙江倪世丈治江寧普育暨育嬰堂事矜惠慈愛有口皆碑因勗以他年如厠身慈業應以倪公爲模範爰心焉識之先慈費太淑人於親故中入清節堂苦守者歲時餽贈有加毫無倦怠又心焉識之瞬息四十餘年追維往事如在目前民國已未春與江甯顧君花巖從事蔭惜善堂道合志同互相砥礪乃知君亦稟承杏生世丈暨世母王太夫人庭訓而從事慈業者老成家訓固先後同揆也癸亥秋君應地方人士公推任江寧普育堂堂長邀才襄贊其間三年以來愧無補助惟目擊君之興利除弊勞怨不辭其矜愛慈惠有口皆碑實有超越前

賢者更心焉識之查堂有舊志載歷置基產暨經過事實較光緒郡志同治縣志兩書綦詳實修於前清同光年間迄今堂無存書版籍殘缺君又以書缺有間往事無徵引爲大懼才復以補殘修缺爲請蒙君及在堂同人極端贊許至癸亥年以後更革情形與近年整頓事實另詳新志茲不贅述惟現總堂事者爲君董堂事者爲魏君梅村仇君淶之甘君仲琴王君春生孫君闇仙孫君少鈞楊君煥卿賈君雪堂陶君席三朱君壽八劉君劍荷黃君月軒鄧君孝先龐君惕齋張君曾壁陳君謀卿葉君楚良王君伯舉淩君卓之李君聖植與堂事者爲顧問端君壽芝侯君少涵坐辦劉君友柏清節育嬰兩堂主任劉君鑑三殘廢老婦兩堂主任祝君成之總稽核徐

君叔壽文牘員任君夢湘會計員韋君灼生幫會計員項君書林庶務員陳君吉甫收房租員陳君禮門收田租員兼育嬰堂事楊君叔文孫君耀庭收發柴米員王君鶴亭調查員趙君炳南調查兼育嬰堂事徐君閬仙老婦殘廢兩堂司事兼義塾教員劉君桐甫陶君惕予檢查廒閉員吳君樹東清節總堂司事祝君寅功五堂醫員楊君慎莊管登兼清節堂事王君福臣書記員汪君仲泉程君砌勤押運堂柴員蕭君耿光普育醫院主任傅君近秋普育小學校長余君履平教員楊君清甫王君紹生劉君嘉淦許君國維普育女學校長汪女士芝三教員王女士叔瑜王女士握奇皆與 才共事有年毋任心折爰備書姓氏以見羣策羣力之效用示來茲冀日新志

續成付諸刊印以垂永久則跂予望之矣民國丙寅季春皖旌李鴻才熙伯氏附識

江甯府重修普育四堂志目錄

江甯府重修普育四堂志 目錄 一

江甯府重修普育四堂志卷一

升授蘇松太道前江甯府知府六安涂宗瀛原輯
三品銜即用道江甯府知府桐城孫雲錦重纂

建置

張子西銘謂乾父坤母凡天下疲癃殘疾鰥寡惸獨皆兄弟之顛連而無告者
蓋有一體相關意焉然古王者發政施仁未聞官爲常豢之以至老死則詩書
所稱哀矜惠鮮者豈虛語與
盛朝闓澤周浹各直省部使奉宣
德意既建普濟育嬰二堂以振窮民而慕義者又推廣

皇仁增立淸節堂義學以厚卹孤寡咸同之世廢而復興爰卽始末詳考之以
質後之君子

普育堂合普濟育嬰二堂而名之也雍正二年五月京師設有普濟育嬰二堂各直省仿而行之十一年冬兩江督憲趙始建江甯普育二堂得佟氏園於南城外倡捐俸金爲之計屋百八十四楹至其費之所出先是三山門外舊設有育嬰堂傾圮廢弛歷有年所其產悉歸於兹而又廣置新產歲捐俸金以爲常自藩道各憲以下均歲捐有差擇紳士之老成者董之以有司總其成其普濟一堂所收養者曰老民曰老婦曰殘廢其育嬰一堂所收養者哺乳之嬰此普育四堂之名之始乾隆五十六年督憲孫禁紳士與堂事概屬官爲經理勒石以著爲令咸豐三年粤匪之變堂毁

無存同治四年曾文正公命六安涂公重建於翦子巷道南共計房屋樓上下五十二間披廊四十厦以育嬰孩十二歲以下子女無依者皆得收養編以深臨夙興周凊孝力忠璧梧是桐因寶辰潔海珠河制乃服衣裳字號共二十五棚又典李姓空房共計平房三十一間七披同治十一年給價購之編以雲致露結爲霜字號六棚處老民男殘廢育中育後育後二育後三育左育左二育左三七棚處女殘廢厥後人數漸多添造房屋編以福緣善慶尺璧寶字號七棚迄今堂中育嬰之所又與同治年間不符收養多係貧婦攜有子女者而父母俱殁之子女蓋寡矣

章程

一普育堂實總各堂及牛痘局之成各堂米薪銀錢及牛痘局局用等款均

由本堂撥發惟各堂局四季報銷淸册由各委員自造呈送

一老民堂一所年六十以上之鰥者居之男殘廢及女嬰兒之無父母者同住內分六棚每棚設棚頭一名每日黎明由各棚頭按照各棚人數領米炊熟自行分飯各餐水由堂差挑貯鋼內柴由女傭肩送門口歸各棚頭搬進濟爨專派稽查火燭污穢二人逐日到處巡察概不准點燈喫煙等事每晚再由各棚頭催令就寢院門晨開夕閉聽其出入自覓錢文貼補菜蔬日用未晚各自歸棚不歸者必先告假以示格外矜恤之意

一老婦堂一所年六十以上之寡而無子女者居之內分二十二棚每棚設棚頭一名幫辦棚頭一名每日黎明由普育堂撥米交分堂委員照分棚人

數發給各棚頭領去與幫辦棚頭共竈炊爨按人分飯各餐水由堂差挑給柴由本堂女傭自肩不准點燈喫煙及燒香念佛等事以防火燭每晚委員親查一次院門晨開夕閉難其出入自覓針線活計幫補日用係老婦故特寬其出入焉

一育嬰女殘廢堂共立一所年在二歲以下男女嬰兒居之其嬰兒之有母者年雖未及六十而幼子無人照管不能不一併收養女殘廢及女嬰兒之無父母者同住內分三十二棚每棚設棚頭一名又設總棚頭一名查污穢火燭女傭八名每日黎明由各棚頭按照各棚人數當堂領米同棚按人輪執炊爨交棚頭均勻分飯各餐水由女傭挑用柴由女傭搬捆歸各棚頭肩同濟

爨不准點燈喫煙等事以防火燭責成各棚頭及查火女傭日夜巡察每晚再由委員親查一次總棚頭逐房督查二次總院門終日扃閉隔二日開門一天聽其出入收送針線活計以及買備什物菜蔬未晚仍回各棚遲回概不放入其有絡絲經者平時亦准暫出收送不得在外久延所有堂內男嬰兒選入義塾讀書女嬰兒各自習學女紅針黹如各婦親族人等來堂探望雖女眷亦不准其擅入

一正辦委員月支薪水銀二十兩照料委員月支薪水銀十六兩幫辦委員二員每員月支薪水銀十二兩司事二名每名月支薪水銀六兩醫士二名每名月支薪水銀五兩清書一名月給工食銀二兩總棚頭一名月給辛工

錢三百文棚頭六十七名每名月給辛工錢一百文幫辦棚頭十四名每名月給辛工錢五十文專查污穢火燭男夫二名女傭八名每名月給辛工錢一百文

一普育四堂門役水夫雜差十名水龍夫五名每名月給工食銀三兩扣建

一堂內水龍一座分派四甲長管領水夫二十名每名給押帳錢一千文號甲一件遇出救時搬帶水具隨龍赴救每次賞號錢一千四百文

一每日黎明傳梆各棚頭齊集點名發給米薪無論男女大小每名每日給米六合給柴二觔冬季加給柴半觔同治十年五月起總散棚頭六十八名每名每日加給米三合

一堂内按兩棚設煑飯竈一座水鍋一口每早兩棚次第炊煑如有尅扣偷漏米薪等事查出逐之

一頭門内設司閽一人專司在堂窮民男婦出入出將腰牌繳掛門房入時仍領腰牌進去一切閒人不准擅入

一廳内設總門一道每日日入時委員到處查點一次即將總門重加封鎖堂内責成棚頭等令各就寢再由總棚頭率領女[illegible]稽查火燭

一男婦大小衣服須令勤洗每日晨起卽令各[illegible]除潔淨尤不許隨處遺臭致穢氣薰蒸瘟疫時作懶惰邋遢者逐之

一堂内照所收人數姓名年紀籍貫造册一[illegible]一[illegible]指名領回

者悉聽其便

一婦女孀居坐食必籌生計須各尋執事使身手不閒即古人勞則思善之意堂內除老弱殘廢不能力作外餘令各尋活計查現在幾房半經復業婦女能絡絲經者當不乏人其不能絡者即向領各店鋪針黹小帽縫紝以及糊銀錠紡紗等事俾得日資工錢藉資餬口

一凡人一生成敗全在幼穉之年堂內小兒不下數百若不因材成就似失古人教養兼施之意現在本堂設義學四塾選令小兒之秀者入學讀書筆墨書紙由堂發給其本堂四塾學生足額後再於每年酌挑小兒十餘名撥送清節堂三塾內附讀筆墨書紙仍由本堂給領

一堂內人衆每月不免有疾病死亡等事現延醫士二名專診各堂病證藥餌之資每月需用若干隨册開報大小棺木均用杉木板隨時製備並於佟園老堂基設義地一塊病故者本堂夫役裝棺後即擡至該地挨次掩埋穴深三尺墳高稱是墳前用石碣刻死者姓名年月堂中另造掩埋册一本亦挨次編就字號册子與石碣姓名次序悉符以便該親屬異日尋查不致錯誤或祭掃或遷葬均聽其便

一堂內向無鹽菜錢前奉善後局憲鹽巡道憲發到各卡局緝獲私鹽私醬存堂按月照每人口各發一觔以濟食用其收發各數分夏冬兩季開摺呈報查近年所發稀少自光緒六年夏季起惟殘廢每名日給鹽菜錢三文

一住堂者各宜肅靜謹守堂規如有吵鬧毆打以及出未告假晚不回堂等事輕則罰跪重則驅逐

一堂內支放銀錢各款以及撥發清節育嬰二堂並牛痘局用款現於每月在善後局領湘平銀五百兩發交總管委員照章支放彙造清册報銷如用款有餘一俟積成鉅數隨時併入洲房租款項下添置產業

一堂內洲地房租併逐年麥豆價值所收銀洋錢文卽由管堂委員經收另款存儲隨時稟請置買產業造册報銷

一堂內應發各堂食米除每年所收各堂田租稻礱米不敷外由堂委先期稟請轉詳藩憲善後局憲在復成倉穀米局兩處按月籌撥接濟統歸每歲

年終截數隨册呈報

一堂內應發各堂柴薪查照各洲認繳堂柴數目除發給各堂濟爨外每歲尚有贏餘例由大黃洲委董照時變價繳堂歸入洲房租款項下存儲濟用亦於每歲年終截數隨册呈報

一堂內收發銀錢各款以及屬收入口日發米柴數目均按照四季造報其所收洲房租款及置買產業等項亦分夏冬兩季造報所有四參稻租款附入冬季另報以上各款均由堂彙造四柱報銷清册具府[illegible]明蓋印轉詳請銷再將底册蓋印發堂備案

老婦堂舊在侭園普濟堂內其堂析老只存殘廢而一之老[illegible]白[illegible]獨[illegible]有

別非設有專堂也同治四年重建普育四堂以侈園舊址不可復爰卽秦淮南岸崇義堂修葺之爲門堂四楹廳事三楹司事室一楹傔從室一楹其餘二十六楹以處老婦之窮而無告者編以千字文曰推讓有坐平章愛育黎賓歸伏及字號爲十四棚外有披屋六間其地皆昔時義塾也遴員專司其事仍總其成於普育堂光緒九年夏於堂西偏搆室三進計十一楹披屋四楹編爲方大恭常才良惟敬八號

章程

詳見普育堂章程內

育嬰堂舊址在三山門外不知創自何時雍正初年屋宇傾圮堂事廢弛十一年督憲趙改置侈園合普濟爲一堂并其產考之碑記所載其時收養者嘗爲乳嬰咸豐

癸丑堂燬於兵同治四年重建普育四堂內有名育嬰堂者皆兵燹後有母無父之子女與父母俱亡之子女凡十二歲以下均得收養大約母自撫其子女者居多迨同治七年冬濟陰馬公建節兩江遵會典育嬰之制命別建於翦子巷道北與普育堂對衡望宇共屋四十七楹四披內分中左兩院以處乳媪哺嬰兒凡貧民甫生之子女無力撫養者乃收養之編中院爲育嬰堂三字號左院爲左院二字號有井一口牆一面空院一方東西毗連普育堂市房八號光緒十年復卽空院添造樓房六楹計上下十二間披屋二間規模畢具舊制漸復

章程

一堂設江甯南門內翦子巷與重建普育堂對峙門向坐東北朝西南大門

三間左一間住管門接嬰之人右一間住雜差二進五間中三間為大廳左會客右設轉桶為接遞嬰兒之所旁設櫥櫃存儲被帳及乳媪嬰兒等衣服又左一間住委員又右一間住司事右偏廂房二間為委員司事門役雜差等廚房又右為厠屋二間中留一巷直達西院樓房緣光緒十年冬季添造樓房上下十二間預備分住乳媪三進五間兩披中一間祀　聖母兩旁四間隔為八間前左一間住總棚頭前右一間留為嬰兒養病之所餘六間住乳婦十二名左披住散副棚頭二名右披留為嬰兒種痘之所四進樓上下十間兩披中一間作走道餘八間住乳媪二十四名兩披住散副棚頭各二名右偏廂房為乳媪等內廚房設三竈每竈飯菜鍋各一口湯鑪一座又右

偏爲內厠屋此中院房間派住之大略也由大廳左簷下開門至左院門旁
亦設轉桶爲接遞嬰兒之所其院內倉厫二間儲堂內食米中隔牆牆內院
曬晾穀米牆外院倒坐房二間爲乳媼等內廚房有井有池取水甚便設二
竈每竈飯菜鍋各一口湯罏一座旁巷設內厠屋一所又左首羣房十二間
其簷披四間左二間住總棚頭一名並爲嬰兒養病之所右二間住散棚頭
四名內房向南三間中一間住乳媼三人左右兩間住乳媼一人左披一間
住乳媼一人對面四間爲兩房每房住乳媼三人又左院中兩間左間住乳
媼三人右間住乳媼二人後兩小間爲一房留爲嬰兒種痘之所以上四間
光緒七年二月劉歸經墊房後門以通出入通計中院內住乳媼三十六人

每十二人爲一棚分爲三棚左院內住乳媪十九人分爲兩棚每棚散棚頭
一名供炊爨洗滌掃除之役中院三棚編爲育嬰堂三字號左院二棚編爲
左院二字號
一原定章程兩院共住乳媪五十五名每媪哺嬰二名月給工錢二千文月
給鹽菜錢十文同治十一年經委員潘經歷稟定一媪止哺一嬰月給工錢
一千五百文光緒八年經委員周縣丞稟定加錢六百文月給工錢二千一
百文兩院共設總棚頭一名月給工錢一千文日給鹽菜錢十文副棚頭一
名月給工錢五百文日給鹽菜錢十文散棚頭七名月給工錢五百文不給
鹽菜無論乳媪棚頭均日給食米一升二合五勺蘆柴四斤惟冬季加蘆柴

壹勑

一堂中遴選端正誠篤實心好善出力委員一位月支薪水銀二十四兩整
光緒十二年正月奉劄減銀四兩月支薪水銀二十兩油燭錢壹千文住宿
堂中以堂事當作自己家事經理嬰兒當作自己子女愛惜人役如自己奴
婢防閑貲用如自己錢財節省實心實力稽查經管並將銀錢出入按季造
册送府核轉年終統結開明清單張貼堂前以昭慎重而杜弊端

一堂中用司事一人管理帳目雜用每月給薪水銀六兩

一堂中僱用門役一人雜差二名均要年在五旬以上每月各給工食銀三
兩扣小建大門旁懸一梆如有送嬰到堂者連擊梆數聲該門役趕請委員發

鑰匙開門接進內院門旁設轉桶懸梆由委員察看嬰兒後連聲擊梆總棚頭即由轉桶將嬰兒接進分付乳媪不得稍延片刻時居嚴冬尤爲緊要

一嬰兒進堂或遠鄉攜負或夜歷星霜或赤身未著片縷或忍饑已更信宿委員收嬰之時務宜細細察看是否殘廢有無病痛能否喫乳詳細註册派婦領養以備稽查庶免乳婦領養不力藉口推諉之弊

一堂分中院左院中院育男嬰左院育女嬰收嬰之法用千字文編號男女異册如有憑保人送堂詢明來歷於册內填註本嬰姓氏生辰顏色旋髮箕斗有無疤痣疾病及其父母伯叔兄弟並保人姓名住址以備日後稽查如有路旁檢送或夜間棄擲門外者無從稽查先於聖母座前設一竹筒內

籤百枝分書百家姓氏委員卽於　神前虔卜抽得某籤卽爲某姓其年庚卽於進堂之時作爲生年月日至命名男女先定一字排行由委員擬取男名上一字取普字排女名下一字取育字排

一僱募乳婦爲嬰孩生死所寄選擇最宜愼重凡有投充者須由妥實人引薦或其丈夫及親人送來俱當報明姓名籍貫住址生業本婦氏某年歲若干（以三十歲上下體壯乳足者方爲合式）有無翁姑子女末胎所產者何年月日（出堂例應三年須分娩之日扣起不得以進堂之日扣起致滋流弊）並驗明面貌純善令總棚頭察其乳漿濃足身無疾病瘡疥方准投充不得以親友薦託瞻徇情面入堂之後按名註冊派嬰哺養除柴米照章發給外冬給被褥夏給帳蓆及手巾單袷棉衣褲一切應用器

物隨時備給

一原定乾領之媪每媪派管中嬰四名月給工錢七百文柴米鹽菜錢及帳幬等件照乳媪發給同治十三年經委員周縣丞稟定中嬰即交乳媪兼管毋庸另僱乾媪每名加給工錢四百文日給中嬰米五合鹽菜錢五文中嬰冬夏衣被概由堂内備給

一總棚頭一人爲衆乳媪及散副棚頭之統率專司稽查有無口角是非乳水是否充足嬰兒飽暖饑寒及乳媪貪睡覆壓等事須擇心存公正老成諳練曾生子女者方准充當至各房什物並火燭各事應責令照派管理並督率散棚頭炊煮掃除經管各件不得怠惰倘有違誤或得受乳婦賄囑隱匿

作弊情事查出定行革退

一每晨啓內院門由散棚頭領柴米買菜蔬事畢鎖門兩院所用井水右院向有一井穢惡不堪取飲光緒七年夏間委員周縣丞稟請新開一井每日派老成堂差專司擔汲井水臨時請鑰匙啓門而入將水鋼灌滿卽出院門不准遲留談笑

一招募乳媪向由各媒行領送每有刁猾媒婦嬾於尋覓率以無乳之媪承充希圖塞責同治十年夏間委員潘經歷稟請札飭江甯縣莫令諭定媒婦周孔氏專僱堂內乳媪月給工食錢三千文嗣因周孔氏遲惰誤公改諭媒婦朱王氏接充工食照給不准需索乳媪分文查出重究

一嬰兒最宜清潔乳媼飯菜不得買韭蒜辣椒等物若燒酒尤易致嬰兒火毒更不許私買進堂

一乳房務宜勤加收拾凡黃霉暑溼時候須常燒蒼朮大黃藥片以避穢氣

一乳婦俱屬壯年防閑必須嚴密內院門除清晨發柴米及買小菜暫啟外終日扃鎖匙存委員收執除查號驗乳稽查一切並收送嬰兒更換乳婦及要緊事件委員跟同總棚頭開鎖事畢即時封固餘時不准擅開門旁設立轉桶內點外梆凡院內所需物件俱擊點由轉桶傳遞不得違誤

一乳婦如有父母翁姑夫男子女並一切親屬來堂探問准門役回明委員即傳梆令總棚頭帶領該婦在內院門隔柵會話話畢即回一月只准一次多則門役不准

代同

無論男女不准進內院門

一乳婦告假宜於服役之初言明一年爲限限內不准給假如實係親人患病急切亦須鄰右證明方准暫歸如稍稽延堂中卽行另僱又告假出堂時責成總棚頭查點堂中各物不准絲毫攜帶來往須親人伴送不准獨行

一乳婦情性懶惰膜視嬰兒無辜打駡或不留心常時跌撞等情立卽革退如推跌損傷致成殘廢無論有心無心送府究治

一乳婦設遇所哺之嬰夭殤查得別無疑竇與本婦無干該婦平日善視嬰兒而又自願在堂受僱者稟明委員記名俟有新收之嬰再行補額

一乳婦有病輕者在堂就醫藥料由堂內照單助給重者卽令其親人領回

將承哺之嬰另僱乳婦接管

一僱募乳婦若任其攜帶子女並哺堂嬰必致厚薄分心礙難兼收如果該婦夫故無依或夫雖未故而有殘廢篤疾無力養贍是該兒已同無父之孤不得不收但須易子而哺本婦酌減工錢以示區別如父母俱存力可自哺者不收倘先棄所生在堂潛來應募者察出擯逐

一每嬰歲給棉夾布帽各一頂大小棉襖棉裙單袷衣衫裙各一件乾領之嬰易裙以褲添給鞋襪各給冬夏草圍坐車一切先期預製隨時給發替換責成各乳婦加意洗曬補綴毋許遭蹋給發時逐件點交繳還者編字存架乳媼出堂該委員查明交劃遺失者賠私帶回家者罰

一嬰孩補貼新鮮餻粉每日每嬰定錢六文按定時候餧食總棚頭須常時細心看食免致乳婦不餧亂攙別物委員亦偶一抽查

一嬰孩薙髮除嚴冬大風及病疾之時不薙外春夏秋每月二次冬令一次著各乳婦抱至廳前輪薙男左女右各留髮一提以示區別（男女俱以六歲留頂惟女嬰至十二歲留滿）

一嬰兒種痘爲生死關鍵每年於正二月間由牛痘局委員分期種痘小心調護如遇自出天花一經覺察隨即責令承領之乳婦另房居住格外留心以保嬰命並須將現種者另房居住庶與弱不能種尚須遲緩者不致薰染

一嬰兒斷乳以十八個月爲限然須視小兒强壯無疾能食飯者方可斷乳

倘疾弱不能食飯者應□照以斷乳之嬰不離乳所必書乳嬰應另僱乳媪移就別屋撫養

一嬰兒無論大小有願領男作子嗣領女作養媳者赴堂報明住址生業委員稽查來歷清楚取具身家清白不致凌虐販賣甘結及鄉保保結方可准領其現未離乳之嬰有人願領爲子媳自行乳哺者每月朔日來堂驗看一次給糕錢壹百文以十個月爲滿准其作爲已出卽由堂中給予執照蓋用府印（由委員赴府請用印信不准丁役需索分文）庶日後不致以異姓亂宗爲詞驅逐失所領照之時堂中不准需索分文倘有僧尼道士賭棍倡家一切人等領男作童僕優伶領女作婢女妓妾及凌虐販賣諸弊一經查出送府嚴懲

一男嬰除入額領撫養外其餘養至七歲令進義學讀書書籍紙筆送交塾師管理冬夏衣服由堂送給讀至十三歲除材可上進酌留教養外餘各量其材質妥爲安置或爲覓主幫工或鄉間耕牧其引薦學習手藝者每人給拜師錢壹千文均將某年月日何人引薦何師教習詳細註册並取中保的證甘結二分一存府一存堂備案

一女嬰除入額領撫育外其餘養至八歲著總棚頭教習紡織縫紉至十三歲確交妥人擇配取具本人身家清白及鄰保甘結二分一送府一存堂備案註銷檔册

一男嬰殘瞎養至十三歲准入領去習學星卜卦算亦當報明姓名籍貫住址生業取具本人及親族鄰右保人甘結給予執照一紙以杜冒認自領之

後每月朔望師徒來堂一驗每驗給錢一百文驗以五個月爲止錢以一千文爲率如有不善教養者不准給錢倘二次驗明仍不盡心教養立即收回另予承領其餘殘廢嬰兒養至十三歲即行出堂令其配偶或男女殘瞎成配自謀生計給謀生錢一千文或撥入普育堂內之殘廢堂以資養活

一嬰兒既由本生父母送堂凡親屬不得再來探望設有疾病夭殤或經他人領去者一概不准與聞如未經他人領去而本生父母願領回自養者准其赴堂報明查確亦准領去

一小兒偶有疾病總棚頭稟明委員即延醫調治小心服藥惟嬰孩服藥最是難事恐乳婦怨其哭鬧不肯耐煩灌服須總棚頭親看服完仍隨時稟明

委員察驗以昭慎重如實在難治竟至夭殤委員驗明實係因病身死如有疑竇及貪睡覆壓必提該乳婦送府懲辦然後給予木匣一具送埋義塚冊內註銷

一端午中秋年節定錢二千文備辦福物祀　聖母及堂中諸神三月二十日為　聖母誕辰謹照三節舉行虔誠禱祀以保嬰孩平安又三節暨　聖母誕辰堂中乳媪乾媪棚頭各役每名給犒賞錢一百文又本堂大門油燈每月給錢二百四十文

一查驗為育嬰要事定於朔望兩日放給媪婦人役各項工錢朔日發前月十六至三十日工錢望日發本月初一至十五日工錢即令各乳媪抱驗嬰兒屆時由委員稟府或自到或另委委員當堂點驗察嬰兒之肥瘠驗哺字

之勤惰定賞罰以爲勸懲其小兒有本屬多病該媪盡心撫養漸見起色者亦有本屬强壯該媪調養失宜漸至消瘦者非臨時所能猝定惟一月之内逢三逢六逢九日期由委員詳審驗看數次庶嬰兒識别有素該媪勤惰無從遮飾如有盡心撫字嬰兒日益强壯無病者明晰開單届時面呈驗確優給賞錢其哺乳失宜嬰兒瘦病者立將該媪擯逐換人管領

一乳媪棚頭中嬰等人向無葷菜光緒六年五月間奉盧藩憲捐銀六十二兩七錢九分三釐諭令散給葷菜一月兩次每次乳媪棚頭各半斤中嬰四兩核定初八二十三日期按季另造清册報銷光緒八年五月間盧藩憲捐款漸次用竣適奉左督憲發銀一千三百兩作育嬰堂經費經委員周縣丞

稟定以二百兩修理內宅地板及盆桶木器等用以一千一百兩盡交歸普育堂存典生息歲入息銀除支給薑菜外每屆五年添製被絮蚊帳單夾衣褲棉襖等件臨時由委員稟請撥款應用製成後請委驗收

一堂中經費現由善後局支發將來籌定款項置辦田產市屋庶垂久遠

一堂中不准演戲不准博奕不准吸洋煙不准外客借寓腰牆中門終日扃鎖酉刻加填月日封條委員親驗

清節堂在秦淮東岸小油坊巷嘉慶初年水月庵禪師鏡澄奉孀母俞氏之命所募建也先是鏡澄生六歲而孤母子不能存活遂出家爲僧以養母母歿鏡澄隱傷母志立願募建清節堂俾靑年孀婦貧苦無依者咸得報名以入斯時海寓殷富商民

好義鏡澄之徒蔡榮及鹺商丁淮等共輸萬金購買田產擇老成紳士董之堂東設集英書塾延師課孀婦之子條陳其事於有司上達禮部永著爲式南城曾公燠雲夢許公兆椿所製碑文載其緣起甚悉兵燹後屋舍傾圮遺產亦蕩焉無存同治乙丑六安涂公守江甯訪得舊址重加修葺合堂塾爲一宅以處諸嫠又買舉人汪士鐸住屋立三義塾以教諸孤厥後人數益多漸形擁擠經工程局兩次添造普育堂兩次添造得樓房上下二十二間平房六十九間披厦四十一間分聽事後爲內室編以德建名立孝端體正似蘭斯馨福緣善慶清潔松榮言辭安定凡二十四棚庖湢畢具所有一切章程臚列於後茲不贅

章程

一清節堂一所專收孀婦之守節者居之各房編列字號視房之大小分住人數多寡每房擇立老成可靠之棚頭一名又設總棚頭一名幫辦一名查污穢火燭女傭四名扎柴挑水女傭六名每日黎明由各棚頭領各婦子女當堂聽候發給食米鹽菜錢所有買備什物菜蔬收送活計概由各棚頭經理庶無舛錯

一管堂委員一員月支薪水銀十二兩司事一名月支薪水銀六兩門役雜差三名每名月給工食銀三兩扣建棚頭月給辛工錢一百文總棚頭月給辛工錢三百文幫辦一人半之查污穢火燭女傭每名月給辛工錢一百文捆柴挑水女傭每名月給辛工錢五百文

一每日黎明傳梆齊集各棚頭點名發給米薪[illegible]大小八口每

名每日給米八合給柴二觔冬季加給柴半觔[illegible]錢每名每日發給足

錢十文男女嬰兒半之

一堂內按一棚設煮飯竈一座水鍋一口一棚八同爨棚頭執炊如棚頭剋

扣偷漏米薪查出逐之

一堂內應發銀錢米薪各款均由普育堂按月撥發分季另造報銷清册呈

府核轉並將收支總數開摺交普育堂彙報請銷

一栅門每日准開三次早時開門發錢米搬柴各棚頭出去買菜及學生進

館點一枝香為度卽行鎖門午時開門放學生進去喫飯隨開隨鎖申時開

門放各棚頭出去送外活

一棚頭挑水各人買菜送活及有事出入無論何時必須隨帶腰牌出則將牌交給門夫入則領牌進去以便稽查不致在外久留其棚頭出入亦在早中晚開門時易時則不准

一節婦之生母親婆每月初二十六兩日准其進栅門看視須由門夫稟明委員給予稽查腰牌進則領牌出則繳牌不准有容留住宿之事出入亦須待早中晚開門時其餘親戚人等概不准進只隔栅門會面

一節婦之親戚來堂看視者無論男女須由門夫回明堂委帶至栅門前傳總棚頭將某氏叫出婦女在天井內隔栅門會面男丁在中門口半截栅門

處隔小天井說話俟將要話說過卽令出去不准久坐閒談亦不得時常往來絮語

一棚頭代各節婦買物作事送活每月堂內本有貼補不准索取分文如查出索取卽行驅逐

一棚頭如以公就私出去或半天或一天卽行革去

一棚頭代各節婦有要事出去或路遠須先稟明堂委某某氏託到何處去將牌子繳出亦須在開門時方准出入隨去隨回不得過久

一棚頭挑水人等上街及在各鋪買物務宜自重不得嘻笑亂言違者除名

一挑水婦人不得偷懶每晚須將各棚水缸挑滿違者逐出

一節婦在堂不准說長道短搬弄是非及口角爭鬧並不准大聲疾呼

節婦人等不准喫齋誦經

一節婦在堂內不准私行押當搖會聚賭如有犯者查出定即嚴究不貸

一堂內每早發錢米各棚頭親自來領不准兒女代領

一堂內派定各節婦住在某字號不准此棚移住彼棚不歸派定字號亂住

一堂內男女小孩親自來領菜錢以便查數不得私到親戚住宿多日如一

兩天則可至三天不回則扣米至六天不回則錢米皆扣

一堂內發給各棚物件務宜愛惜不准以大改小以長截短任意蹧蹋

一堂內火燭最要小心各婦女做針線以二更爲率卽要吹息燈火移開各

竈前餘柴向竈門潑水冬季不許烘被及用雞罩烘衣物各件每晚總副棚頭挨棚查火每月給油燭錢六十文散棚頭各查各棚務須實力稽查如有不遵或棚頭不能認真查察者一併革出

一節婦患病只准堂醫隔栅門診視藥由堂內給發不得出堂就醫如該婦欲另延醫生藥敬轎資堂內概不給發

一節婦之父母翁姑病故由總棚頭稟明堂委飭本管棚頭帶赴伊家相見一面不准住宿

一節婦之兒女在外娶嫁准同棚頭出去一天早去晚回不准過宿

一節婦之男孩在外如成立家業准其具稟申明迎養出堂如無子者非年

過五十以外親族人等概不准擅領

一節婦在堂守節有至三十年以外者有在堂病故者不計年歲均由委員據情稟府照例詳請入奏　旌表

一節婦在堂内病故給發錁資五百文普育堂所做板棺一具

一節婦之男孩以十四歲爲度如不能讀書卽令出堂學習生意堂内給新棉被一牀如來堂看母只准在栅門會話雖堂内亦不准住宿其年至十四歲貧質果能讀書卽在館内同先生住宿亦給棉被一牀柴米菜錢每日照給亦不准進去如至二十歲不能入學者卽令出堂

一節婦之女孩以十六歲爲度卽令該母擇配出嫁堂内給嫁資二千文

一在堂男孩從師讀書該婦等務令一早進館不准常赴親族等家或出去作無益之事致廢誦讀工夫每日進館後事事須聽先生教訓不准出館門及上街頑耍如伊母令其有事須先稟明堂委飭堂夫進館叫出不准學生叫學生以杜弊端如先生放學一天不准三五成羣出去頑耍亦不准在裏面打降吵鬧該婦等務宜各教各子以望成立

一能讀書之男孩所有考費一切由堂發給

一節婦進堂年踰三十者不收縱年歲合例須由學中文生二名出具切實保結具稟本府查明批發普育堂先住三月以觀操守兼察年歲有無虛冒然後送入清節堂

一每棚所給澡盆一個提桶一個水挽一個鍋頭鍋鏟五年一易其籮筐撮
箕笤箒竹掃箒澆筒按季給發

一冬季無分大小口每名給棉衣一件五年一發

一病故節婦遺下男女小孩准族中人具狀領回如無親族視孩之大小分
別送赴育嬰普育兩堂撫養

一節婦之子已出堂學生意者或生重病准其來堂在外邊暫爲調養數日
如歇出生意不成者堂內不准收留暫住

一三姑六婆僧道等人概不准進堂門

義學堂舊址有二 一在翦子巷名崇義堂同治四年改爲老婦堂事見前 一在小油坊巷名集英書

塾同治四年併爲清節堂事見前皆各設爲一宅以課士而訓蒙也同治四年建普育堂設義學一建清節堂而卽堂之東偏設義學二卽集英書塾舊址十年秋普育堂添義學一光緒七年正月添三義學普育堂一老婦堂一清節堂一共有七塾其塾在普育堂者曰經曰信曰智在老婦堂者曰禮在清節堂者曰仁曰義曰忠皆以教各堂中孤子之秀者而仁義禮智忠信六塾分以訓蒙其有粗通文理之童選之以入於經塾七塾在各堂内非各設爲一宅學童功課委員察之

章程

一普育清節兩堂向設仁義禮智四塾每塾學徒以十六人爲度同治七年添設蒙館忠信兩塾連前共計蒙館六塾外又添設經館一塾每蒙塾生徒

照從前定數酌加二名各以十八人爲率經館以十二人爲限如經塾人數缺額即選蒙塾内中等資質者補入設額滿而有可入經塾之人少則暫附多則添館由堂員隨時察看稟請酌奪

一堂内幼童年至八歲以外者無論入堂日期先後應以年差長者先行序補入塾之日堂員將該童姓名年歲逐一登列號簿至十三歲以上銷號出塾令習别藝不但本童自覓生計可爲有用之人而去一人可補一人其造就爲無窮矣其經塾内文理清通材堪造就之徒不在此列

一堂内幼童資質敏鈍不齊由堂員塾師會同察看分别等第其上等者撥入經塾令讀經書塾師隨時明晰講解教作詩文等事至中等下等者悉歸

蒙塾令讀論孟等書亦隨時講解俾得粗通文義如下等中之最下者概令誦習粗淺雜字算法等書凡初入塾時尤必熟温字塊隨講字義以歸實濟

一蒙塾內學徒不論中等下等如果入塾以後資質漸開堪以培成者該塾師即於經書外約選詩文明晰講解令其熟讀並於逢三逢八教作詩文一面開具名條送交堂員察看所作文詩提歸經塾肄業俾良材不致廢棄

一經蒙塾師關訂時由堂員先與議明每年正月望後開塾年終封篆日解館平時必須宿在館中一應親友不准至塾每日黎明開館黃昏放學除實係親身婚喪喜慶緊要事件並考試書院日期不計外其餘每月初五二十五放學兩日聽其酬應此外不得曠館

一塾師放學之日由堂員傳集蒙童將所讀書本各令背誦如果生疎過多顯見塾師課讀不勤應卽辭去另延其經塾諸童則分別面試寫作

一各塾學生所需紙筆墨均由各堂給發如要添書須由本塾師開條註明某名應添何書送交堂員照單買給如經塾內尤當擇其要者酌量購備文如初學玉玲瓏啟悟集童子升階小題正鵠等書詩如唐詩註釋靑雲集七家詩等書以及四書集講詩韻各買二三部又購字帖數種一概存置塾中以便分別鈔誦臨寫此外備置朱子小學訓俗遺規兩書逐日講解亦身心之一助也

一塾師束脩向設仁義禮智四塾未有經蒙名目每位月送脩金六兩光緒

七年添設忠信二塾合之仁義禮智爲六蒙塾每位月送脩金四兩又添設一經塾月送脩金六兩此外無分經蒙每位每月食米三斗柴薪三百觔燈油茶水錢六百文每歲贄敬錢四百文每節節敬錢一千文開塾請酒一席

一各塾學生功課由各塾師於每月後據實開具清摺某學生讀生書若干頁温熟書若干卷寫字若干張作詩文若干首均註明生熟優劣責成堂員按月一查稟候核奪

一委員與塾師同住一宅不免瞻徇情面代爲掩飾現由三堂委員互相稽查其本堂委員不令稽查本堂功課以杜偏護徇隱及情託欺朦等弊

學生功課荒廢塾師每藉口其母姑息督責稍嚴婦女或傳言詬詈均屬

非是現責令塾師盡心教誨若有不曉事婦女怨師嚴厲出言不遜立將其子查明逐出不准濫厠館中以示懲儆

一各塾學生習知塾師寬縱出外閒游其毋深居内室無從覺察現擬自本年起如學生奉毋命出門有事必其毋告知棚頭稟由委員開條請假否則學生不入塾塾師不查詢是該館曠廢已可概見卽著該堂委員據實稟府以便核辦不准欺隱

一經塾中成篇學童除照章月給柴米外給月費錢八百四十文其中有入泮者由堂内送塾師酬敬錢十二千文

續定學規五條

一肅嚴威經蒙各塾每月由堂委送夏楚二物置塾師案前
一謹起居各塾住館者限淸晨卽起家宿者限辰正入塾酉正放學逾限者罰長跪
一戒嬉戲各塾子弟無大故不准請假如託故時常出外者立卽逐出
一守規矩各塾子弟坐立行止須矩蹈規循每日入塾須靜坐一時之久必端坐持躬垂手貼足不許稍有欹斜見人尤須有禮在塾各坐各位不許亂坐不許亂言如語言村野不服約束者立卽逐出
一愼考察每月由堂委查詢各塾功課一次必須抽令子弟復講小學暨弟子規數則或數語不能復講者罰跪俟各子弟講畢方令起立如堂委有事

不能親查則由隨辦分任年終由堂委稟府委員查考亦如每月查考之法

經蒙七塾課程

一每晨入塾靜坐一時（不准說話） 誦背五日書 上生書（各視性分不必貪多） 理熟書 早飯後上小學 習字一百個（經塾則加習卷格半開） 午前先令塾徒復講小學畢然後請塾師升講先講小學次講四書 午後讀弟子規 理熟書 讀唐詩一首 經塾則清晨讀生文夜分讀熟文（三八）日作文詩各一限酉刻完卷逾限者飭（二七）日讀生文試帖各首并請塾師開講史鑑知書味者令自行開看

牛痘局附

牛痘一法簡便易行就中保全嬰孩殆不可以億萬計自道光癸巳甲午年間陶文毅公督兩江即仿其法設局於下江考棚之西偏程子祠漸推漸廣頗著成效嗣經兵燹此事遂廢同治甲子克復金陵曾文正公尤以愛民爲先務一切善政次第舉行明年春飭令復設牛痘局而以涇縣查吉人大令主之所有奉行章程備列於後

章程

一牛痘局輪流施種以養漿爲第一要務先期出示招徠願種者赴局掛號牌示定期按號佈種種過五日後其父母仍帶至局中驗看極貧者酌給錢文買香菌蘑菇鮮魚鮮筍等發物催助灌漿

一牛痘種過八九日漿既灌足必須局差傳喚到局覆看擇其花之尤好者

爲新掛號之嬰孩傳漿佈種其漿童每名酌給錢一百文路遠者略豐以二百文爲度前傳後接輪流勿替

一牛痘既種後卽將挑過漿之花童隨敷胭脂粉或生肌散等藥倘遇有感冒者亦由局中開單酌給藥資

一正委員一位月給薪水銀二十四兩又幫辦一位月給薪水錢八千文書識一名月給工食銀四兩局差二名每名月給工食銀三兩同治十三年三月內幫辦改爲月給銀八兩書識改爲月給銀六兩嗣後添局差二名每名照章月給工食銀三兩

一書識一名逐日掛號局差四名常川傳喚花童兼看守門戶稽查出入一

切雜事

一酷暑嚴冬人多不肯赴局就種卽再四傳喚亦恇怯不前須比照平常錢數再加百文廣示招徠庶能延衆不致失苗又冬月必須添設炭盆以便解衣傳種免致小兒受寒貧苦者遠來酌給稀飯以助暖氣

一發給花童錢文原係分別有力無力酌給但恐日久弊生不能不示以限制同治五年四月十六日核定二三四三個月花童較多每月准支錢三十六千文其餘九個月每月准支錢二十四千文油燭紙張筆墨房租並刊刻發物宜忌單掛號定期單等費一切在內光緒元年四月間改設銅作坊公所向領房租錢六千文當卽稟銷旋經核定每年二三四三個月每月准支

錢二十六千文其餘九個月每月准支錢二十二千文

一局內月領款項均由普育堂按月分撥另造清册報銷

圩工局附

普育四堂之設難民之老弱廢疾者皆得收養矣嗟我農人水患偶逢流離失所固有收之不勝收者其顚連無告之情愈於赤子幾何是又在親民者先事豫防之耳光緒十一年冬高溧兩邑圩董稟請借款修圩上其事於大府因設圩工一局遴委以專其事績查各縣圩工次第舉行蓋軫念災黎用廣普濟育嬰之義也而條列其事於左

章程

一應修築各圩稟請藩憲借款興工奉准照撥其銀兩來年按畝隨征解還

委員祇督工並查驗料物銀錢概不經手

一奉發銀兩照原封交由委員解到該縣收存由縣出具印領呈送備案所

有購辦工料應支各款概由董事赴縣具領該縣仍以原封之銀發給不准

拆封

一被水衝决各圩皆由平日不先事預備積土以致臨時無從措手自修築

後飭於圩埂寬處堆積土牛埂脚徧栽楊柳其當衝回溜處尤宜多備土牛

廣種楊柳或蓄蘆葦以爲防禦

一各縣所有圩隄均飭一律繪圖送局俟委員周歷查勘後凡當衝回溜並

決口情形應如何修補栽柳積土等事隨時就近商同地方官出示飭令圩董照辦

一委員專用普育堂總辦薪水不另開支當赴鄉興工之時所有盤費火食油燭紙張各款每月由堂貼錢十二千文外用司事一名隨同稽查工役月給薪水錢十千文火夫一名月給工食錢三千文

一撥府中營水龍親兵兩名堂內營水龍親兵兩名以供驅遣該親兵均有額支口糧不另開支每名僅日給火食錢五十文以資幫貼

一當赴圩督工之時每月需用錢三十一千文均由普育堂開支由堂委彙入季册報銷若非動工之時只留司事一名月支錢十千文其餘各款概不

動支以節糜費

江甯府重修普育四堂志卷二

升授蘇松太道前江甯府知府六安涂宗瀛原輯
三品銜郎用道江甯府知府桐城孫雲錦續纂

義捐

吾聞之班史云活千人子孫必封而趙威后言鍾離葉陽當其時已不業豈其言之爽與蓋以德報德則民有所勸寇恂之厚施李勣之周給雖不必無欲而好仁而其福流慶溢施及子孫天之報善人何其豐也普育之復賴有愛人之仁者焉傳曰子民如父母有憯怛之愛其是之謂與

同治四年

江甯藩憲萬 印啟琛字筦軒江西豐城人 捐銀伍百兩

通州知州梁 印悅馨字小曙安徽合肥人 捐銀叄百貳拾兩

海門廳李 印煥文字問樵順天通州人 捐銀壹百兩

高郵州知州長 印康字雲渠正黃旗內務府漢軍人 捐銀貳百兩

泰州知州松 印亭字聽濤正黃旗漢軍人 捐銀叄百拾捌兩貳錢

沭陽縣知縣胡 印承渠字伯肩四川遂甯人 捐銀肆百陸拾兩

如皋縣知縣李 印振釁字羲琴安徽舒城人 捐銀叄百貳拾陸兩肆錢

阜甯縣知縣江 印鴻字竹書安徽旌德人 捐銀壹百貳拾兩

鹽城縣知縣陳 印蔭培字又橋浙江錢塘人 捐銀叄百兩

東臺縣知縣許印誦宣字敬甫浙江海甯州人　捐銀貳百肆拾兩

江都縣知縣宋印傳燧字少棠安徽懷遠人　捐銀壹百貳拾兩

山陽縣知縣姚印德彰字小梅順天大興人　捐銀壹百壹兩壹錢肆分

安東縣知縣胡印克文字約堂湖南桃源人　捐銀陸拾兩

海州知州陳印懋藹字月湖江西靖江人　捐銀壹百兩

江甯紳士　捐銀柒百兩

江甯耆民　捐銀貳百肆拾貳兩肆錢

共計曹平銀肆千貳百捌兩壹錢肆分內除江甯藩憲發給金陵撫卹難民局曹平銀壹千兩實收銀叁千貳百捌兩壹錢肆分

同治七年

記名提督郭 印松林字子美湖南湘潭人 捐九八五錢壹百千文

同治八年

升任江甯府涂 印宗瀛字朗軒安徽六安人 捐湘平銀伍百兩

同治九年

餘慶堂耆民 捐洋蚨貳百元

光緒元年

職員蔣 印春華字 江蘇上元人 捐洋蚨壹百元

光緒四年

候補道庫大使方印道成字久徵安徽桐城人捐湘平銀拾陸兩

光緒六年

江甯藩憲盧印士杰字藝圃河南光州人捐庫平銀陸拾貳兩柒錢玖分叁釐

查此款爲育嬰堂乳媼葷菜

光緒十年

職員蔣印春華字　江蘇上元人　捐曹平銀貳千兩

查此款發泰隆同人兩典領運常年一分生息交救生局董領加卹嫠額貳

拾名餘作本堂老殘年終鹽菜

江甯府重修普育四堂志卷三

升授蘇松太道前江甯府知府六安涂宗瀛原輯
三品銜補用道江甯府知府桐城孫雲錦續纂

職名

兩漢掾史俱由徵辟故人才最盛蓋古鄉舉里選之遺也然孔子固云鄉人好惡未可爲據此魏晉九品所以未爲得人與夫府主有知人之哲而後舉措當舉措當而後庶務脩未有源不清而流能不濁者也郡邑公事多以其鄉豪主之然富者畏累而貧者以爲利黠者把持而自好者皆絜身遠引以去近世之通弊也普育堂舊有董事擇殷實之戶充其選旣皆謀去其籍乃以府經歷檢

校理之半年而代遂不用士人同治四年重建各堂規復伊始簡任人員較多

厥後普育四堂正辦一員幫辦二員分管老婦育嬰清節三堂及牛痘局凡四

員而臚列姓氏里貫於左

正辦委員

廖　綸　四川巴州人江蘇候補知縣同治四年二月初一日開辦堂務規模章程均其手定旋以辦理府學工程未領堂內薪水

傅　誠　四川江安人鹽提舉銜候選通判同治六年十月內接辦九年十二月底以奉調赴陝去

張性淵　安徽和州人知州銜江蘇候補布理問同治十年正月內接辦十二年三月底以補江蘇布理問去

劉光青　湖北江夏人同知銜江蘇候補知縣同治十二年四月內接辦光緒六年三月底以奉調發審差去

朱之幹　安徽桐城人同知銜江蘇候補知縣光緒六年四月內接辦九年三月底以署江浦縣事去

金士準 浙江鎮海人同知銜江蘇大挑知縣光緒九年四月接辦十二年六月內以補授陽湖縣知縣去

詹聯芳 安徽鳳陽人同知銜江蘇候補知縣光緒十二年六月內接辦

會辦委員

甘紹盤 安徽桐城人候選從九品同治四年二月內到差五年三月底以辦高淳縣招墾事去

傅堃 四川江安人候選從九品同治四年二月內到差六年九月內以請假回籍去

劉桓 四川大足人江蘇候補縣丞同治四年二月內到差五年三月底以辦溧水縣招墾事去

陳鴻潤 安徽石埭人江蘇候補縣丞同治五年四月內到差八年七月內以赴滬去

吳廷榜 安徽霍山人江蘇候補州判同治五年四月內到差七月內以辦鹽城賑務去

錢斆泗 浙江山陰人江蘇候補從九品同治八年十一月內到差旋以辭差去

王際盛　湖南湘鄉縣人候選知縣光緒十一年十二月到差

幫辦委員

崔國煊　安徽太平人江蘇候補縣丞同治四年正月內到差五年三月內以代理句容縣丞去

闞遠焜　浙江人署江甯縣典史同治四年正月內到差五月內以委辦保甲局去

路耀采　安徽懷甯人江蘇候補從九品同治四年正月內到差十月內以委署石莊司巡檢去

藍福恩　安徽六安人興武衛三幫千總同治四年五月內到差七年七月底以委查屯田事去

吳敏樹　安徽桐城人五品銜候選從九品同治四年五月內到差九年二月底以請假回籍去

裴大中　安徽霍邱人江蘇候補府經歷同治四年十月內到差七年五月內以辦高淳縣儒學工程去

向師梁　湖南溆浦人浙江候補從九品同治五年三月內到差五月底請假回籍去

孫廷驌 安徽歙縣人江蘇候補巡檢同治七年六月內到差八年三月內以署江安糧道庫大使去

第五烝 甘肅皋蘭人藍翎江蘇候補縣丞同治七年八月內到差九年九月底以奉調赴瓜差委去

萬　選 江西南昌人藍翎五品遇缺即選從九品同治八年四月內到差八年十一月內以請假去

祝衍綸 河南固始人江蘇候補道庫大使同治八年十一月內到差九年二月底以署事去

趙爾樾 河南商水人江蘇候補縣丞同治九年四月內到差十二年四月內以病去

沈念椿 浙江嘉興人江蘇候補典史同治九年閏十月內到差十二月底以署事去

程　瀛 安徽全椒人候選主簿同治十年正月內到差光緒二年二月內以調差去

湯慶洹 河南人江蘇候補縣丞同治十一年五月內到差光緒四年三月內去

李德慶 湖北人江蘇候補巡檢光緒二年二月內到差四年三月內去

方道成　安徽桐城人江蘇候補道庫大使光緒四年四月內到差幫辦五月底以調辦穀米局差事去

王　侃　安徽當塗人候補典史署府檢校光緒四年三月內兼理堂差五年三月內去

余丙曦　安徽懷甯人江蘇候補從九品光緒四年四月內到差六年六月內以署龍潭司巡檢去

高振棣　山東人江蘇候補布理問光緒五年三月內到差六年十一月內以署事去

俞允文　浙江會稽人江蘇候補縣丞光緒六年六月內到差九月內以調差去

查有銑　浙江嘉善人五品銜江蘇候補縣丞光緒六年十一月內到差十二年七月底以調辦金陵釐局支應差事去

李厚堂　浙江鄞縣人江蘇候補典史光緒六年九月內到差十一年八月內以丁艱去

許慶𡌵　浙江紹興人江蘇候補從九品光緒六年九月內到差七年十月內以病去

周鳳來　浙江歸安人候補府經歷光緒七年十月內到差十二年九月內調辦清節堂

張壽榮浙江鄞縣人候補典史光緒十年九月
內到差十一年七月內調辦老婦堂

李紹渭安徽石埭人江蘇候補從九品光緒十年十
月內到差十一年十一月內調辦清節堂

徐惠疇安徽桐城人江蘇候補典史
光緒十二年六月內到差

老婦堂委員

高福堂安徽阜陽人都司銜兩江督標補用守備同治
四年正月內到差光緒十一年七月內以病去

張壽榮履歷見前光緒十
一年七月內接辦

育嬰堂委員

黃興讓安徽桐城人候補從九品同治八
年四月內接辦八月內以病去

呂　煦安徽滁州人知州銜知縣用江蘇候補直隸州州
判同治八年九月內接辦九年八月內以病去

潘泰寬安徽當塗人五品銜江蘇候補府經歷同治九年九月內接辦十二年四月內以調差去

周培經浙江山陰人江蘇候補縣丞同治十二年四月內接辦光緒八年八月內以病去

夏雲集河南息縣人江蘇候補縣丞光緒八年八月內接辦十一年十一月內以署六合縣典史去

倪　璪安徽望江人六品銜江蘇候補縣丞光緒十一年十一月內接辦

清節堂委員

朱一標安徽涇縣人六品軍功同治四年七月內到差七年六月底以病去

陳伯銘江蘇江甯人藍翎五品銜候選從九品同治八年四月內到差光緒七年八月內以病去

夏雲集履歷見前光緒七年八月內接辦八年八月內調辦育嬰堂

倪　璪履歷見前光緒八年八月內接辦十一年十一月內調辦育嬰堂

李紹渭履歷見前光緒十一年十一月內接辦十二年八月內以請補海門廳照磨去

周鳳來履歷見前光緒十二年九月內接辦

牛痘局委員

查祥考安徽涇縣人江蘇候補知縣同治四年三月內接辦本年八月內以署理溧水縣知縣去

查南崧安徽涇縣人五品銜江蘇候補布倉大使同治四年四月底接辦光緒十二年三月內以委辦瓜埠差缺去

查炳壽安徽涇縣人江蘇候補典史光緒十二年三月內接辦

牛痘局幫辦

朱式錫湖南湘鄉人藍翎五品銜候選通判光緒十二年三月內到差

江寗府重修普育四堂志卷四

升授蘇松太道前江寗府知府六安涂宗瀛鑒定

三品銜即用道江寗府知府桐城孫雲錦重輯

圖說

古者遺人以鄉里門關之委積卹囏戹孤老後世之用掌於大農遂無委積之目而郡邑則賴仁惠長吏如范史所稱給廩糧作褐衣者以相振卹然立法未周則暫而不能持久普育各堂基址漸增積貲置田地邸店歲取租入以供用又恐日久質劑或斷爛脫失無以結信而止訟因詳載其綱并繪圖以詒後之司出入者噫法之寬嚴人之賢否用之奢儉一日之得失耳植基勿壞則畫而

新之不難也

普育堂圖

江甯縣聚寶門內蒯子巷道南同治四年用正價銀八十兩置買牛家榮基地創建爲堂共計平房樓上下五十二間披四十厦用修造銀三千四百三十二兩四錢四分四釐又錢五百千文東偏借李光祖屋三十一間八披用修理錢一百七十一千一百三十七文八年典所借李姓屋用典價銀四百五十兩九年收買卓榮堂基地三十方用正價銀四十二兩八錢四分十一年加買李姓出典之屋用正價銀五百五十兩光緒元年收買王姓基地作本堂後路用正價銀二十四兩五錢四分四釐三年收買東偏第六進毗連李姓水池並基地用正價銀二百兩

砌池修牆用工料錢一百五十千有奇裝修後樓用工料銀三百四十九兩五年
堂東餘基添葢平房八間用工料錢五百五十五千文七年稟經工程局委員車
令運昇折造修理用工料銀二千七百餘兩有奇未動堂款由工程局支銷十一
年東偏續買李姓後院築牆兩道用工料銀一百三十五兩有奇統計平房樓上
下九十一間披廊四十八廈

普育堂圖

前界抵翦子巷由西至東計寬十三丈二尺
後界抵上江舊考棚由東至西計寬十四丈
左界抵方家小巷由南至北計深十九丈五尺
右界抵續買李姓住宅由北至南計深二十丈
外後路一條

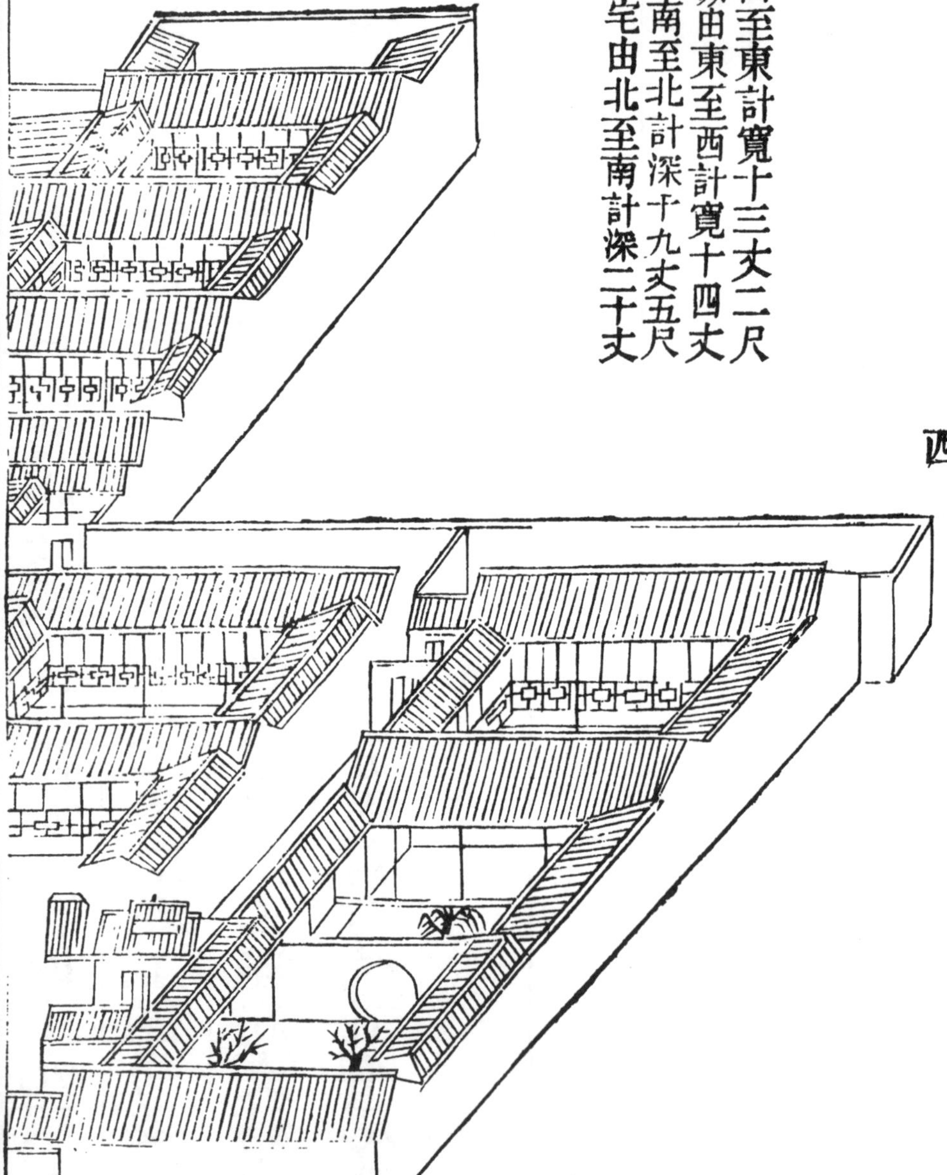

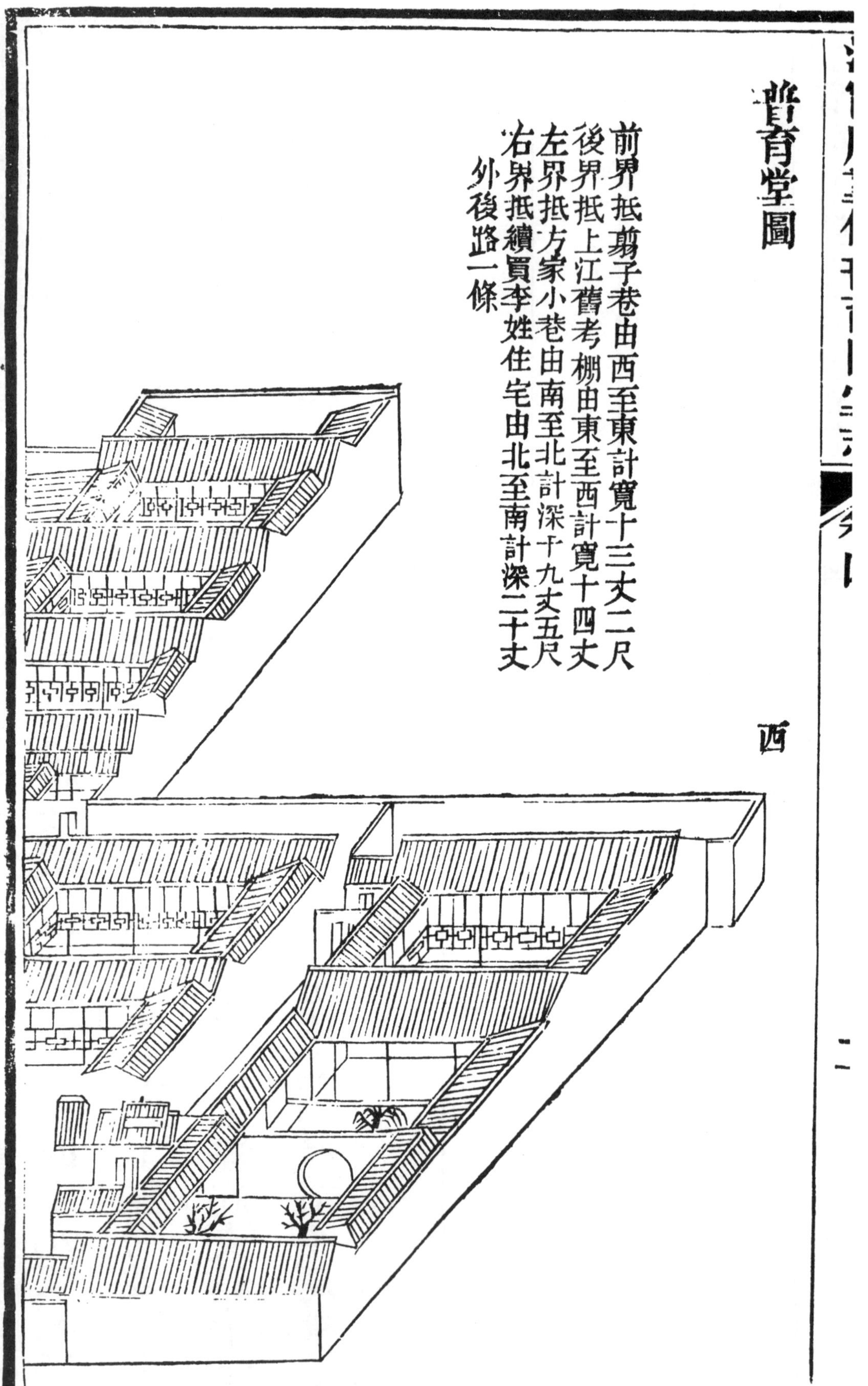

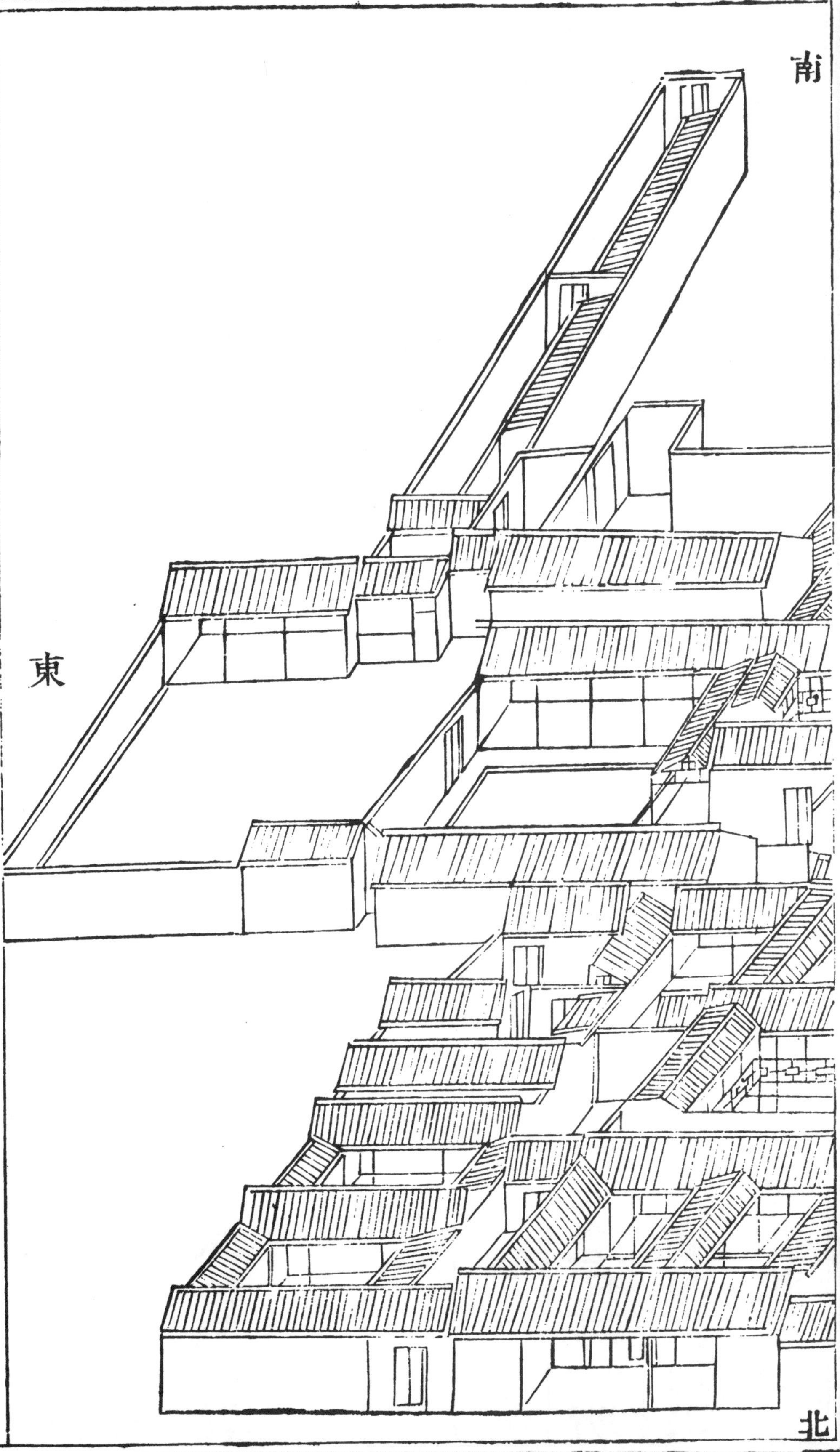
南
東
北

立賣地基文約人監生牛家榮今賣到金陵善後局憲大人案下計祖遺平房地基三十一間披二厦坐落翦子巷內方家巷口今東南十八甲第五牌地方當日蒙局憲發給地基紋銀八十兩整當堂親手收訖理合出具保結並無異說立此文約存照

計黏呈領狀保結二紙

同治四年三月　　日立賣地基文約人牛家榮

具領狀監生牛家榮今領到金陵善後局憲大人案下竊生有祖遺住房一所被賊全行拆毁僅存基地三十一間披二厦現因回省難以資生願將基地出賣得受價銀八十兩整此房實係已產地基並無冒認等情所具領狀是實

同治四年三月十五日具領狀人牛家榮

具甘結監生牛家榮今於局憲大人案下竊生有祖遺住房一所被賊改造遵
示承領地基銀兩前誤聲明該房內有余姓地基三間生一時昏憒記不清晰
後生母舅向生云及此房係於道光二十四年余姓曾杜絕賣與故父計平房
三間所存地實與余姓無涉生伏思住房係三十一間二厦現地基亦應有三
十一間二厦安得又有別姓基地茲奉面諭著余姓出具切結保狀奈余姓避
難在外至今尚未歸來倘余姓回省時如有糾葛不清及冒認等情生情願枷
號兩月充軍四千里生斷不致爲此數十兩地價甘領罪名所具甘結是實

同治四年三月十五日具甘結監生牛家榮

具保狀人甲長陳介眉牌長陳士智鄰人戴正源親戚徐松年今保到善後局
憲大老爺案下情因監生牛家榮有祖遺住房一所被賊改造遵示承領地基
銀兩該牛姓實係祖遺平房三十一間二厦並無別姓地基糾葛不清等情兹
因承領地基銀兩理合邀同身等出具保狀如有扶同蒙混及冒領銀兩等情
身等領罪無辭所具保狀是實
同治四年三月十五日具保狀人甲長陳介眉牌長陳士智鄰人戴正源親戚
徐松年
立杜賣文契人卓燮堂今將翦子巷祖遺住房基地九間天井二方一寬深計
共拆二拾六方一寬深計折四方共三十方憑鄰賣歸普育堂名下應用每方

價銀一兩四錢二分八釐共湘平銀四十二兩八錢四分一平親手領收毫無
短少此產實係祖遺受分產業並非典受亦無轉典轉押等情自賣之後倘有
親族長幼人等出爭論均爲出筆人一力承當今欲有憑立此存照
計繳出善字第二千四百七十二號聯照一紙
同治九年正月　日立杜賣文契人卓燚堂憑鄰右陳春山陳繼之甲長韋
鑑平
立找杜絶劈賣住房並基地文契李緒堂李香谷李蓮生李紹先同姪綬卿今
將父遺原買住房燬賸存並基地一業坐落江甯縣城中翦子巷調字鋪地方
實劈賣迎街西首朝北靑牆三號一道計一進平房並排三間天井一方内左

右披兩厦二進平房三間天井一方內左右披兩厦三進平房三間後牆全天井一方四進基地三間牆內曲直天井一方內披一厦五進平房一間西首走巷披一條六進基地三間天井一方並六進東首小方廳三間天井一方七進平房三間走巷披四號一條披內西首牆門內天井一方八進無板楞樓房三間東首以碎甎牆爲界天井全九進無板楞樓房三間天井全內右首披一厦十進無板楞樓房三間天井全右首披一厦並九進東首無板楞樓房五間後天井兩方內食井一元隨房周圍牆垣均依本房柱脚爲憑上房下地土木甎石瓦片相連其房裝修全無該房於同治八年七月間得過劈典價湘平足兑紋銀四百五十兩整因無力贖回兼之正用通家商議明白央中說合願將此

產憑中邀牙立契出找杜劈賣與普育堂名下永遠執業當日三面言明本房照時估値劈杜絕找價湘平足兌紋銀五百五十兩整二共湘平足兌紋銀一千兩整其找杜銀即日李姓憑衆親手收足毫釐不少銀契兩交明白自找杜絕賣後聽憑買主拆卸翻蓋任意更新永遠爲業

再者契內添註三間兩字批明存照又小方廳前曲直甎牆一道內太平門一道以備不虞平時不開又照計附本房註塡三條營聯照分裁前半張一紙又批銷廢典契一紙共二紙付執又照

同治十一年十月　日立找杜絕劈賣住屋並基地文契李緒堂李杏谷李蓮生李紹先同姪綬卿憑親黃小石憑中吳春圃

立杜絶劈賣池塘餘基文契李蓮生李緒堂李紹先同姪綬卿今因祖遺原買住房坐落江邑城中翦子巷調字鋪地方計原房門面十號曾於同治十一年立契劈賣西首並排三號十進樓平房歸普育堂執業其第六進後界河廳外毗連水池一大方池外仍有空基一條係屬李姓之產現因正用通家商議明白央託中友說合自情願將池塘一大方該池照木尺量計寬三丈五尺長處連池前餘基共六丈一尺其基南北西三方係屬原賣歸堂之產無須分立界址東首以堂房後樓山牆將來由堂一直接砌新牆爲界在池磡岸石條及在地瓴石寸土寸石不留並池西與堂隔界之卸壞碎瓴牆一道一併交代今憑中邀牙立杜絶文契劈賣與普育堂名下永遠爲業當日三面言明得受池塘

並基地杜價湘平足兌銀二百兩整其價銀卽日一平兌足找李姓親手收楚
毫釐不少銀契兩交明白自杜賣後聽憑堂中永遠爲業

光緒三年八月　　日立杜絕劈賣池塘餘基文契李蓮生緒堂紹先姪綬卿

立杜絕賣基地文契王義興今將祖遺原買住房被毀僅存基地一業坐落江
邑城中三條營地方計迎街坐北朝南門面一進基地一間天井全第三進基
地一間天井全第四進基地一間前至街沿後至李姓圍牆爲界東至老牆腳
西至汪周山牆爲界該基四至是日眼同指明交代今因正用通家商議明白
央中說合自情願將此基地寸土寸甎寸石不留罄產交代憑鄰中邀牙立契
出杜絕賣與普育堂名下永遠執業造屋當日三面言明本基地照時估値得

江甯府重修普育四堂志　卷四

受杜賣價曹平八五兌紋銀二十八兩五錢三分六釐四毫整其銀比即賣主

親手收足毫不短少銀契兩交明白自賣之後聽買主起盖房屋永遠爲業

計附本基地聯照一紙付執又照

光緒元年十一月　日立杜絕賣基地文契王義興憑親陳鴻秋中王紫芝

老婦堂圖

江甯縣聚寶門內蒴子巷東首道北原係崇義堂屋同治四年改建斯堂用工料銀三百二十八兩四錢四分又錢三百二十八千八百六十三文計房三十五間披六厦光緒三年修理用工料錢三百三十六千四百二十九文九年修理並於西偏添造平房三進計屋十一間披四厦用工料銀二千四十四兩有奇統計房屋四十六間披十厦

老婦堂圖

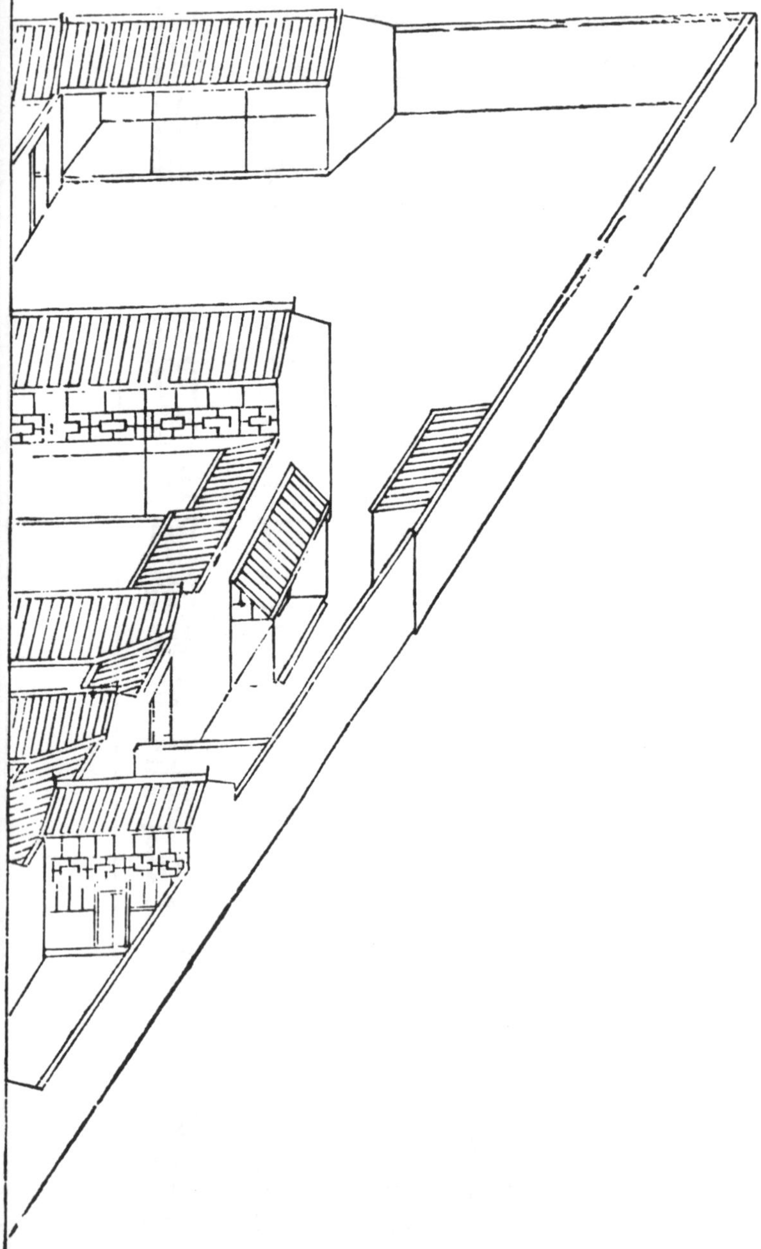

東

北

前界抵翁子巷街由東至西計寬五丈
後界抵馬道街由西至東計寬十丈四尺
左界抵汪姓住宅由南至北計長三十二丈五尺
右界抵　姓住宅由北至南計深三十二丈五尺

西

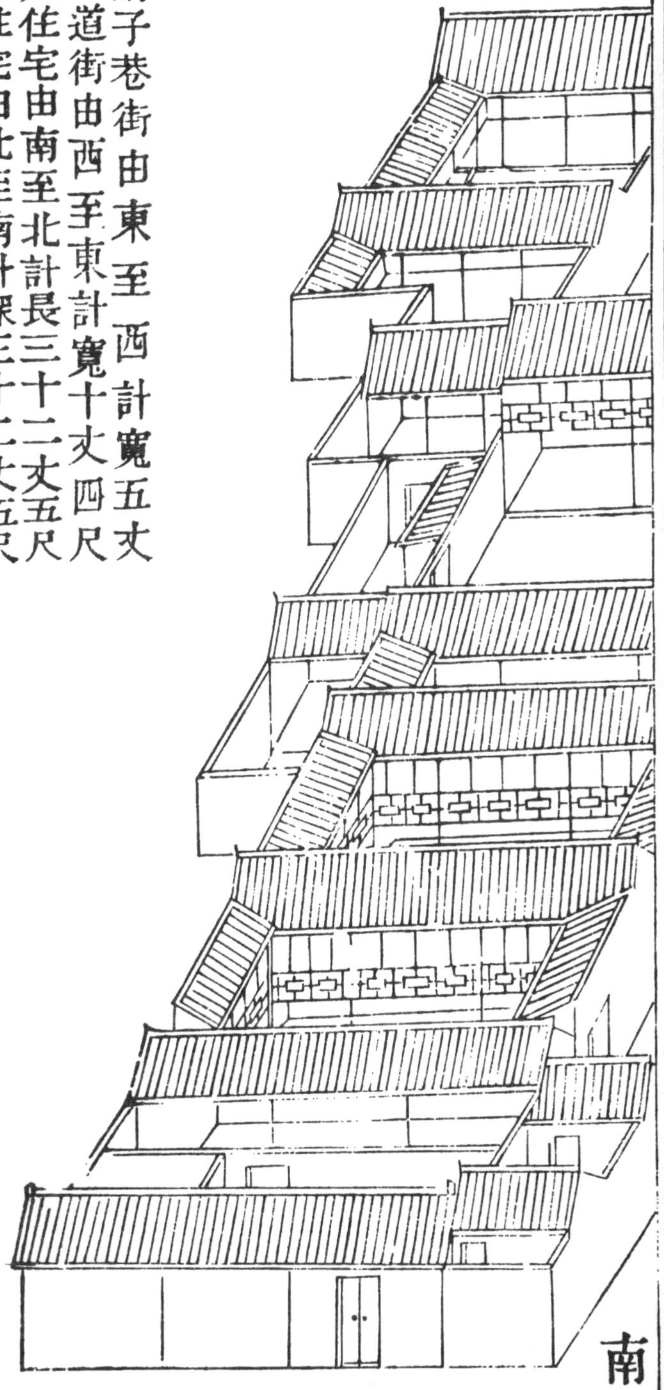

南

育嬰堂圖

江甯縣聚寶門內鵝子巷普育堂斜對門坐北朝南同治八年春新建平樓房三十九間廚房六間披四厦倉厫二間井一眼池一面用工料錢一千七百九十一千九百二十五文光緒六年添井一眼十年在堂西中間院內添造樓房六楹披一厦用工料銀六百八十八兩有奇大門東西毗連普育堂市房八號又東偏平房二間基一片普育堂照壁後光緒七年添改屋爲八間歸普育堂設立書塾所有歷年收買黃張朱姚湯馬柏七姓基地契備錄於後

育嬰堂圖

北

前南界抵翦子巷街
後北界左西抵買黃張宋基地右東抵范姓住宅
左東界抵范姓住宅
右西界抵柏姓住宅

頭進東西計寬二十三丈
二進東西計寬十九丈九尺
三進東西計寬十三丈二尺
四進東西計寬十六丈九尺
以上四進南北計深十四丈九尺

外後院計寬十三丈五尺深六丈

西

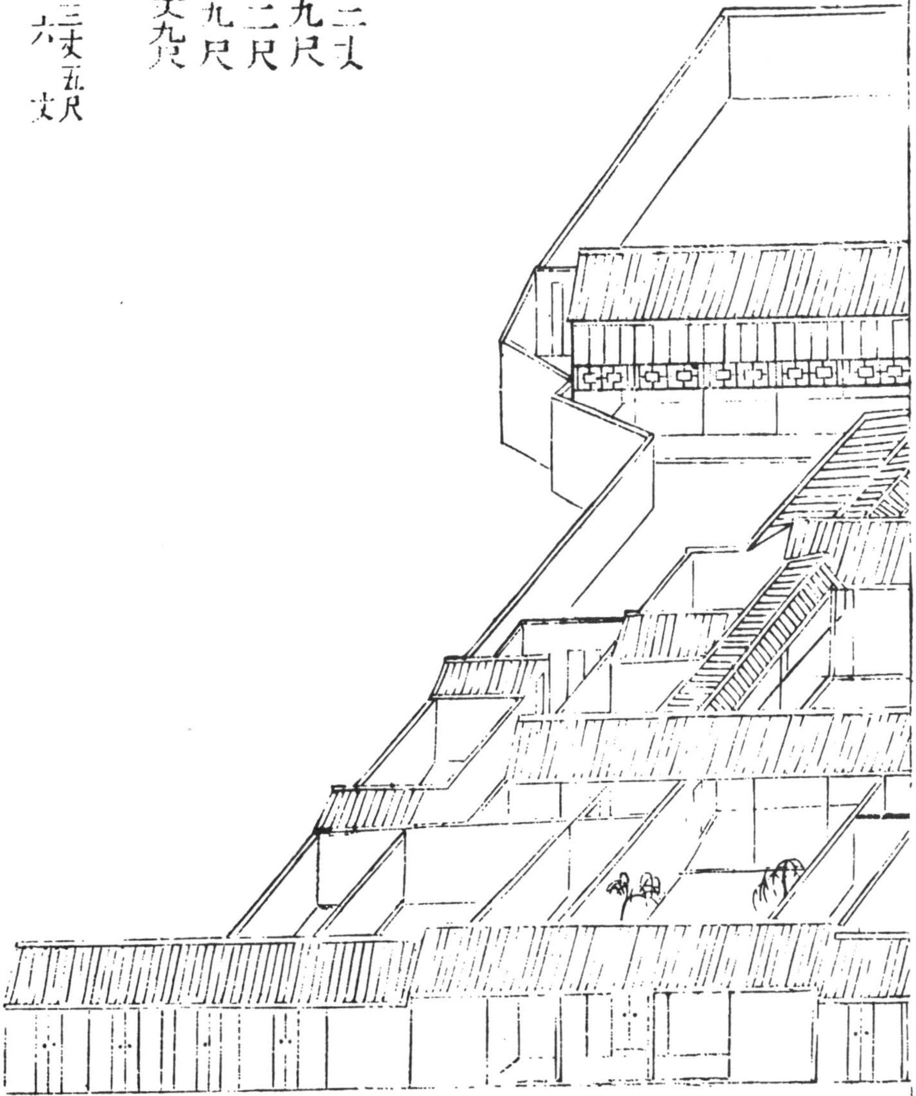

南

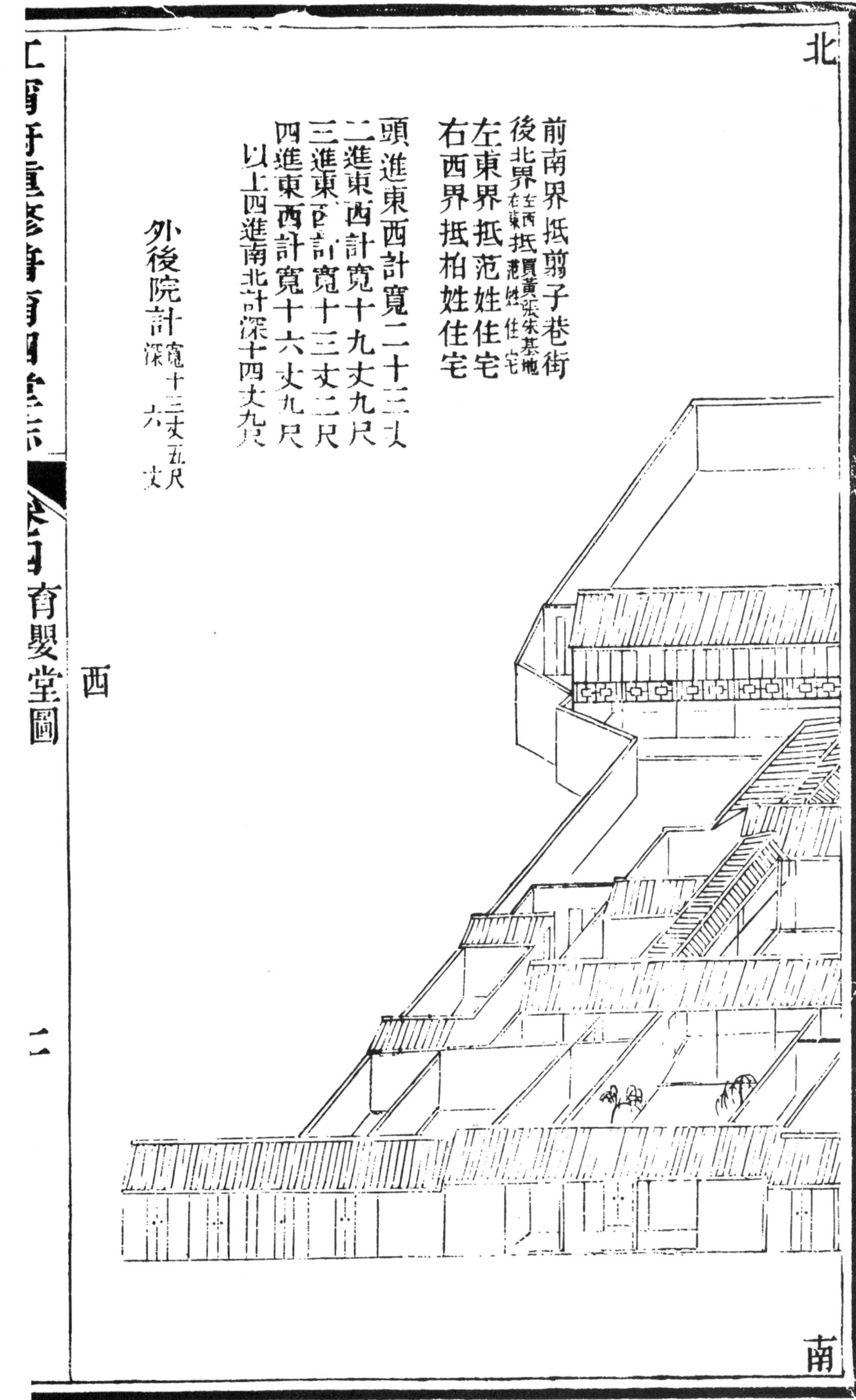

北

前界由東至西計寬三丈五尺
後界由西至東計寬一丈二尺五寸
梳界由南至北計深六丈八尺五寸

東

西

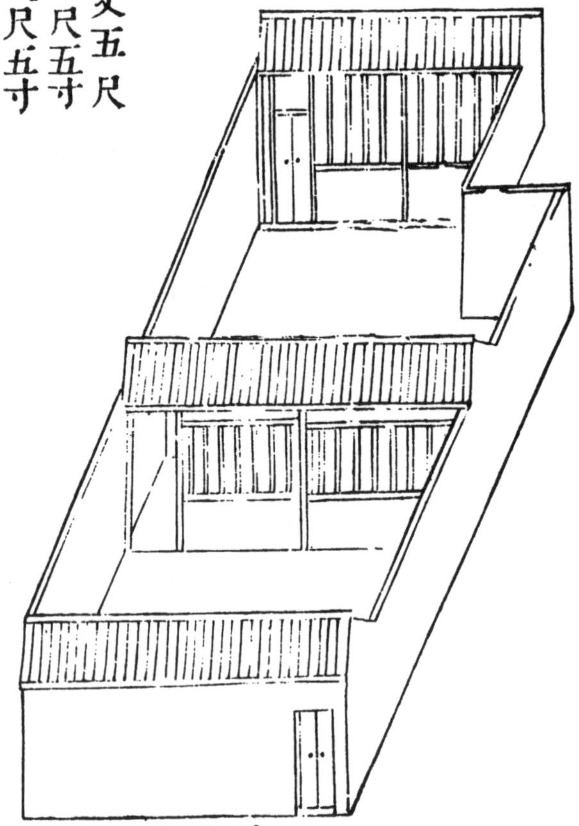

普育堂照牆

南

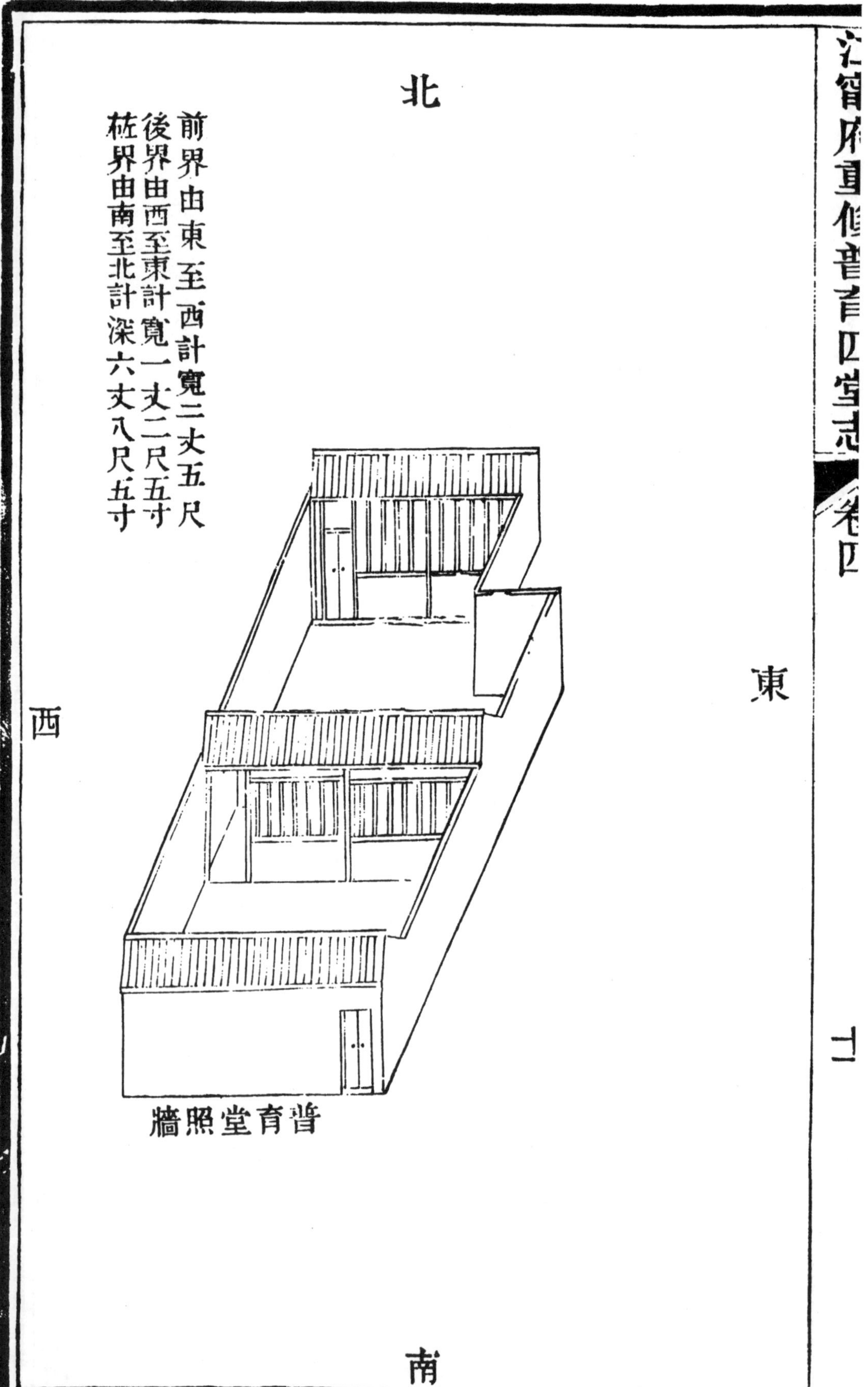

立杜賣基地文契人黃元今將祖遺太平里張家苑東南十九甲條字鋪住房基地一所坐南朝北第一進基地一間天井一方第二進基地一間計長二丈寬一丈一尺每間給價銀一兩四錢二分八釐憑鄰情願杜賣與育嬰堂名下永遠執業當得湘平紋銀二兩八錢五分六釐並無短少實係已產並非典業亦無轉行典押冒領情事自賣之後倘有親族以及另有業主出認均惟出筆人並鄰保一力承當恐口無憑立此杜賣文契存照

同治八年六月　日立杜賣基地文契人黃元憑鄰保何長慶張長林憑親王凱

立杜賣基地文契人張長林今將祖遺太平里張家苑東南十九甲條字鋪住

房基地一所坐東朝西基地一間天井一方計長一丈四尺寬一丈一尺每間
給價銀一兩四錢二分八釐憑鄰情願杜賣與育嬰堂名下永遠執業當得湘
平紋銀一兩四錢二分八釐整並無短少實係已產並非典業亦無轉典轉押
冒領情事自賣之後倘有族親以及另有業主出認均惟出筆人並鄰保一力
承當恐口無憑立此杜賣文契存照

同治八年六月　日立杜賣基地文契張長林憑鄰保朱周氏黃元憑親何

立本

立杜賣基地文契人朱周氏今將祖遺太平里張家苑東南十九甲條字鋪住
房基地一所坐北朝南基地一間天井一方長二丈寬一丈一尺每間給價銀

一兩四錢二分八釐憑鄰情願杜賣與育嬰堂名下永遠執業當收湘平紋銀
一兩四錢二分八釐整實係已產並非典業亦無轉典轉押冒領情事自賣之
後倘有親族以及另有業主出認均惟出筆人並鄰保一力承當恐口無憑立
此杜賣文契存照

同治八年六月　日立杜賣基地文契人朱周氏憑鄰保曹家富張仁安憑

親李長林

立賣契人姚禮堂緣因祖遺坐落南門剪子巷東南第十八甲內屋基毗連育
嬰堂左首自己情願將所遺基寬二丈二尺深六丈折方十三丈二尺賣與普
育堂執業議定每方銀一兩四錢二分八釐共該銀十八兩八錢四分九釐六

毫其銀照數係禮堂親手收訖自賣之後聽憑受主起屋更用永無反悔異說設遇有姚姓族親男婦長幼人等爭論以及另有典押一切葛藤不清情事歸出筆人一力承當與受主毫無干涉今欲有憑立此賣契存照

同治九年三月　日立賣契人姚禮堂憑隣右人賀坤源任義林

立杜賣房基文契人湯又新今將祖置住宅一所坐落東南十八甲調字鋪太平里地方計朝南門面三號一進大門天井一方平房三間又二進三間東西向合面三號七架梁兩進左有三架披二厦東首淌遊廊一道共計十二間三厦原房被燬片瓦無存今憑鄰親杜賣與普育堂名下聽憑蓋屋栽種經保甲總局勘明丈量計門面寬三丈五尺深六丈一尺折二十一方三尺五寸又後

進寬四丈五尺深二丈四尺折十方八尺共折三十二方一尺五寸情願照三十二方領價每方銀一兩四錢二分八釐共該湘平銀四十五兩六錢九分六釐當日憑衆領收毫不短少此產實係祖置杜產並非典業亦無轉典質押亦非族中公產倘賣後另有業主親族老幼出爲爭論均與買主無涉歸出筆人一力承當恐口無憑立契存照

同治九年又十月　日立契人湯又新憑中族詠堂鄰聶芹之何其興親周伯龍

立杜絶賣基地文契人柏以青今將祖遺市房僅存基地一所坐落翦子巷內東南十六甲地方坐北朝南門面小三號共三進九間天井二方情因該基經

育嬰堂蓋屋圍入故稟請勘核給價在案蒙分局會同堂內委員履勘丈量計
寬二丈四尺深七丈六尺折方十八丈二尺四寸復經諭減照八折科計實方
共十四方五尺九寸二分今因正用自情願將該基地憑鄰出杜絕賣與育嬰
堂名下永遠執業任意起蓋該基賣價每方湘平銀一兩四錢二分八釐照折
實方數十四方五尺九寸二分共該地價湘平銀二十兩零八錢三分七釐三
毫整其銀當堂具領清楚毫不短少惟該基因係稟請收買給價經分局勘詢
明確未蒙給發聯照理合聲明自賣之後倘有族親長幼上業異姓人等爭論
及家務不清一切轇轕情事均歸出筆人一力承當恐後無憑立此杜絕賣基
地文契永遠存照

同治十二年三月　　日立杜絶賣基地文契柏以青憑鄰任義林柏晉人甲

長王紫芝

立杜絶賣房基文契馬光華今將祖遺已分房基一所坐落東南河南段十六

甲張家苑地方坐北朝南並排六間又坐東朝西一間又一披前院一方東至

范姓花園牆南至翦子巷西至黃姓北至太平里官巷前已稟明在案蒙保甲

總局憲批示發段委勘丈量計方二十五方當日憑鄰甲長等立契出賣與育

嬰堂名下承遠執業當得房基價湘平銀三十五兩七錢整當堂親手收訖毫

不短少永不回贖永斷葛藤自賣之後聽憑育嬰堂起蓋房屋與身毫無干涉

倘有族親及異姓人等爭論均歸出筆人一力承當與堂無涉今立杜絶賣房

基文契永遠存照

光緒元年六月　日立杜絶賣房基文契馬光華憑鄰任義林中黄源丁永和

甲長王紫芝

清節堂圖

江甯縣聚寶門內小油坊巷其東偏原係義學堂同治四年改併斯堂又用正價銀五十兩購汪紳士鐸毗連堂屋之住房七間共計五十二間九披修理用工料銀一千二百三十四兩二錢七分八釐光緒元年稟經工程局委員車令運昇在正宅後進添蓋平房五間披一厦又西偏空基添蓋平房二進計六間披一厦五年稟經工程局委員朱令之幹在西偏餘基添造平房二進共七間披一厦七年用正價銀五十二兩收買堂東毗連李劉氏基屋一業九年東偏添造平房三間又樓上下六間用工料銀七百五十二兩有奇十一年添造平房四間三披用工料銀一百五十三兩有奇統計樓上下二十二間平房六十九間披四十一厦

清節堂圖

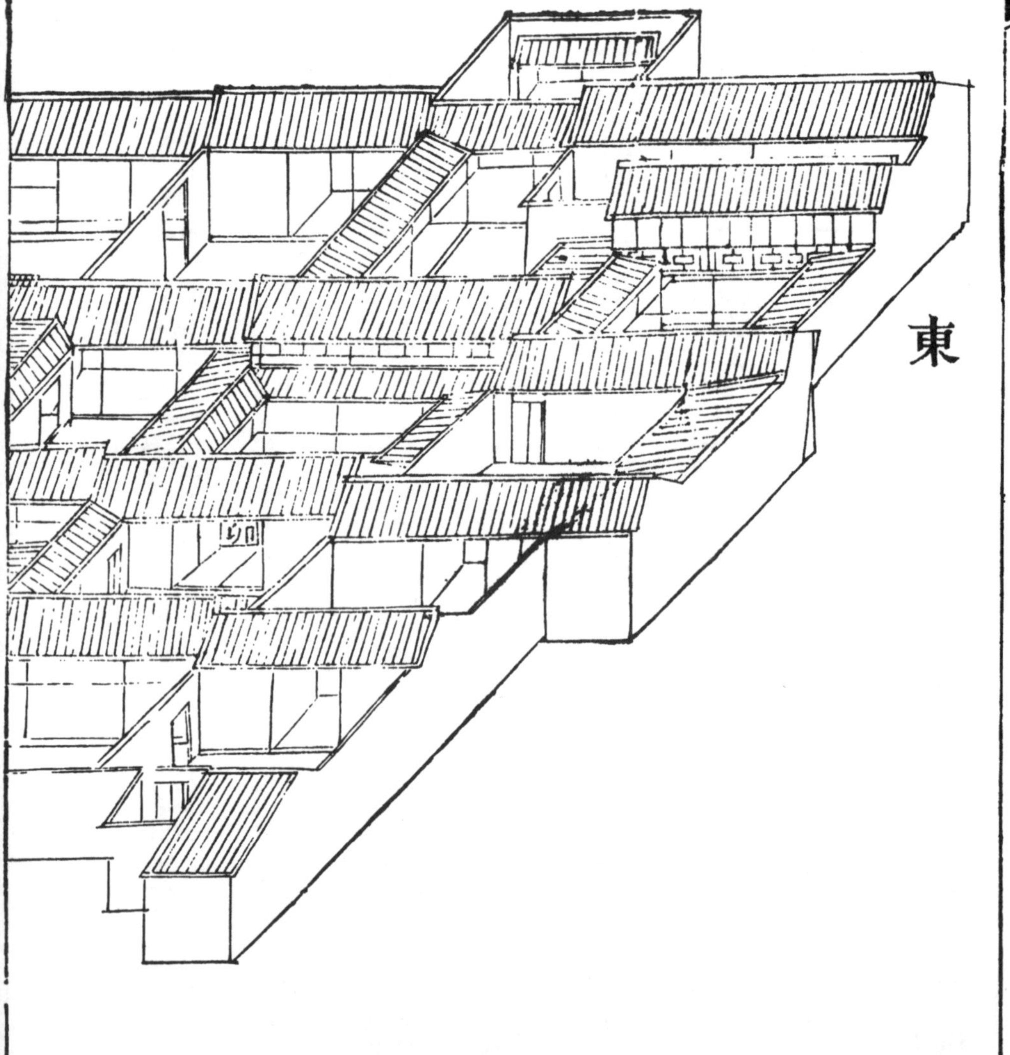

江甯府重修普育四堂志　卷四　清節堂圖

北

前界抵小油坊巷街由東至西計寬十九丈
後界抵趙姓住宅由西至東計寬二十一丈
左界抵李姓住宅由南至北計深十六丈
右界抵張姓住宅由北至南計深二十一丈

西

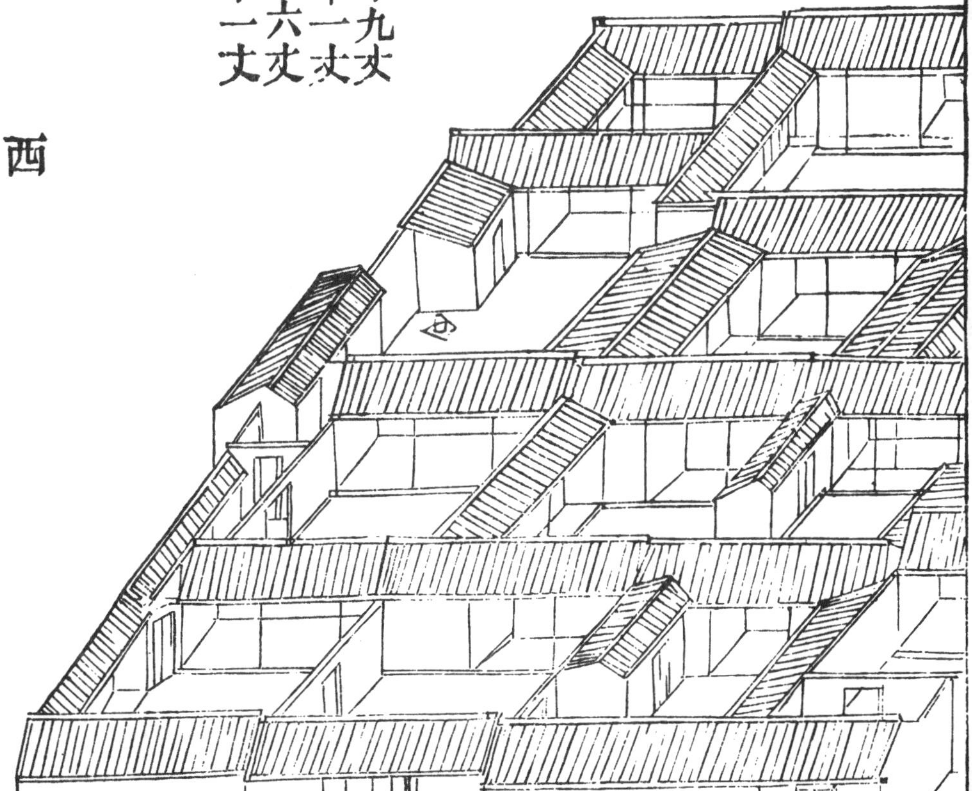

南

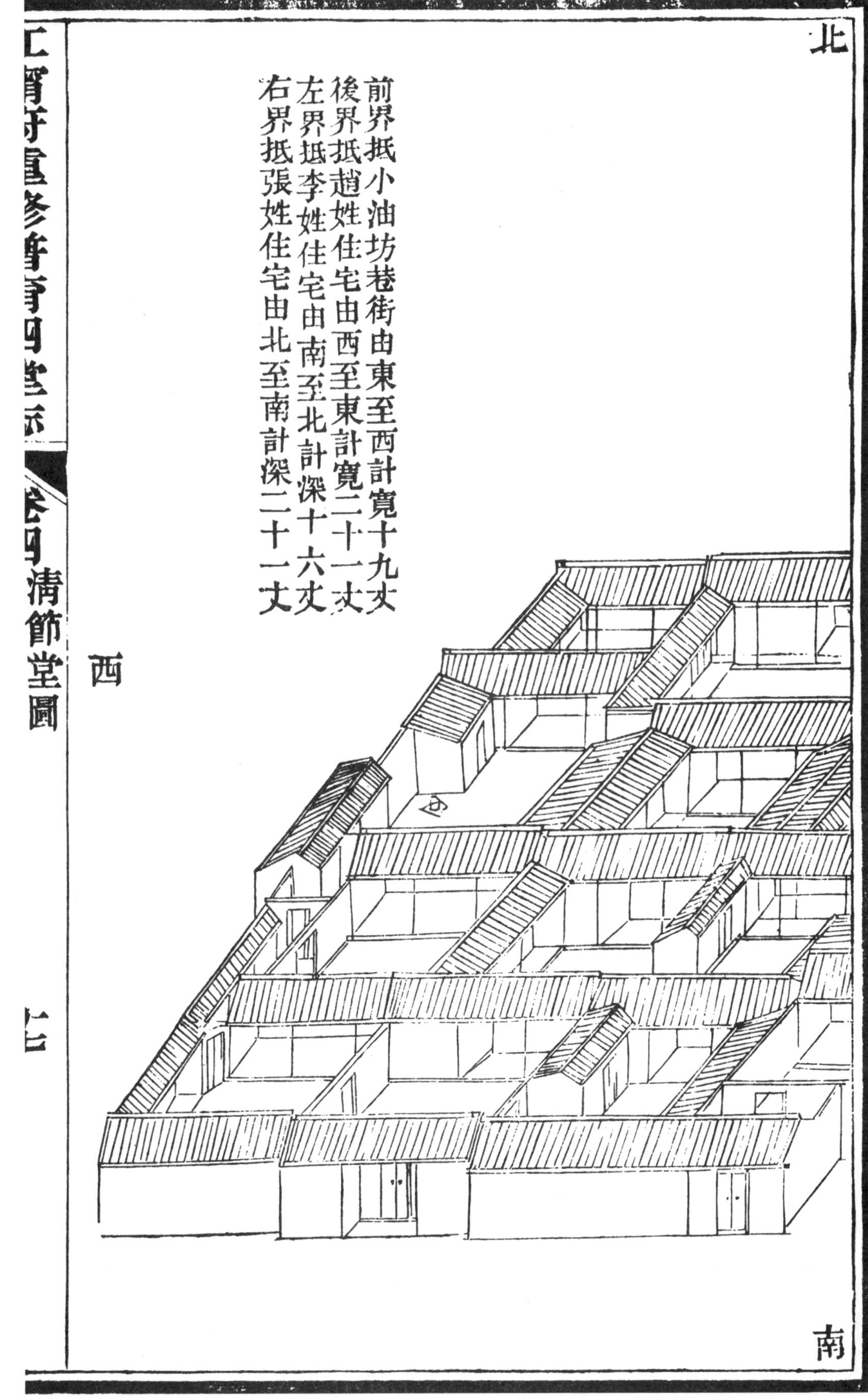

具稟江甯縣舉人汪士鐸敬稟者竊身於道光十九年三月杜買得省城東南油坊巷姚陳氏住房一所原本七間經道光二十九年大水淹坍一間今存六間自經兵燹裝修無存撫己自思年悼遲暮既無子息復無宗支守之維難棄之足惜以是發念求歸入清節堂以庇嫠婦茲乃猥荷仁憲厚恩給以湘平銀五十兩整以惠煢獨當卽祇領今將原契呈上歸案幷親筆齎謝黏於契末伏祈鈞鑒

同治四年三月十七日汪士鐸押

立杜絕賣住房文契姚陳氏同子元英玉書玉成玉光今將祖遺住房一業坐落江甯縣城中興字鋪地方計迎街門面一號內一進五架梁房一間後牆一

道丹墀一大方廳基地三號右首走巷基地全食井一員廳基後天井一方二進起捲九架梁上房並排三間左首套房一間天井一方後天井三號三進七架梁平房並排二間廚房天井一方牆一道後門後路東厠全後基地兩號以街沿爲止隨房牆垣上下土木房地甎石相連在房裝修俱各絲毫不動另單交代今因正用合家商議明白浼託親友說合自情願將此房憑親中邀行立契出杜絕賣與汪名下永遠執業居住當日三面言定本房照時估值得受杜絕賣價九五色牙砝九五兌銀一百二十兩整其銀即日對眾一平親手收足毫不短少銀契兩交明白此房自杜絕賣後聽憑買主拆卸翻蓋添蓋永遠執業奉例凡杜絕賣產契明價足永不增找永不回贖永斷葛藤房係姚姓祖遺

己產賣後倘有族親長幼上業異姓人等爭論以及重複典當契紙在外質押
家務內外分晰不清一切葛藤等事俱係賣主一力承當與買主毫無干涉此
係兩相情願允買服賣並非債準逼勒等情今欲有憑立此杜絕賣住房文契
永遠存照

道光十九年三月　日立杜絕賣住房文契姚陳氏同子元英玉書玉成玉
光憑親中友楊愛棠陳葆森陳森華陳炳南

立杜絕賣朽濫空房并基地文契李劉氏今將夫遺原買住房被賊折燬剩存
空房架并基地一業坐落江甯縣城中小油坊巷興字鋪地方計坐北朝南迎
街門面舊甎牆一號大門內一進五架梁舊房架一間該基地憑衆用木尺丈

量計長六丈計寬一丈五尺五寸自前簷牆至二進後簷牆天井在內共折方

計九丈三尺二進七架梁舊房架一小間又基地一方自二進後天井至三進

食井披牆并披基地在內計長二丈一尺計寬一丈九尺共折方三丈九尺九

寸三進房基地并排三間至食井南首牆邊計長二丈六尺五寸計寬三丈二

尺共折方八丈四尺八寸統共折方二十一丈七尺七寸隨房及基周圍牆垣

並牆脚均依本房柱脚牆磉石爲憑上房下地土木瓴石瓦片相連該產內食

井一員基內所餘存瓴石瓦片隨房并地磬產交代氏現年邁無力修整幸本

產與清節堂房屋毗連自情願將此產併歸與堂近因正用通家商議明白央

託親鄰說合實願將此朽房並基地憑親鄰邀牙立契出杜絶賣與清節堂名

下永遠執業當日三面言明本房並基地得受杜絶賣價湘平銀五十二兩零八分七釐整其銀卽日契下憑中一平兌足氏親手收楚毫不短少銀契兩交明白杜絶賣後聽憑買主拆卸翻蓋任意更新永遠爲業

光緒七年　月　　日立杜絶賣朽濫空房并基地文契李劉氏憑親毛紫餘

鄰魏金江朱德興甲長吳庭槐成淦

牛痘局圖 坐落銅作坊

同治十三年該局屋原係魏姓杜賣與鄭文斌名下執業旋因原議買作牛痘局由藩憲詳奉督憲批准撥款經工程局邀商鄭姓允定仍讓作牛痘局官屋以全善舉並照原議發給鄭姓房價湘平實銀一千二百兩整由鄭文斌親手領訖出具收據其立契一切費用鄭姓願自賠貼並將魏姓杜賣新契一紙及附交魏姓原買房基地上契四紙又允議出讓牆界文據並裝修清單共四件一並繳呈郎在魏姓出賣新契註明原委由藩憲與善後局會同蓋印發府立案

牛痘局圖

北

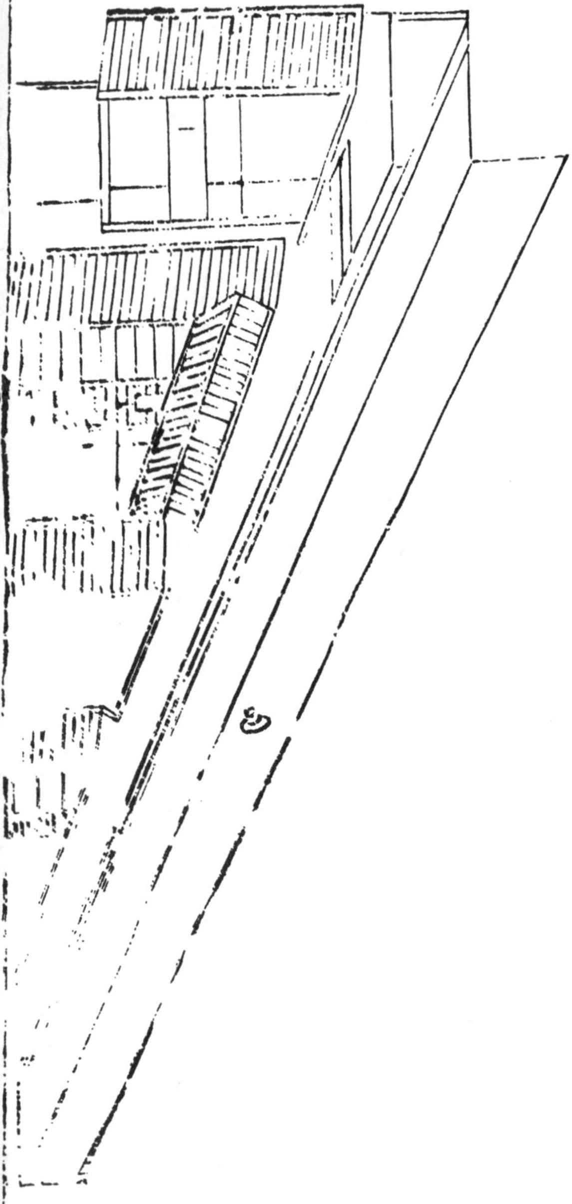

江甯府重修普育四堂志 卷四 牛痘局圖

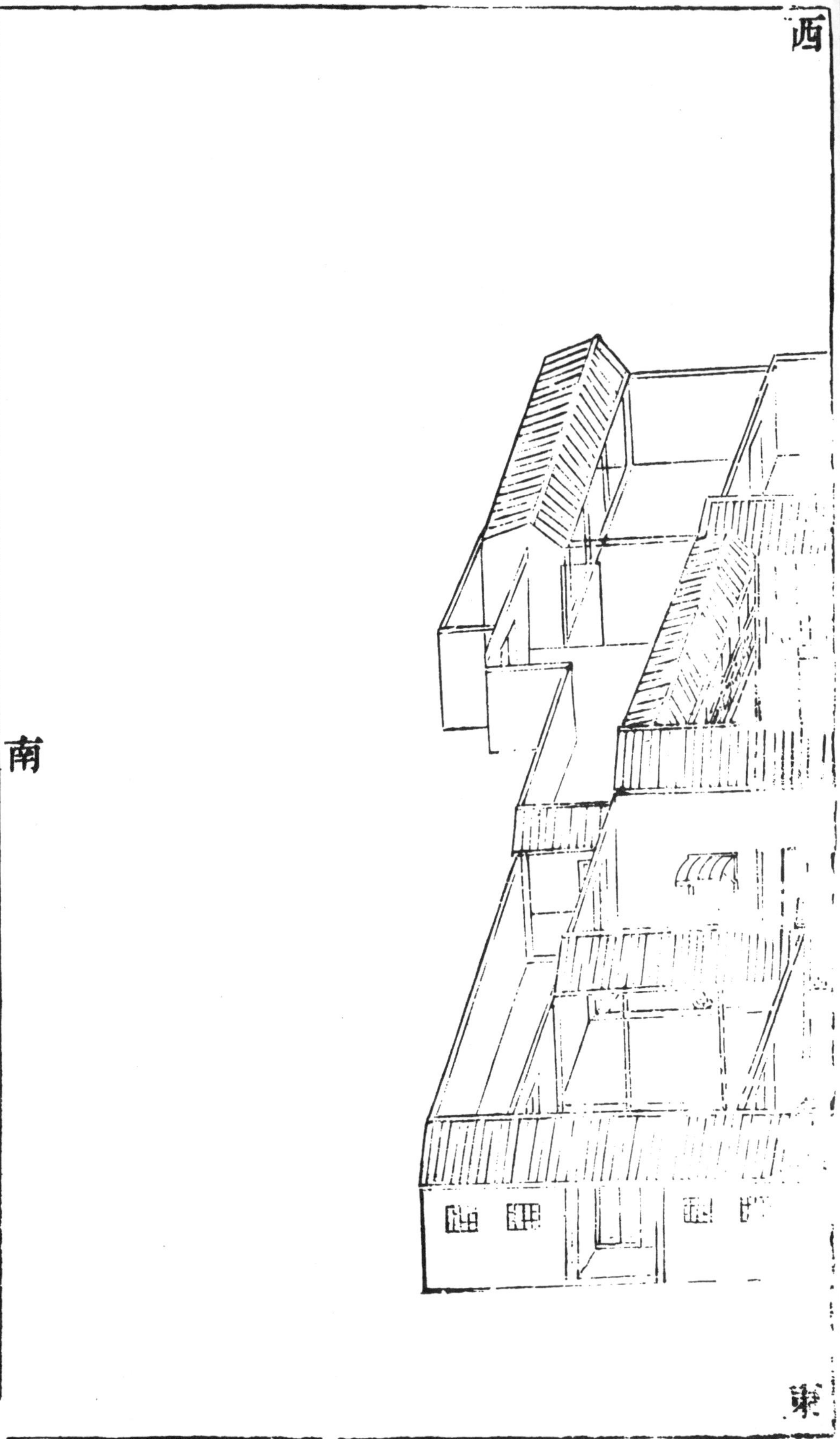

江甯府重修普育四堂志　卷四　三

立杜絕賣住房並基地文契魏鍾甫今將原買朽濫房並基地自行翻葢住房一業坐落江甯縣城中銅作坊地方計坐西朝東迎街門面靑牆左右四號中一號縮一架裝大門牆第一進平房並排三間天井一方第二進大廳三間天井一方食井一圓樓牆重門一道第三進樓房上下六間天井一方左右廂樓上下四厦第四進樓房上下六間後簷樓牆重門一道第五進朝南平房並排兩間前簷天井一方後簷天井一方順三進左首山牆外斜天井一長條並一進迎街北首平房一間天井一方右首圓門一道並大廳二進樓房上下兩間後簷左首牆門一道並一進迎街南首走巷一條其走巷由韓姓基地穿出迎街魏姓現將走巷並韓姓地起葢平房一間其韓姓地歸今受主自行理直後

簷牆門一道並大廳二進平房一間天井一塊並三進平房一間後簷牆門一
道並四進基地南北對面四間大廒一方左首分隔天井牆門一道右山牆後
門一道後路全隨房左右周圍牆垣均依本房柱脚爲憑上寫下地土木甎石
瓦片相連在房逐進裝修門扇板片窗槅踏沿石竹木欄杆釘鐵門扣磚瓦花
撒俱各絲毫不動另立細單交代存查近因正用邀家商議明白央中說合自
情願將此住房基地寸土寸木寸甎寸石不留盡底交代憑中邀牙立契出杜
絕賣與鄭名下永遠執業居住當日憑中三面言明本房並基地照時估值杜
絕賣價並佛閣食竈折席小禮總畫字禮食井東廁各項零星等總共曹平八
五兌紋銀一千四百三十兩整其銀比卽憑衆一平兌足魏姓親手收楚毫釐

不少與契兩交明白自杜賣之後聽憑買主拆卸翻蓋以舊易新永遠爲業
計付原買房並基地正契計四紙付執其原買正契於克復城時上首賣主
並未請領聯照憑局領價立契批明又照
同治十三年冬月　日立杜絕賣住房並基地文契魏鍾甫憑族剛已中李
飛吾魏早新龍才早習辛皆劉少園楊鏡秋鮑飾盛辟廣厚徐來章董儀賓
吳永隆沈松濤邵雲生劉賓來沈榮發劉逸峯汪兩香楊謂三劉立卿楊純
夫魏守道韓照永劉先鼇楊全斌王志高王芝泉李定山李鍾才劉德朝蔣
恆益官牙徐滙源

大夫第住房圖

武定橋南靖字鋪地方同治四五兩年置買金單二姓基屋共樓平房九十九間過樓十三厦東後院添造正房三間披二厦遊廊一道計修理添造用工料銀四百六十六兩有奇六年用正價銀三十四兩買本宅對面之路潤生蔡光耀屋基三間添造照牆一道光緒五六兩年稟請工程局委員朱令之幹拆造修理用工料銀三千一百十四兩有奇八年東後院餘基添造平房二進大門在鈔庫街計正屋六間披二厦用工料洋三百九十八員十年正屋五進添造廚披一厦後開大門一座並修理正宅用工料銀一百五十四兩有奇現正屋租羅公館西偏租葛朱兩公館又西偏租江公館其大門並排兩號租陸王二姓住照壁東偏餘基一間租廣懋鞍店正屋後樓並排兩進租方洪兩公館東後院平房兩進租汪姓

大夫第住房圖

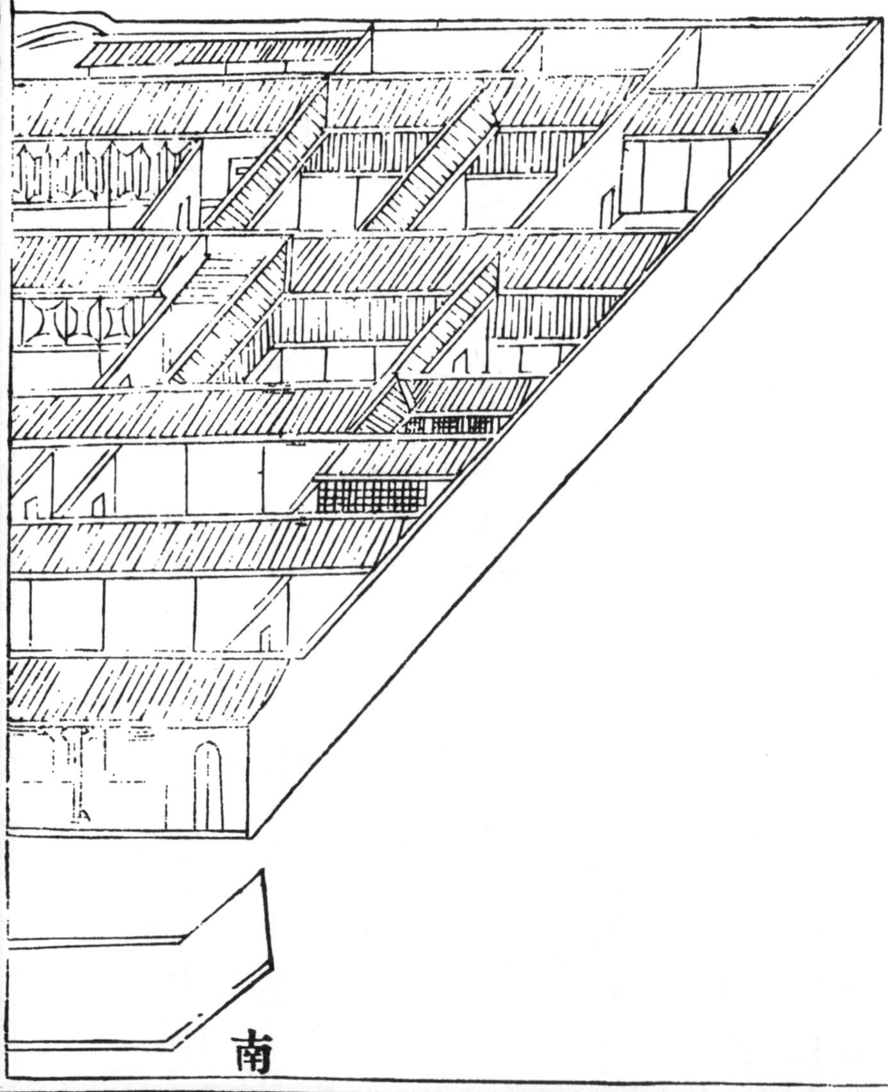

前界抵大夫第街由東至西計寬十六丈八尺
後界抵鈔庫大街由西至東計寬十六丈八尺
左界抵朱姓住屋由北至南計深十六丈七尺
右界抵王姓住屋由南至北計深十六丈七尺

照壁基地向北
前抵官街
後抵蔡姓
左西抵空基地
右東抵李姓屋
計西東寬二丈六尺五寸 北南深二丈五尺六寸

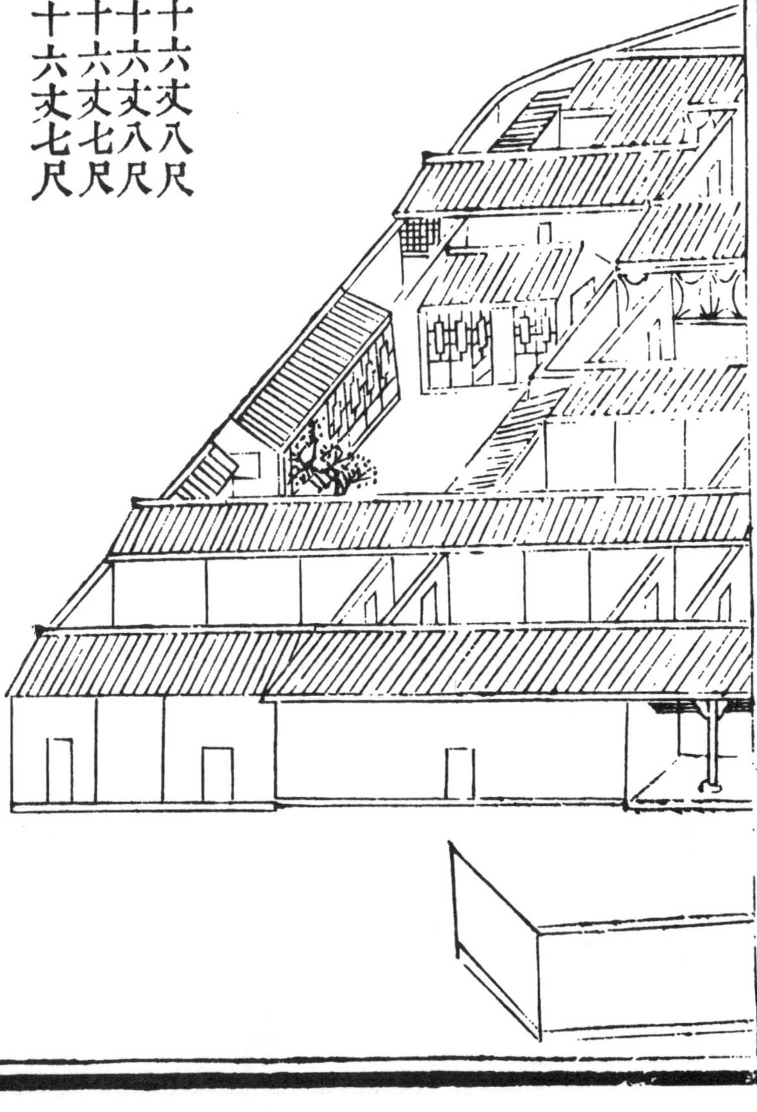

此處有並排門面二號

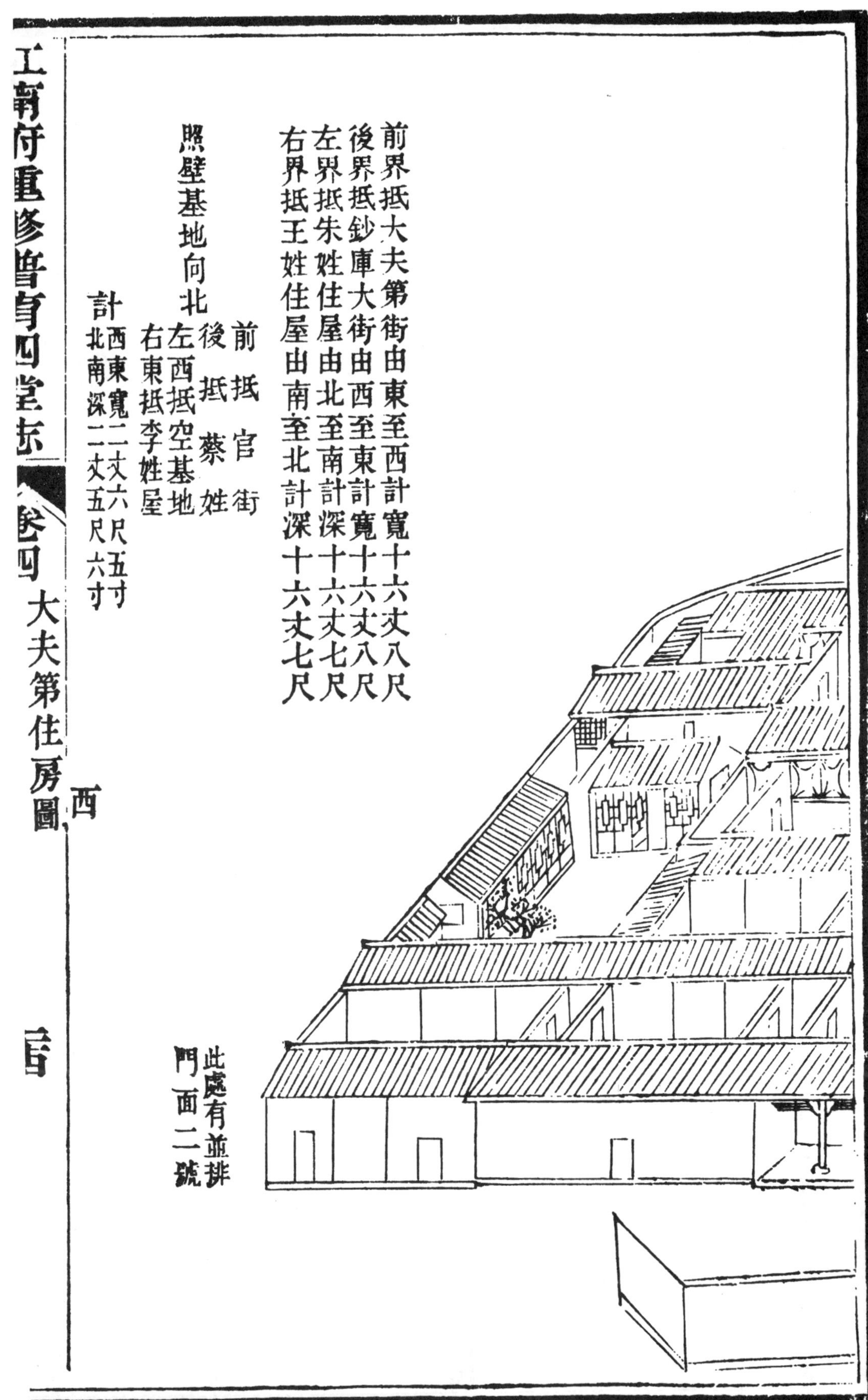

鈔庫街住房圖

基址係大夫第屋東後院

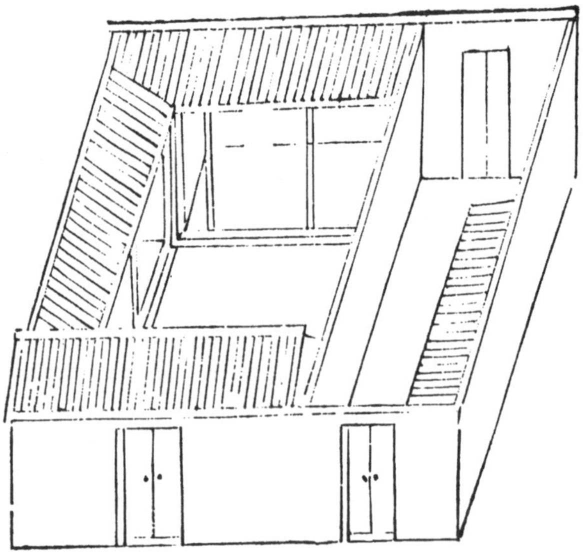

立杜賣契人金子雲金子英金子嚴金子彰金子明金子木金子儀金子霞情緣正用將祖遺房屋一所坐落江甯縣武定橋大夫第口坐北朝南計樓平房屋四十五間又過樓十三厦合家商議明白央中說合杜賣與普育堂名下執業聽憑造作招租一切憑中言明正價湘平寶紋銀一千兩整當日銀契兩交並不短少此係兩相情願毫無私債準折勒逼情事如有親友族中爭論皆歸出筆人一力承當與此堂不相干涉今欲有憑立此杜賣契付執

外付本房雙聯單一紙

同治四年十二月二十五日立杜賣契人金子雲金子英金子嚴金子彰金子明金子木金子儀金子霞憑中張少京甘竹生陳厚卿

立杜賣房契人單功甫同姪脩爵今將祖遺住房一所坐落江甯縣城中靖字鋪大夫第地方朝南門面計房屋五十四間基地一方後牆爲止隨房牆壁上下土木房地相連在房裝修俱各不動近因正用憑中立契出賣與普育堂名下永遠執業當日三面言定本房照時估値杜絕賣價湘平紋銀一千二百兩整其銀卽日一平親手收受毫不短少銀契兩交明白其房自杜賣後聽憑買主折卸翻葢永遠執業此後倘有族親長幼上業異姓人等爭論以及重複典當家務不清一切葛籐等事俱是賣主一力承當與買主毫無干涉今欲有憑立此杜絕賣房文契永遠存照

計附聯單一紙付執又照

同治五年正月　日立杜賣房契人單功甫同姪脩爵憑中張少京陳厚卿
謝幼暉甘竹生

立杜賣市房並基地文契民人路潤生蔡光耀今將祖遺江甯縣治大夫第地方迎街門面朝北市房架一間基地三間出賣與普育堂名下執業聽憑改造當日得受房架一間價實紋銀十八兩整又基地三間價實紋銀十六兩五錢其銀應派路潤生收房架一間銀十八兩又基地間半銀八兩二錢五分蔡光耀收間半基地銀八兩二錢五分一併均各收清銀契兩交明白嗣後倘有親族人等爭論均惟出筆人一力承當今欲有憑立此杜賣文契存照

計附呈路姓本房並基地聯照一紙又照所有蔡姓基地聯照因別房牽連

未及呈繳當呈在貴堂內批明又照朝北基地三間計寬二丈四尺五寸計進深二丈一尺又照

同治六年十月二十六日立杜賣房基文契民人路潤生蔡光耀憑中杜梓嵐李仁安龔子綸

評事街正街市房圖

同治七年用正價銀一千五百兩置買張鎮祥基屋八年修理用工料銀三百餘兩光緒四年修理用工料錢五十九千有奇七年修理用工料銀三百六十餘兩九年修理用工料錢一百十八千有奇現租廣聚客棧

江甯府重修普育四堂志　圖　三

評事街市房圖

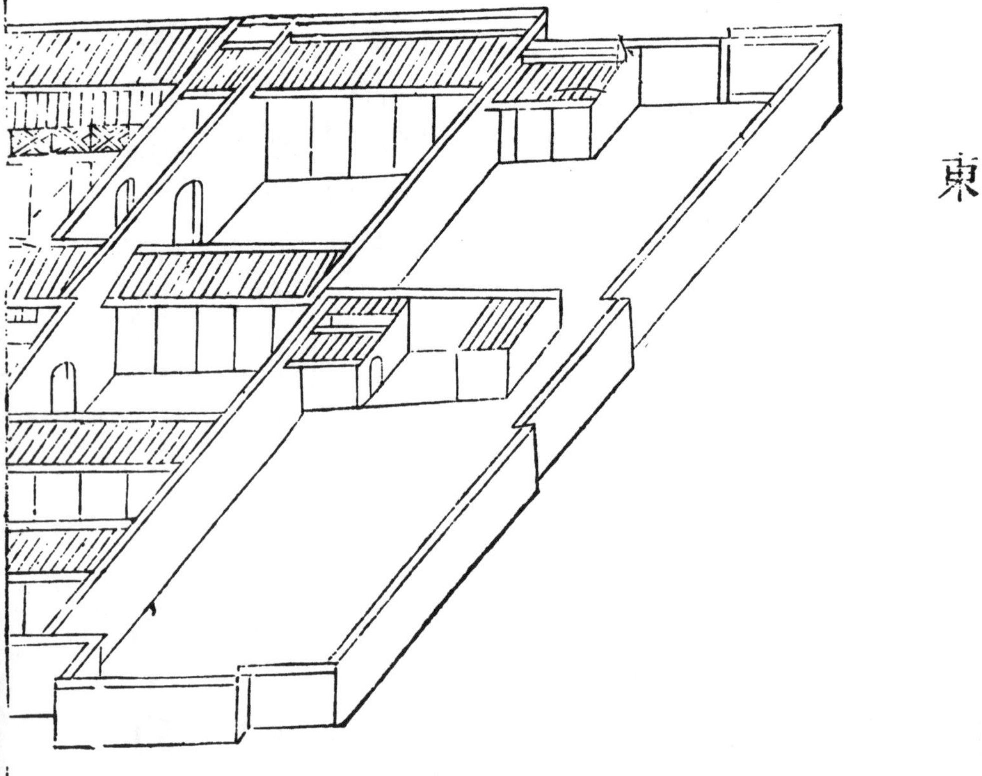

評事街市房圖

北

正房坐北朝南

前界抵翁姓市房由東至西計寬十八丈二尺

後界抵　姓空基地由西至東計寬十八丈二尺

左界抵　姓空基地由北至南計深十一丈二尺

右界抵王姓市房由南至北計深十一丈二尺

門墻坐東朝西

前界抵官街由南至北計寬八尺五寸

後界抵本房正屋由北至南計寬八尺五寸

左界抵翁姓市房由西至東計深四丈二尺五寸

右界抵王姓市房由東至西計深四丈二尺五寸

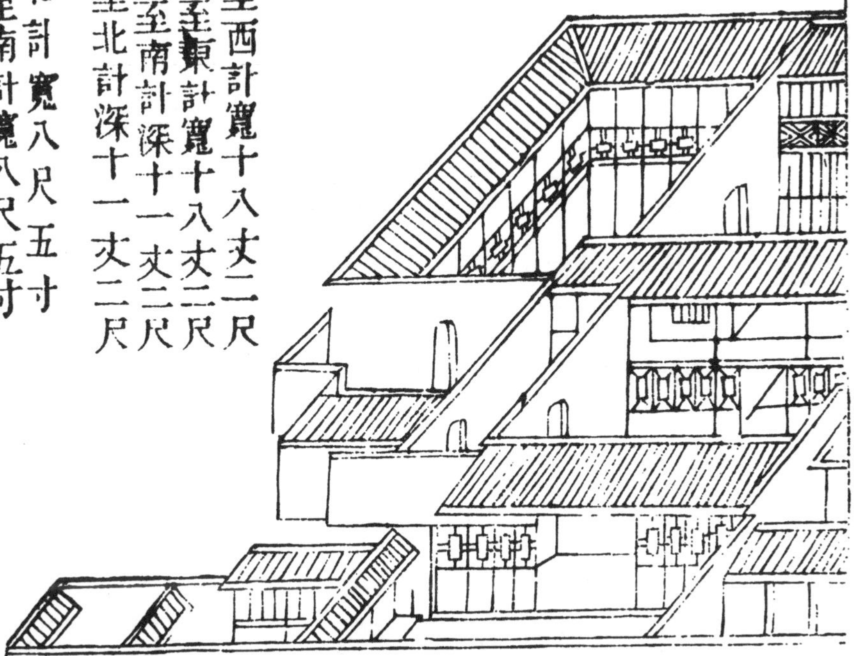

南

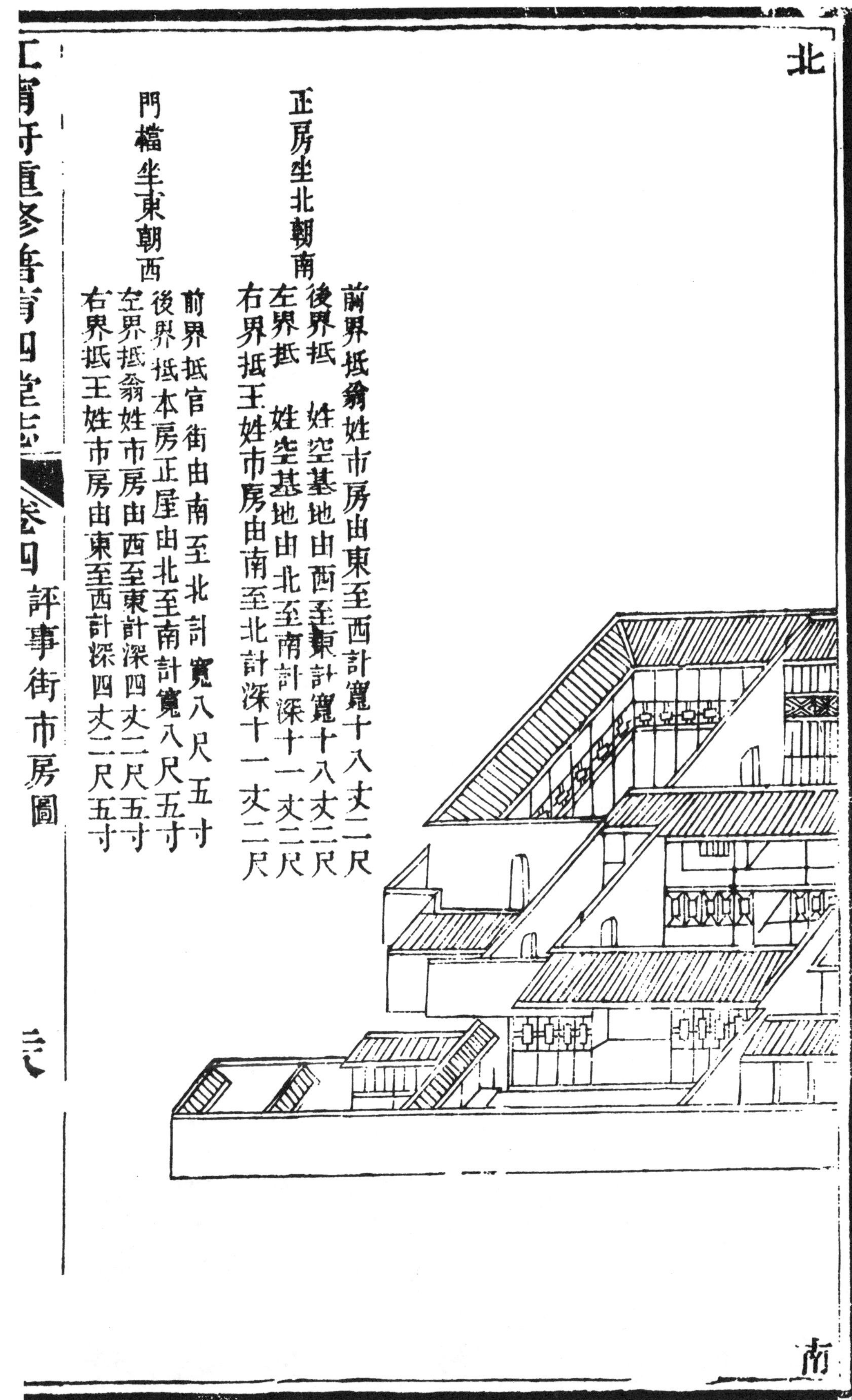

江甯府重修普育四堂志　卷四

立杜絶賣房並基地文契張杜氏同子鎭祥姪鎭福姪孫承誥承燿承斌今將
祖遺原買房一業坐落江甯縣評事大街地方計坐東朝西迎街門面第一進
門樓平房一小間天井一方第二進二門樓平房一小間天井一方朝南披房
並排二厦朝西牆門內丹墀一方堵塞食井一元左右遊廊二厦南首照牆一
道朝南第一進起捲大廳三間後天井一方食井一元東首柏樹一株朝南第
二進洋樓房上下六間後樓牆一道重門內天井一方朝南第三進樓房上下
六間後樓牆爲界大廳前東首遊廊後檐牆門內朝北平房並排三間半內有
二間半欠一架後天井一方大小樹三株前天井一方並排平房左首朝北披
一厦大廳後檐左首牆門內書房一間抽巷一條並書房東首平房並排三間

天井五號一方並二進左首凋窄平房並排五間天井五號一方右首分隔牆外天井一號一方並三進左首凋窄平房並排六間後窄天井六號一方後牆爲界一進後天井東首牆門内道士冠起捲東厠房一間東厠一座後天井一條過門披一厦腰牆門内天井二號半一方朝南無瓦房架二間半内有一間欠一架後窄天井全後牆爲界並房架東首基地一大方以圍牆爲界東厠披東首花廳基地三間並花廳基地東首書房一間後一線天井全花圃基地一方梧桐樹四株以圍牆爲界一進後天井右首牆門内並二進樓房上下二間前天井一方並樓房右首廚房二間前一線天井全後曲直天井一方照牆一道裏外飄雨搭全天井一方左右廂樓上下四厦左右接檐朽濫平披二厦並

江甯府重修普育四堂志　卷四

三進右首起捲樓房上下六間後樓牆爲界隨房周圍牆垣均依本房柱脚爲
滙上下土木房地甎石瓦片相連在房窗格門扇仰地分間樓板階沿石枋檻
一應裝修俱各不動另立細單存查近因正用通家商議明白央中說合自情
願將此房並基地憑中邀牙立契杜絶賣與普育堂名下永遠執業當日三面
言明本房照時估值杜絶賣價湘平銀八五兌一千五百兩整其銀卽日一平
兌足張姓憑衆親手收楚毫釐不少銀契兩交明白杜絶賣後聽憑買主拆卸
翻蓋以舊易新永遠爲業

計附本房聯照一紙付執批照

同治七年七月　日立杜絶賣房並基地文契張杜氏同子鎭祥姪鎭福姪

孫承誥承耀承斌憑堂姪媳陳氏族鎮洪憑親彭蔭德廖成增王子香沈錦

文中張心田李汞增陳厚卿謝幼暉陳吉人

評事街走馬巷口市房圖

同治八九兩年用正價銀二千八十二兩四錢四分三奈置買柏灝基屋統共正屋二十九楹樓披四厦平廂披七間遊廊二道井一眼後門二道橫通走馬巷內

光緒四年委員王檢校侃修理用工料銀六十二兩洋十二員錢三百五十九千有奇

現租恆昌煙莊鄒下田肉店徐廣泉住宅

評事街走馬巷口市房圖

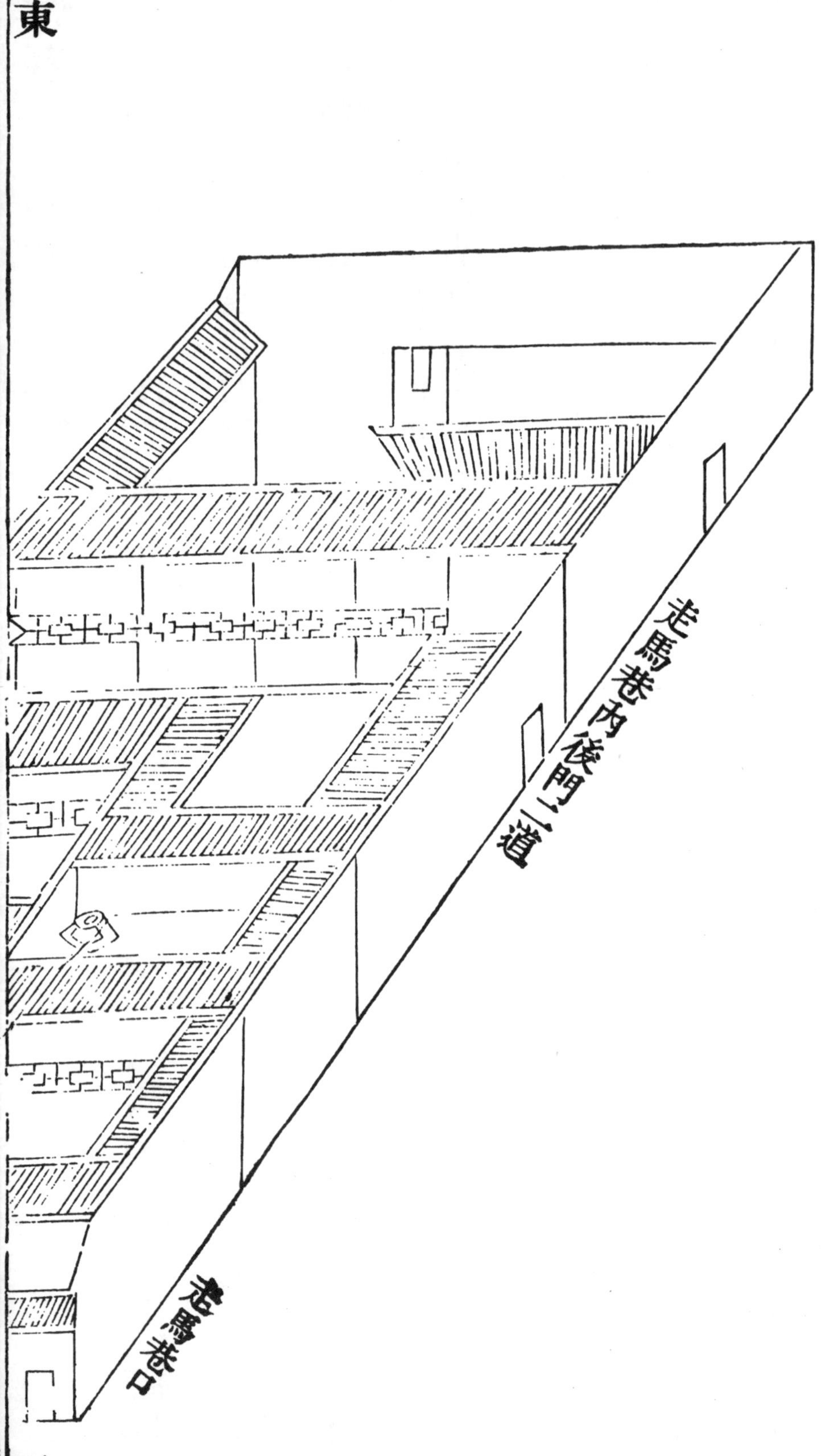

走馬巷口市房契

前界抵評事官街由南至北計寬三丈七尺
後界抵徐姓住房由北至南計寬三丈七尺
左界抵走馬巷內由西至東計深十二丈八尺
右界抵柏姓市房由東至西計深十二丈八尺

北

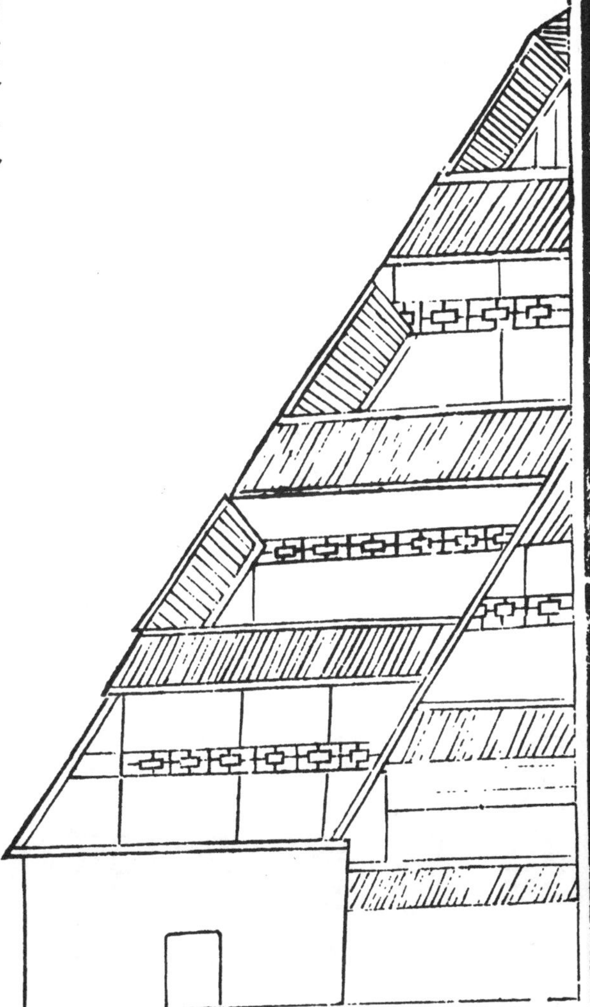

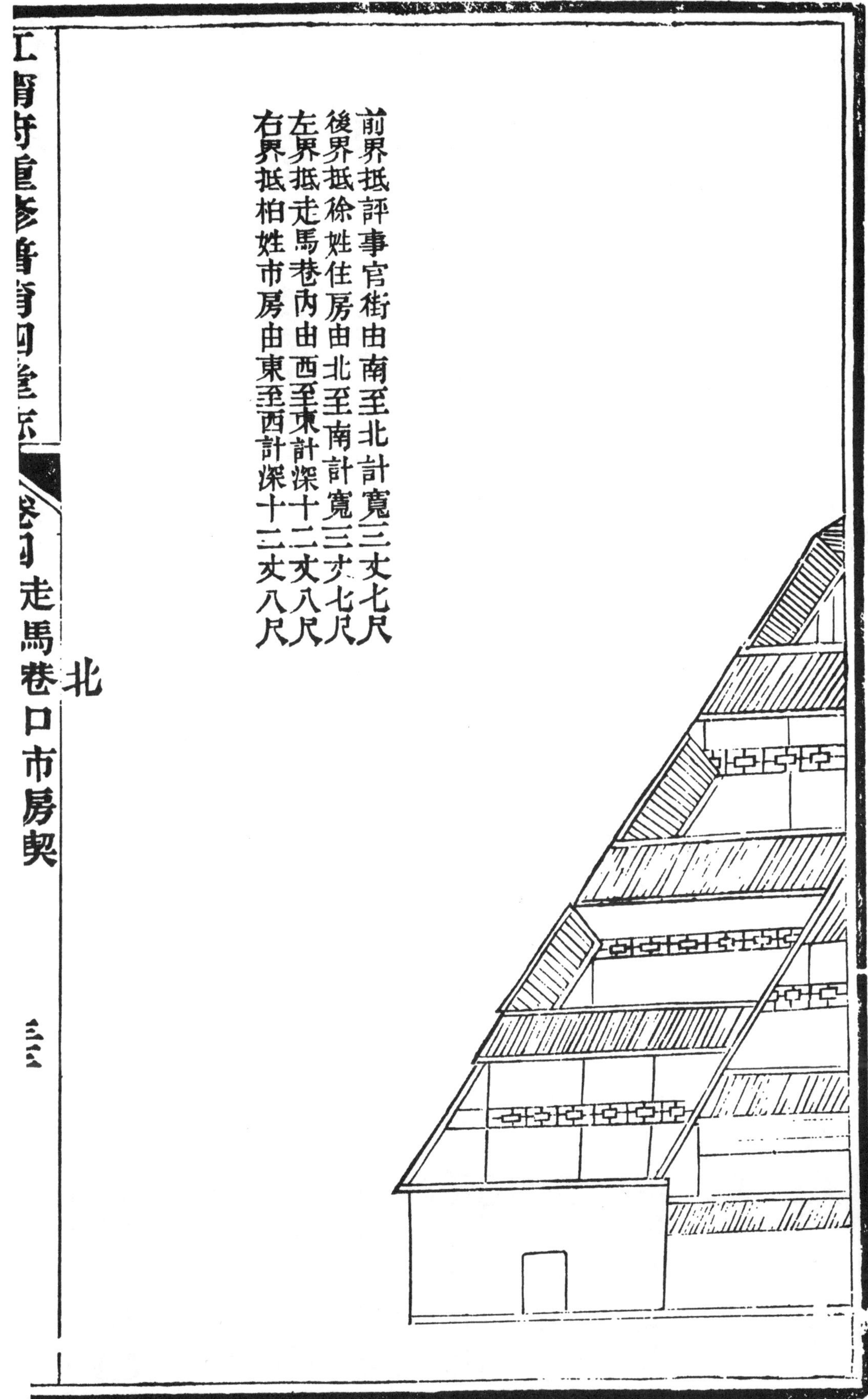

立杜絕劈賣店房文契柏郭氏同子柏灝今將祖遺原買己產一業坐落江邑城中評事街食字鋪地方計坐東朝西門面迎街青牆一道內天井一條第一進兩改三樓房上下小六間天井一方右首遊廊上下二厦二進樓房上下四間後牆一道天井一方右首遊廊上下二厦三進兩改三樓房上下小六間後牆爲止隨房周圍牆垣均依本房柱腳爲憑上下土木房地甎石瓦片相連在房裝修俱各不動載明契後隨房交代近因正用通家商議明白央中友說合自情願將此房憑中牙立契出杜絕劈賣與普育堂名下永遠執業取租當日三面言明本房照時估値得受杜絕劈賣價湘平四色半八五兌紋銀一千一百四十一兩一錢整其銀即日契下一平兌清賣主憑衆親手收足毫不短少

銀契兩交明白此房自賣之後聽憑買主拆卸翻蓋以舊易新永遠執業
計附本房執照一紙又字據一紙共二紙付執又照
同治八年七月　日立杜絕劈賣店房文契柏郭氏同子柏灝憑中陳厚卿
孫可均陳吉人黃南山

立劈存餘市房文契柏郭氏同子灝今將祖遺原買市房一業坐落江甯縣城西評事大街地方朝西迎街一進二進三進及天井公同出入實杜絕賣第四進樓房上下八間前天井一方內左右樓披上下四廈後牆全天井一方第五進披廈三間東厠全後門通走馬巷隨房周圍牆垣均依本房柱腳爲憑上房下地瓴石瓦片相連在房裝修零星板片拴擐扣搭門閂門披石墊石磡腳門

頭過門等件一應俱各絲毫不動隨房交代近因正用通家商議明白央中說合願將此㫄存餘市房憑衆邀牙立契出杜絕歸并與普育堂名下永遠執業取租當日三面言明其房照時估値杜絕賣價曹平四色半八五兌紋銀四百七十兩四錢整其銀即日憑衆一平兌足柏姓親手收楚毫釐不少銀契兩交明白自杜賣之後聽憑買主拆卸翻葢任意更新永遠執業

計附本房聯照一紙又贖回批銷廢典據一紙又字據一紙共三紙付執又照

同治九年三月　日立杜絕賣㫄存餘市房文契柏郭氏同子灝憑中陳子

元陳厚卿王戟臣孫少雲王子久陳吉人

立杜絕賣店房文契柏郭氏同子灝今將祖遺原買己產一業坐落江甯縣城

中評事街走馬巷口地方計坐東朝西門面迎街第一進七架梁樓房上下二間無樓板楞天井一方第二進五架梁樓房上下二間後牆一道牆門外天井一方食井一員右首過上下兩厦第三進五架梁無樓板無樓楞樓房架一間前簷接出瓦披一厦後簷南北向對面小披二厦後牆爲止後門後路全通走馬巷隨房左右周圍牆垣均依本房柱腳爲憑上下土木房地甎石瓦片相連在房裝修過門墊石俱各絲毫不動另立細單隨房交代近因正用通家商議明白央說親友說合自情願將此店房寸土寸木不留罄產交代憑中邀牙立契杜絕賣與普育堂名下永遠執業取租當日三面言明本房照時估値得受杜絕賣價曹平四色牛八五兌紋銀四百八十兩零九錢四分整其銀卽日契

下一平兌清賣主憑衆親手收楚毫釐不少銀契兩交明白此房自賣之後聽
憑買主拆卸翻葢以舊易新永遠執業
計付本房執照一紙又照
同治九年八月　　日立杜絕賣店房文契柏郭氏同子灝憑中孫可君陳子
元伍小農

評事街打釘巷口市房圖

光緒六年用正價本洋一千九百十員置買嚴有德基屋十年屋宇被焚用湘平銀一千四百九十九兩零起造正屋樓上下並平房二十一間樓廂上下八間後院一方披二厦井一圓後門一座通泥馬巷現租張萬春藥鋪

評事街打釘巷口市房圖

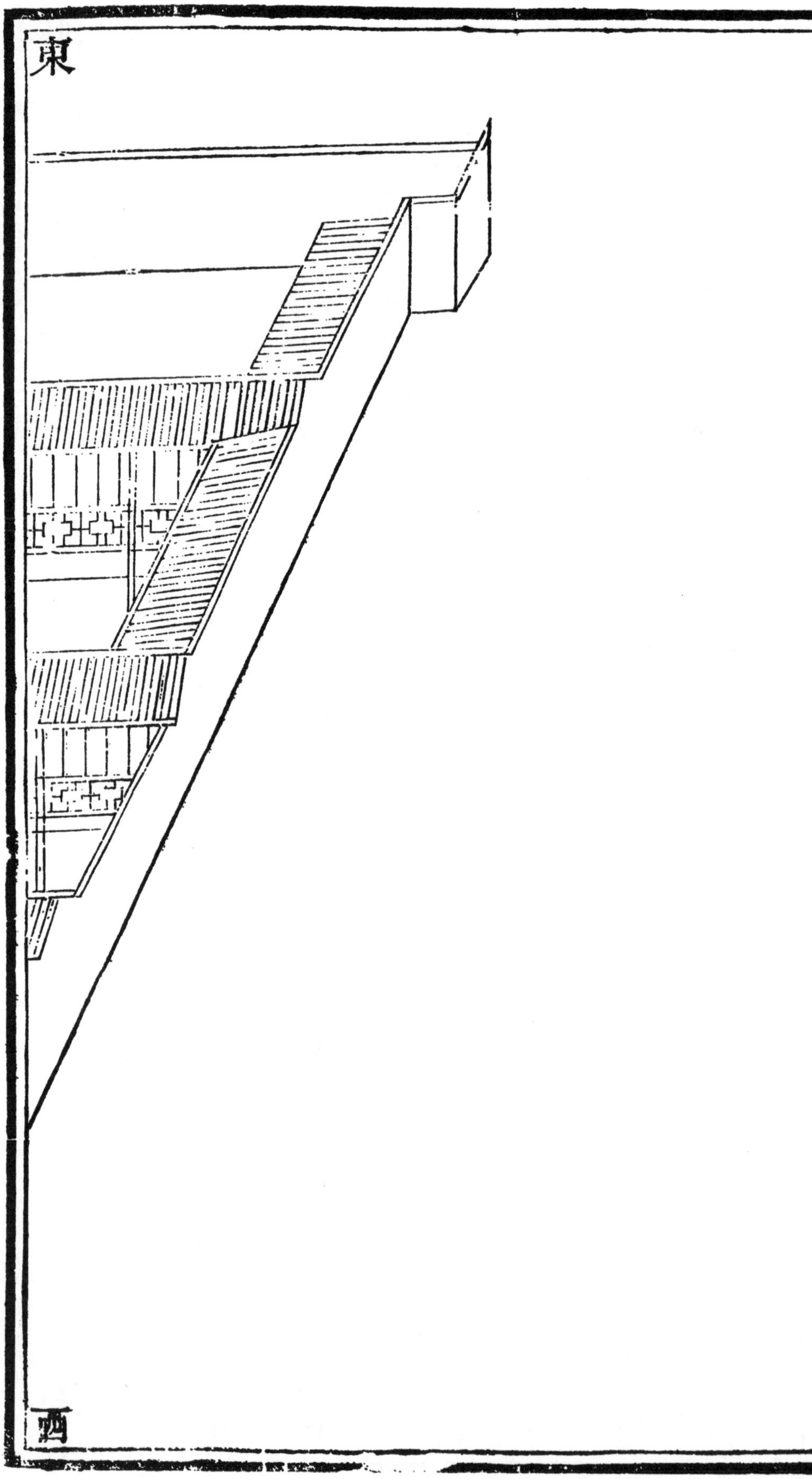

江甯府重修普育四堂志卷四　打釘巷口市房契

前界抵許事大街由南至北計寬二丈四尺
後界抵　由北至南計寬三丈三尺六寸
左界抵公泰店由西至東計深十一丈五尺
右界抵永興鴨店由東至西計深十一丈五尺
三進前簷北偏至四進後簷計寬三丈八寸
朝北後門通泥馬巷

北

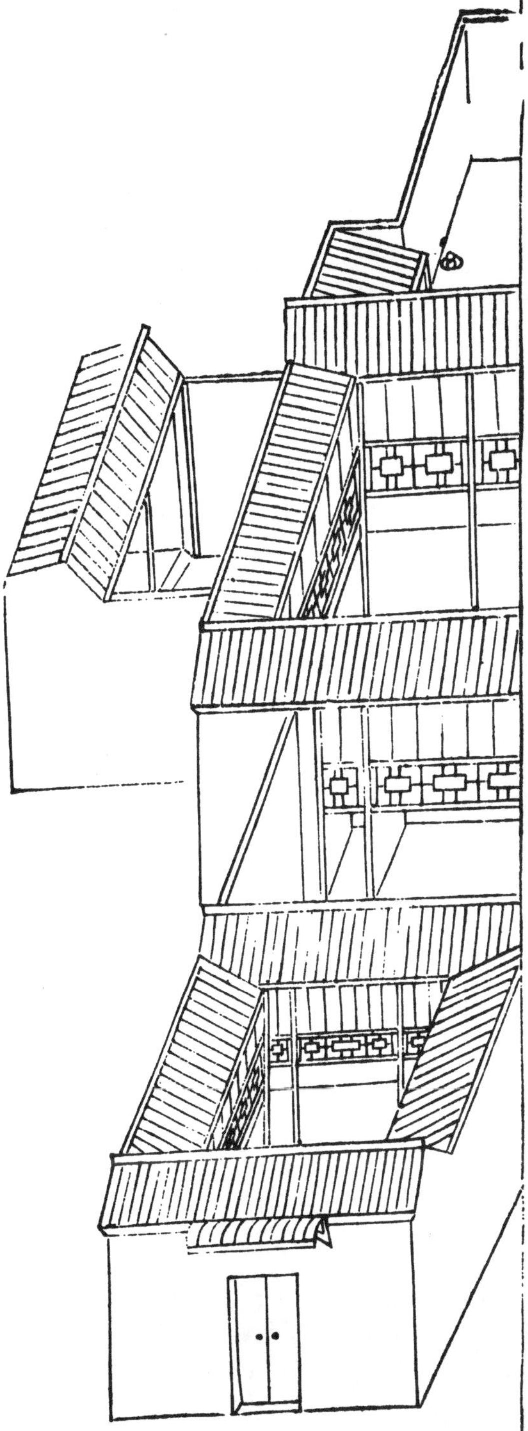

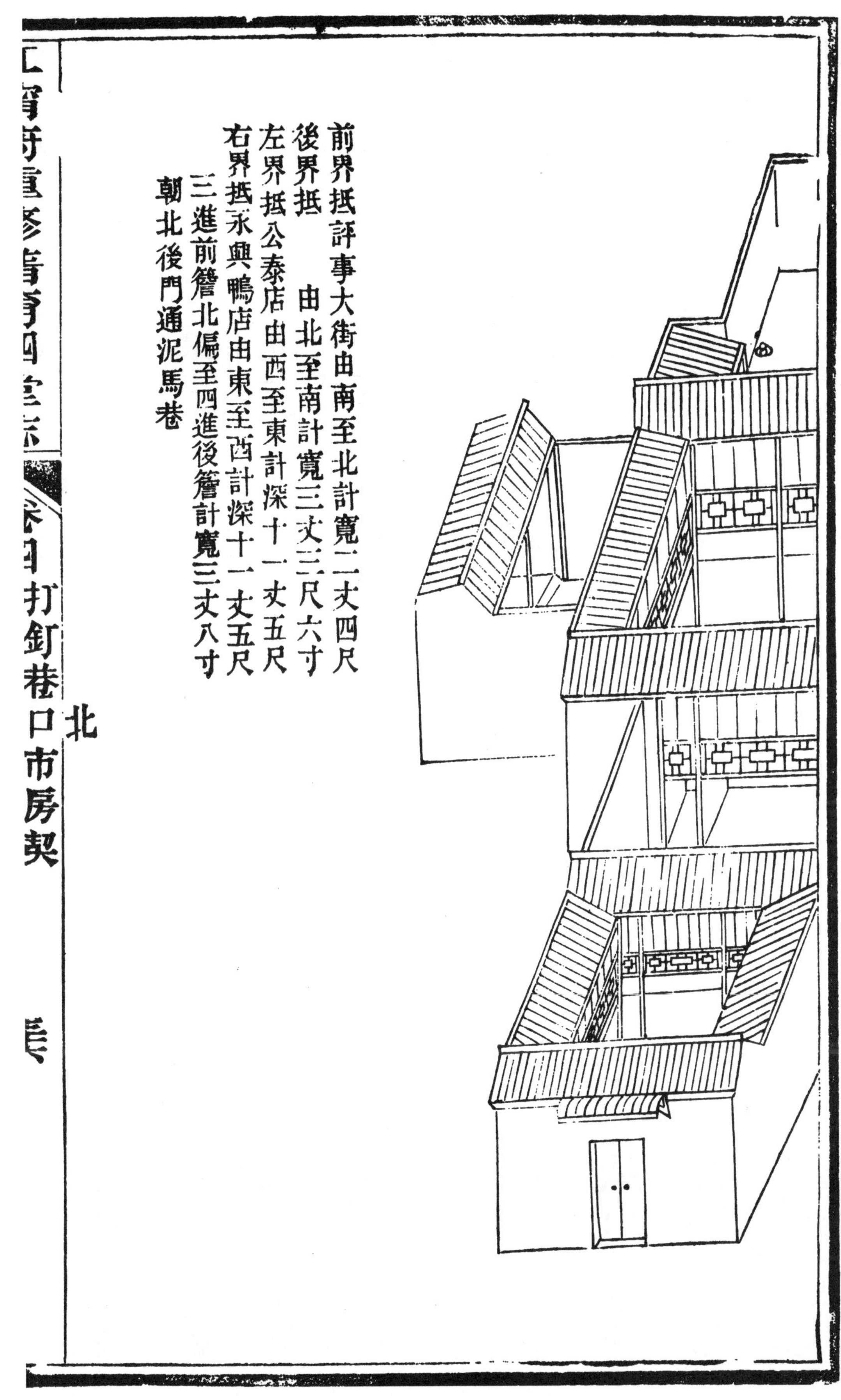

立杜絶賣房屋并基地文契嚴有德今將原買房並基地自行翻蓋改造整理
已產店房一業坐落江甯縣城中評事街打釘巷口地方計坐東朝西迎街間
面二號第一進七架梁平房並排二間天井一方內右首廂房一厦第二進兩
改三樓廳上下小六間後天井全內右首樓廂上下全樓牆一道牆門內第三
進倒座朝東樓房上下六間天井一方内左右廂樓上下四厦第四進樓房上
下六間後簷牆一道牆門內後接簷瓦披三號又出簷瓦披一號第五進基地
曲直四號一方後圍牆一道爲界前左首朝北瓦披一厦四進後簷右首食井
一員石井闌全惟四進右首山牆一道牆門內瓦披一厦天井一方朝南七架
梁平房並排二間後簷牆兩號後門一道後路通泥馬巷隨房周圍牆垣均以

本房柱脚爲憑上房下地土木甎瓦石片相連在房裝修另立清單存查俱各絲毫不動隨房交代近因正用通家商議明白央中說合自情願將此店房并基地憑中邀牙立契出杜絕賣與普育堂名下永遠執業取租當日三面言明本房并基地照時估值杜絕賣價本洋錢一千九百十元整其洋卽日契下憑衆一手兑足嚴姓親手收楚毫不短少洋錢契兩交明白杜絕賣後聽憑買主拆卸翻蓋任意更新永遠爲業

計付本房原買正印契一紙尾全又上首聯照一紙共二紙付執又照

光緒六年十二月　　日立杜絕賣店房并基地文契嚴有德憑胞姪載之中

金子安沈炳峯熊慶祥唐金維王炳之

鵓子巷住房圖 老婦堂斜對門

同治八年用正價銀七百六十五兩置買張德福等平房十八間披二厦後進東偏朝南直巷一條通街光緒元年用正價銀二十八兩五錢三分置買王竹溪基地一方坐落張家衕後街五板橋即爲本屋後院七年修理用工料錢六十七千有奇現租劉公館

鵓子巷住房圖

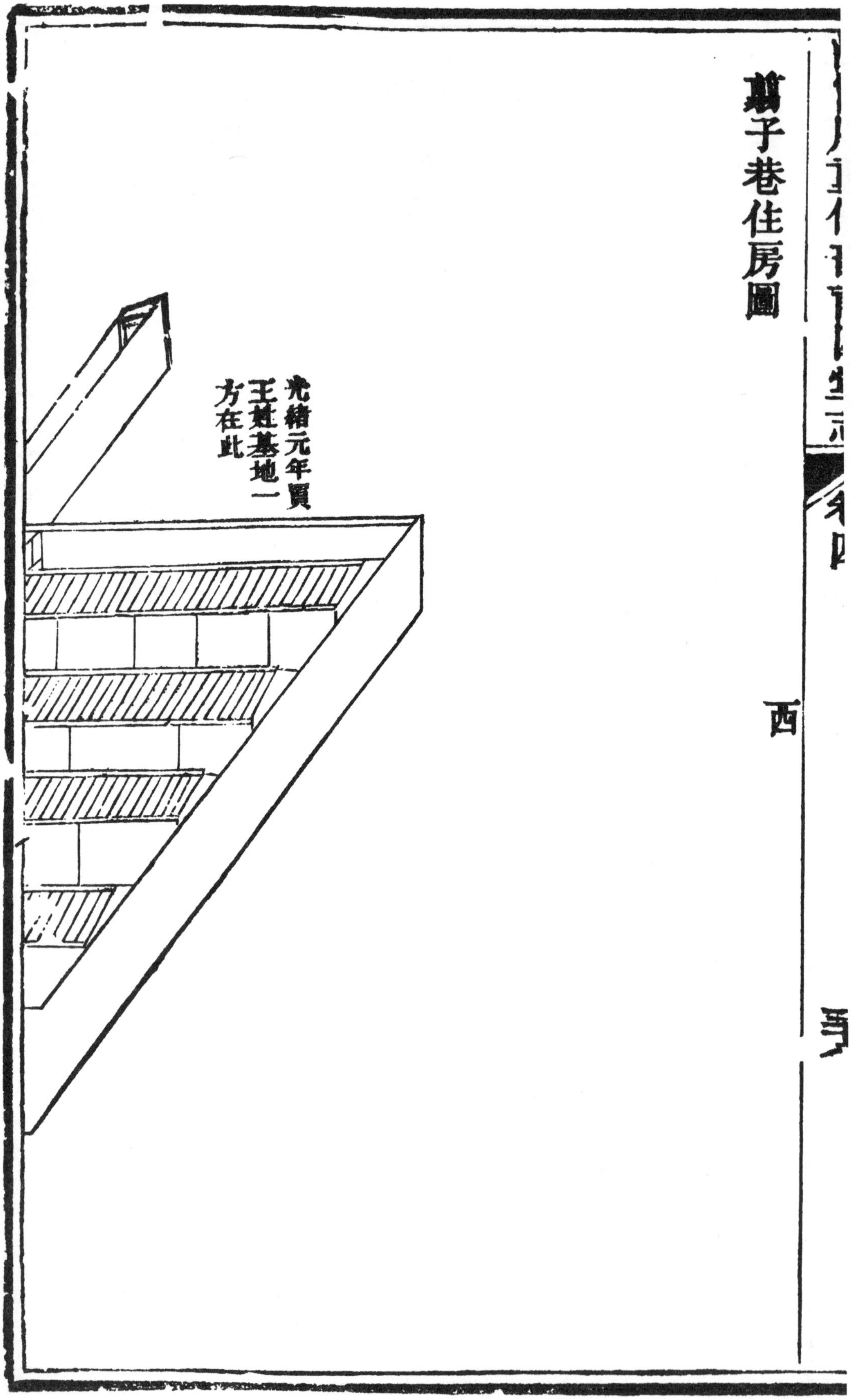

前抵剪子巷街由東至西計寬三丈五尺
後抵李姓住屋由西至東計寬四丈
左抵李姓住房由南至北計深十五丈
右抵湯姓住房由北至南計深十五丈
外後首披一厦計寬一丈
巷一条計寬四丈
深連披十丈一尺

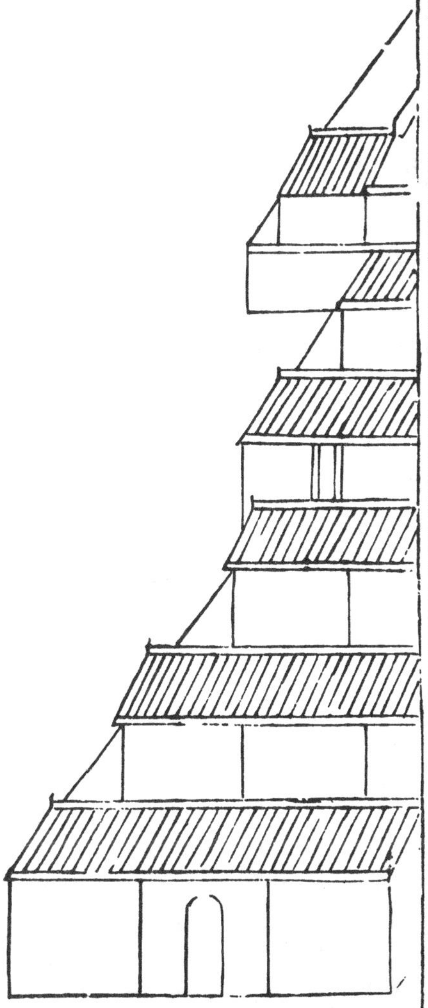

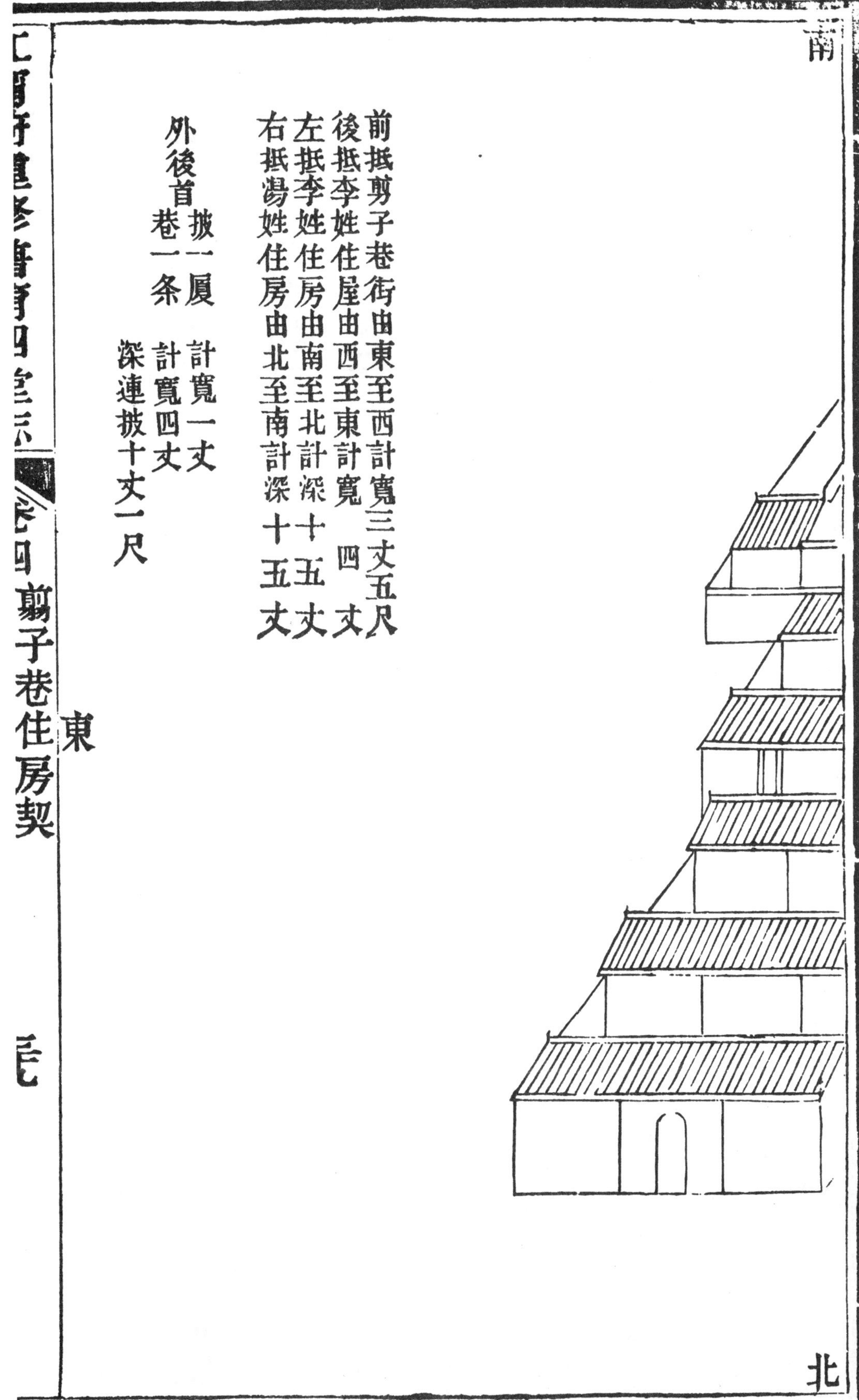

立杜絶賣住房文契張德福張麗明同姪近堂柳門今將原買祖遺已產一業坐落江邑城中蒯子巷調字鋪地方計坐南朝北門面迎街靑牆三號一道第一進平房並排三間三號天井一條左右分隔牆兩小道照牆一道重門內丹墀一方二進起捲大廳並排三間後牆一道牆門內天井一方三進平房並排三間後牆一道牆門內天井一方左首廂披一厦四進平房並排三間並四進左首廚房一間後檐牆一道天井一方五進四改五平房並排小五間天井一方左首牆門一道天井一方橫首廚房一間接檐橫披一厦直巷一條通後路後門全隨房周圍牆垣均依本房柱脚爲憑上下土木房地甎石瓦片相連在房裝修俱各絲毫不動另立細單隨房交代近因正用通家商議明白央託中

友說合自情願將此房寸土寸木不留憑中牙立契出杜絕賣與普育堂名下
永遠執業當日三面言定本房照時估值得受杜賣價曹平四色半八五兌紋
銀九百兩整其銀卽日契下一平兌足賣主憑衆親手收楚毫不短少銀契兩
交明白此房自杜賣後聽憑買主拆卸翻蓋以舊易新永遠執業

計附本房執照一紙付執又照

同治八年六月　　日立杜絕賣住房文契張德福張麗明同姪近堂柳門憑

中胡煦齋許麗生王易堂朱席珍

立杜絕賣基地文契王倪氏吳氏同姪竹溪今將祖遺原買住房被毀僅存基

地一業坐落江邑城中張家衙後街五板橋地方計大門舊址朝東山頭迎街

開門內轉向朝北基地並排四間前天井四號是日眼同木尺丈量計寬四丈四尺計深連天井三丈八尺為界東至官街西至李鄰牆為界南至老牆脚北至普育堂屠姓牆為界該基四至是日眼同指明丈量交代在地甎石土堆一概不動寸土不留罄產交代今因正用通家商議明白央中說合自情願將此基地憑鄰中邀牙立契出杜絕賣與普育堂名下永遠執業造屋自便當日三面言定本基地今照時估值得受杜絕賣價曹平八五兌紋銀二十四兩五錢三分六釐四毫其銀比卽一平兌清賣主親手收足毫不短少銀契兩交明白

自賣之後聽買主起蓋房屋永遠為業

計附本基地聯照一紙付執又照

光緒元年十一月　日立杜絶賣基地文契王倪氏吳氏同姪竹溪憑親中

吳春浦倪立堂

鵓子巷住房圖 在普育堂右邊

光緒十一年用正價銀二千五百兩置買李緒堂等基屋計正宅五進共十七間內井一口又右首書樓上下並平房六間後院一方現租周公館

剪子巷住房圖

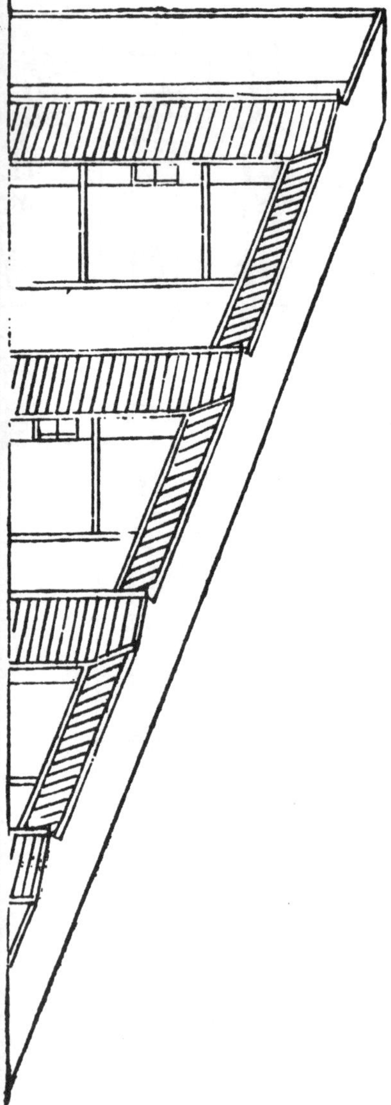

西

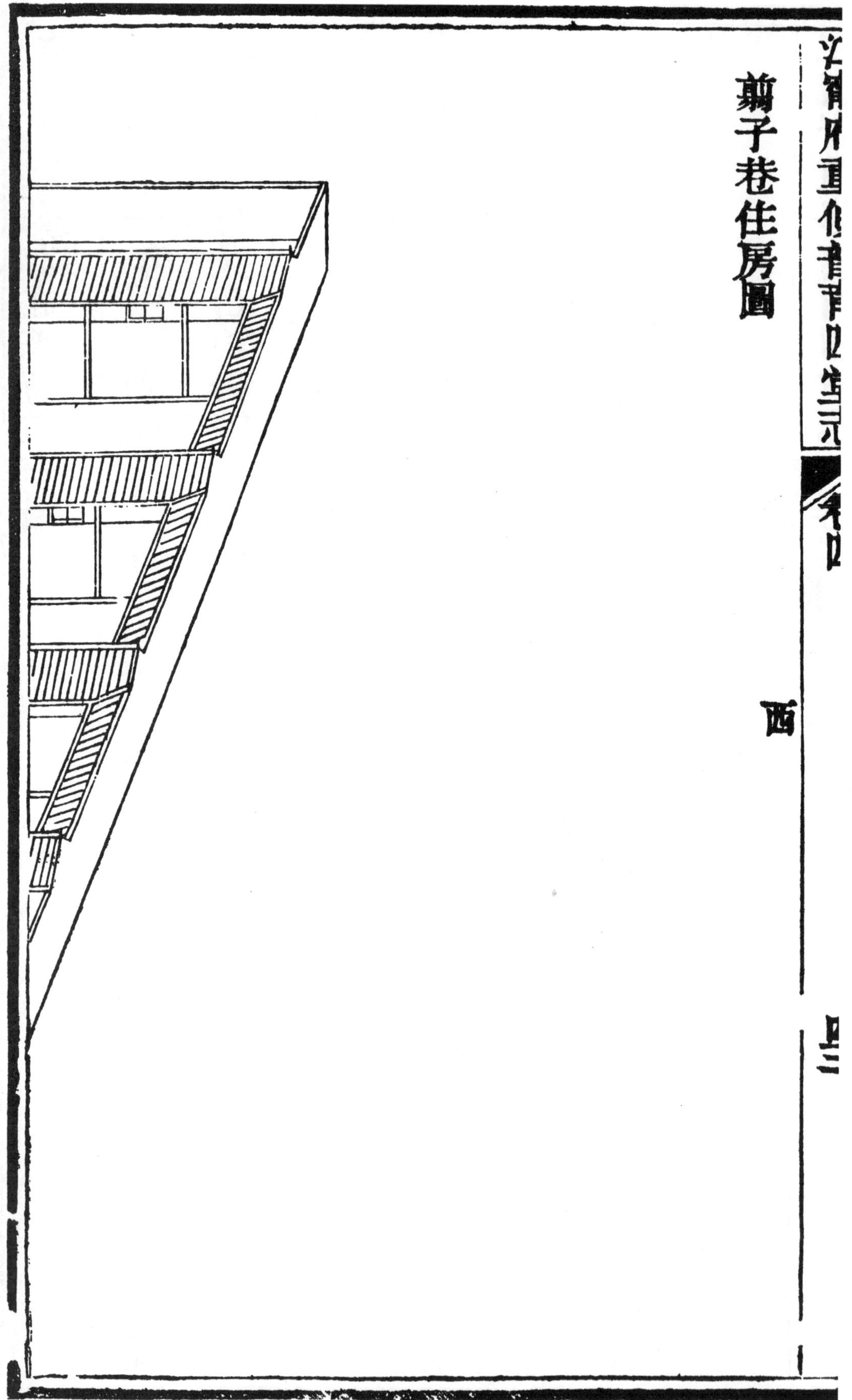

前界第一進由東至西計寬三丈五尺
後界圍牆至二進前簷由東至西計寬四丈六尺八寸
左界抵普育堂由北至南計深十一丈七尺五寸
右界抵李姓屋由南至北計深十一丈七尺五寸

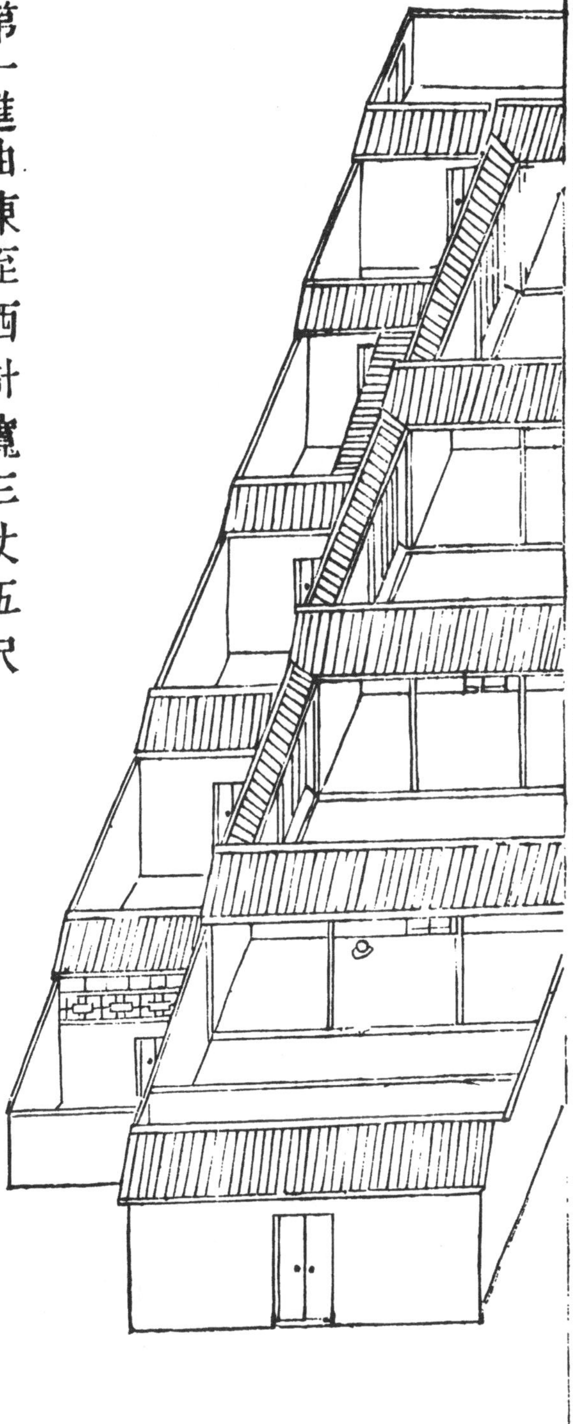

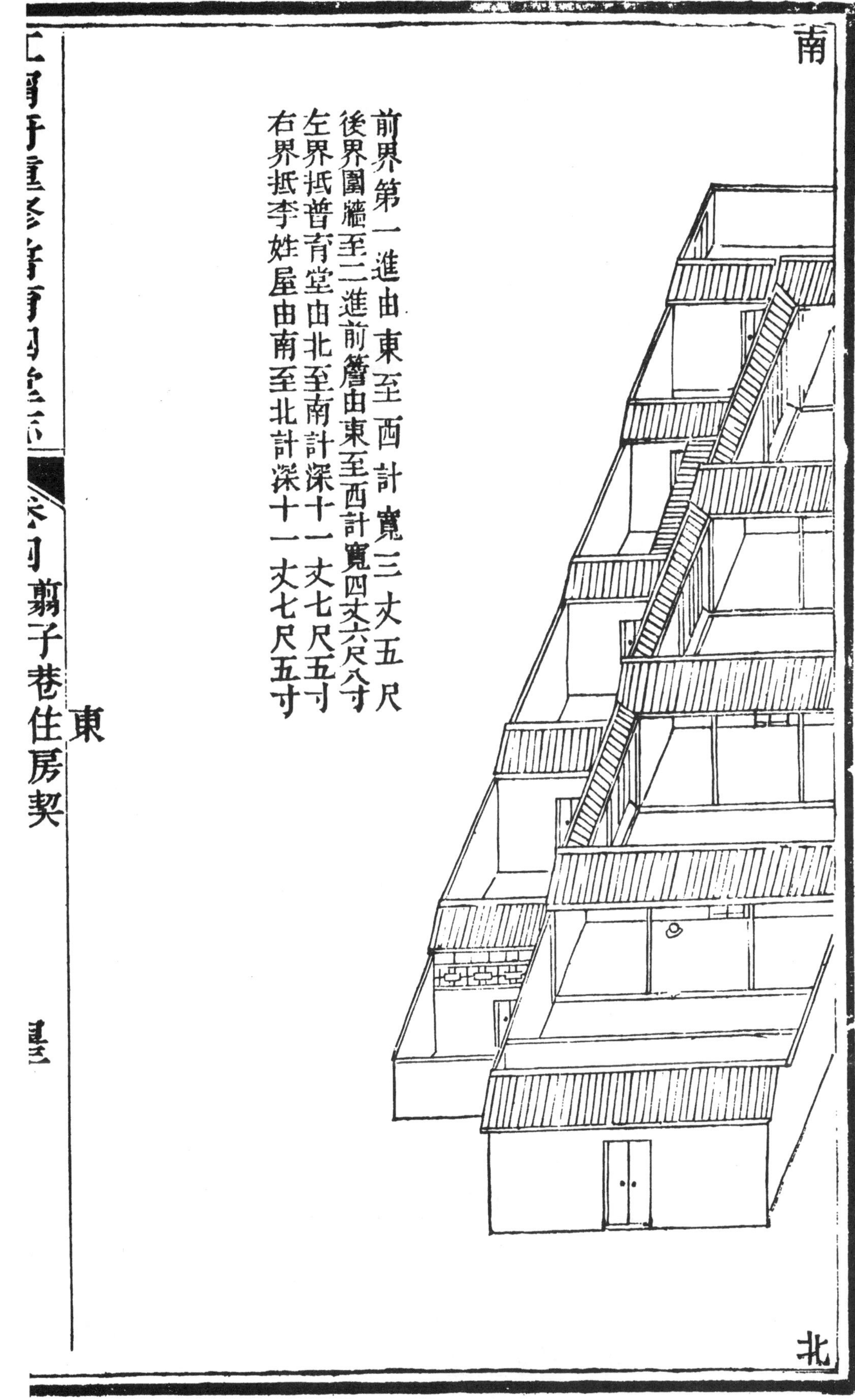

立杜絶劈賣住房並基地文契李緒堂李蓮生李荷生同姪綬卿今將祖遺原
買住房並基地已産一業坐落江邑城東萠子巷地方計坐南朝北實劈賣得
正宅迎街青牆門面三號大門內第一進平房並排三間天井三號照牆一道
牆門內丹墀三號一方第二進起捲大廳並排三間後檐牆一道重門一道前
檐右首牆門內並廳書樓上下二間前天井一號一條以砌牆爲界廳後檐食
井一元天井一方內左右遊廊二厦第三進平房並排三間右首遊廊牆門內
天井一號一方並三進右首平房一間後檐牆一道重門內天井一方內左右
遊廊二厦第四進平房並排四間右首遊廊牆門內天井一號一方內五架梁
廚房一間後檐牆一道重門內天井四號全內左右遊廊二厦第五進平房並

排四間前至官街後至堂房爲界又東首旁宅第五進後劈出基地一方桑樹在內交代是日憑衆眼同用木尺丈量自西首堂房牆角起至東首堂新置安石磡爲界計寬約六丈五尺自南至北計深約七丈內南首起捲船式書房並排三間西首兩架披全並西披首六架梁平房一間前檐水池一面均以南首房後檐曲直牆爲界該正宅東至李姓房爲界西至堂房爲界隨房周圍牆垣均以本房柱脚爲憑上房下地土木甎石瓦片相連在房裝修另立清單存查及石階沿台坡俱各不動隨房交代近因正用通家商議明白央託中友説合自願將此住房並基地憑中邀牙立契出杜絶劈賣與普育堂名下永遠執業當日三面言明本房並基地照時得受杜絶賣價曹平足兒二七銀二千五百

兩整其銀卽日契下憑衆一平兌足李姓親手收楚毫不短少銀契兩交明白

杜絶賣後聽憑買主拆卸翻蓋添造永遠爲業

計附本房聯照分裁上半紙續白共一紙付執其照內係註先兄培元名目

批明又照

光緒十一年三月　日立杜絶劈賣住房並基地文契李緒堂李蓮生李荷

生同姪綬卿憑中汪艮貴謝家寶

藏金橋市房圖

在翦子巷東坐北朝南門面前進二間後進二厦原係職員丁鵬基屋光緒八年以老婦堂東後空基三十方互相抵換現租源泰油燭店

藏金橋市房圖

前界由東至西計寬二丈五寸
後界由西至東計寬二丈五寸
左界由北至南計深三丈八尺
右界由南至北計深三丈八尺

北

西

東

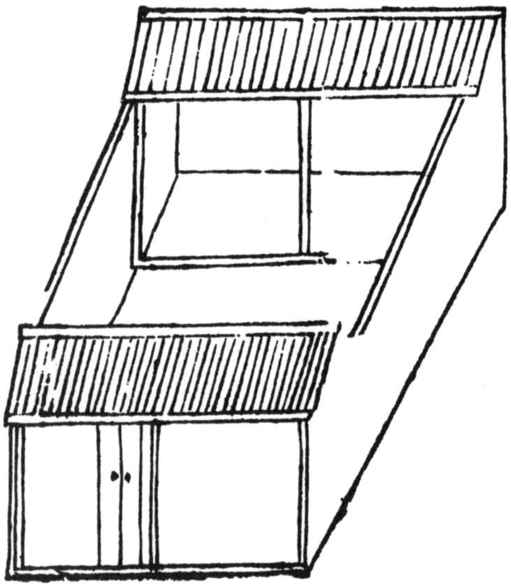

南

立換約職員丁鵬情因住屋不湊願將自置藏金橋地方市房一所計二進前進兩間後進兩厦與老婦堂東偏空地計寬長曲折扯折方三十方五尺六寸零東南曲直與丁姓毗連北至馬道街西仍與老婦堂交界互相抵換並請將市房照時估值定兩紙再爲酌加等情稟奉大人批飭普育堂委員查驗看估秉公籌議繪圖具覆核奪旋奉普育堂委員傳同查驗看估擬議基地價值本洋蚨五百元又基內厠屋一間外貼改移厠屋本洋蚨五十元除將藏金橋市屋房價銀折扣抵本洋蚨二百六十四元外仍繳本洋蚨二百八十六元職以善堂公地不敢取巧勉力應允荷蒙恩准遵將藏金橋市屋契單兩紙呈繳外遵找正價並貼移厠屋本洋蚨二百八十六元合成五百五十元之數自換之

後聽丁姓起蓋房屋永無後悔理合立此換約兩紙請蓋印後一紙留堂備案

一紙交職收執爲據所具換約是實

光緒八年七月　　日立換約職員丁鵬

石壩街住房圖

同治六年用正價銀三百七十兩置買王福蘭三姓基屋平房共十五間披一厦

現租顧公館

石壩街住房圖

北

前界抵石壩官街由東至西計寬三丈七尺五寸
後界抵秦淮河沿由西至東計寬三丈七尺五寸
左界抵貢院對巷由北至南計深十一丈
右界抵顧姓住房由南至北計深十一丈

東

西

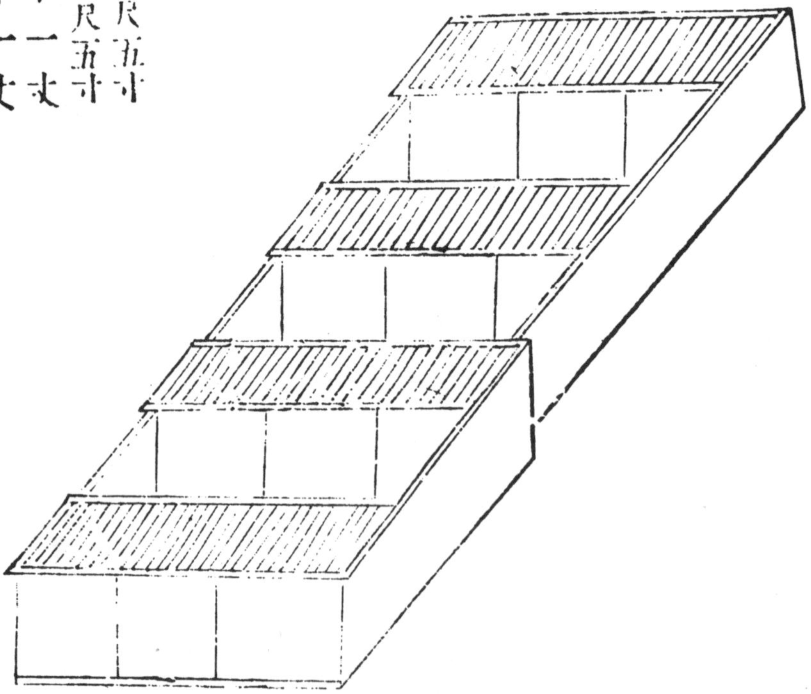

南

江甯府重修普育四堂志

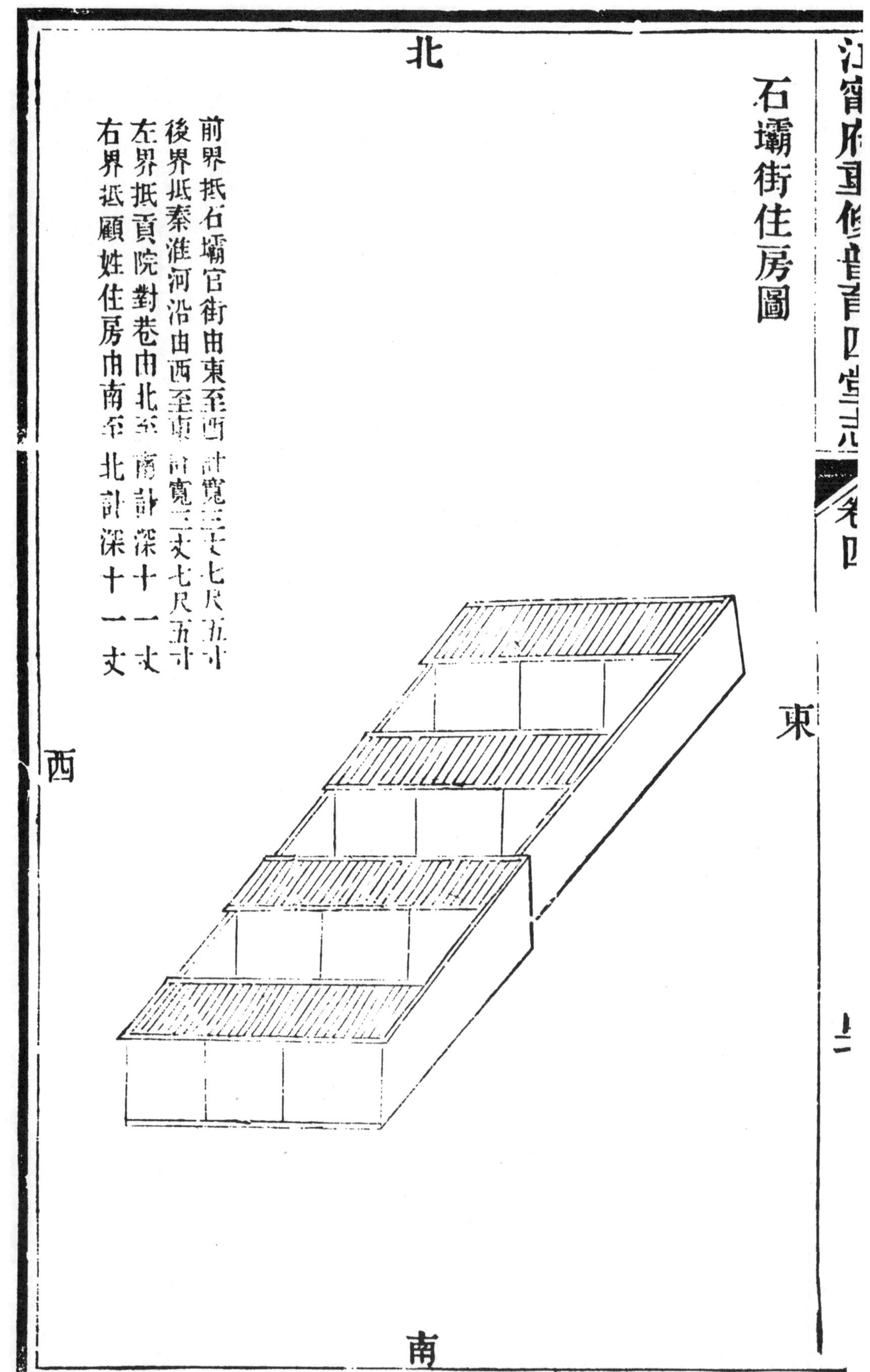

立杜絶賣市房文契福吉係今將祖遺原買己產一業坐落江邑城中石壩街忠字鋪地方計坐北朝南門面迎街第一進七架粱平房並排兩間天井一方二進七架粱平房並排三間披一厦天井一方三進七架粱平房並排四間天井一方四進七架粱平房並排三間後以河沿爲止該房前至官街後至河沿左以蘭姓市房爲界右以顧姓市房爲界四至載明交代近因正用通家商議明白央中友説合自情願將此房憑中牙立契出杜絶賣與普育堂名下永遠執業當日三面言明本房照時估值得受杜絶賣價湘平足兑紋銀三百零七兩整其銀契下卽日一平兑楚賣主憑衆親手收楚毫不短少銀契兩交明白

自杜賣後聽憑買主拆卸翻葢以舊易新永遠執業

計附本房原買正契一紙又上首執照一紙共二紙付執批照

同治六年十二月　日立杜絶賣市房文契福吉侯憑中連晉三裕東山

立杜絶賣市房文契王炳烽今將祖遺原買己産一業坐落江邑城中石壩街

忠字鋪地方計坐北朝南門面迎街第一進七架梁平房一間天井一方第二

進七架梁平房一間後牆爲止該房前至官街後至第二進後檐牆爲界左至

水巷爲界右至蘭姓市房爲界四至載明交代近因正用通家商議明白央託

中友説合自情願將此房憑中牙立契出杜絶賣與普育堂名下永遠執業當

日三面言明本房照時估值得受杜賣價湘平足兑紋銀四十二兩整其銀即

日契下一平兑楚賣主憑衆親手收清毫不短少銀契兩交明白自杜賣後聽

憑買主拆卸翻蓋任意更改以舊易新永遠執業
計附本房執照一紙付執又照
同治六年十二月　　日立杜絶賣市房文契王炳煃憑中連晉三裕東山
立杜絶賣市房文契藺毛氏同子爾康今將祖遺原買己產一業坐落江邑城
中石壩街忠字鋪地方計坐北朝南門面迎街第一進七架梁平房一間後牆
爲止該房前至官街後至本房後檐牆爲界左至王姓市房爲界右至福姓市
房爲界四至載明交代近因正用通家商議明白央託中友說合自情願將此
房憑中牙立契出杜絶賣與普育堂名下永遠執業當日三面言明本房照時
估值得受杜絶賣價湘平足兒紋銀二十一兩整其銀卽日契下一平兌楚賣

主憑衆親手收清毫不短少銀契兩交明白此房自賣之後聽憑買主拆卸翻

葢任意更改以舊易新永遠執業

計附本房聯照一紙付執又照

同治六年十二月　日立杜絶賣市房文契蘭毛氏同子爾康憑中裕東山

連晉三

石壩街住房圖黄公祠東

同治九年用正價銀四百二十九兩四錢一分置買王炳煃等基屋平房十間披二厦十年在第二進西首添披二厦用工料銀三十六兩有奇光緒四年修理用工料錢七十二千有奇七年用正價洋八十五員收買間壁藺姓市房九年修理河廳用工料銀七十三兩有奇現正屋租王公館西偏前二進租葉姓住

石壩街住房圖

前界抵官街由東至西計寬二丈九尺
後界抵河沿由西至東計寬二丈九尺
左界抵　姓基地由南至北計深十三丈二尺
右界抵王姓住宅由北至南計深十三丈二尺

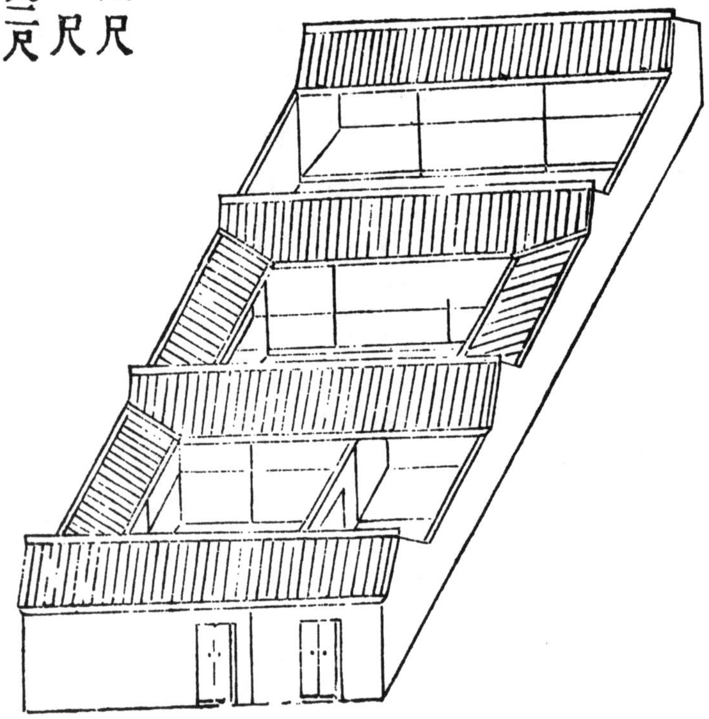

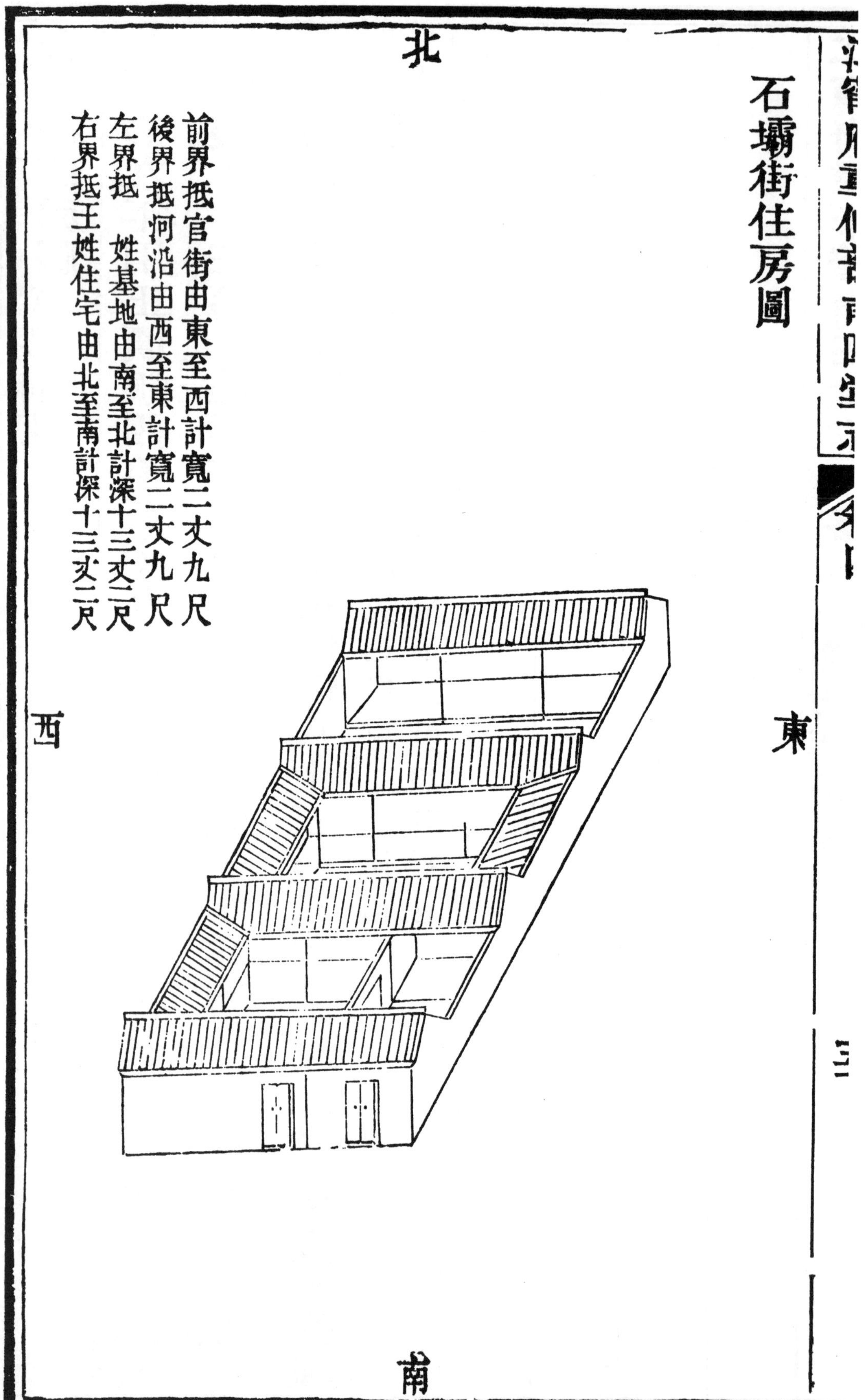

立杜絕賣住房文契王炳燵同弟雲生介眉西垣履祥春華今將祖遺原買房一業坐落江甯縣石壩街忠字鋪地方計坐西北朝東南迎街一號門面一進平房一間右首無排山二進三披基地全內東厠一座三進倒座平房並排三間天井一方左右披兩厦四進平房並排三間天井一方五進河廳並排三間後以官河爲界石磡岸三號全隨房左右周圍牆垣均依本房柱腳爲憑上下土木房地瓢石瓦片相連在房裝修另立細單交代近因正用通家商議明白央託中友說合自情願將此房憑中邀牙立契出杜絕賣與普育堂名下永遠執業當日三面言明本房照時估值得受杜絕賣價曹平四色牛八五兌紋銀四百二十九兩四錢一分整其銀即日憑衆一平兌足王姓親手收楚毫釐不

少銀契兩交明白杜賣後聽憑買主拆卸翻蓋以舊易新永遠執業

計附本房聯照一紙付執又照

同治九年三月　　日立杜絕賣住房文契王炳燵同弟雲生介眉西垣履祥

春華憑中范海帆陳性初

立杜絕賣市房文契蘭毛氏同子晉侯今將祖遺原買房產被賊毀造房一業

坐落江邑城中石壩街地方計坐北朝南迎街門面昔年向係兩號經賊改蓋

七架梁平房一大號中腰牆一道後塞檐牆一道以牆外滴水為界隨房左右

牆垣均依本房柱脚為憑上房下地土木甎石瓦片相連在房全無裝修隨房

交代近因正用通家商議明白央中說合自情願將此房憑中邀牙立契出杜

絶賣與普育堂名下永遠執業取租當日三面言明本市房照時得受杜絶
價洋錢八十五元整其洋錢即日契下憑衆一平兑足蘭姓親手收楚毫不缺
少洋錢契兩交明白杜賣後聽買主拆卸翻蓋任意更新永遠爲業

計附本房聯照一紙付執又照再者所有迎街碎甎牆一道門全一併在內

交代又照

光緒七年十二月　日立杜絶賣市房文契蘭毛氏同子胥侯憑中李朝儀

蘭芸軒

石壩街住房圖

光緒十年用正價銀一千三百兩置買吳其光基地計三進平房九間披二厦又後院右首廚披三間左首牆門一道後路全現租劉公館

石壩街住房圖

前界由東至西計寬三丈六尺四寸
後界由西至東計寬三丈九尺一寸
左界由南至北計深十六丈六尺五寸
右界由北至南計深十六丈六尺五寸

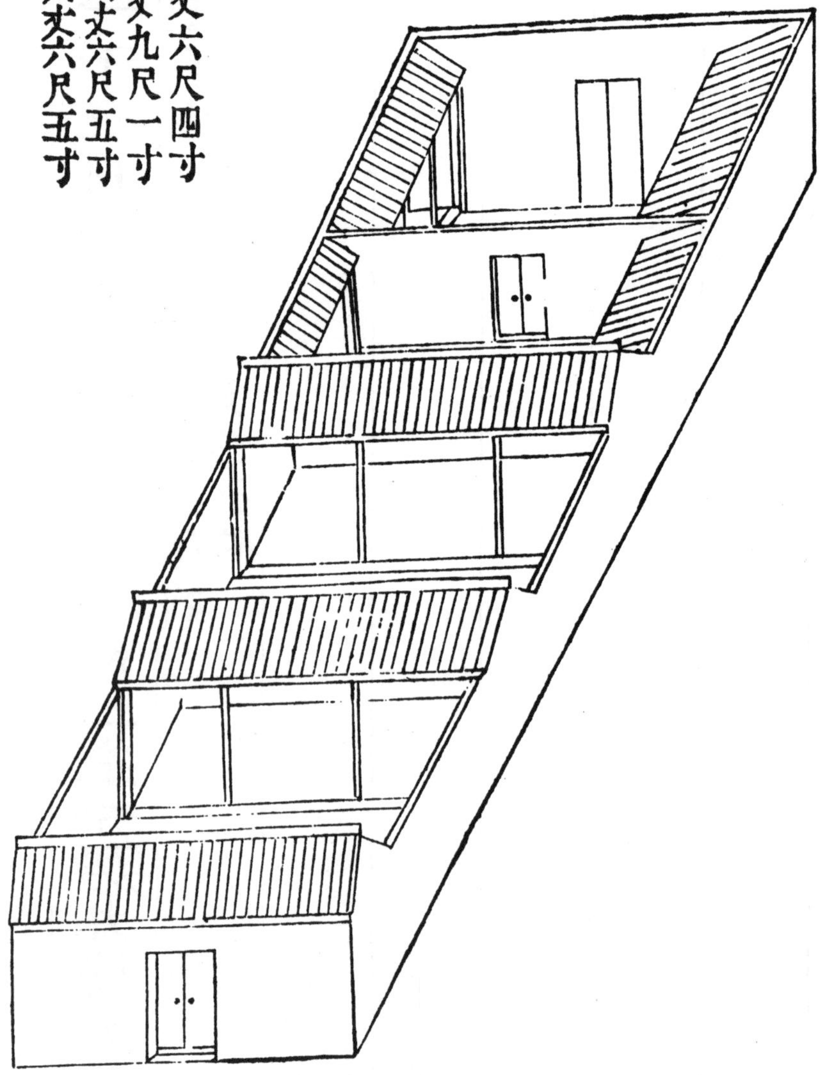

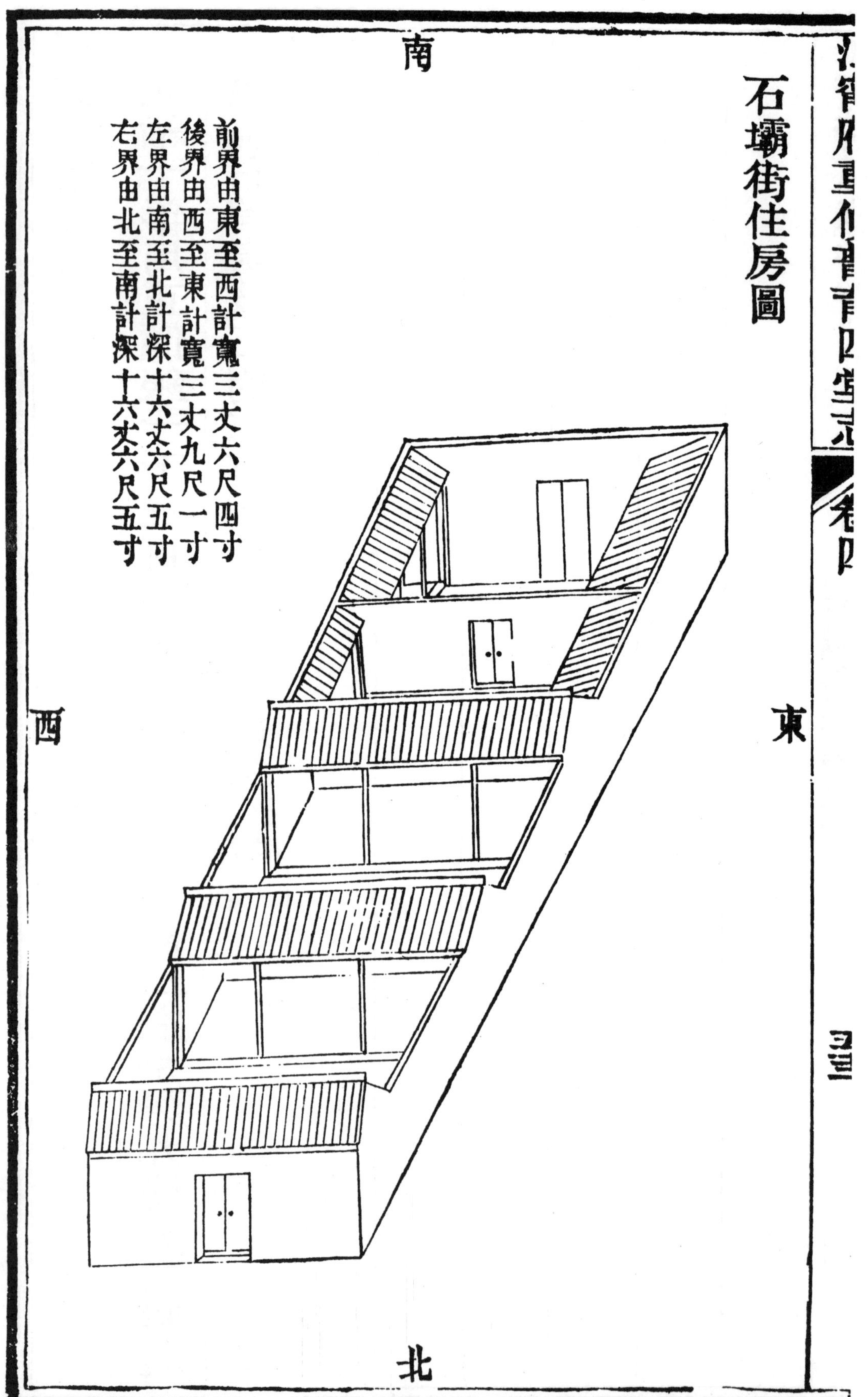

立杜絕賣住房文契吳其光今將原買基地兩契並承租後進旁宅基地一間合併自行起蓋房屋已產一業坐落江甯縣城中石壩街金陵閘當字鋪地方計坐南朝北迎街青牆門面三號大門一道第一進五架梁平房並排三間天井三號一方第二進七架梁平房並排三間天井三號一方內長花台左右兩座第三進七架梁平房並排三間後天井一方內左右廂房二厦腰牆一道牆門內走廊瓦披全第四進右首朝西道士冠廚披並排三間左首苑基一方左右圍牆全左首牆門一道後圍牆三號後門一道後門後路全該苑基左首一間係吳姓承租的所有本房前後左右四至均照吳姓原買契內一并交代隨房周圍通身牆垣均衣本房柱脚為憑上房下地土木甎石瓦片相連在房裝

修另立清單存查俱各絲毫不動隨房交代近因正用通家商議明白央中説合自情願將此房憑中邀牙立契出杜絶賣與普育堂名下永遠執業取租當日三面言明本房照時得受杜賣價曹平足兌二七銀一千三百兩整其銀即日契下憑衆一平兌足吴姓親手收楚毫不短少銀契兩交明白杜絶賣後聽憑買主拆卸翻蓋任意更新永遠爲業

計付本房原買基地紅印契二紙又上首聯照二紙又上首印契一紙又上首包據一紙又吴姓承租基地執照一紙共七件付執又照

光緒十年七月　日立杜絶賣住房文契人吴其光憑中龍和元韋鼎

堆草巷柴院一方
住房四所

同治十一二年用正價銀九十五兩二錢一分九釐置買傅開瀛基地共六十六方六尺八寸又用正價銀五十三兩一錢二分一釐八毫置買李長茂基地五十七方六尺併作柴院砌牆七十六丈並修柵門用工料銀八十兩有奇光緒十年用正價本洋六百五十元置買汪德祿基屋內井一口用工料銀二千九百七十八兩二錢五分九釐起造公館四所其朝西門面並排公館二所每所正屋三進計平房九間披二廈其朝南門面公館一所計兩進每進並排五間中隔直花牆一道三所公館大門出入穿通柴院砌曲尺灣走巷一條其朝東門面公館一所對小西湖大門一間向南平房三間向北平房三間橫隔花牆一道內室三間廚披一廈

堆草巷柴院住房圖

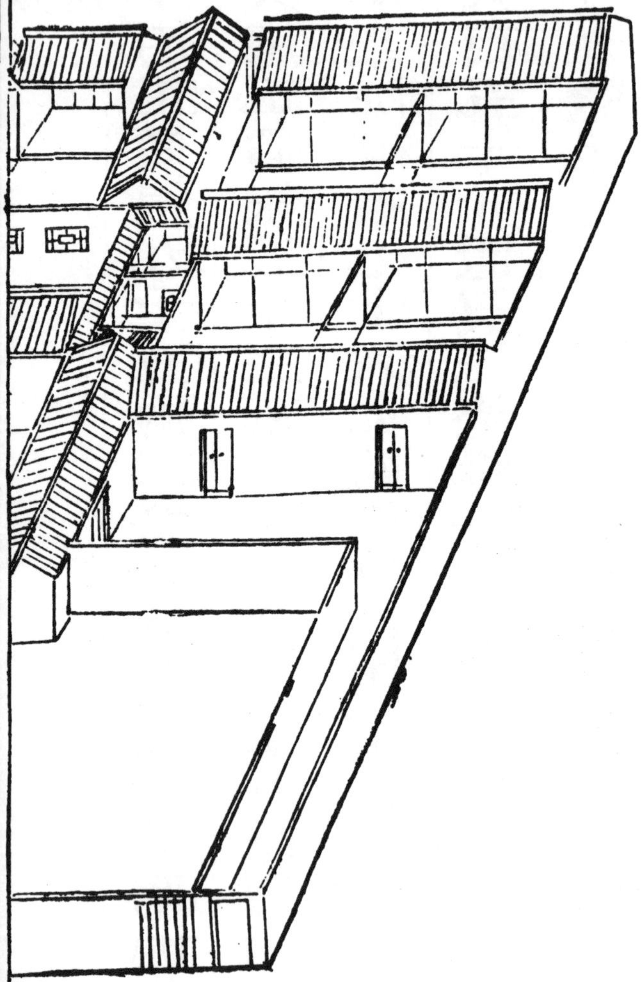

柴院一方自南至北計寬十三丈八尺
自西至東計深十丈六尺
院北角長出五丈六尺五寸計寬六丈四尺五寸

公館四所自南至北前後計寬十四丈二尺
自西至東左右計深十三丈五尺六寸

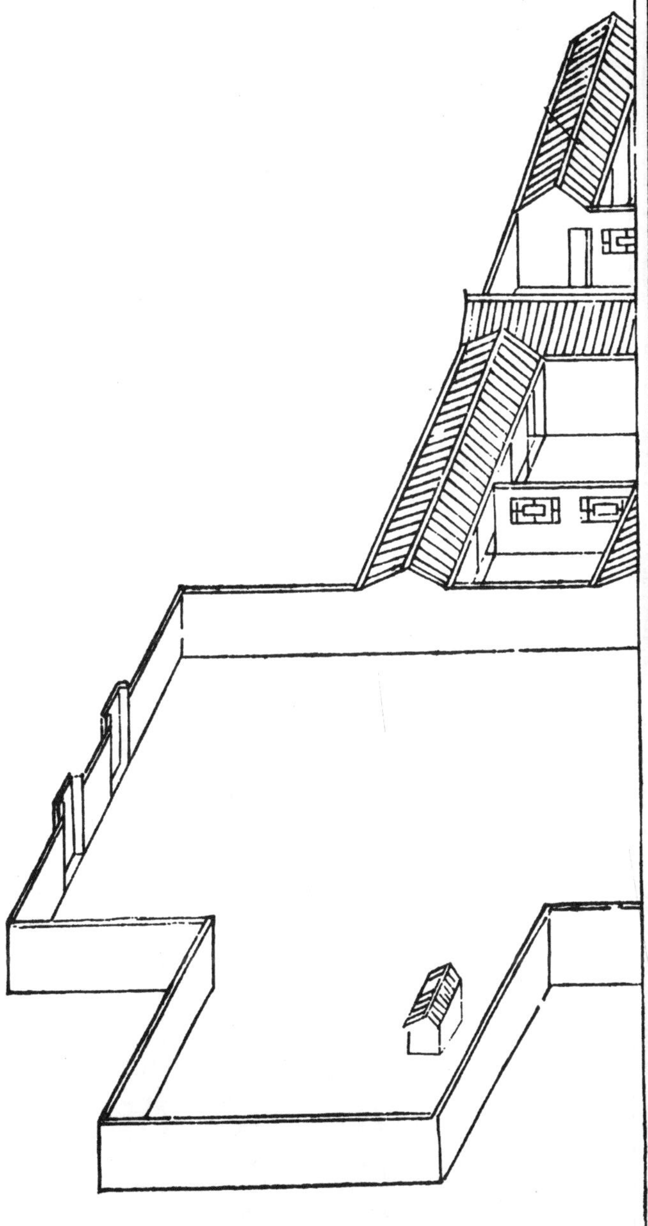

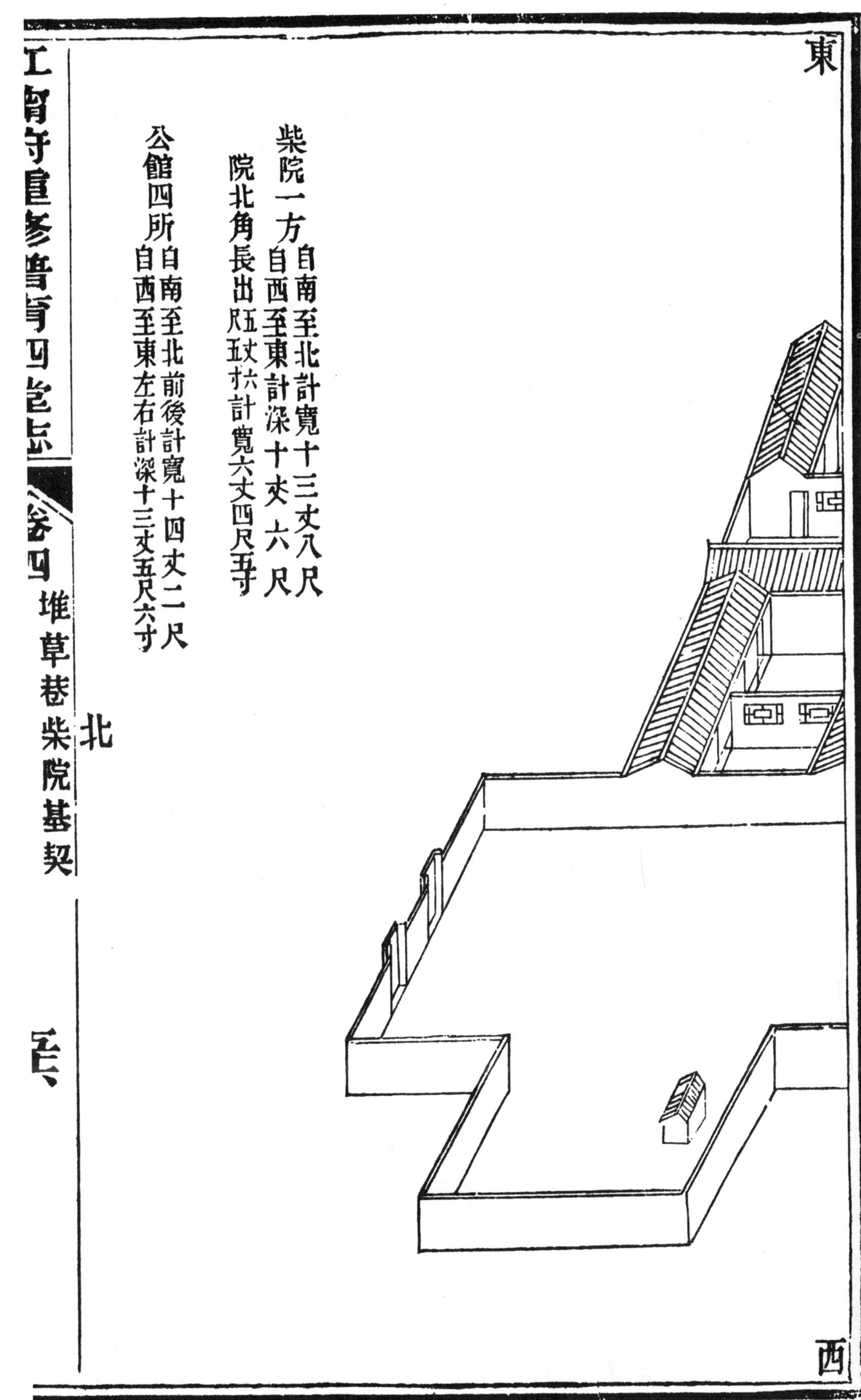

立杜絕賣基地文契人傅開瀛今將祖遺住房被毀僅存基地一業坐落東南第十九甲堆草巷深字鋪地方坐北朝南門面計寬七丈二尺深七丈八尺又寬一丈二尺深二丈一尺二共折方五十八方六尺八寸每方計湘平房一兩四錢二分八釐二共計湘平銀八十三兩七錢九分五釐整今憑鄰族自情願將該地基杜絕賣與普育堂執業聽憑任意應用起蓋當日實領得杜價湘平銀八十三兩七錢九分五釐整親手收楚毫不短少自賣之後倘有家務不清上業異姓人等爭論及一切侵佔轇轕情事均歸出筆人一力承當此係允賣並無逼勒成交恐後無憑立此杜絕賣基地文契永遠存照

計附呈聯照一紙

同治十一年十月　日立杜絕賣契人傅開瀛憑鄰中沈瑞和柳鑑泉王桂

鑫族傅紫綬甲長佘裕之

立杜絕賣基地文契人傅開瀛今將祖遺己產一業坐落江邑城中堆草巷東南十九甲地方坐北朝南門面該產前進業棠丈勘收買在案茲將第四進並天井一方憑族親鄰右自情願仍出杜絕賣與普育堂名下現今以作柴苑嗣後聽憑任意應用當經續請會勘丈量得該基第四進計寬三丈深二丈五尺折成七方五尺又天井折作五尺合共八方每方照湘平一兩四錢二分八釐核計應該地價湘平銀十一兩四錢二分四釐整其價比即當堂具領清楚毫不短少銀契兩相交明自賣之後倘有親疏長幼異姓人等爭論及侵佔糾葛

等情均歸出筆人一力承當此係允買服賣並無逼勒等情恐後無憑立此杜

絕賣基地文契存照

同治十二年二月　　日立杜絕賣基地文契人傅開瀛憑姪壽棨憑鄰沈瑞

和王桂鑫甲長吳廷槐

立杜賣基地文契人李長茂今將祖遺典產存基十一間一披天井四方大苑

一塊坐落江甯縣轄油坊巷內鳳字鋪地方又住宅外有祖遺堆草巷朝北一

進七架梁房基三間憑同親族杜賣與金陵普育堂名下應用經保甲局丈量

一典契牆內基寬六丈深五丈三尺折三十一方八尺牆外基寬六丈深三丈

二尺折十九方二尺二共五十一方每方價銀一兩四錢二分八釐照典業應

得六成計銀四十三兩六錢九分六釐捌毫又牆内基寬三丈三尺深二丈折
六方六尺計銀九兩四錢二分四釐八毫其銀當堂一併領收毫無短少產係
一典一杜並無轉典質押一切侵霄以及家務分析不清情事賣後倘有親族
長幼出爲爭論均歸出賣人一力承當恐後無憑立此存照
計附文契一紙原典速姓契一紙速姓受杜典正契五紙上契一紙並契尾
一紙共九件
同治十一年六月　日立杜賣基地文契人李長茂憑親朱燮齡柳鑑泉鄰
韋見明王國華甲長佘裕之
立杜絕賣房屋并基地文契汪德祿今將原買基地自行起蓋房屋并剩基地

已產一業坐落江甯縣治小油坊巷內小西湖底地方計朝東迎街不全山牆一道大門內計一進朝南基地並排五間北首簷牆一道前天井一方第二進基地並排五間天井一方第三進基地並排五間內東首朝南七架梁平房並排四間左右披房兩大廈又對照朝北三架梁披房三廈二進基地上東首朝南五架梁平房並排二間又朝西披房一小廈該基四至南至丁姓滴水沿爲止北至檐牆爲界東至官街巷沿西首與徐姓基地毗連均依老牆腳交代爲憑此基地內有食井一員隨房並基地周圍牆垣及基上所餘存甎石瓦片罄產交代房內裝修註明契後近因正用通家商議明白央中說合自情願將此產憑隣中邀牙立契出杜絕賣與普育堂名下永遠執業當日三面言明本房

並基地得受賣價本洋蚨六百五十員整其洋即日憑眾兌足汪姓親手收楚毫釐不少洋錢契兩交明白自賣之後聽其買主拆卸翻葢任意更新永遠爲業

計附原買印契一紙尾全又上首聯照一紙

再沓原產四至憑鄰中眼同丈量載明於後交代南至北計深木尺十三丈七尺南首一二兩進計寬十丈零八尺後進北首計寬八丈五尺批明再照

光緒十年四月　　日立杜絕賣房屋并基地文契汪德祿憑弟德成憑鄰徐廷富中徐士茂朱正福余海門甲長吳廷槐

三山街市房圖 朝西

同治九年用正價銀八百二十二兩五錢九分置買伍瑞生基屋光緒元年改造用工料洋一百員十年修理用工料銀二十七兩有奇 現租鼎泰錢店

三山街市房圖

東

前界抵三山官街由南至北計寬一丈六尺
後界抵馬姓住房由北至南計寬一丈六尺
左界抵伍姓市房由東至西計深五丈三尺
右界抵楊姓市房由西至東計深五丈三尺

南

北

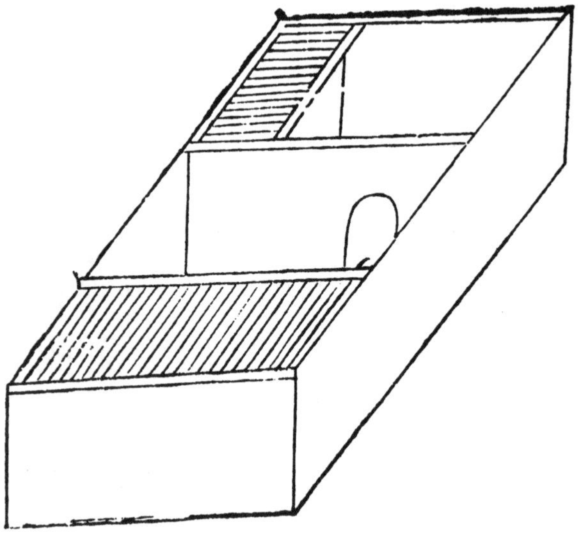

西

立劈杜絕賣店房文契伍瑞生今將祖遺原買店房被賊折燬克復城後復行
改蓋店房一業坐落江甯縣城中三山大街萬字鋪地方計坐東朝西實劈右
首迎街門面一進八架樑平房一間天井一方腰牆一道又天井一方內朝南
披房一大厦後以鄰牆爲界其前進左首與伍姓公樑其柱隨房周圍牆垣均
依本房柱腳爲憑上房下地土木甎石瓦片相連在內裝修載明租戶租劵後
交代其房現租開鼎泰錢店並無頂首近因正用通家商議明白央中說合自
情願將此房憑中邀牙立契出杜絕劈賣與普育堂名下永遠執業取租當日
三面言明其房照時估值杜絕賣價曹平八五兌京紋銀八百二十二兩五錢
九分整其銀卽日憑衆一平兌足伍姓親手收楚毫釐不少銀契兩交明白自

杜絶賣後聽憑買主拆卸翻葢任意更新永遠執業

計附本房原買正印契續白分裁共一紙又贖回批銷廢典契一紙共二紙

附執又照

同治九年四月　日立杜絶劈賣店房文契伍瑞生憑堂叔小農

三山街市房圖　朝東

同治十一年用正價京紋銀一千三十三兩六錢四分六釐置買陳景彭基屋二進光緒元年收買二進後鄭鶴巢地基兩進計正價銀一百十八兩又租戶曾永盛在鄭基架披三厦給本洋一百十元光緒五年委員王檢校倪修理用工料洋二百十員現前租賴萬全煙店後租萬春全號

三山街市房圖

前界抵官　街由南至北計寬二丈
後界抵鄭姓屋由北至南計寬二丈
左界抵鄭姓屋由東至西計深四丈六尺
右界抵顧姓屋由西至東計深四丈六尺

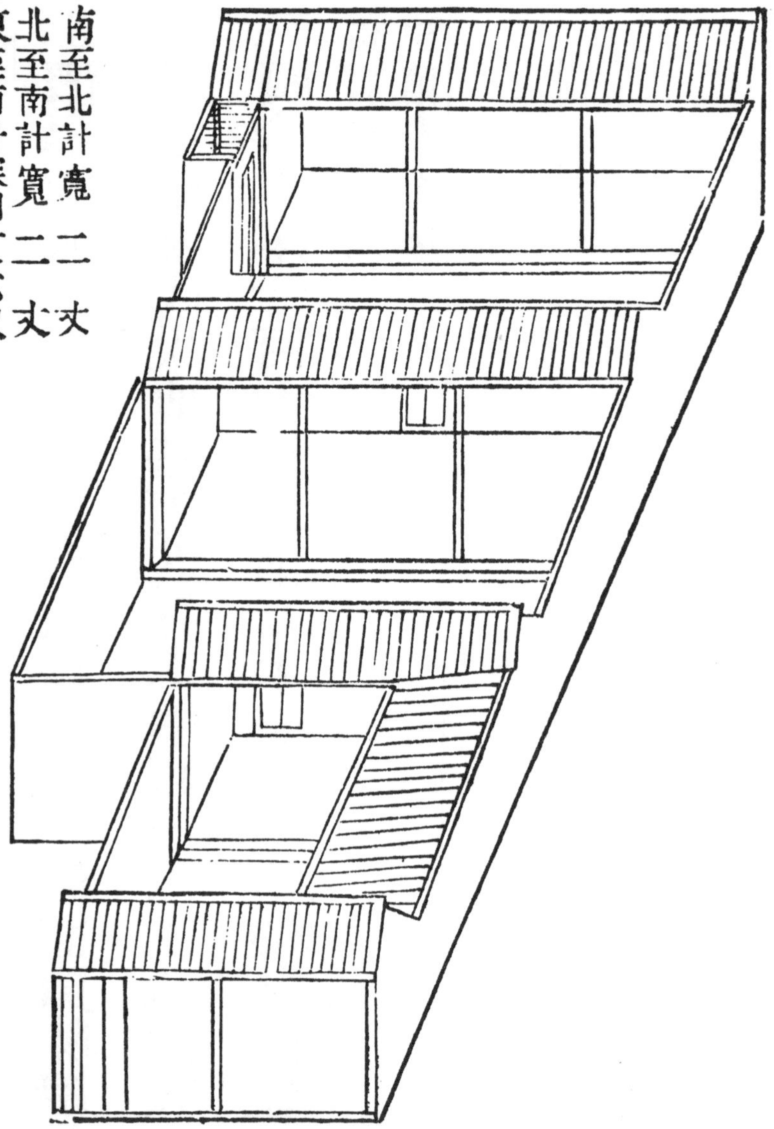

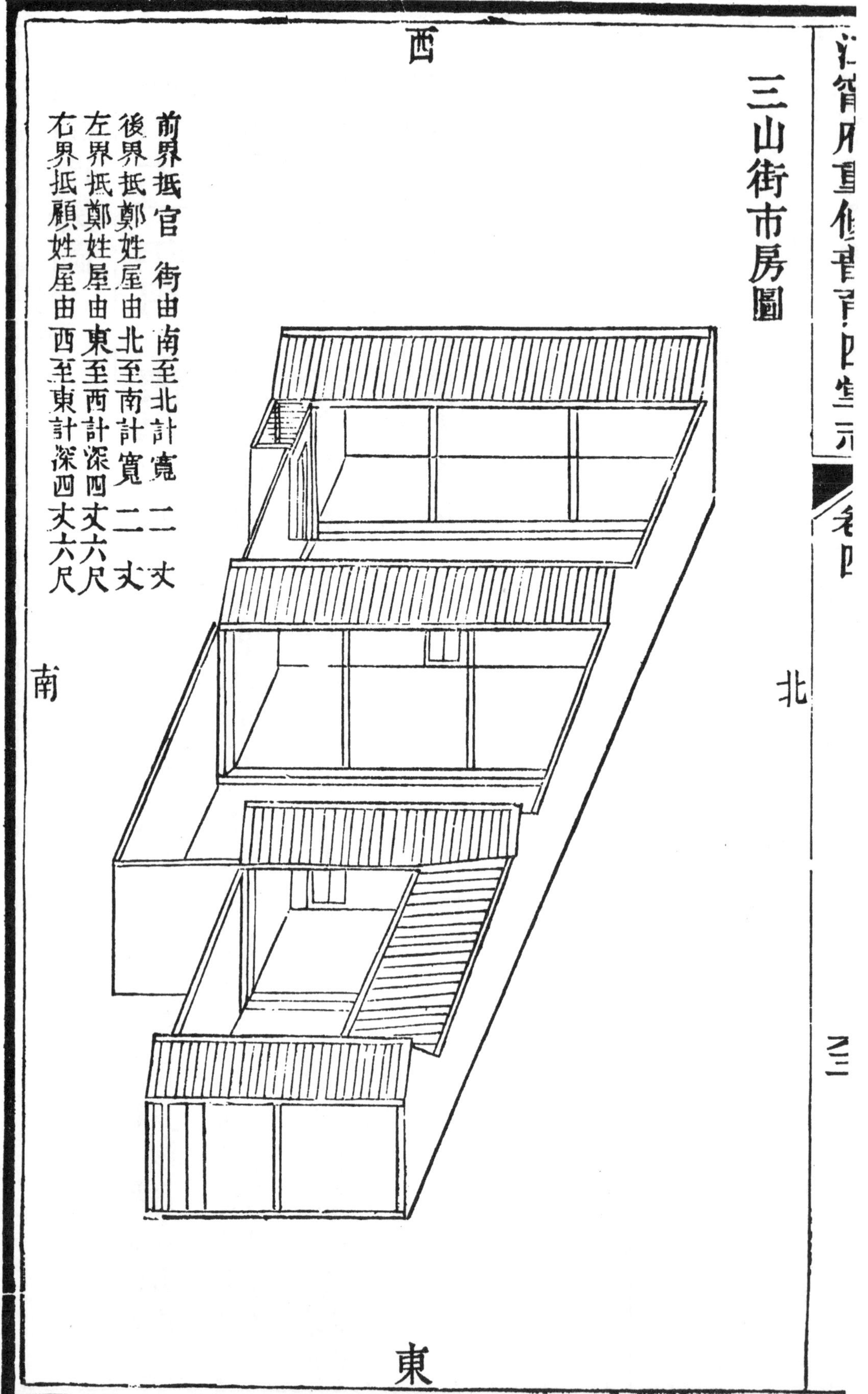

立杜絕賣店房文契陳景彭今將祖遺原買已產復行翻葢店房一業坐落江
甯縣三山大街在字鋪地方計坐西朝東門面迎街兩層洋式兩水搭兩號一
座第一進兩改三平房並排小三間天井一方朝南披房一厦第二進道士冠
披房並排兩號後牆爲止隨房左右牆垣均依本房柱脚爲憑上下土木房地
甎石瓦片相連在房裝修俱各不動載明契後隨房交代近因正用通家商議
明白央託中友說合自情願將此房憑中邀牙立契出杜絕賣與普育堂名下
永遠執業當日三面言明本房照時估値得受杜絕賣價曹平八五兌京紋銀
一千零三十三兩六錢四分六釐整其銀卽日契下一平兌清賣主憑衆親手
收足毫釐不少銀契兩交明白此房自賣之後聽憑買主拆卸翻葢任意更改

以舊易新永遠執業

計附原買本房正紅契一紙尾同又上首紅契一紙尾同又上首紅契三紙

又贖回批銷典契一紙共六紙付執又照

同治十一年六月　日立杜絕賣店房文契陳景彭憑中伍吉人管鶴巢吳

竹溪曾永盛

立杜絕劈賣基地文契鄭鶴巢今將原買己產一業坐落江邑城中三山街城

南二十甲地方計實劈賣市房二進後南首牆門內天井三號一方第三進基

地並排三間天井三號一方第四進基地並排三間前至鄰店滴水後至張姓

鄰牆爲界左亦與張姓舊址牆脚分界右以舊址牆爲界該地基出路言明今

買主情願自行清理出入與賣主賸產無干其南首牆門賣後堵塞無異該基

四至是日眼同指明舊址交代在地甎石土堆一概不動隨地劈產交代今因

正用通家商議明白央中友說合自情願將此基地憑中邀牙立契杜絕劈賣

與普育堂名下永遠執業自便造屋當日三面言明本基地今照時估值得受

劈賣價曹平八五兌紋銀一百十八兩其銀比即賣主親手收訖毫不短少銀

契兩交明白自賣之後聽買主起造房屋取租自便永遠爲業

此係劈賣基地原買印契未便分裁付執憑眾當將原買契內註明劈賣此

基地六間字樣上首聯照亦註買主以新契投稅爲證此照

光緒元年十月　日立杜絕劈賣基地文契鄭鶴巢憑中朱體之王錦榮林

蔚之

立杜絕賣房架文契曾麗筌今將前租鄭姓基地用價起造浮房一業坐落江邑城中三山街地方計後進貼鄰牆實杜絕賣四架梁道士冠披房並排三間甎石瓦片柱木俱全前檐長格六扇枋檻全左右小窗方窗共三扇上板全左右半牆兩號單門一扇左右分間板兩道單門兩扇枋檻全上仰板下碎甎檐石全前租鄭鶴巢之地起蓋己房此基鄭姓已賣普育堂執業現因正用通家商議明白央中說合自情願將此已造房架屋歸地主憑中立契杜絕賣與普育堂名下永遠執業取租當日三面言定本房架今照時估值得受杜絕賣本洋蚨一百十員整其洋蚨即日賣主親手收足分文不少價契兩交明白自賣

之後聽買主拆卸翻蓋易舊更新永遠爲業

光緒元年十一月　　日立杜絕賣房架文契曾麗笙憑中林蔚之

三山街市房圖 朝西

同治九年用正價銀八百八十二兩置買楊大齡伍正驥毗連門面一大間十年在餘基添蓋平房一間計錢七十六千八百五十七文 現租王萬盛鞔店

三山街市房圖

東

前界抵三山官街由南至北計寬一丈一尺
後界抵伍姓市房由北至南計寬一丈六寸
左界抵左姓市房由西至東計深四丈八尺二寸
右界抵伍姓市房由東至西計深四丈八尺二寸

北

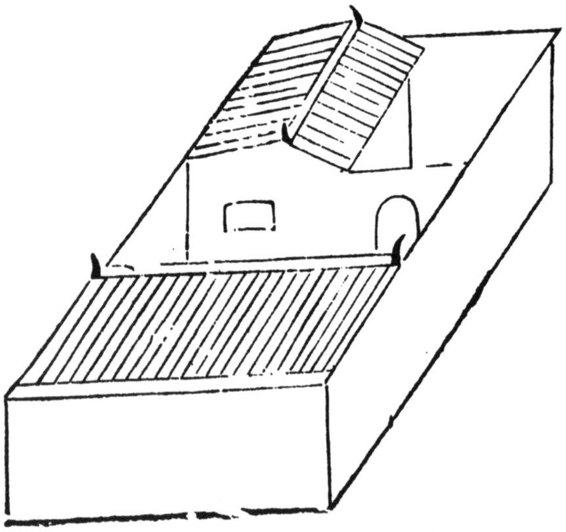

南

西

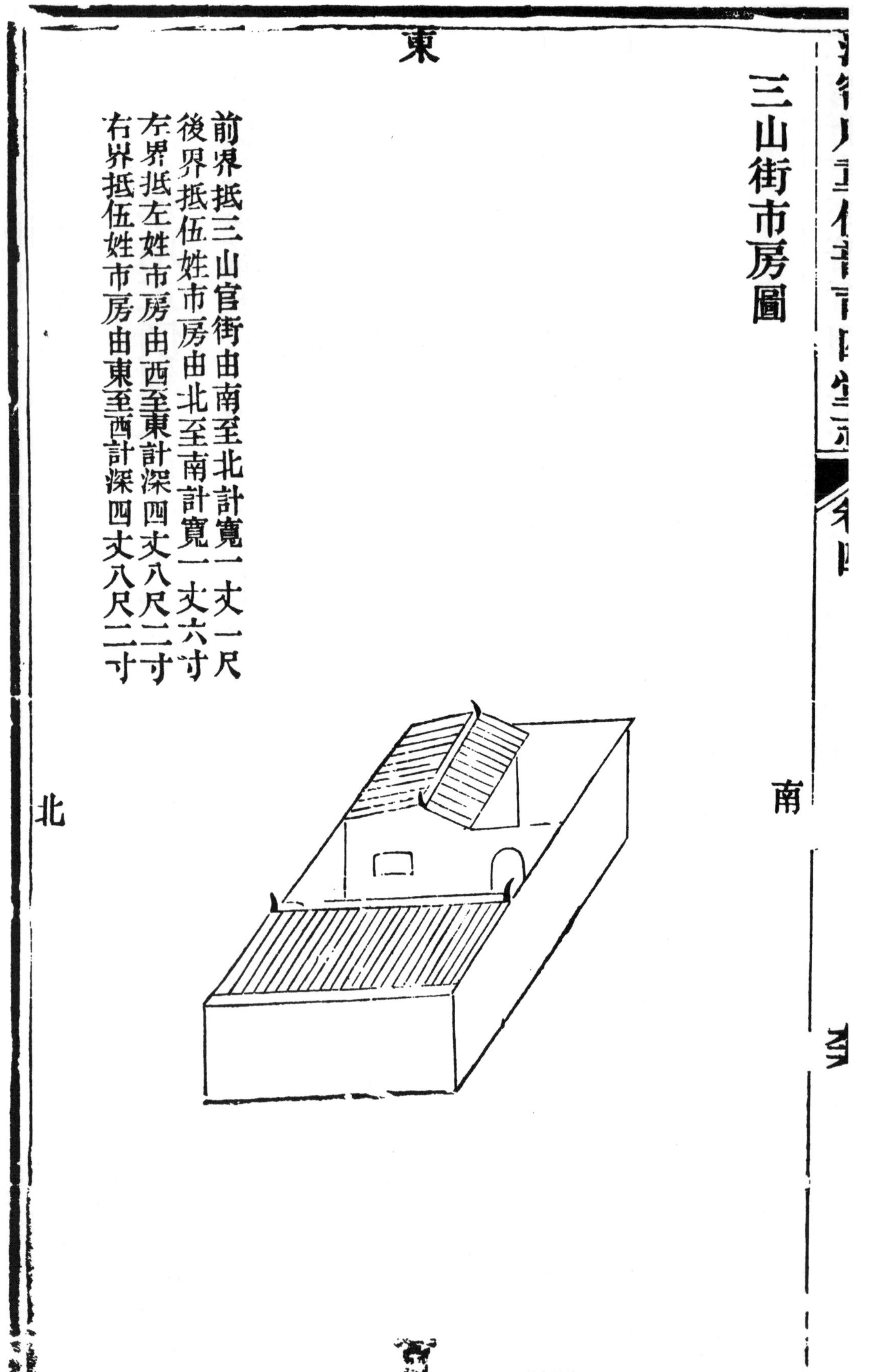

立杜絕賣店房文契楊大齡同姪鏡秋今將祖遺原買已產被客民改葢房一業坐落江甯縣城中三山街地方計坐東朝西門面迎街雨搭一號第一進平房一小間計寬木尺約一丈一尺深木尺約一丈七尺三寸前至官街後至伍姓房屋左至公牆脚爲界右至老牆爲界四至載明隨房右首牆垣均依本房柱脚爲憑上下土木房地甎石瓦片相連在房裝修俱各不動載明契後交代近因正用通家商議明白央託中友説合自情願將此房寸土寸木不留罄產交代憑中鄰邀牙立契出杜絕賣與普育堂名下永遠執業當日三面言明本房照時估值得受杜賣價曹平八五兑紋銀六百三十兩整其銀卽日契下一平兑清賣主憑衆親手收楚毫釐不少銀契兩交明白此房自賣之後聽憑買

主拆卸翻葢任意更改永遠執業

計附本房執照一紙

雨水搭一號門面板大門全直櫃台一方計長七尺三寸上仰板計長七尺

五寸下地板計長七尺五寸後簷半接板全門一扇

同治九年十一月　　日立杜絕賣店房文契楊大齡同姪鏡秋憑族克嘉鄰

左松濤伍正驤中王少儔伍小農

立杜絕劈賣基地并房架文契伍正驤今將祖遺原買己產一業坐落江甯縣

城中三山街地方該基地上所葢兩架梁房係被客民改葢毗連楊姓房屋合

成七架梁平房一間該基地計寬木尺約一丈一尺餘照公牆腳爲憑深木尺

約三丈零九寸其後身計寬木尺約一丈零六寸均照公牆腳交代前至楊姓店房後至伍姓照牆爲止左至公牆腳爲界右至老牆爲界四至載明交代隨房牆垣均依本房架柱腳爲憑上下土木房地甎石瓦片相連在房裝修俱各不動載明契後交代近因正用邀家商議明白央託中友説合自情願將此房架并基地寸土寸木不留罄產交代憑中鄰邀牙立契出杜絶劈賣與普育堂名下永遠執業當日三面言明本房架并基地照時估值得受杜賣價曹平八五兌紋銀二百五十二兩整其銀卽日契下一平兌淸賣主憑衆親手收楚毫釐不少銀契兩交明白此房及基地自賣之後聽憑買主拆卸翻蓋任意更改以舊易新永遠執業

計附本基地執照分截下角付執又同姓楊入合同一張共二件付執又照

同治九年十一月　　日立杜絶劈賣基地并房架文契伍正驥憑堂叔小農

鄰左松濤中楊鏡秋

承恩寺市房圖

同治七年用正價銀五百二十五兩七錢四分置買孫炳南基地九年改裝門面用工料錢一百二十千文光緒四年委員王檢校侃修理用工料錢五百四十八千有奇十二年修理用工料銀四百兩現租寶慶銀樓

承恩寺市房圖

前抵驢子市街由西至東計寬二丈五尺
後抵黎姓住房由東至西計寬二丈五尺
左抵黃姓市房由南至北計深八丈五尺
右抵翁姓市房由北至南計深八丈五尺

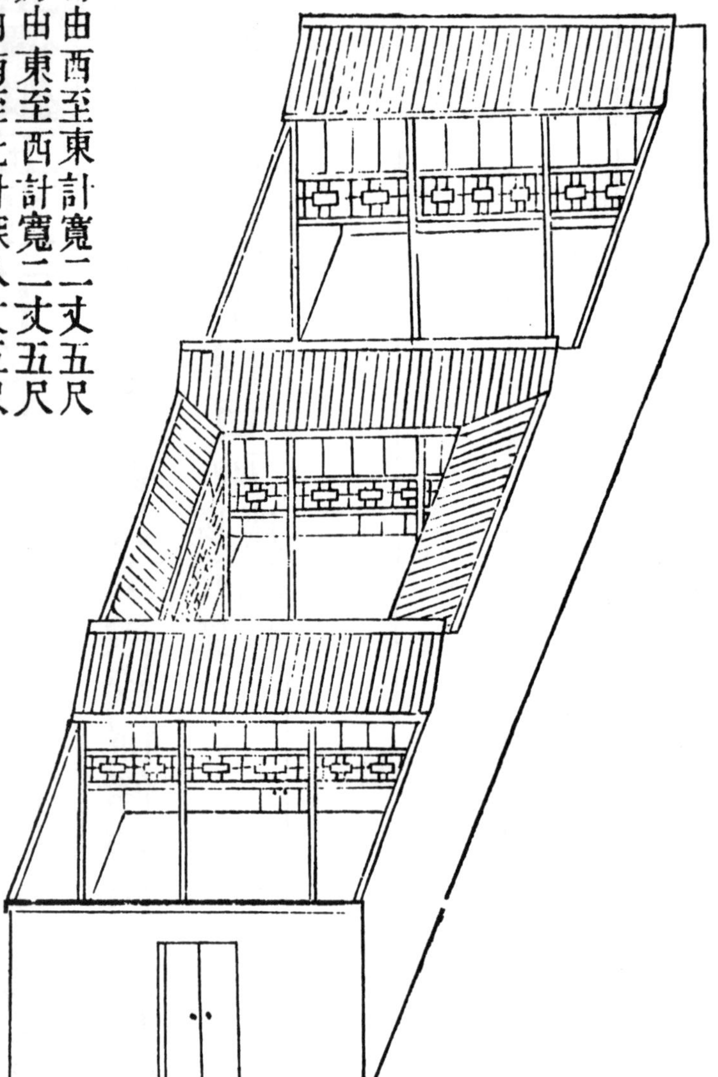

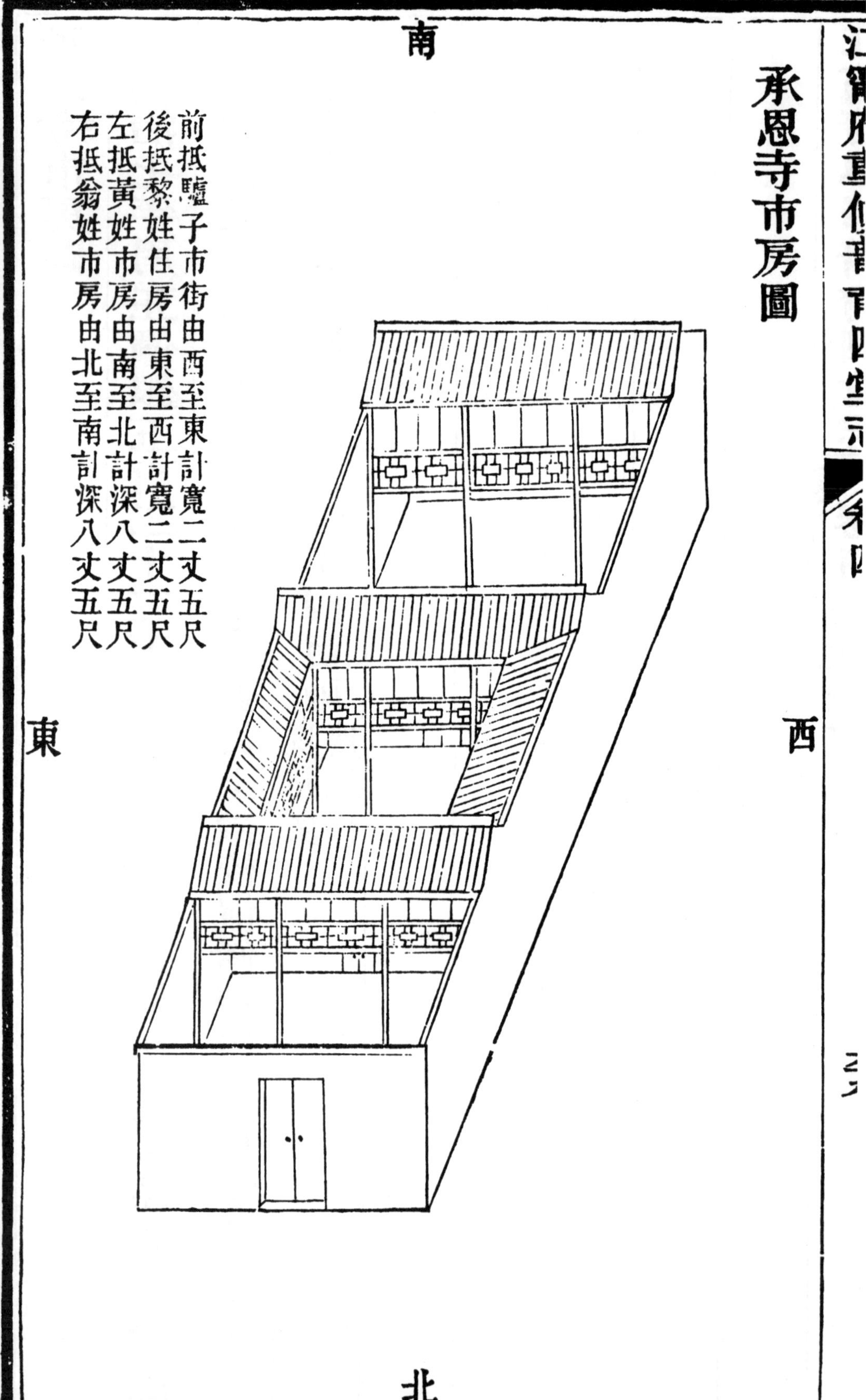

立杜絶賣店房文契孫炳南同子財發今將原買己產復行翻盖店房一業坐落江邑城中承恩寺大街黎字鋪地方計坐南朝北門面迎街第一進八架梁並排平房二間後東首接連橫披並排二厦西首披房一厦天井全第二進基地並排二號後至官廊官廊後照牆一道牆內天井一長方第三進八架梁樓房兩改三號上下六間後牆爲止其官廊之地日後清理時聽其大市隨房周圍牆垣均依本房柱脚爲憑上下土木房地甎石瓦片相連在房裝修俱各絲毫不動另立細單隨房交代近因正用通家商議明白央託鄰友說合自情願將此房寸土寸木不留憑中邀牙立契出杜絶賣與普育堂名下永遠執業取租當日三面言明本房照時估値得受杜絶賣價曹平八五兌紋銀五百二十

五兩七錢四分整其銀卽日契下一平兌足賣主憑衆親手收清毫不短少銀
契兩交明白此房杜賣後聽憑買主拆卸翻蓋任意更改以舊易新永遠爲業
計附本房原買正紅契一張尾全又上首執照一張又上首包約一張又廊
後執照一張共四紙付執又照又買房架約一張又包據一張總共六紙付
執再照
同治七年閏四月　日立杜絶賣店房文契孫炳南同子財發憑中方鑑溪高
承欽貢鳴之張錦封張幼臣張渭川李雨村鄰馬天興萬文彬甲長王長春

府東大街市房圖

同治十二年用正價銀二百五十兩三錢五分五釐置買管姓基屋朝東門面三號光緒九年收買租戶劉姓在後進空基自葢披屋一間用正價九八五錢十七千文 現租朱長慶材店 劉日昌藥酒店

府東大街市房圖

前界由南至北計寬二丈六尺二寸
後界由北至南計寬二丈六尺二寸
左界由東至西計深五丈八尺
右界由西至東計深五丈八尺

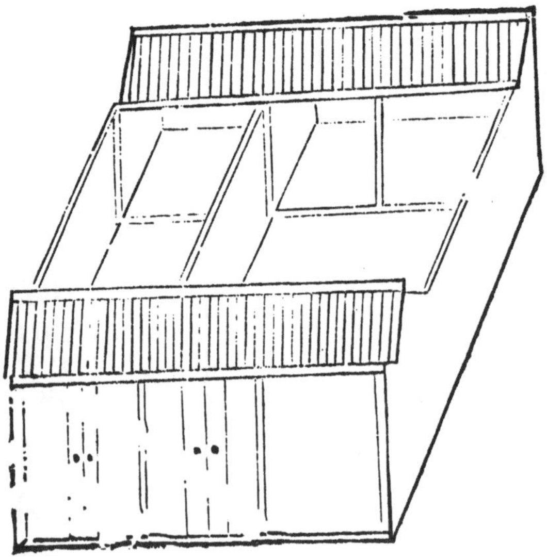

立杜絕賣贖回市房並基地文契管高氏同故夫弟巽之子小鶴今將祖遺原買市房燬存基地贖回復行起蓋市房並基地一業坐落江邑城中府東大街地方朝東迎街門面兩號計一進七架梁平房兩改三並排小三間左右山牆兩道天井全二進地基並排兩間左右均依老牆爲憑前至官街後至府圍牆爲止隨房周圍牆垣均依本房柱腳爲憑上房下地土木甎石瓦片相連在房裝修註明租劵後交代其房現租開朱長慶材店並無頂首近因正用通家商議明白央中說合願將此房並基地憑族親中邀牙立契出杜絕賣與普育堂名下永遠執業取租當日三面言明本房並基地得受杜絕賣價曹平八五兌京紋銀二百五十兩三錢五分五釐其銀即日憑衆一平兌足管姓親手收楚

毫釐不少銀契兩交明白自賣之後聽憑買主拆卸翻蓋任意更新永遠爲業

計附本房基地聯照一紙又包據一紙又放贖據一紙共三紙付執又照

同治十二年閏六月　日立杜絕賣贖回市房並基地文契管高氏同故夫

弟巽之子小鶴憑族仙帆秉和子英憑中高階平

具領字劉日昌原租普育堂市房坐落府東大街因後進空基劉日昌自己起

蓋披屋一間現奈生意清淡將披屋出賣歸堂情願加租所屋一切工料瓦片

共計十七串文比日親手領訖恐口無憑立此爲據

光緒九年冬月二十五日劉日昌親手領訖

內橋口市房圖

同治十二年用正價銀八百九十三兩七錢二分三釐置買柏樹棠基屋迎街朝南七架梁門面並排二間披二厦大院一方後進平房四間披三厦現租李恆豐油燭坊

內橋口市房圖

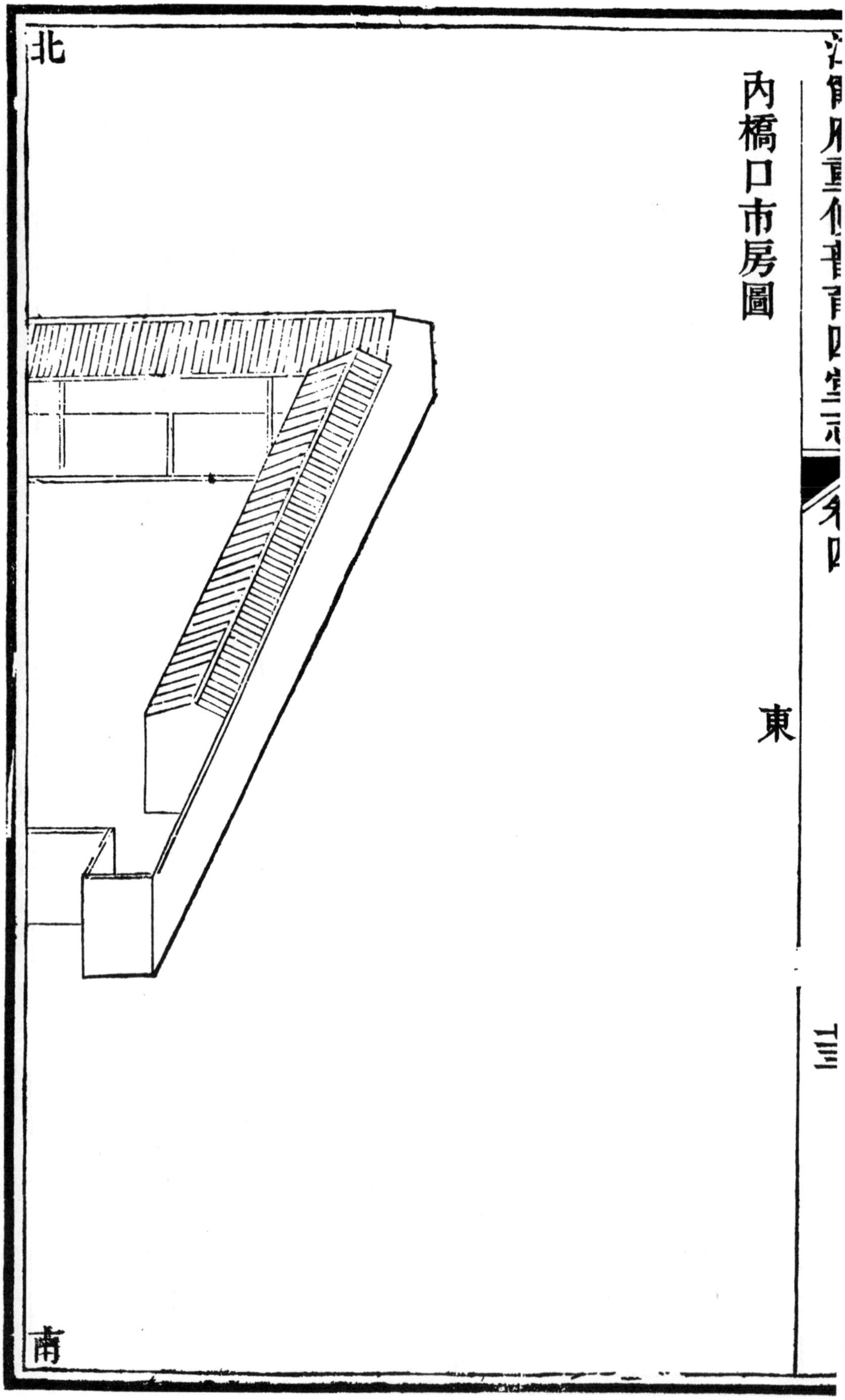

前界抵街由東至西計寬一丈八尺五寸
後界驪場由西至東計寬二丈八尺
左抵牛牆由北至南計深四丈三尺五寸
右抵　由南至北計深四丈三尺五寸

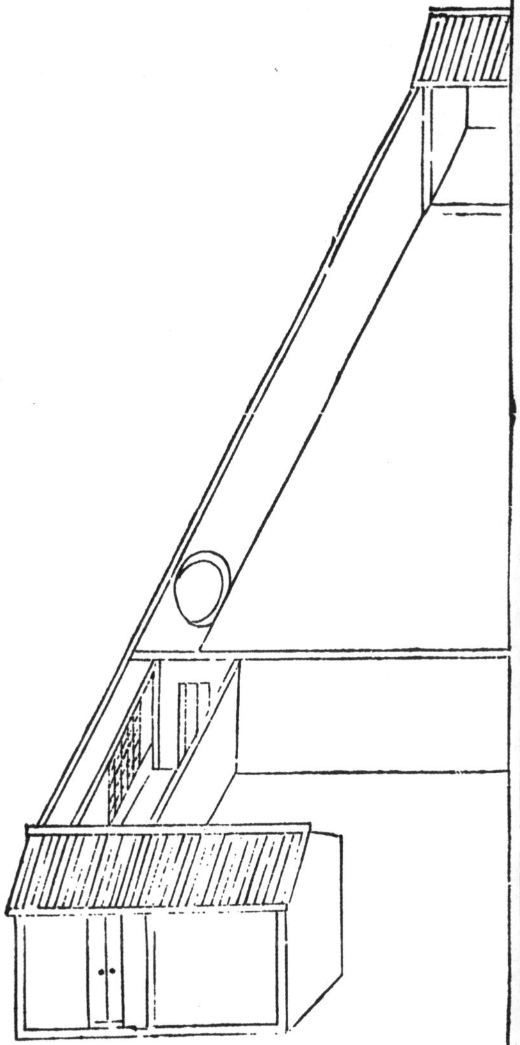

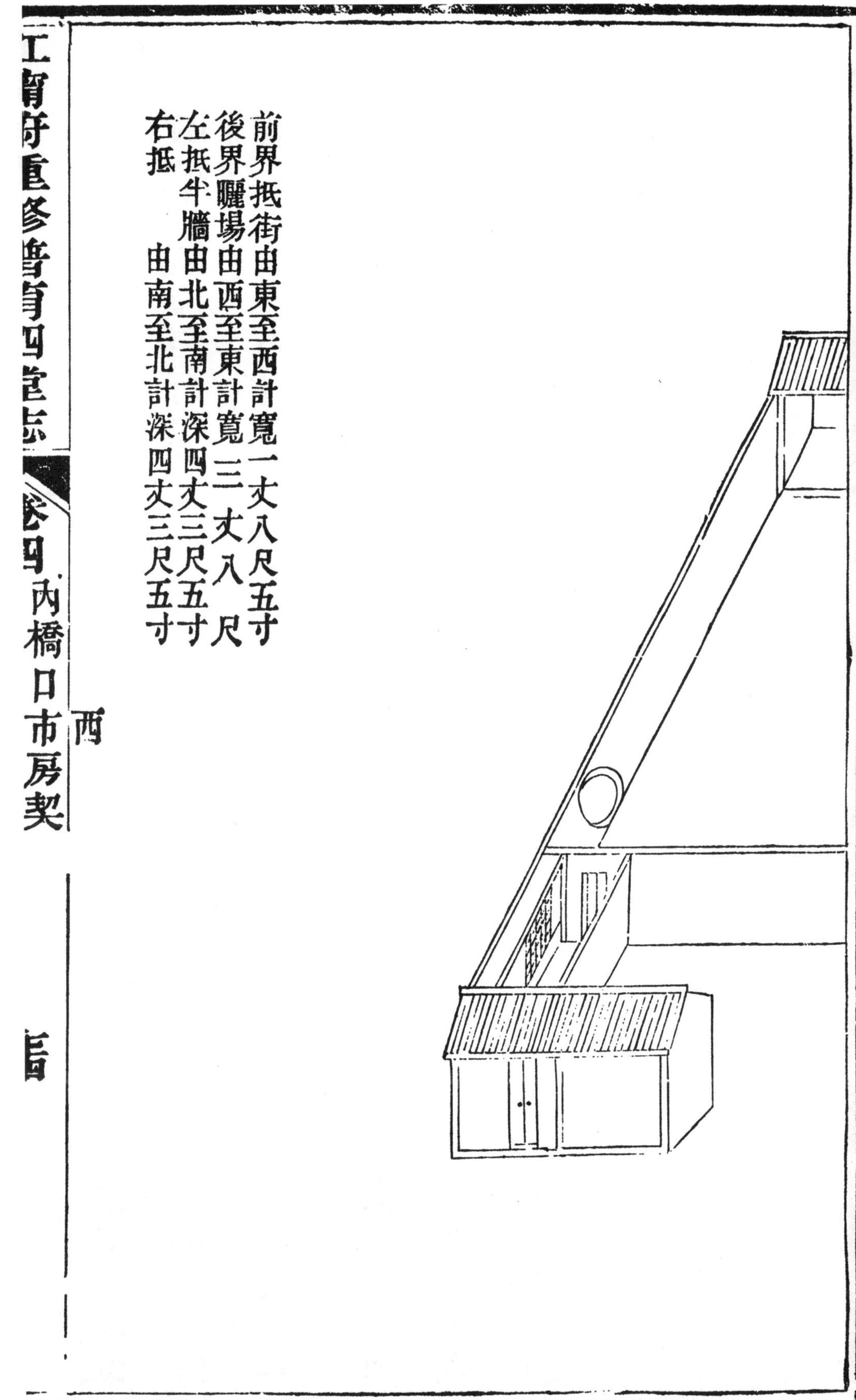

立杜絶賣店房並基地文契柏澍棠今將祖遺原買受分已產店房被燬經賊改造克復後自行起蓋及收買歸併基地店房一業坐落上元縣城中内橋口橋北大街地方計迎街朝南門面兩號内一進七架梁平房並排兩間東首與鄒姓同粱共柱後牆門一道天井一方内朝東蘆席灰披兩厦二進基地兩小號天井全三進基地兩小號後苑一大方内朝西披房兩號又朝北披房一大厦四進基地現蓋七架粱平房並排四間後檐牆四號一道爲止西首山牆通直一道二進三進公山牆一道苑内東首牆一道情因該產一進門面係賊改造房屋兩間騎跨東首鄰人鄒姓基地寬四尺後彼此控告在案蒙局憲劉當堂秉公訊飭柏姓備價收買所騎跨之地庶免轇轕柏姓遵斷如數繳價收買

彼此具結存卷銷案地歸柏姓執業總以東首排山柱脚爲界隨房周圍牆垣均依本房柱脚爲憑上房下地土木甎石瓦片相連在房裝修註明租券後隨房交代絲毫不動近因正用通家商議明白央中說合自情願將此房並基地憑族親中邀牙立契出杜絶賣與普育堂名下永遠執業取租當日三面言明本房並基地得受杜絶賣價曹平四色平八五兌紋銀八百九十三兩七錢二分三釐整其銀卽日契下憑衆一平兌足柏姓親手收楚毫不短少銀契兩交明白自杜絶賣後聽憑買主照址拆卸翻蓋任意更新永遠爲業

計附本產聯照二紙一紙係故父柏培志名目一紙係燕名目卽澍棠註明

又照

同治十二年十二月　　日立杜絶賣店房並基地文契柏澍棠憑弟文清親

孫舸君中胡立家

膺福街市房圖　豆腐巷口

同治十二年用正價銀二百九十五兩六分置買朱新甫基屋現租萬正宏錫箔店

膺福街市房圖

北

前界抵街由西至東計寬一丈一尺八寸
後界圍牆至二進由東至西計寬二丈八寸
左界抵　姓屋自南至北計深四丈一尺
右界抵　姓屋自北至南計深八丈九尺

西　東

南

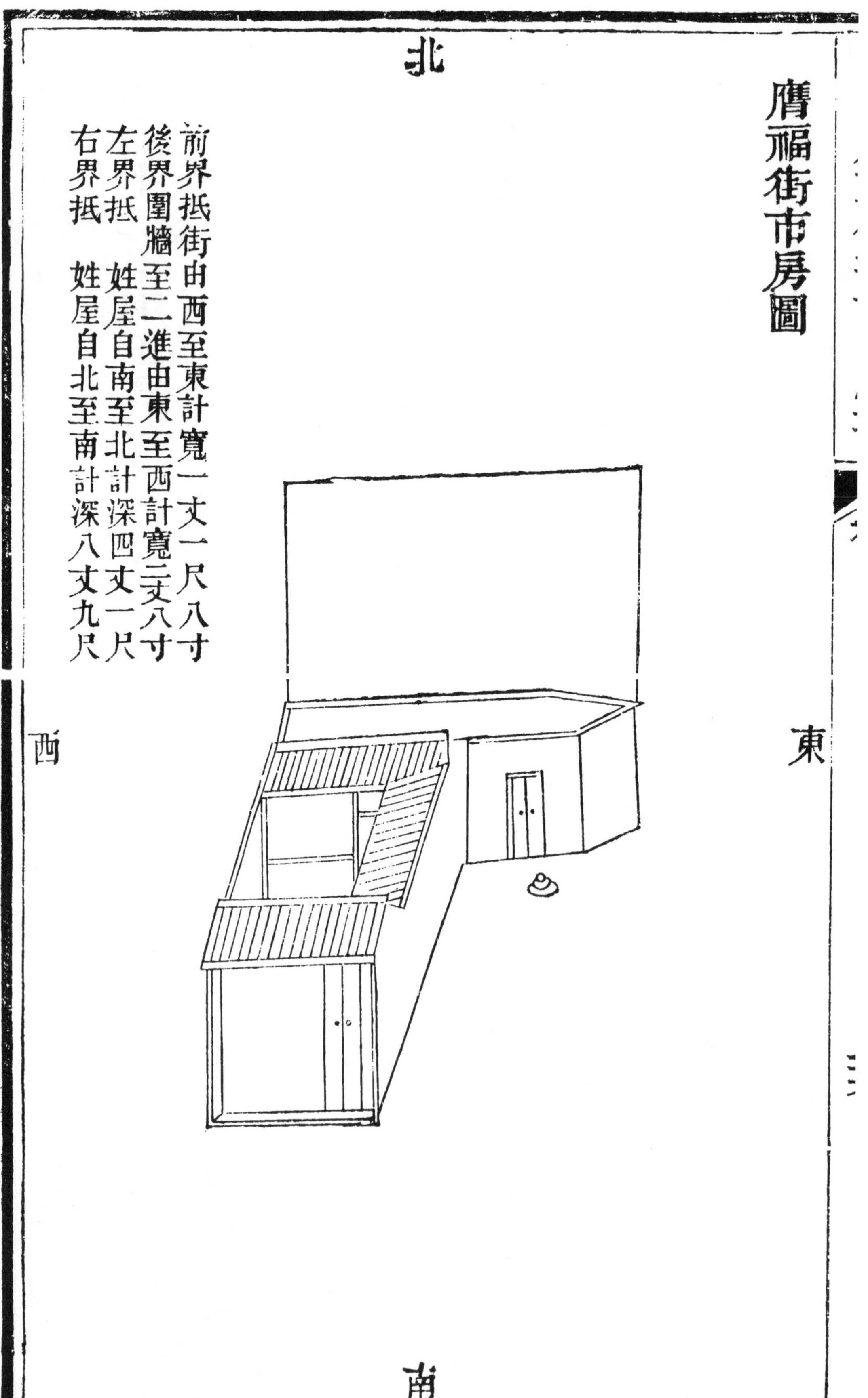

立杜絕賣市房並基地文契朱新甫今將原買市房並基地復行起蓋一業坐落江邑城中大膺福街豆腐巷口地方朝西北迎街門面一進七架粱平房一間天井一方內左首披兩號一厦二進七架粱平房一間天井一方三進基地二小間左首前簷後門全向有後門外長天井一條食井一口總後門係與鄰人公走出入隨房周圍牆垣均依本房柱腳爲憑上房下地土木甎石瓦片相連在房裝修註明租簿後交代其房租開萬全堂藥店並無頂首近因正用通家商議明白央中說合願將此房憑中邀牙立契出杜絕賣與普育堂名下永遠執業取租當日三面言明本産得受杜絕賣價曹平八五兌京紋銀二百九十五兩六分整其銀卽日憑衆一平兌足朱姓親手收楚毫釐不少銀契兩交

明白自杜絕賣後聽憑買主拆卸翻蓋任意更新永遠爲業

計附本房原買印契一紙尾全又上首聯照一紙又上首包據字據五紙共

七紙付執又照

同治十二年閏六月　日立杜絕賣市房並基地文契人新甫憑中姚子雲

王大餘

釣魚台市房圖

同治十一年用正價銀一百三十四兩六錢八分置買李蓮生等基屋現租戴姓住

釣魚台市房圖

北

前界抵官街自西至東計寬一丈二尺
後界抵河沿自東至西計寬一丈二尺
左界抵湯姓市房自南至北計深六丈三尺
右界抵徐姓市房自北至南計深六丈三尺

東

西

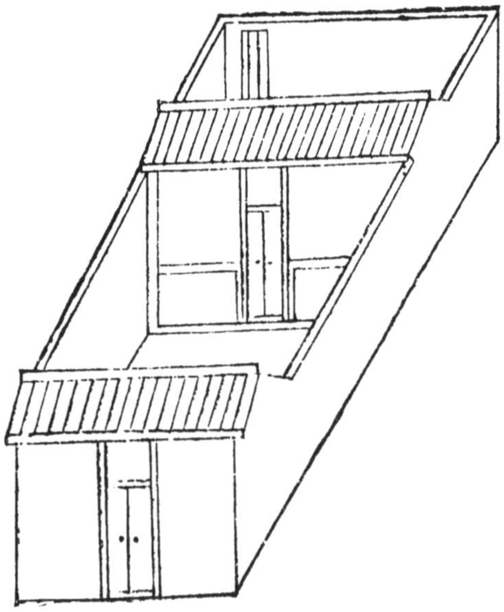

南

立杜絶賣店房文契李蓮生李荷生今將原買已產一業坐落江甯縣城卜釣魚臺地方計坐北朝南門面迎街第一進七架梁平房一間天井一方第二進七架梁平房一間天井一條腰牆一道第三進基地一小間後至官河爲止隨房左右牆垣均依本房柱脚爲憑上下土木房地瓢石瓦片相連在房裝修載明契後隨房交代近因正用通家商議明白央託中友説合自情願將此房憑中傳牙立契出杜絶賣與普育堂名下永遠執業當日三面言明本房照時估值得受賣價曹平八五兑京紋銀一百三十四兩六錢八分整其銀卽日契下一平兑清賣主親手收足毫釐不少銀契兩交明白此房自賣之後聽憑買主拆卸翻蓋任意更改以舊易新永遠執業

計附本房原買正紅契一張尾全所有上首執照一紙據李姓云稱業已失落無存另加劉少園包約一紙付執爲證註明又照

同治十一年六月　日立杜絕賣店房文契李蓮生李荷生憑中劉少園黃

小石

信府河市房圖

光緒十一年用正價曹平銀九百兩買李蓮生基屋現租信河茶館

信府河市房圖

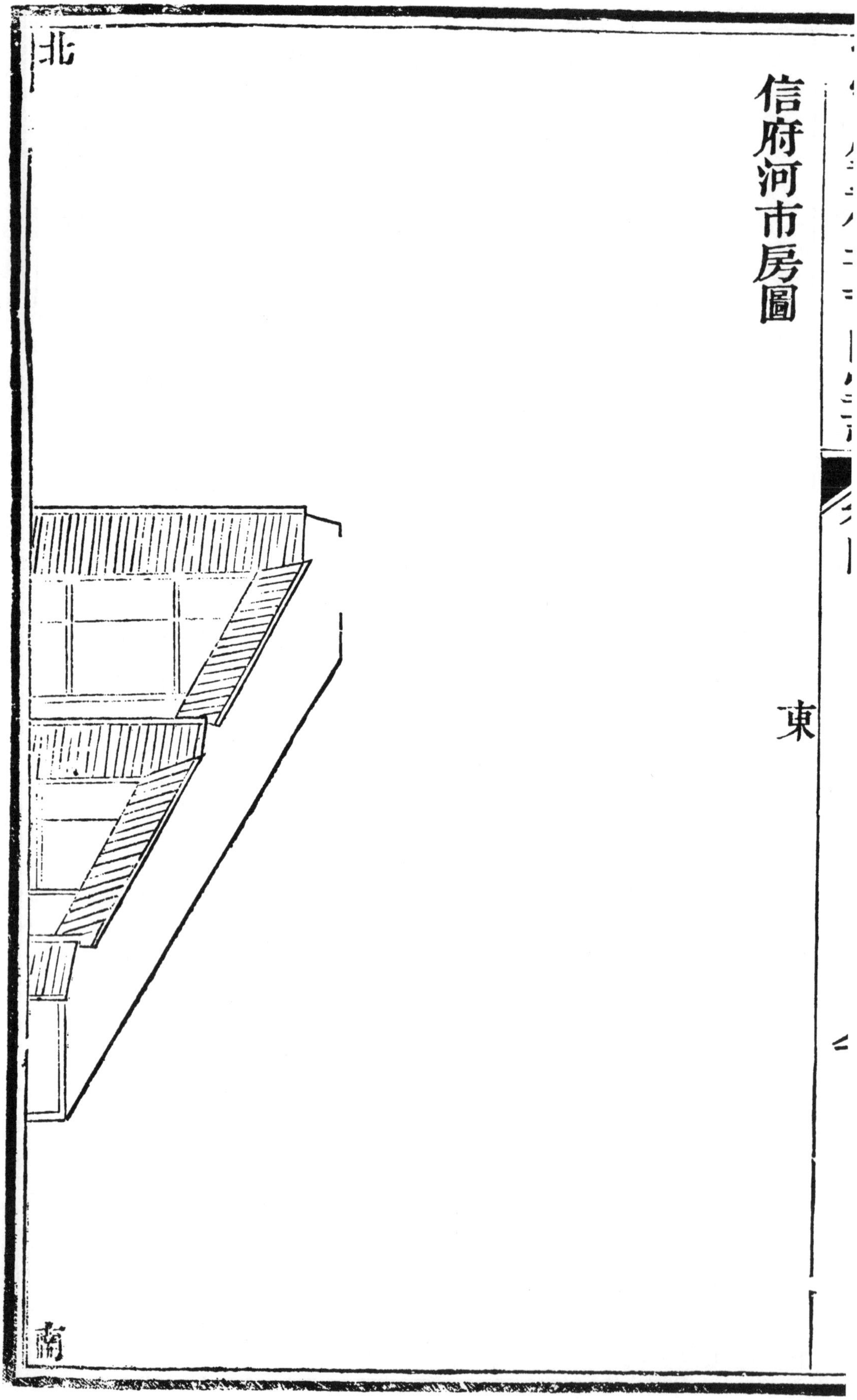

前界抵官街由東至西計寬二丈四尺
後界抵　由西至東計寬四丈五尺五寸
左界抵　由南至北計深八丈一尺七寸
右界抵任姓屋由北至南計深八丈一尺七寸
西首朝東披二厦院一方寬二丈四尺深二丈一尺八寸

西

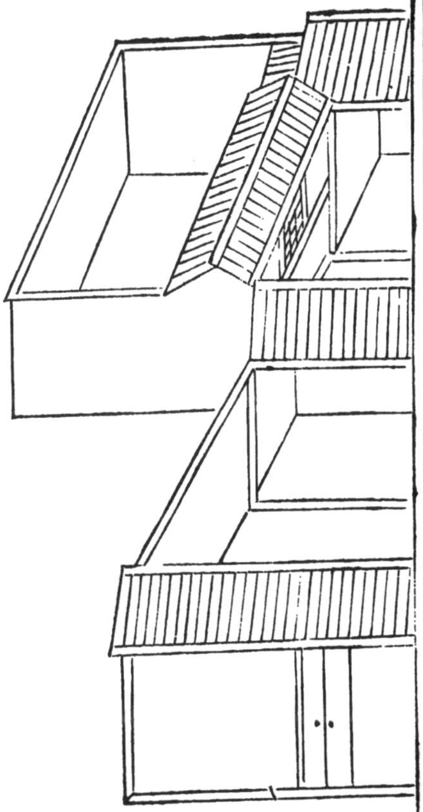

立杜絕賣市房文契李蓮生今將原典市房被毀復行用價收買改蓋已產一業坐落江邑治下聚寶門內信府河口地方計坐北朝南迎街門面二號第一進平房並排二間後天井兩號一方內東首朝西披房一廈第二進平房並排二間後天井一大方內東首朝西披房一廈又西首朝東披房毗連二廈第三進平房並排三間該房後檐三號是日憑鄰指明以塞檐牆滴水爲界並此房西首接披一廈披前西首丹墀一大方以牆爲界丹墀內鋪堤石板全此房東首自第一進前檐起至第三進後檐止通直山牆一道其房西首一二兩進與任姓毗連以牌山柱山牆爲界言明將此一二進及前天井均係砌牆爲界房內左右周圍牆垣均依本房柱腳爲憑上房下地土木甎石瓦片相連在房裝

修另立清單俱各不動隨房交代近因正用通家商議明白央中說合自情願將此市房憑鄰指明界址邀牙立契出杜絶賣與普育堂名下永遠執業當日三面言明本房得受杜賣價曹平二七寶銀九百兩整卽日兌足李姓親手收楚毫不短少銀契兩交明白自賣之後聽受主拆卸翻蓋任意更新永遠為業

計附批銷廢典契一紙又原買印契一紙尾全又收買裝修字據一紙又裝修單一紙共四件付執又照

光緒十一年七月　日立杜絶賣市房文契李蓮生憑鄰任積堂翁子書

餹坊廊市房圖

同治九年用正價銀二百四十七兩八錢置買譚姓基屋二進現租如意樓茶館

糖坊廊市房圖

南

前界抵篋街官街由東至西計寬三丈五寸
後界抵秦淮河心由西至東計寬四丈
左界抵張姓市房由北至南計深五丈
右界抵唐姓市房由南至北計深五丈

東

西

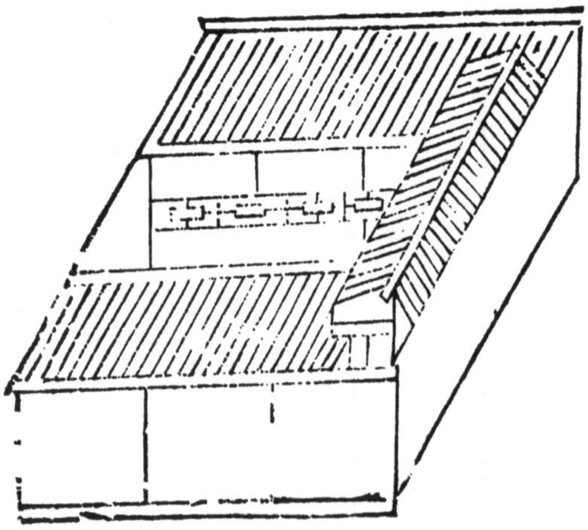

北

立杜絕賣店房文契譚陳氏譚崔氏同子克昌今將祖遺原買已產一業坐落
江甯縣城中饅坊廊地方計坐南朝北門面迎街第一進五架梁平房並排三
間左首一號上樓房半間朝東廂樓上下二廈天井一條第二進七架梁樓房
上下六間後至官河爲止隨房左右牆垣均依本房柱脚爲憑上下土木房地
甎石瓦片相連在房裝修俱各不動另單隨房交代近因正用通家商議明白
央託親友說合自情願將此房寸土寸木不留憑中邀牙立契出杜絕賣與普
育堂名下永遠執業取租當日三面言明本房照時估值得受杜絕賣價曹平
四色半八五兌紋銀二百七十四兩八錢整其銀卽日契下一平兌足賣主憑
衆親手收楚毫釐不少銀契兩交明白此房自賣之後聽憑買主拆卸翻蓋任

意更改以舊易新永遠執業

計附本房執照一張付執爲證又照再者該房第二進樓房迎河接出瓦披

並排三號一并隨房交代批明再照

同治九年三月　　日立杜絶賣店房文契譚陳氏譚崔氏同子克昌憑族子

和中鄰謝筱文親陳抑山王已成陳子元孫舸君宋鴻卿家丁六二

張府園住房圖

光緒十年用正價本洋六百員置買李姓基屋現左邊租陸姓住

張府園住房圖

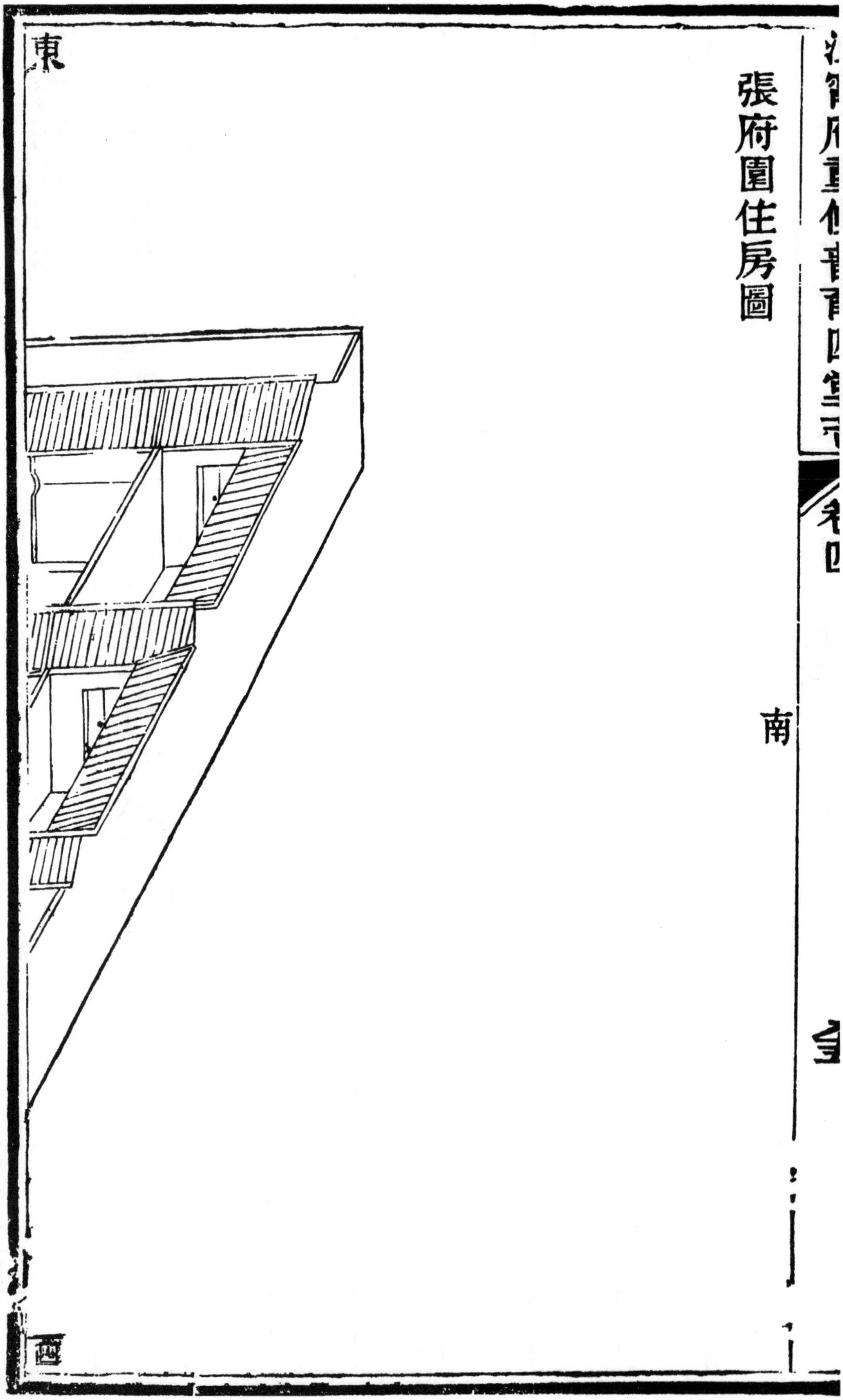

南首市房前後由南至北計寬一丈三尺
左右由東至西計深十一丈五寸

北首住房前後由南至北計寬二丈一尺五寸
左右由東至西計深八丈五寸

北

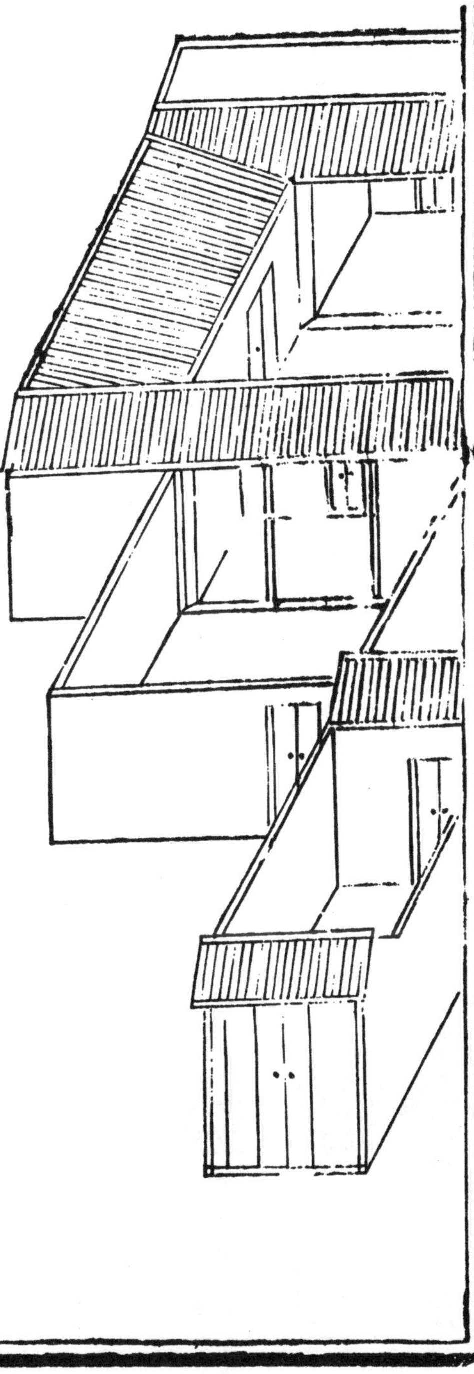

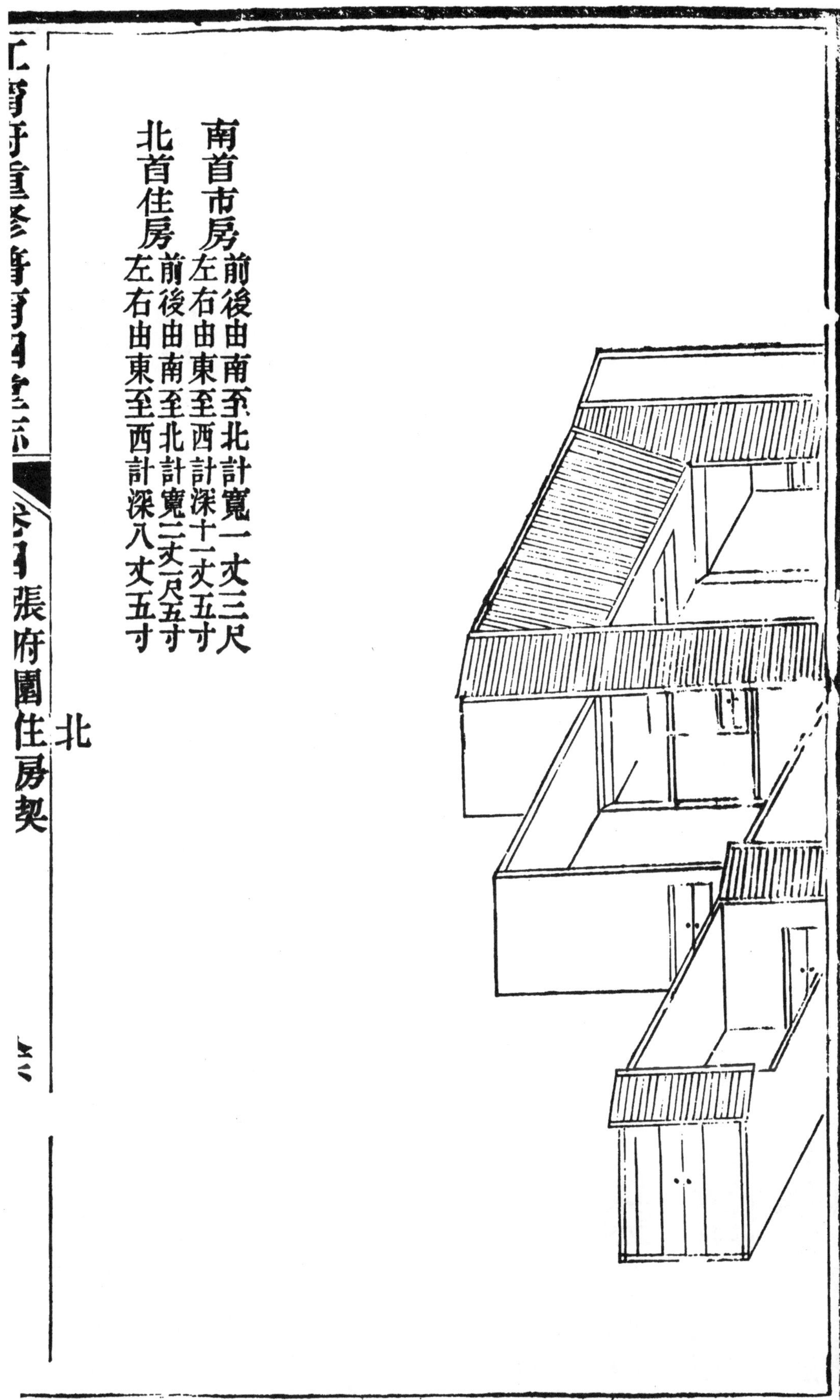

立杜絶賣房屋文契李松竹草堂今將原買房屋己產一業坐落上元縣治下張府園口地方計坐東朝西迎街門面一號內第一進七架梁平房一間後天井一小方第二進七架梁平房一間後天井一小方內朝北披房一厦第三進七架梁平房一間後天井一小方內朝北披房一厦第四進七架梁平房一間後接檐披全以牆爲界並此房三進北首方廳並排三間前天井一方內食井一元照牆一道廳前西首有迎街出路走巷通直一條該走巷其廳前天井照牆起至迎街大門止廳後天井一方內左右披房二厦二進七架梁平房並排三間右首靠牆豎柱左一號後接檐披全後檐牆三號一道牆外天井一條以鄰牆爲界並廳北首平房一間右首靠牆豎柱隨房周圍牆垣均依本房柱脚

爲憑上房下地土木甎石瓦片相連在房裝修另單交代近因正用通家商議明白央中說合自願將此房立契杜絕賣與普育堂名下永遠執業當日三面言明本房得受賣價本洋六百元整其洋即日兌足李姓親手收楚毫不短少洋契兩交明白自賣之後聽憑受主拆卸翻蓋任意更新永遠爲業

計附原買官契一紙又上首契一紙又上上首官契一紙又聯照二紙共五件付執又照

光緒十年十一月　　日立杜絕賣房屋文契李松竹草堂憑中吳朗臣吳復初吳小峯丁榮啟

銅作坊市房圖

同治十年用正價銀二百八十八兩二錢五分二釐置買陳景彭迎街朝西門面平房二間光緒四年委員王檢校侃改造用工料錢一百七十六千有奇南首一號租開許萬興蒻子店北首一號租開王鐵匠店

銅作坊市房圖

前界抵官街由南至北計寬二丈一尺
後界抵朱姓住房由北至南計寬二丈一尺
左界抵樂善堂市房由西至東計深二丈四尺
右界抵黑廊口小巷由東至西計深二丈四尺

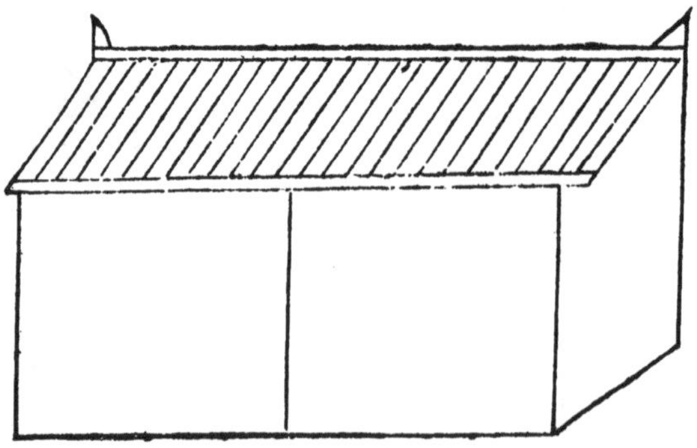

立杜絕賣店房文契陳景彭同嫂張氏同姪小樹今將祖遺原買受分已產一業坐落江甯縣城中銅作坊地方計坐東朝西門面迎街板雨搭全第一進七架梁平房並排二間後牆爲止南首一號租開剃子店北首一號租開豆腐店兩家鋪面并無頂首隨房左右牆垣均依本房柱腳爲憑上下土木房地甎石瓦片相連在房裝修俱各絲毫不動載明租客租劵內隨房交代近因正用通家商議明白央託中友說合自情願將此房寸土寸木不留罄產交代憑中邀牙立契出杜絕賣與普育堂名下永遠執業取租當日三面言明本房照時估值得受杜絕賣價曹平八五兌京紋銀二百八十八兩二錢五分二釐其銀卽日契下一平兌清賣主憑眾親手收足毫釐不少銀契兩交明白此房自賣之

後聽憑買主拆卸翻葢任意更改永遠執業

計附本房執照一張付執又照

同治十年六月　日立杜絕賣店房文契陳景彭同嫂張氏同姪小樹憑中

吳竹溪祁左周官牙余兆奎

陡門橋街市房圖

同治十二年用正價銀七百十五兩三錢置買陳秀峯基屋朝北門面三號光緒三年收買租戶范三義添造浮房用正價洋四十二員又裝修雨水搭三號錢五十千文中租林泰和鐵器店西租桂義和綿紗店東租涂正興篋箱店

陡門橋街市房圖

前界由西至東計寬二丈九尺二寸
後界由東至西計寬二丈九尺二寸
左界由南至北計深七丈四尺
右界由北至南計深七丈四尺

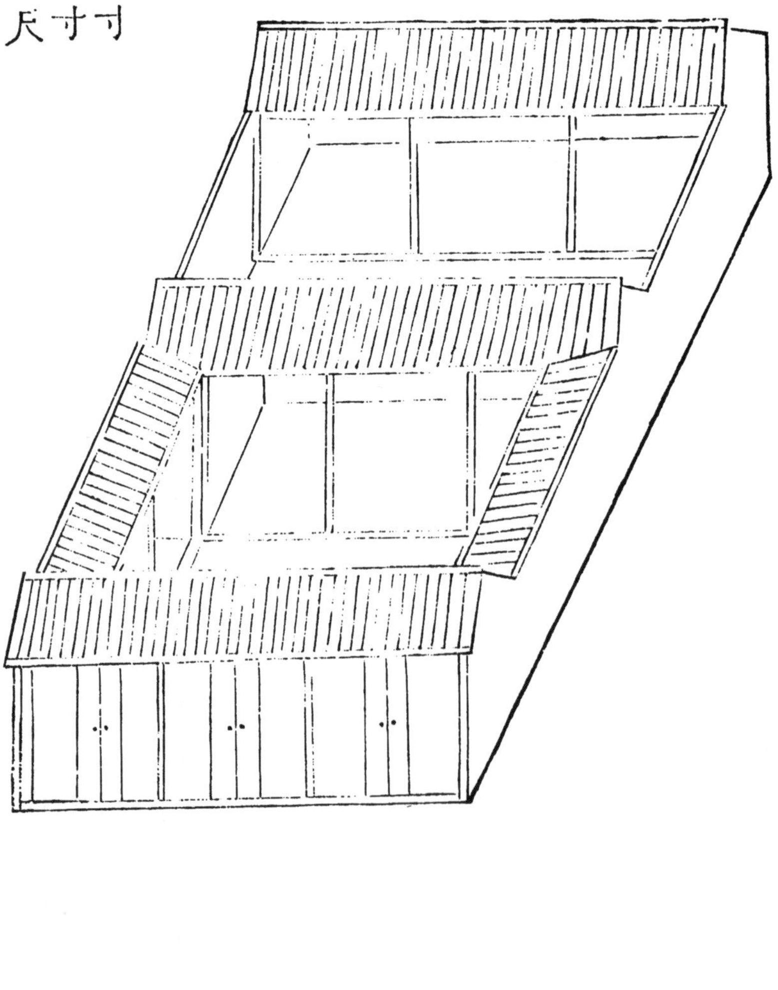

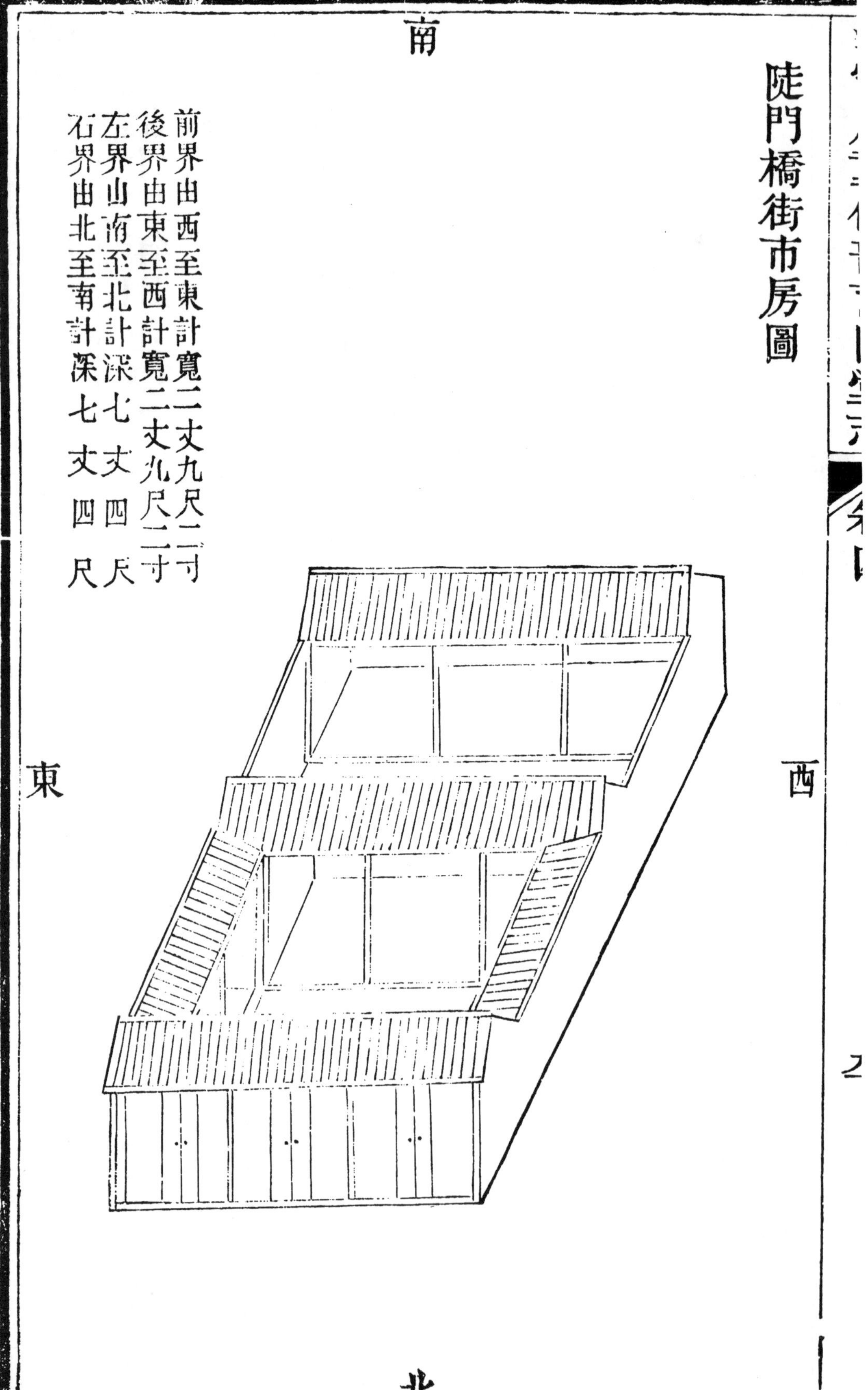

立杜絕賣店房並基地文契陳秀峯今將已買店房復行翻蓋並基地一業坐落江邑城中陡門橋大街地方計坐南朝北迎街門面一進七架梁平房並排三間西首公山牆一道東首山牆一道後牆全天井一方內左右披厦二進基地並排三間後以塞簷牆爲止左右均依老牆腳爲憑隨房周圍牆垣均依本房柱腳爲憑上房下地土木甎石瓦片相連在房裝修註明租劵後交代其房現租開范三義水煙袋店並無頂首近因正用通家商議明白央中說合願將此房憑中邀牙立契出杜絕賣與普育堂名下永遠執業取租當日三面言明本房並基地得受杜絕賣價曹平八五兌紋銀七百十五兩三錢整其銀即日憑眾一平兌足陳姓親手收足毫釐不少銀契兩交明白自杜絕賣後聽憑

買主拆卸翻蓋任意更新永遠執業

計附本房原買印契一紙尾全又上首聯照兩紙又上首收買房架據兩紙

又上首贖回批銷典契一紙共六紙付執又照

同治十二年閏六月　日立杜絕賣店房並基地文契陳秀峯憑親孫少雲

謝鑑衡中陳殿揚

講堂大街市房圖

同治九年用正價銀三百八十七兩五錢八分置買馬靜齋基屋平房二進每進一間披一厦光緒七年改造用工料錢四百九十六千一百八十文現租方竹箱店

講堂大街市房圖

前界抵講堂官街由東至西計寬一丈六寸
後界抵義和空院由西至東計寬一丈
左界抵義和茶室由南至北計深七丈
右界抵毛姓市房由北至南計深七丈

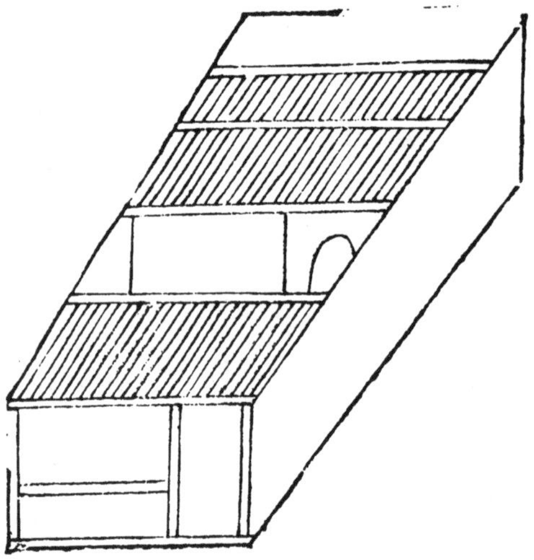

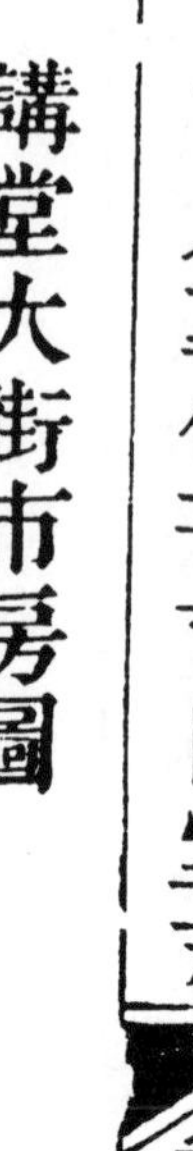

立杜絶賣店房并基地文契馬靜齋同子永和永福今將原買己産一業坐落江甯縣城中講堂大街遐字鋪地方計坐北朝南迎街門面平房一間横披一厦天井一方二進平房一間後牆一道牆門内基地一小間後牆爲界牆門一道無後路迎街第一進樓閣全隨房左右周圍牆垣均依本房柱脚爲憑上下土木房地甎石過門牆墊階沿坡石瓦片相連在房裝修另立細單隨房交代近因正用通家商議明白央託中友説合自情願將此房憑中邀牙立契出杜絶賣與普育堂名下永遠執業招租當日三面言明本房照時估值得受杜絶賣價曹平八五兑京紋銀三百八十七兩五錢八分整其銀卽日契下一平兑淸賣主憑衆親手收楚毫釐不少銀契兩交明白此房自賣之後聽憑買主拆

卸翻蓋任意更改以舊易新永遠執業

計附本房執照一紙又裝修單一紙共二紙付執又照

同治九年十二月　　日立杜絕賣店房并基地文契馬靜齋同子永和永福

憑中陳性初瑪雨亭

牛市住房圖

光緒十年用正價曹平銀九百兩置買朱茂堂基屋現租甘公館

牛市住房圖

前界抵大街由南至北計寬三丈六尺八寸
後界抵河沿由北至南計寬三丈六尺八寸
左界抵　姓屋由東至西計深七丈九尺三寸
右界抵　姓屋由西至東計深七丈九尺三寸

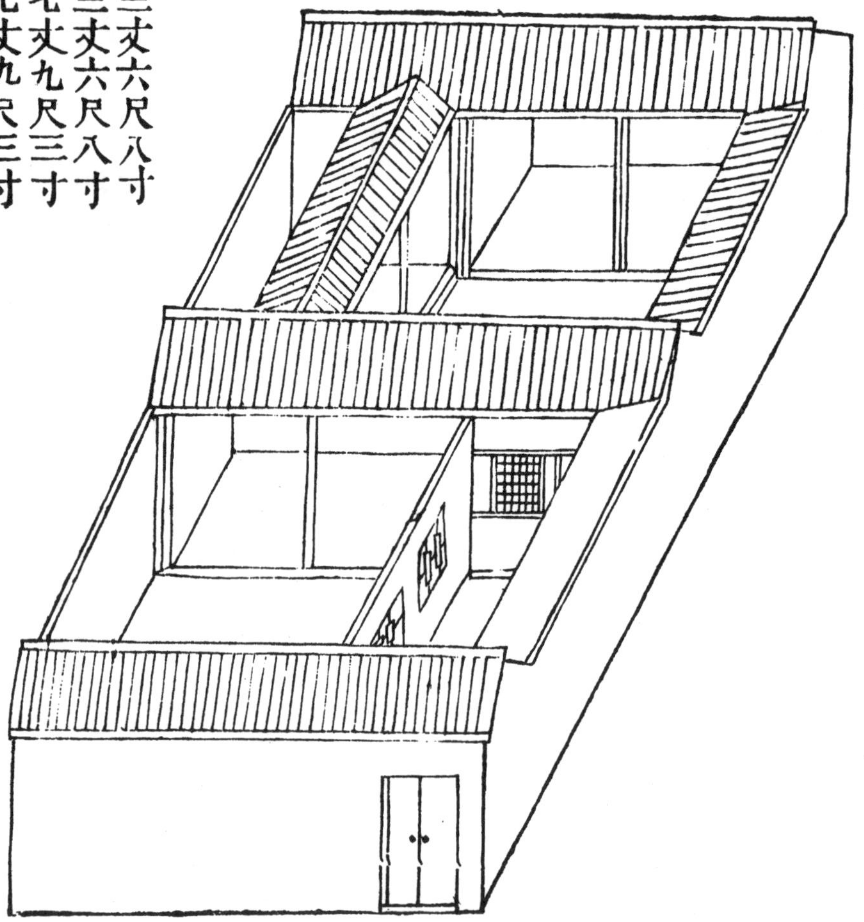

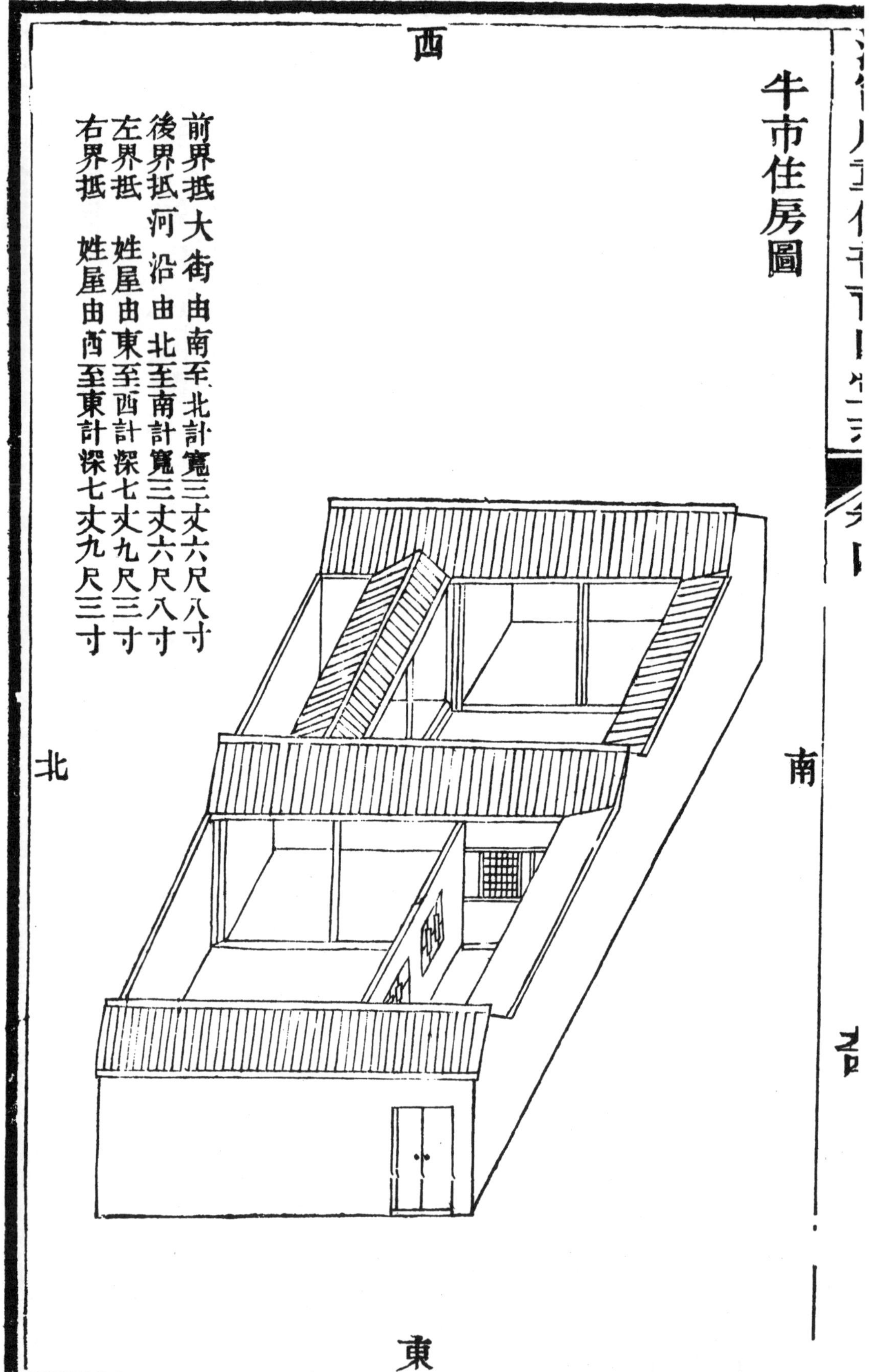

立杜絕賣房屋文契朱茂堂今將原買房屋復行翻葢改造已產房屋一業坐落江邑城中牛市榮字鋪地方計迎街門面靑牆三大號左首大門一道內第一進七架梁平房並排三間天井三號全第二進七架梁平房並排三間小天井三號全第三進北首起捲兩改三河廳一座並三進南首七架梁平房一間沿河石磡岸石坡全前至官街後至官河爲止隨房周圍牆垣均依本房柱脚爲憑上房下地土木瓴石瓦片相連在房裝修另立淸單存查俱各不動隨房交代近因正用通家商議明白託中說合願將此房憑中邀牙立契出杜絕賣與普育堂名下永遠執業當日三面言明本房照時估值得受杜絕賣價曹平足兌二七銀九百兩整其銀卽日契下憑衆一平兌足朱姓親手收楚毫不短

少銀契兩交明白杜絕賣後聽憑買主拆卸翻蓋任意更新永遠執業
計附原買正官契一紙又上首及上上首印契六紙又上上首墨契一紙又
廢典契二紙又上首包據二紙共十二紙付執又照
光緒十年十月　　日立杜絕賣房屋文契朱茂堂憑中洪鶴舫汪良貴

雙塘住房圖

同治八年用正價合曹平八五兌銀四百七十八兩置買劉明棟等基屋計四進共平房十八間披二廈光緒七年修理用工料錢三十九千有奇現租劉居陶謝劉朱六戶分住

雙塘住房圖

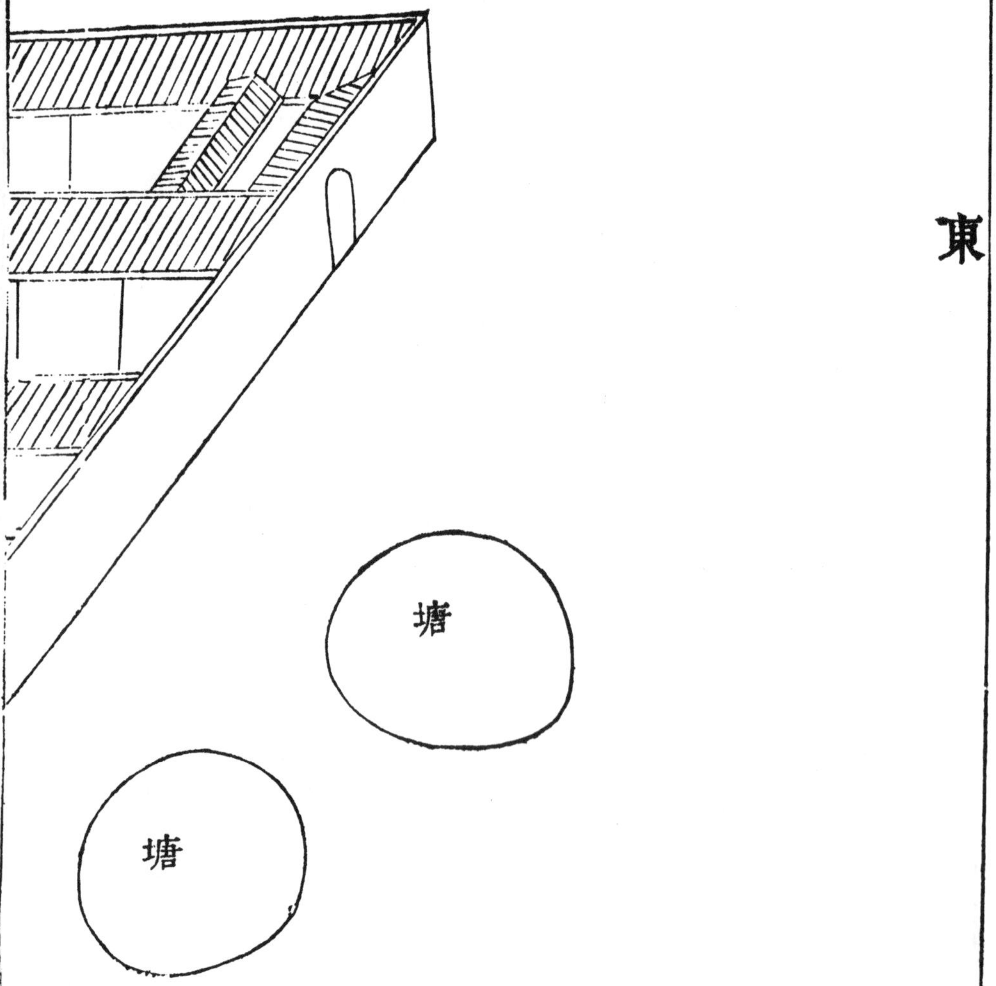

北

前界抵雙塘官路由東至西計寬五丈一尺五寸
後界抵太子巷路由西至東計寬五丈一尺五寸
左界抵雙塘官路由北至南計深十二丈七尺五寸
右界前抵空基地後抵沈姓住房由南至北計深十二丈七尺五寸

西

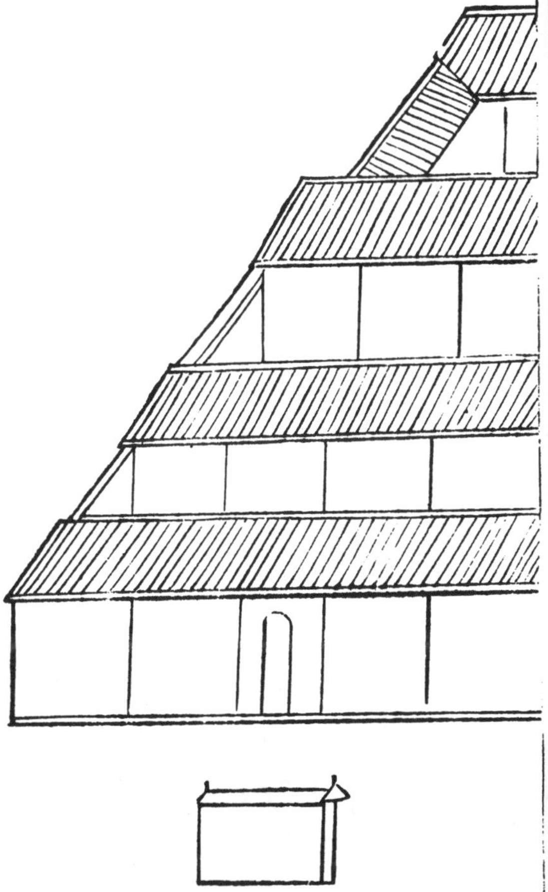

南

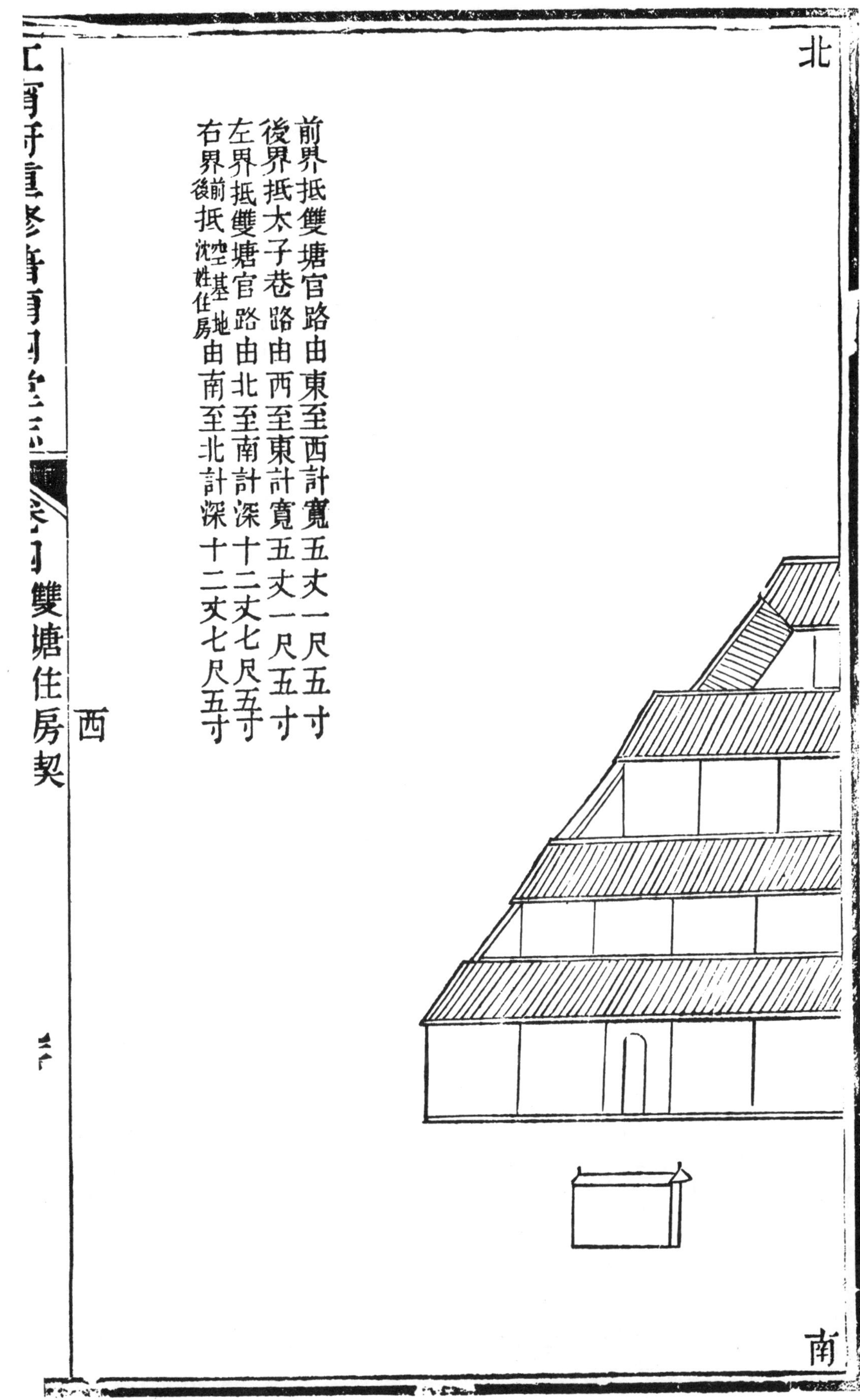

立杜絶賣房文契劉姜氏同子明棟明倫今將祖遺原買房一業坐落江邑城西雙塘地方計坐北朝南迎街甎牆門面過街照壁牆全甎福字全大門全第一進平房並排三間天井一方第二進廳房並排三間後牆一道重門內天井一方第三進平房並排三間後牆一道重門內天井一方人字披全横披一厦第四進平房並排二間後牆爲界舊址後門影全並第一進左首平房兩小號造成一大間天井一方並第二左首平房兩小間造成一大間後牆一道天井一方横披一厦並第三進左首平房並排二間後牆一道天井一方左首横披一厦後門一道並第四進左首平房並排三間後牆爲界隨房周圍牆垣均依房柱脚爲憑上下土木房地甎石瓦片相連在房裝修俱各不動另立細單交

代近因正用通家商議明白央中說合自情願將此房憑中牙立契杜絕賣與普育堂名下永遠執業當日三面言定照時估値杜絕賣價足錢六百三十千文整合曹平四色半八五兌紋銀四百七十八兩整其錢卽日憑眾一平對足劉姓親手收楚毫釐不少錢契兩交明白杜絕賣後聽憑買主拆卸翻蓋以舊易新永遠執業

計附本房聯照一紙又包據一紙共二紙付執批照

同治八年二月　日立杜絕賣房文契劉姜氏同子明棟明倫憑壻陳渭川

中崔允遐黃得龍張德瀛吳樂山許齡

東牌樓藍家苑住房圖

同治十三年用正價銀一百三十五兩八錢八分二釐置買魏姓基屋現租張姓住

東牌樓藍家苑住房圖

北

前界由東至西計寬二丈五尺
後界由西至東計寬二丈五尺
左界由南至北計深四丈五尺
右界由北至南計深四丈五尺

西

東

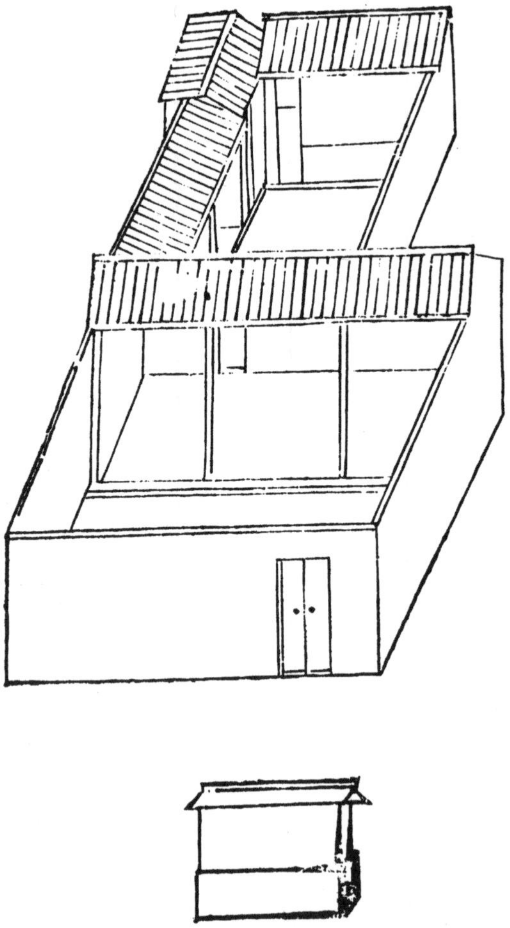

南

立杜絶賣住房文契魏楊氏今將祖遺原買房屋受分已產裝修被賊拆僅存空房克復後自行用價修整住房一業坐落江甯縣城中東牌樓藍家苑地方計迎街朝南公走巷一條照壁一座甎牆一道大門一道內天井一方花台一座東廁全朝南一進平房並排三間天井一方二進朝東披房並排兩厦又朝南廚披一厦後牆爲止隨房牆垣均依本房柱腳爲憑上房下地土木甎石瓦片相連在房裝修另單存查俱各絲毫不動隨房交代奈氏年近衰朽煢煢孑立雖有夫弟魏松如及姪開第開年等皆自未亂以前卽經分居析爨各管各業並無往來氏房礙難自守願將此房出售普育堂懇賞照市估值氏甘領半價俾作衣衾棺槨之資其餘半價願捐入普育堂添濟經費當蒙堂委轉詳奉

批允在案今堂委傳牙立契憑親中出杜絶賣與普育堂名下永遠執業取租當日三面言明照時估值本房杜絶賣價曹平八五兌紋銀二百七十一兩七錢六分四釐整卽日契下氏當堂憑眾親領半價八五兌紋銀一百三十五兩八錢八分二釐整均已收楚毫不短少銀契兩交明白賣後聽憑買主拆卸翻葢任意更新永遠爲業

計附本房聯照一紙付執又照

同治十三年十一月　日立杜絶賣住房文契魏楊氏憑中朱豹臣莫松亭

劉樹君

菱角石住房圖

光緒十二年用正價本洋一千五十員置買汪衍慶堂基屋

菱角石住房圖

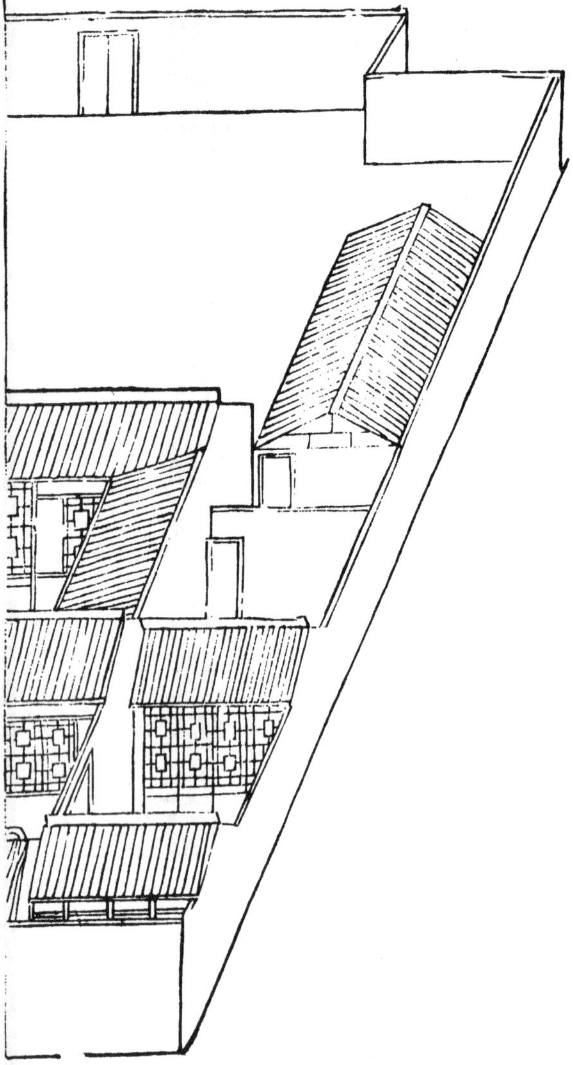

北

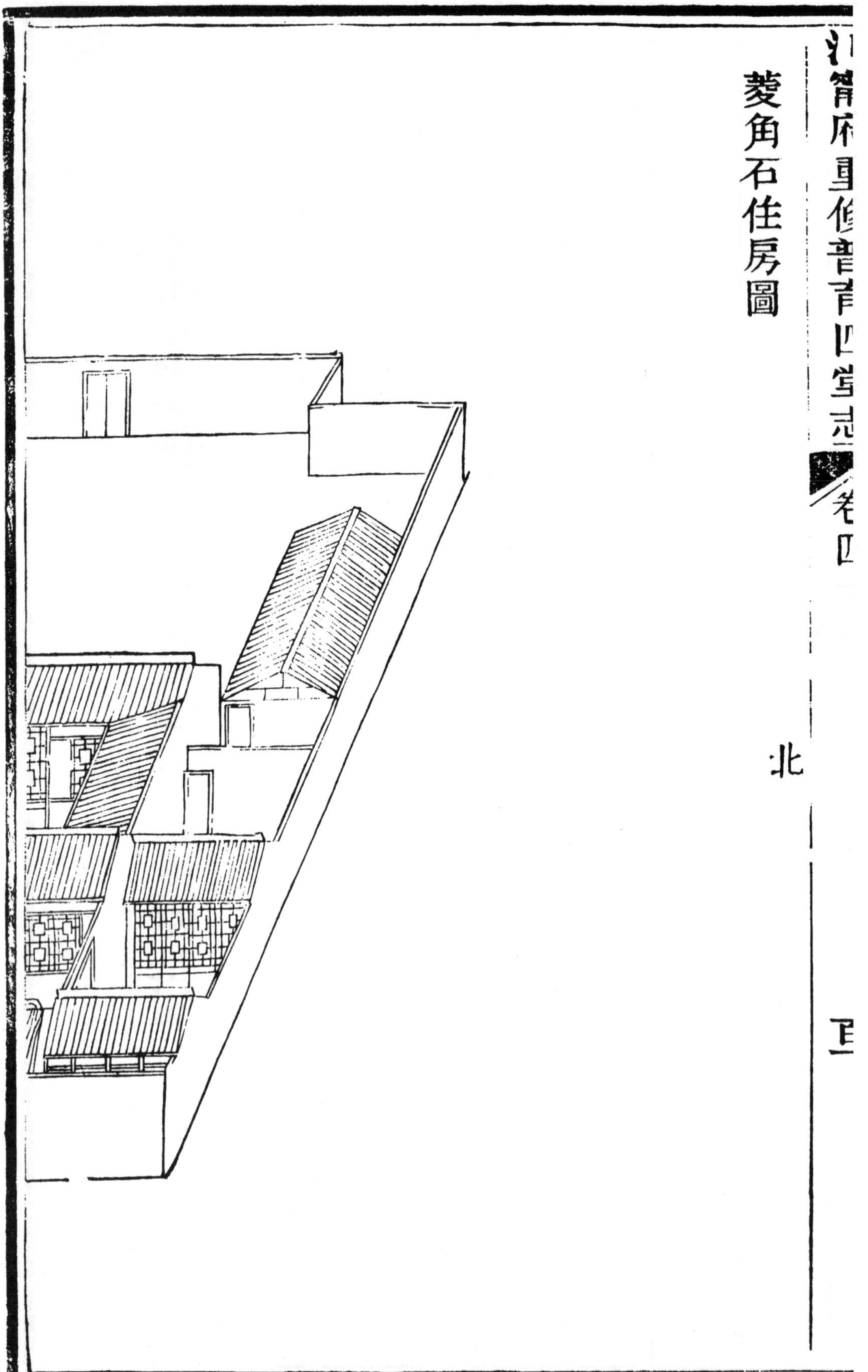

前界自南至北計寬四丈二尺七寸
後界自北至南計寬四丈五尺
左界自東至西計深十二丈一尺三寸
右界自西至東計深十三丈五尺
右邊長出空院基地計寬二丈二尺五寸深二丈四尺

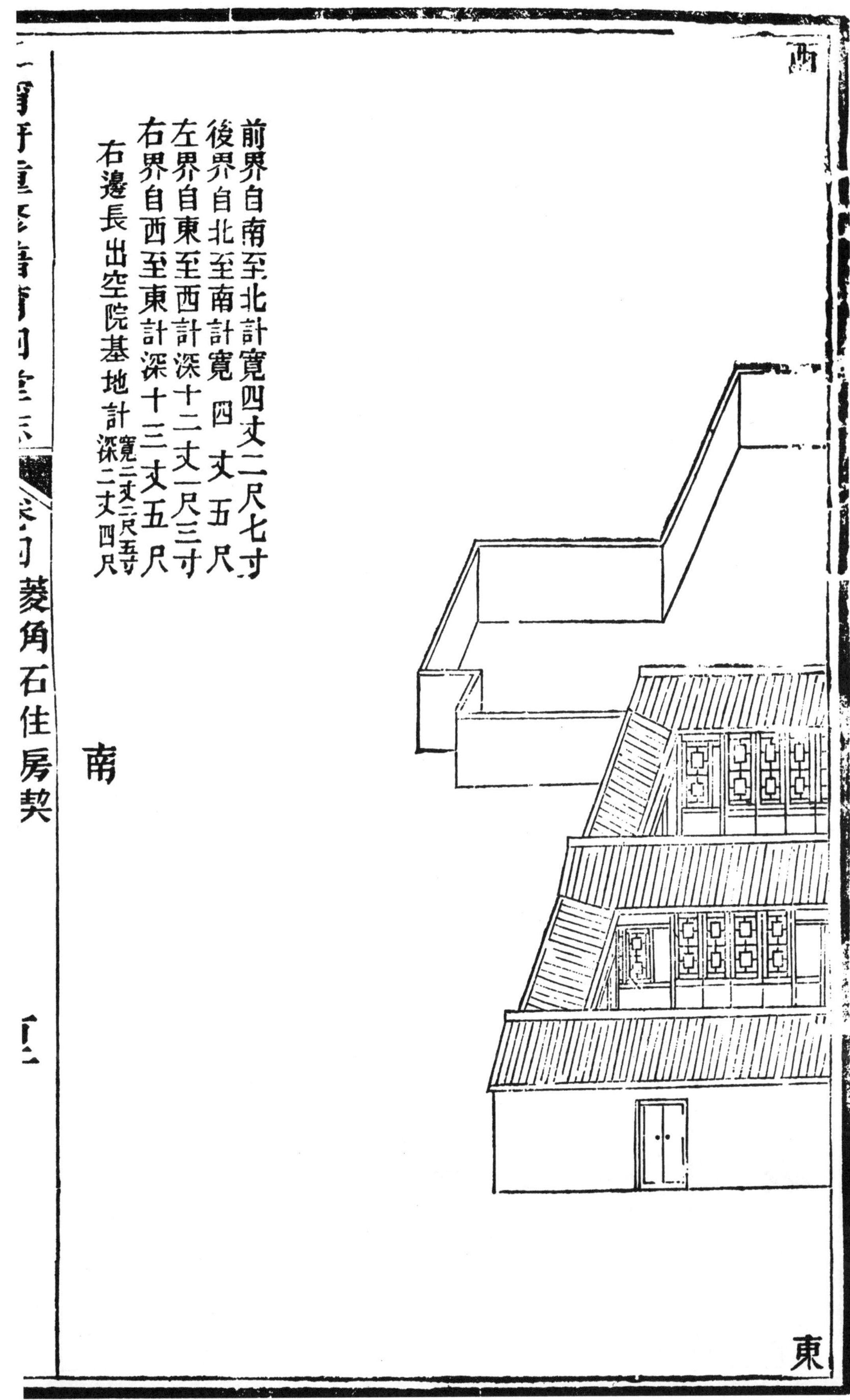

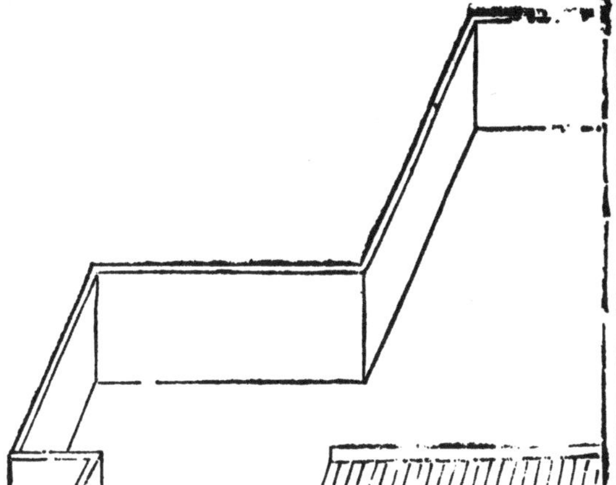

立杜絕賣住房並基地文契汪衍慶堂今將原買房屋並基地自行添葢整理
已產住房一業坐落江甯縣城西菱角石竟字鋪地方計坐西朝東迎街門面
青牆四號大門一道第一進七架梁平房並排三間天井一方內右首廂房一
厦第二進七架梁平廳並排三間後簷牆一道重門內天井一方內左右廂房
兩厦第三進七架梁平房並排三間後簷牆一道牆門內第四進基地並排五
間天井全內填塞食井一元第五進基地並排五間後南首舊址後門後路全
並三進南首基地一間天井全該四五進基地左首朝南五架梁廚房並排二
間該基後簷三方新砌圍牆曲直全並三進右首後簷已安置竹籬笆一道該
東南之基地均以此籬笆爲界並一進北首七架梁書房一大間後天井一條

前天井一方並二進七架梁平房一間後天井全並三進北首基地一間內腰牆一道該房地前至官街後至王家園街沿南至劉陳兩姓曲直老牆腳交代北至周宅通直老牆腳爲界隨房通身週圍牆垣均依本房杜腳爲憑上房下地土木甎石瓦片相連在房裝修等件另立淸單存查俱各絲毫不動隨房交代近因正用通家商議明白託中說合自情願將此房並基地憑中邀牙立契出杜絕賣與普育堂名下永遠執業取租當日三面言明本房並基地得受杜絕賣價本洋蚨一千五十員整其洋蚨卽日契下憑衆一憑兌足汪姓親手收楚毫不短少洋蚨契兩交明白杜賣後聽憑買主拆卸翻蓋任意添造更新永遠爲業

計附本房原買正官契一紙又上首印契一紙尾全又上上首聯照一紙共

三件付執又照

光緒十二年八月　　日立杜絕賣住房並基地文契汪衍慶堂悳中汪翔甫

黃繡生汪艮貴

信府河東廁圖

同治七年據孟士和等稟請歸堂充公每年分三節共繳租錢十千文許姓照管

由孟士和每月給錢六百文

信府河東廁圖

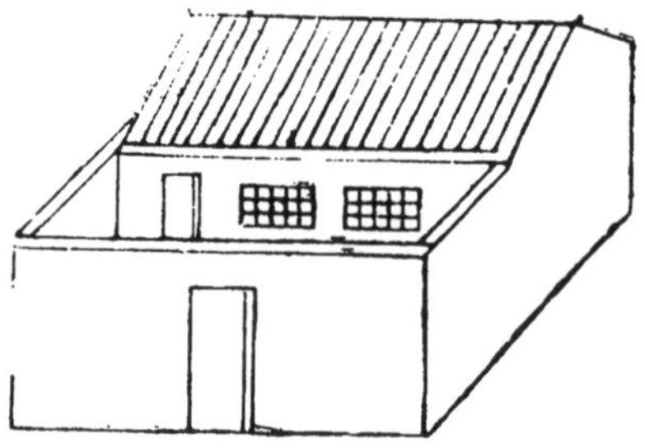

前界抵官街由東至西計寬一丈
後界抵許姓房由西至東計寬一丈
左界抵許姓房由南至北計深二丈一尺
右界抵許姓房由北至南計深二丈一尺

南門外上馬頭市房圖

同治十年用正價銀七百七十四兩八錢二分置買葉姓基屋

前租聚和茶館
現租李恆豐店

南門外上馬頭市房圖

前界抵官街 由東至西計寬二丈二尺
後界抵南門河沿由西至東計寬二丈二尺
左界抵本堂市房由南至北計深二丈七尺
右界抵史姓市房由北至南計深二丈七尺

立杜絕賣店房文契葉張氏同夫星孫今將母遺原買派分奩產一業坐落江甯縣南門城外上馬頭地方計坐北朝南門面迎街八架梁店房並排二間前至官街後至官河店房下首左首迎河地樓一間西首迎河地樓小半間前大半間新砌舂米石臺一座迎街右首山牆係同鄰人公砌左首山牆一道後迎河牆一道爲止隨房左右牆垣均依本房柱脚爲憑上下土木階沿房地甎石瓦片相連在房裝修俱各不動另立細單隨房交代該房係岳母張沈氏原買己產憑族親將房賠與葉張氏以做奩產未便更照立有遺言奩據可證又於同治九年岳母之媳萬氏同子保桂自上海回陵查此店房已奉婆命分與葉姓以做粧奩之項復請族親鄰中補立奩據與葉姓收執爲證近因葉姓正用

邀請親鄰加立包約自情願將此房用價贖回寸土寸木不留磬產交代憑族

親鄰中邀牙立契出杜絕賣與普育堂名下永遠執業當日三面言明本房照

時估值得受杜絕賣價曹平八五兌京紋銀七百七十四兩八錢二分整其銀

即日契下一平兌清葉張氏同夫星孫親手收足毫釐不少銀契兩交明白此

房自賣之後聽憑買主拆卸翻蓋任意更改永遠執業

計附本房執照一張又包約一張又雇據一紙又贖回批銷廢典契一紙共

四紙付執又照

同治十年八月　　日立杜絕賣店房文契葉張氏同夫星孫憑親沈嘉祥沈

宏興張沈氏族長張宗高中黃維東蔣長松租客賈佀賢友夏懷松王東謨

南門外上馬頭市房圖

同治十年用正價銀八百六兩九錢四分一釐置買金文川等基屋其西偏地與

葉姓基屋相連現租劉新裕米店

南門外上碼頭市房圖

北

前界抵官街由東至西計寬二丈二尺
後界抵南門河沿由西至東計寬二丈二尺
左界抵謝姓市房由南至北計深二丈九尺三寸
右界抵本堂市房由北至南計深二丈九尺三寸

東

西

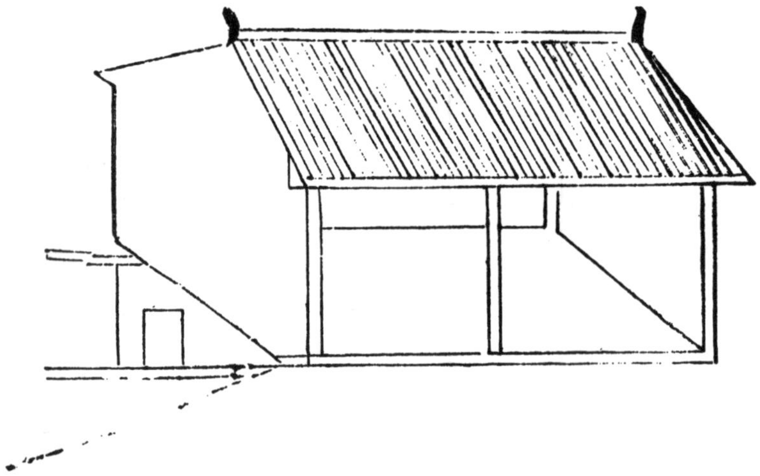

南

立杜絶賣店房文契余文川同嫂杭氏同姪渭之茂林長慶長森今將祖遺原買公產一業坐落江邑南門城外上馬頭地方計坐北朝南門面迎街第一進九架梁門面店房並排二間後半截房下地樓兩架梁迎河並排二厦後牆爲止該房前至官街後以官河爲界隨房左右牆垣均依本房柱脚爲憑上下土木階沿坡石房地瓦片相連在房裝修俱各不動載明契後隨房交代近因正用通家商議明白央託中友說合自情願將此房寸板寸木寸甎寸石不留罄產交代憑中鄰邀牙立契杜絶賣與普育堂名下永遠執業當日三面言明本房照時估值得受賣價曹平八五兌京紋銀八百零六兩九錢四分一釐其銀即日契下一平兌清賣主親手收足另加領字爲證毫釐不少銀契兩交明白

此房自賣之後聽憑買主拆卸翻葢任意更改永遠爲業
計附本房執照一紙又領字一紙付執又照
門面板兩號大門枋檻全櫃台兩方抽三箇後半間兩號樓地板全楞全後
簷小窗四扇廂䄠板全梯子一張右首山尖板全迎河後門一扇
同治十年十一月　　日立杜絶賣店房文契余文川同嫂杭氏姪渭之茂林
長慶長森憑中賈侶賢賈炳奎吳春堂陳邦達鄭炳恒張祥發李長華劉友
石俱押

漢西門外石城橋市房圖

光緒十年用正價銀四百七十兩置買王洪兆承租旗地起造平房並排六間現租

義泰米店

漢西門外石城橋市房圖

前抵大街由南至北計寬六丈七尺
後抵河沿由北至南計寬六丈七尺
左抵水巷由東至西計深二丈四尺二寸
右抵水巷由西至東計深二丈四尺二寸

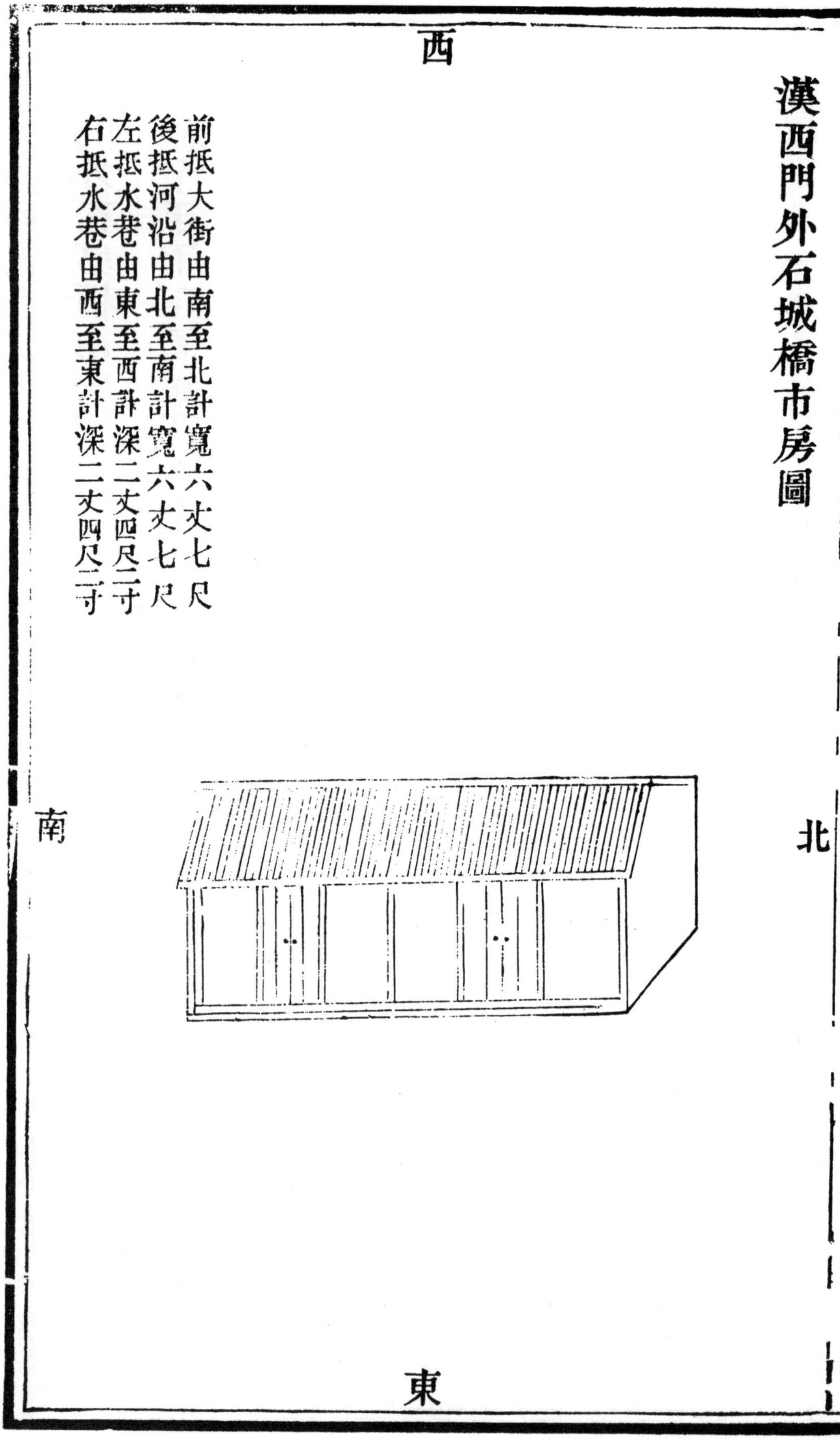

立杜絕賣店房文契王洪兆今將承租旗地自行起蓋己產房屋一業坐落江邑治下漢西門城外石城橋接官廳馳字鋪地方計坐西朝東迎街門面六號內七架梁平房並排六間沿河石磡岸六號一道左右山牆兩道南至官街後至官河沿為止隨房牆垣均依本房柱腳為憑上房木瓦瓴板片石階沿相連在房裝修房內右首分間板一道左首分間牆一道門面長板四號兩截板二號大門枋檻全後檐六號上半截板下半截牆全俱各絲毫不動隨房交代近因正用通家商議明白央中說合自情願將此店房憑親中邀牙立契出杜賣與普育堂名下永遠執業取租當日三面言明本店房照時得受杜絕賣價湘平關紋銀四百七十兩整其銀卽日契下憑眾一平兌足王姓親手收楚毫不

短少銀契兩交明白杜賣後聽憑買主拆卸翻葢任意更新永遠爲業

計附本房承租基地執照一紙付執所有地租歸受買主每年照例完納批

明又照

光緒十年閏五月　日立杜絕賣店房文契王洪兆憑中施繼三甘子春徐

明仁吳餘庭甲長繆清和

水西門外大街市房圖

同治十年用正價本洋九十員置買周傑夫浮屋用正價合京平銀二十六兩買基地現租茅洪發飯店

水西門外大街市房圖

前界抵　官街　由西至東計寬一丈七尺
後界抵李姓荒基由東至西計寬二丈一尺五寸
左界抵宋地主房由南至北計深六丈四尺
右界抵吳楊地主房由北至南計深六丈四尺
後面空基一方寬一丈九尺
深二丈九尺

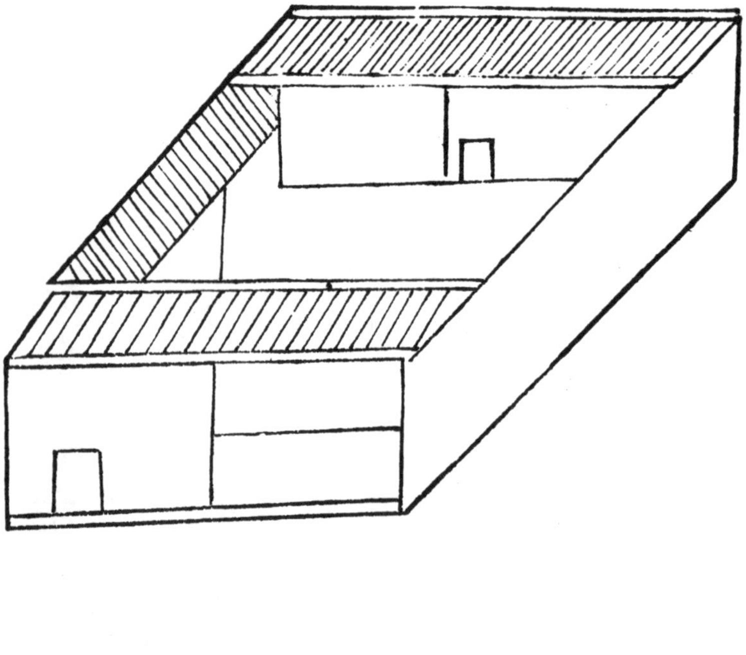

立杜絕賣房屋文契人周傑夫今將原典蕭成順自蓋水西門外楚字鋪邱姓基地上七架梁瓦平房兩間草披兩厦門面坐北朝南板山垜牆裝修一概在內嗣因蕭姓物故伊子春喜央中議明加價找杜立契絕賣與傑夫執業傑夫因有正用合家商議明白今照時估值情願轉賣與普育堂永遠執業言明時值價洋九十元整憑中兌楚洋契兩交自賣之後聽憑堂內起蓋抑或召租均與周姓毫無干涉此係兩相情願並無逼勒準債等情其邱姓基地租錢若干歸堂內照付與周姓無涉以後永無轇轕永不再找如有周姓他人出為爭論俱為出筆杜賣人一力承當恐後無憑立此永遠杜絕賣契存照

同治十年五月　日立杜賣房屋文契人周傑夫憑中張子餘韓逵村

立杜絶賣基地文契邱勝發今將祖遺原買己產僅存基地一業坐落江甯縣水西門城外橋下大街楚字鋪地方計坐北朝南門面迎街第一進基地並排二間天井全第二進基地並排二間天井全第三進基地並排二間爲止該基地門面計寬木尺一丈七尺自第一進至第三進係斜向計後進寬木尺二丈一尺五寸自前進起至後進止進深連天井共木尺八丈三尺載明丈尺交代隨地階沿坡石俱各不動隨地交代近因正用通家商議明白央託中友說合自情願將此基地寸輒寸土不留罄產交代憑中牙立契出杜絶賣與普育堂名下永遠執業當日三面言明本基地照時估値得受賣價曹平八五兌京紋銀二十六兩整其銀卽日契下一平兌淸賣主憑衆親手收足毫釐不少銀契

兩交明白此基地自賣之後聽憑買主起蓋房屋永遠執業

計附本基地執照一紙付執又照

同治十年八月　日立杜絶賣基地文契邱勝發憑親徐王氏中鄰湯盛興

水西門外大街市房圖

同治十一年用正價銀七百五十一兩八錢八分二釐置買陳德隆承租官基起造浮房光緒十年修造用工料銀三百三十八兩有奇現租蔡福和煙店

水西門外大街市房圖

北

前界抵官街由西至東計寬二丈六寸
後界抵　由東至西計寬二丈六寸
左抵協泰店由北至南計深三丈九尺
右抵順興店由南至北計深三丈九尺

西

東

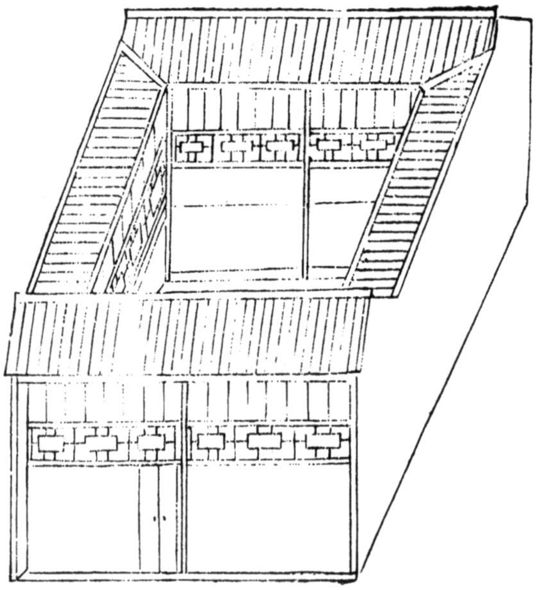

南

立杜賣店房文契陳德隆今將承租官基用價起蓋浮房一業坐落江邑水西門城外大街甯字鋪地方計坐北朝南門面迎街第一進平房並排二間天井一條東首小横披一厦第二進五架梁平房並排二間後牆爲止該房第一進左右公山牆第二進左首係鄰牆右首亦係公牆二進右首山牆內有新開牆門一道此牆門係租客暫開另租鄰房毗連本宅並無鄰人出路隨房上枋下檻椽柱相連在房裝修載明契後隨房交代近因正用通家商議明白央託中友說合情願將此房寸板寸木不留罄產交代憑中親邀牙立契出杜賣與普育堂名下永遠執業當日三面言明本房照時估值得受賣價曹平八五兌京紋銀七百五十一兩八錢八分二釐其銀卽日契下一平兌清賣主親手收足

毫釐不少銀契兩交明白此房自賣之後其地租錢糧歸買主照票交納聽憑買主拆卸翻蓋任意更改永遠執業遵奉部例凡杜賣房產契明價足永無增找永不回贖永斷葛藤房係陳德隆承租官基自行起蓋浮房一業與別房別姓無干賣後倘有族親長幼上業異姓人等爭論以及重復典當指房質押家務內外分晰冒領官基一切葛藤不清之事俱惟賣主一力承當與買主毫無干涉至於本產原買正及昔年租照因避亂遺失無存並未典當會押業已赴局申明加具十家保結領照在案今將此房出賣之日憑衆將照票付買主收執爲證倘日後查出原買正上各契隻字片紙均做廢紙無用總以淸查局票爲憑此係兩相情願允買服賣並非債準逼勒等情今欲憑立此杜賣店房文

契永遠存照

計附清查局照票一張付執又照

同治十一年五月　　日立杜賣店房文契陳德隆憑中夏昆槎陸耀華馮利

泉保孫連春

水西門外大街市房圖

同治十二年用正價銀八百三十兩八錢三分六釐置買宋介之起蓋承租基地浮屋門面四號光緒九年修理南一號趙恆興店用工料銀八十兩有奇又修理東兩號店用工料銀六十七兩有奇十年收買租戶劉姓添造西偏樓上下房四間給價本洋一百六十員南一號租趙恆興香燭坊東三號中租皮匠店左租薙髮店右租茶爐

水西門外大街市房圖

朝南門面一號自東至西計寬一丈五尺
自南至北計深二丈
朝東門面三號自南至北計寬三丈五尺
自東至西計深三丈五尺六寸
又朝東右首一號後樓長出七尺

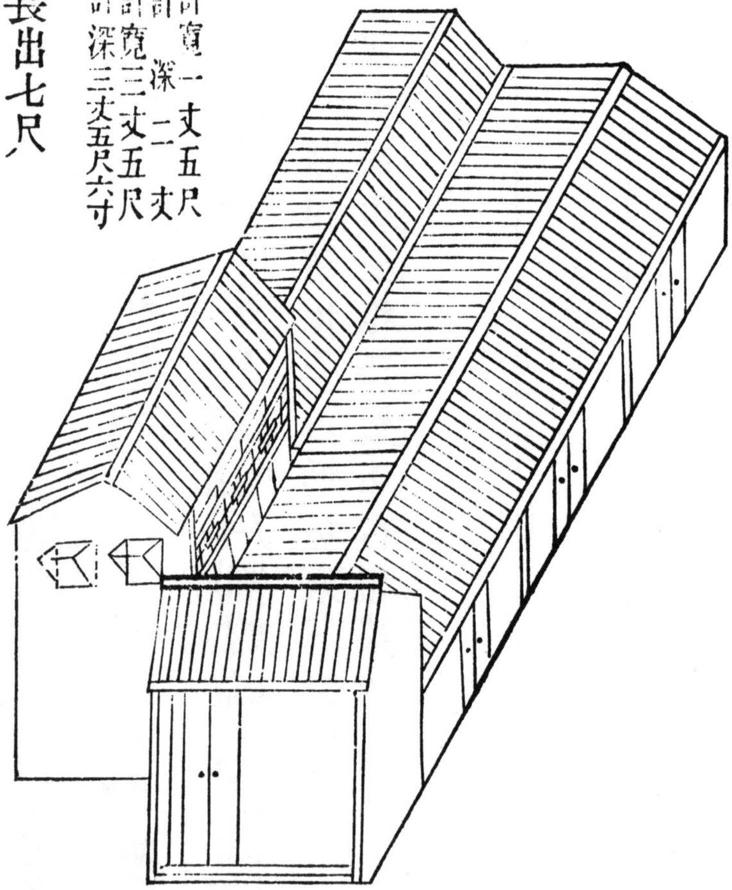

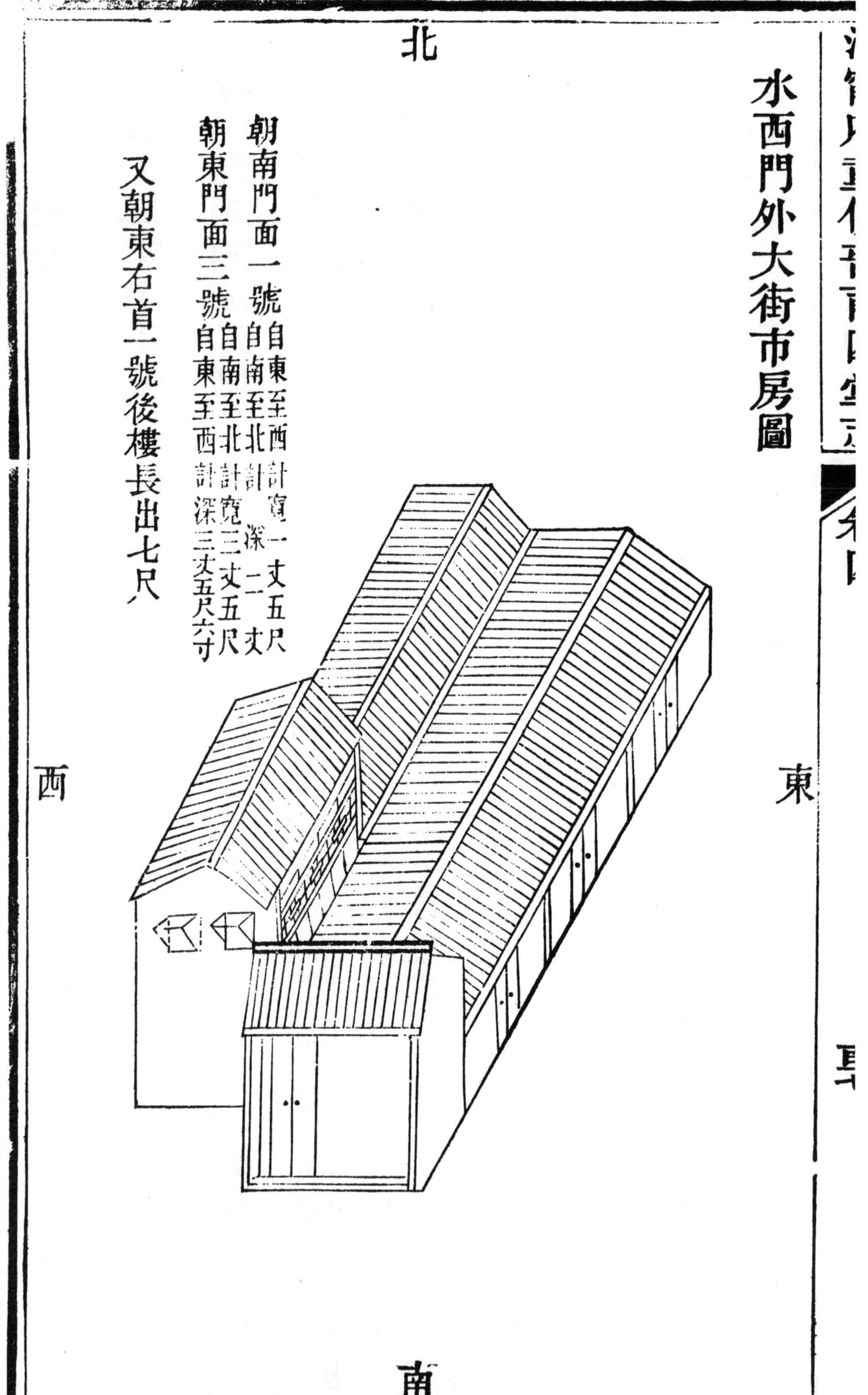

立杜絶賣浮房文契宋介之今將原買自置呈繳江邑公費錢糧浮房一所坐落江邑水西門外大街甯字鋪地方朝南迎街攩角七架梁平房一間上樓閣一座西首與鄰人公梁共柱後簷牆外朝東迎街門面三號計南首七架梁平房一間中北九架梁平房兩間隨房周圍牆垣均依本房柱腳爲憑分間板以龍骨爲憑上房瓦木甎石板片相連在房裝修俱各不動註明租券後交代其房現租開雜貨店錢土店水爐信局並無頂首近因正用通家商議明白央中說合願將此浮房憑中邀牙立契出杜絶賣與普育堂名下永遠執業取租每年完納公費錢糧當日三面言明本浮房得受杜絶賣價曹平八五兑紋銀八百三十兩八錢三分六釐整其銀卽日憑衆一平兑足宋姓親手收楚毫釐不

少銀契兩交明白自杜絕賣後聽憑買主拆卸翻葢任意更新永遠執業
計附原買印契二紙尾全又清查局照一紙又收買房架契四紙共七紙付
執又照

同治十二年閏六月　日立杜絕賣浮房文契宋介之憑中劉少園吳蔚堂
吳保之劉立卿沈松濤劉逸峯吳永隆

立杜絕賣浮房文契劉從碩緣我劉姓曾經租賃普育堂門面市房開水爐生
理嗣因不敷居住是以在本店後地內自行添葢起造房架已產一業坐落江
邑水西門外覓渡橋灣甯字鋪地方計朝東實賣得第二進七架梁樓房上下
四小間南首靠牆竪柱隨房牆垣均依本房柱脚爲憑上房木瓦甎石板片相

連在房裝修註明於後俱各不動隨房交代近因正用通家商議明白央中說合自情願將此浮房憑中邀牙立契出杜絕歸併賣與普育堂名下永遠執業取租當日三面言明本房架照時得受杜賣價本洋錢一百六十圓整其洋錢卽日契下憑衆一手兌足劉姓親手收楚毫不短少洋契兩交明白杜賣後聽憑買主拆卸翻蓋任意更新永遠爲業

光緒十年八月　日立杜絕賣浮房文契劉從碩憑中趙如順劉棟華

水西門外下河街市房圖 鴨子馬頭

同治十二年用正價銀五百七十三兩五錢二分九釐置買楊長年基屋朝東門面三間 現租朱鞭爆店

水西門外下河街市房圖

西

前後由南至北計寬三丈二尺五寸
左右由東至西計深三丈四尺三寸
屋北首基一方寬二丈八尺深三丈四尺三寸
屋後空基一方寬六丈五寸深四丈五尺

南

北

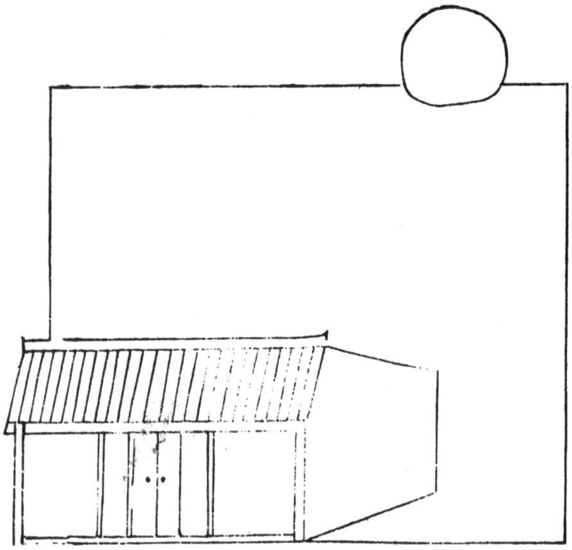

東

立杜絶賣市房並基地文契楊長年今將原買房屋並基地一業坐落江甯縣水西門外橋西下河街鴨子馬頭赤字鋪地方計朝東七架梁平房並排三間後接檐三架梁披三厦並房左首空基三號三間坐河朝西空基地一方該産東至河沿西至塘埂南至鴨子馬頭北至吳姓四至載明契內隨房周圍牆垣均依本房柱腳爲憑上房本瓦甎石相連其基地均照舊址老牆腳爲憑在房裝修註明契後隨房交代近因正用通家商議明白央中說合願將此房憑中邀牙立契出杜絶賣與普育堂名下永遠執業取租當日三面言明本房並基地得受杜絶賣價曹平四色牟八五兌紋銀五百七十三兩五錢二分九釐整其銀卽日契下憑眾一平兌足楊姓親手收楚毫不短少銀契兩交明白自杜

絕賣後聽憑買主悉照舊址拆卸翻蓋任意更新永遠執業

計附原買本產契一紙又上首印契一紙尾全又上上首清查局執照一紙

又上首收買房架據一紙又周謝湯三姓包據一紙共五紙付執又照

同治十二年十二月　日立杜絕賣市房並基地文契楊長年憑中周春澤

謝正松湯秀嵐姚品三

水西門外下河街市房圖

同治十二年用正價銀三百四十七兩五錢置買劉文煥基屋又用正價銀四百七十二兩五錢置買陳咸卿基屋現租胡永興炭店

水西門外下河街市房圖

東

前界抵官河街由南至北計寬三丈九尺五寸
後界抵官河沿由北至南計寬三丈九尺五寸
左界抵金谷園館由東至西計深四丈七尺八寸
右界抵德泰店屋由西至東計深四丈七尺八寸
外走樓寬三丈九尺五寸深六尺五寸

北　南

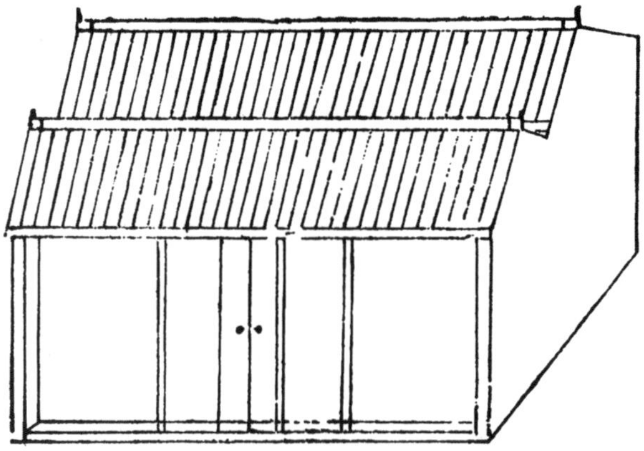

西

立杜絶賣市房文契劉文煥今將祖遺原買市房被燬僅存基地復行起蓋市房一業坐落江甯縣水西門外下河街地方計坐東朝西迎街門面第一進七架梁平房一大間後弔樓一大厦後接檐弔樓全前至官街後至官河爲界出門右首以本房分間牆一道爲界出門左首以本房排山柱爲界隨房周圍牆垣均依本房柱腳爲憑上房下地土木瓶石瓦片相連在房裝修門面板全隨房交代近因正用通家商議明白央中說合願將此房憑中親邀牙立契出杜絶賣與普育堂名下永遠執業取租當日三面言明本房得受杜絶賣價曹平四色牛八五兌紋銀三百四十七兩五錢整其銀卽日契下憑衆一平兌足劉姓親手收楚毫不短少銀契兩交明白杜絶賣後聽憑買主拆卸翻蓋任意更

新永遠爲業

計附本產基地聯照分裁續白一紙付執其照內名目係故伯名目又照

同治十二年十二月　日立杜絕賣市屋文契劉文煥憑親陳咸卿中季克

之柏文清洪柳村

立杜絕賣市房文契陳咸卿今將原買基地並收買房架歸併市房一業坐落

江甯縣水西門外河西下馬頭地方計坐東朝西迎街門面一進九架梁平房

一間又並排七架梁平房一間後弔樓三架梁披一厦右首與鄰人同梁共柱

平房並排兩間一厦後石磡岸全前至官街後以官河爲界隨房周圍牆垣均

依本房柱脚爲憑上房下地土木甎石瓦片相連在房裝修註明契後隨房交

代近因正用通家商議明白央中說合願將此房憑親中邀牙立契出杜絶賣與普育堂名下永遠執業取租當日三面言明本房得受杜絶賣價曹平四色牛八五兌紋銀四百七十二兩五錢其銀卽日憑眾一平兌足陳姓親手收楚毫不短少銀契兩交明白杜絶賣後聽憑買主拆卸翻葢任意更新永遠爲業計附原買基地印契一紙尾全又上首聯照一紙又收買房架據二紙共四紙付執又照

同治十二年十二月　日立杜絶賣市房文契陳咸卿憑中劉文煥親季克之柏文淸洪柳村

水西門外下河街市房圖

光緒五年用正價二七寶足兌銀八百兩典受張瓊林房屋二進張瓊林租開木行八年張瓊林因基窪下折造修改前進門面四間二進平房四間左右廂披二廈

水西門外下河街市房圖

前界抵官街自南至北計寬四丈一尺七寸
後界抵空基自北至南計寬四丈一尺七寸
左界抵空基自東至西計深六丈八尺四寸
右界抵萬姓市房自西至東計深六丈八尺四寸

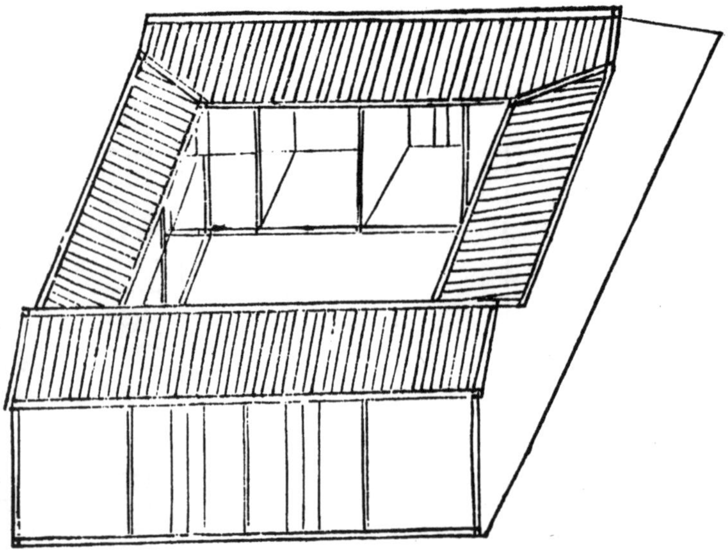

立典房屋文契張瓊林今將原買基地自行起盖房屋一業坐落江甯縣水西門外下河街晉字鋪地方計坐西朝東迎街門面一進平房並排小四間天井全左右廂披兩廈二進闊窄樓房上下六間後樓牆一道樓牆外左右浮披四小廈其披基地係租賃水龍局名下所有地租仍歸張瓊林照付隨房左右牆垣均依本房柱腳爲憑一二進上下土木房地甎石瓦片相連在房裝修另立合同細單各執一紙存查緣該房係張瓊林因訟稟求府憲自願出典完案邀蒙恩准飭堂典受是以通家商議明白情願將此房憑中傳牙立契出典與普育堂名下執業取租當日憑中言明得受典價二七寳足兌銀八百兩整其銀即日當堂親手收清毫釐不少銀契兩交明白所有典期奉府憲諭無論遠近

准與備原價銀回贖不准加找日後回贖並無扣除濫木之說房內掃拾小修受典主自備倘動土木大工及設有不虞之事皆係受典主墊款辦理其墊用之費眼同註帳俟回贖日合正價一併照算回贖無辭房係張瓊林己產與別房別姓無干典後倘有族親長幼上業異姓人等爭論以及重複典當指房質押家務內外分晰不清一切葛藤俱爲出筆人一力承當與今受典主無涉此係兩相情願允受服典無有債折逼勒等情今欲有憑立此典房屋文契存照

計付本產基地正印契一紙又上首聯照一紙共二紙付執批照

光緒五年七月　日立典房屋文契張瓊林憑中蔡文煥余成齋董漁筌胡朝選張玉庭

水西門外下河街市房圖

光緒十一年用正價曹平八五兑銀一千四百兩典受桂月亭基屋二進

水西門外下河街市房圖

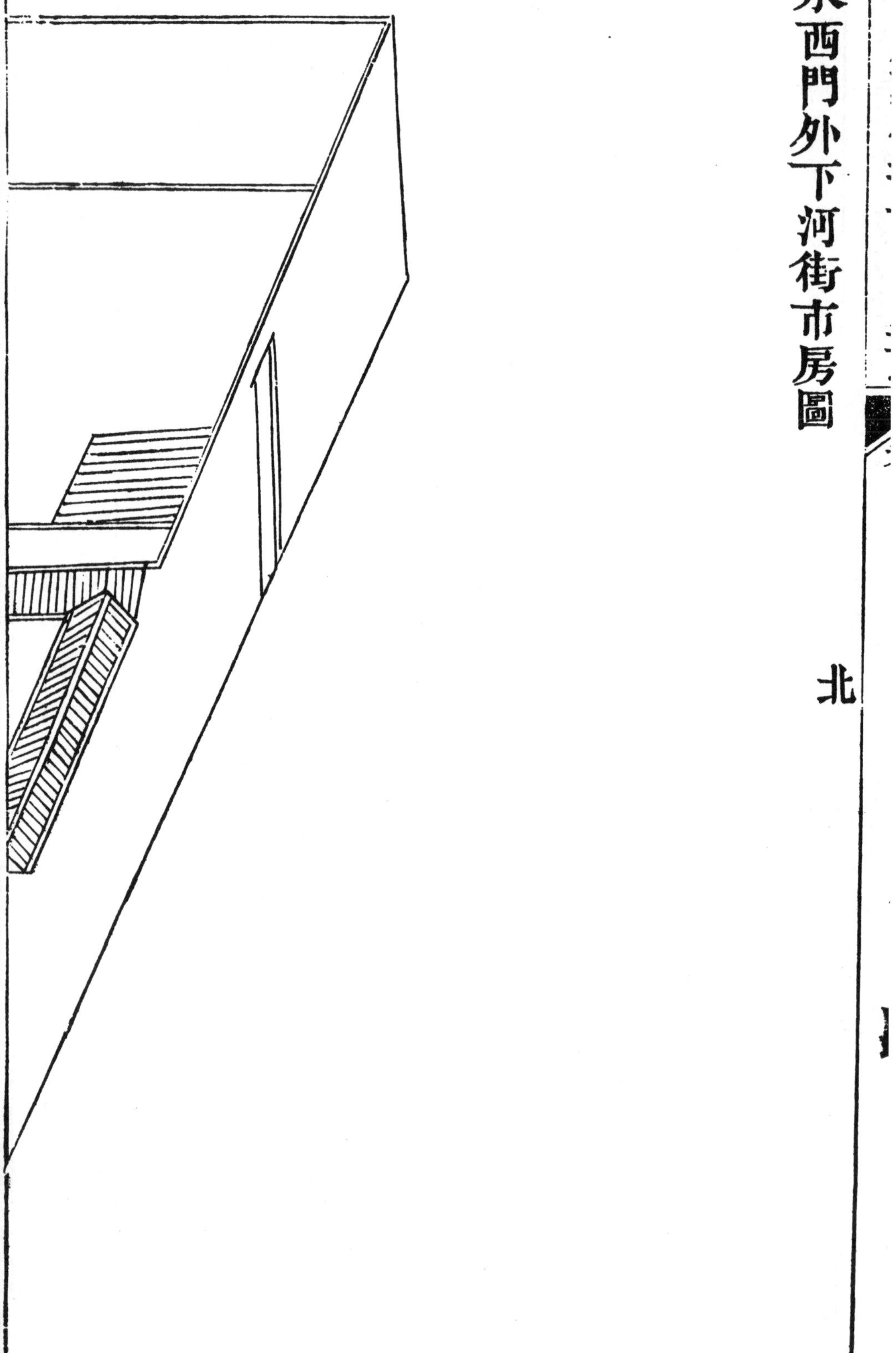

水西門外下河街市房契　圖

前界由南至北計寬三丈七尺三寸
後界由北至南計寬三丈六尺
砼界由東至西計深十二丈三尺五寸

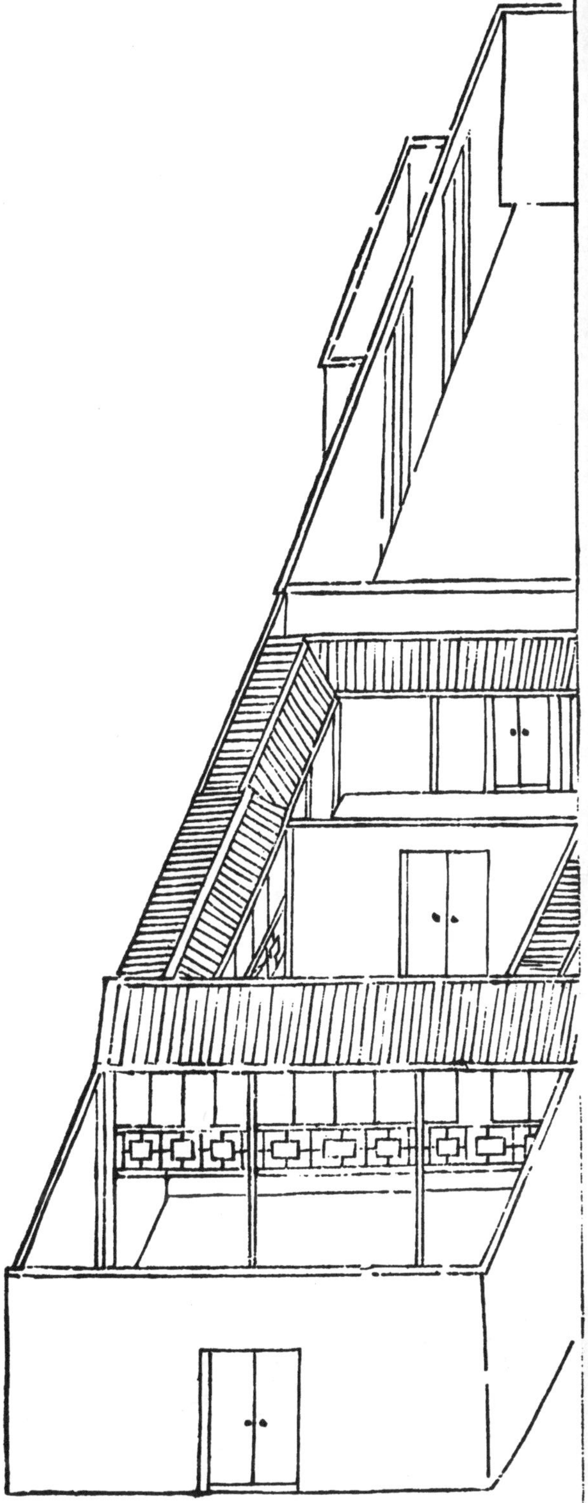

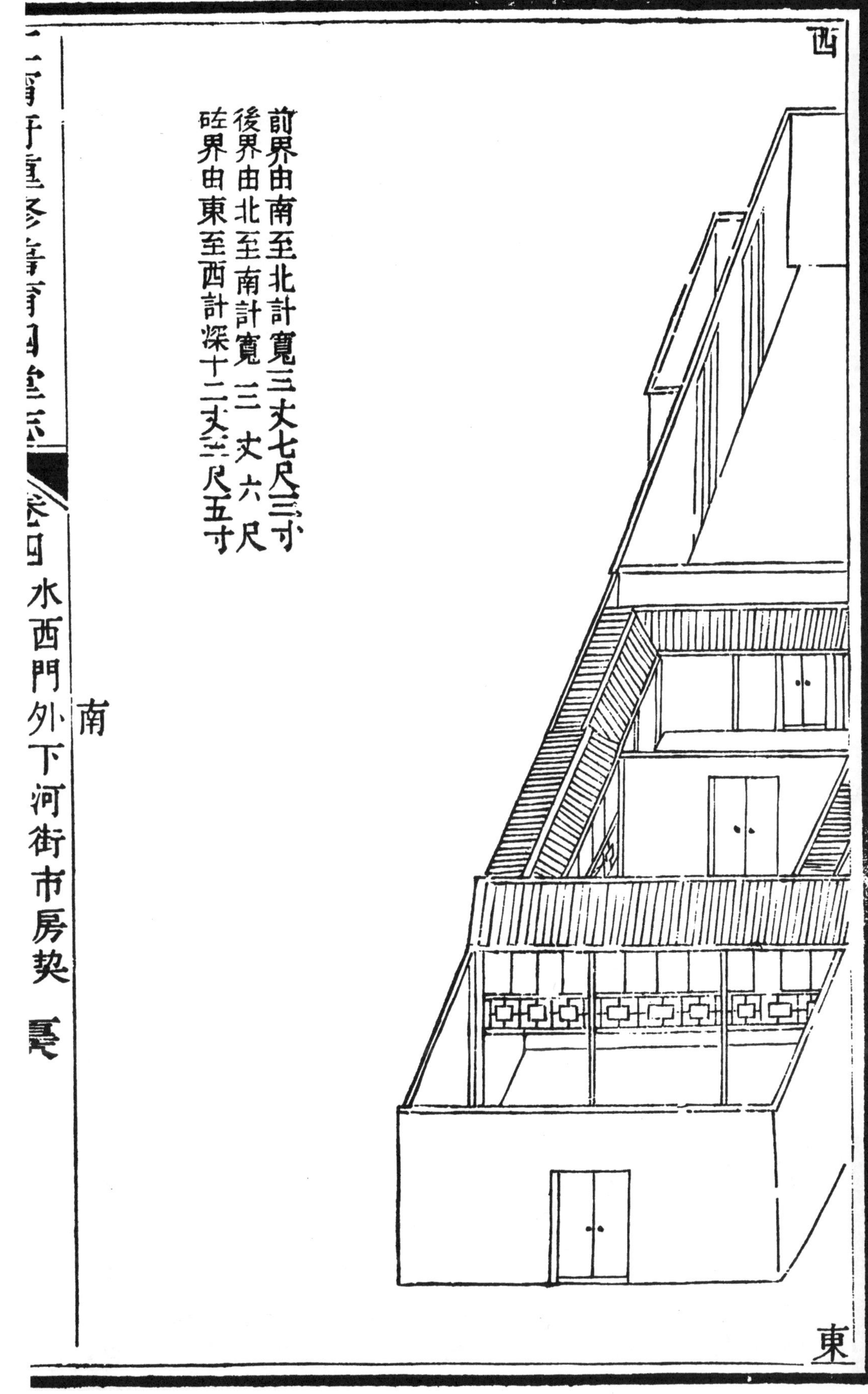

立出典市房文契桂月亭今將親手原買基地自行起蓋市房一業坐落江甯縣治水西門外橋北河沿街普字鋪地方計坐西朝東迎街門面甎牆三號一道大門石磡全內天井三號一方一進七架梁樓房上下六間後天井一方左右廂樓披上下四廈三號腰牆一道重門內長天井一條天井內對面南北向四架梁披房八間二進平房並排三間後牆一道外曲直天井一方左首廚房一間後以三號倒卸舊址老牆脚爲界隨房左右周圍牆垣悉照本房柱脚爲憑均依老牆脚交代上下土木甎瓦石塊階沿台坡俱已相連在房裝修小窗廂裙簷全樓板樓楞全隨房交代今因前奉府憲諭飭案據職員桂月亭稟稱前欠趙桂兩姓銀兩願將此置水西門外房屋稟官變價抵債二姓現奉府憲

堂諭願情將此房立契出典與普育堂名下取租執業當日三面言明本房得受典價二七寶曹平八五兌銀一千四百兩整其銀卽日出典主桂月亭如數收楚絲毫不少將此銀足還趙桂兩姓欠款以清轇轕銀契兩交明白自典之後聽其受主取租一切便用言定典期無論遠年近月照原數銀平色銀到回贖並無扣除濫木之説房內掃拾小修受典主自備倘動土木大工註明帳目所用工料統俟回贖日照帳算楚合正價一并取贖無辭房係親手買基自蓋之產與別房別姓無干嗣後設有親族長幼上業異姓人等爭論家務分析不清及指房質押重復典當契紙不明均惟出筆人一力承當與受典主毫無干涉此係兩願允典服受今欲有憑立此典市房文契存照

計附本房原買基地正契正紅印契一紙尾全又上首聯照一紙又贖回桂
姓典契一紙
光緒十一年十二月　日立典市房文契桂月亭憑堂弟桂愼齋官牙汪炳
圻俱押

水西門外下馬頭市房圖

光緒十年用正價本洋八百員置買王錦泰基屋朝南迎街門面三號計樓上下

共十二間樓披上下四厦現租福源茶館

江甯府重修普育四堂志　卷四

水西門外下馬頭市房圖

前界自西至東計寬三丈一尺二寸
後界自東至西計寬三丈一尺二寸
左界自南至北計深六丈一尺三寸
右界自北至南計深六丈一尺三寸

北

西

東

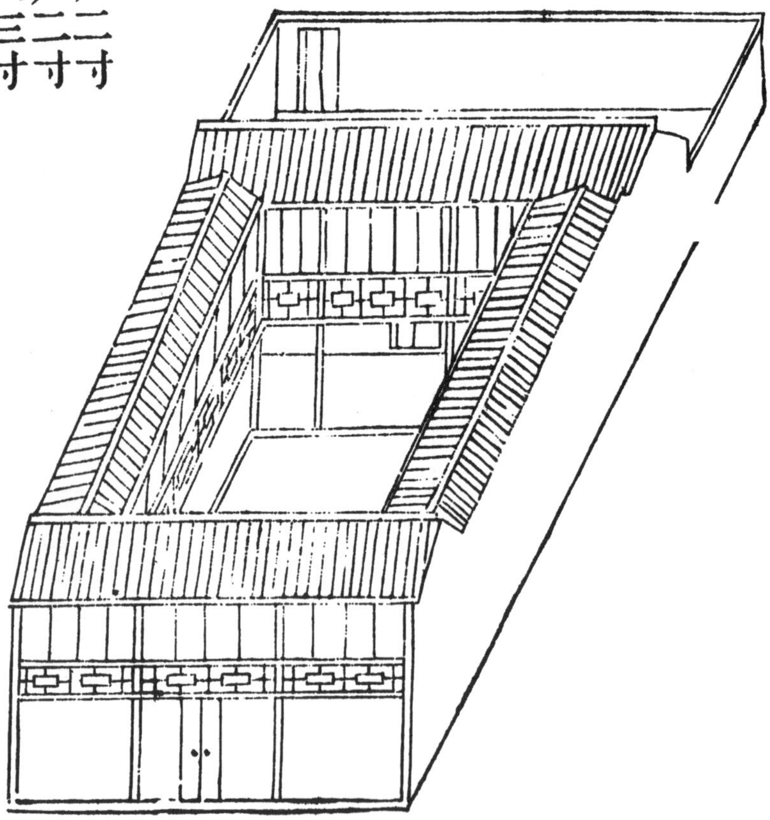

南

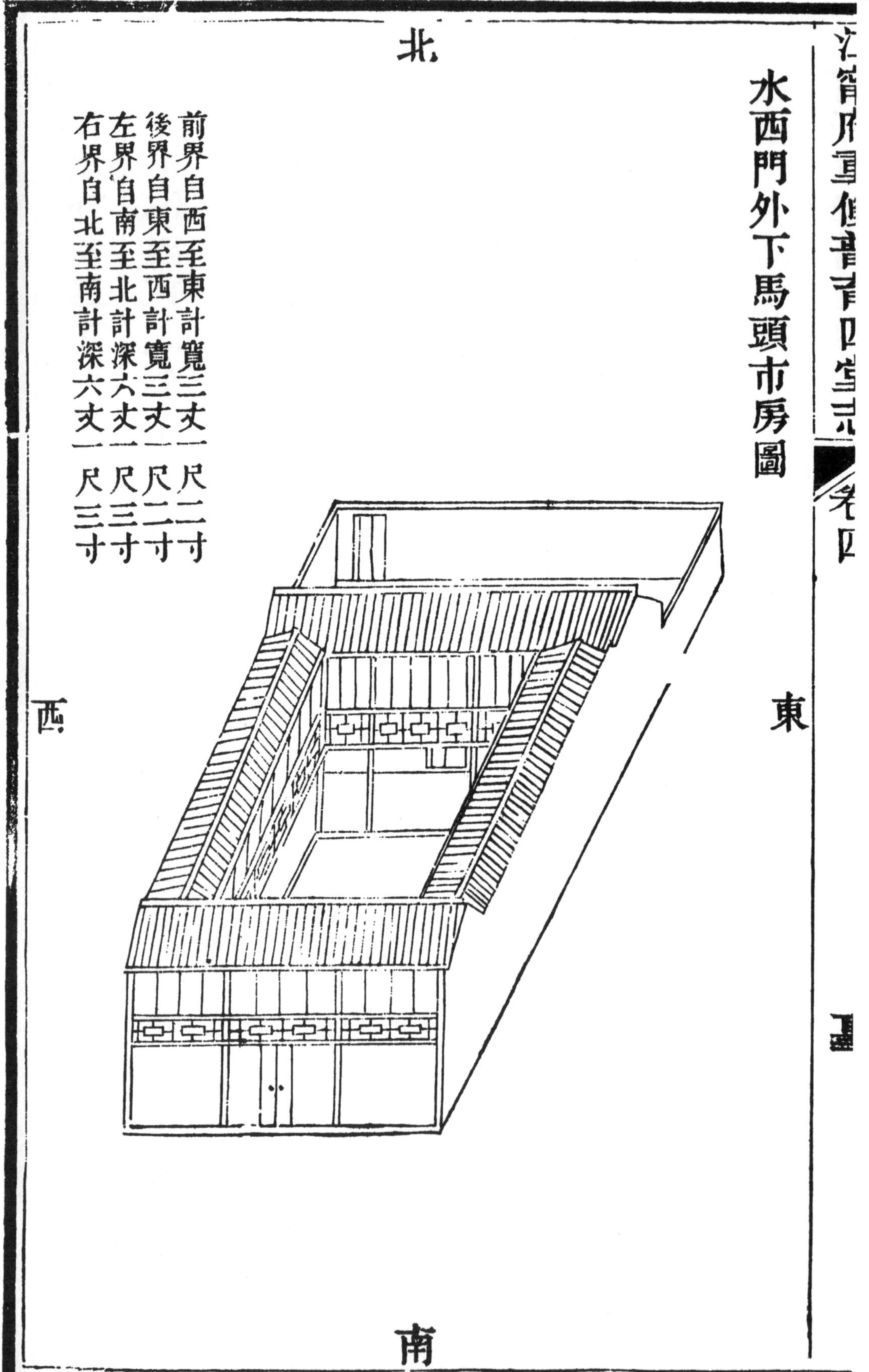

立杜絶賣店房文契王錦泰同子雨亭今將原買公費基地自行起蓋店房已産一業坐落江邑治下水西門外下馬頭甯字鋪地方計坐北朝南迎街門面三號內第一進七架梁樓房上下並排六間天井一方內左右廂樓上下四厦第二進七架梁樓房上下並排六間樓下後檐牆三號牆門外曲直天井兩號一條以現砌甎牆爲界後門一道該房隨地周圍牆垣均依本房柱腳爲憑上房下地土木甎石瓦片相連在房裝修另立清單俱各不動隨房交代近因正用通家商議明白央中說合自情願將此店房憑中邀牙立契出杜絶賣與普育堂名下永遠執業當日三面言明本房得受杜絶賣價本洋八百員整其洋卽日兌足王姓親手收楚毫不短少洋契兩交明白自賣之後聽受主拆卸翻

盡任意更新永遠爲業

計附本產原買契一紙又上首分裁續白清查局照一紙共二紙付執又照

光緒十年八月　　日立杜絶賣店房文契王錦泰同子雨亭憑親戴學如中

趙如順

水西門外瓦廠街市房圖

同治十二年用正價銀二百五十五兩二錢九分四釐置買王永林承租公基浮房光緒九年修理用工料銀六十七兩有奇十一年添兩水搭一號現租李永泰炭店

水西門外瓦廠街市房圖

前抵大街自南至北計寬一丈六尺五寸
後抵城腳馬路自北至南計寬一丈六尺五寸
左抵高姓屋自東至西計深五丈七尺八寸
右抵馬姓屋自西至東計深五丈七尺八寸

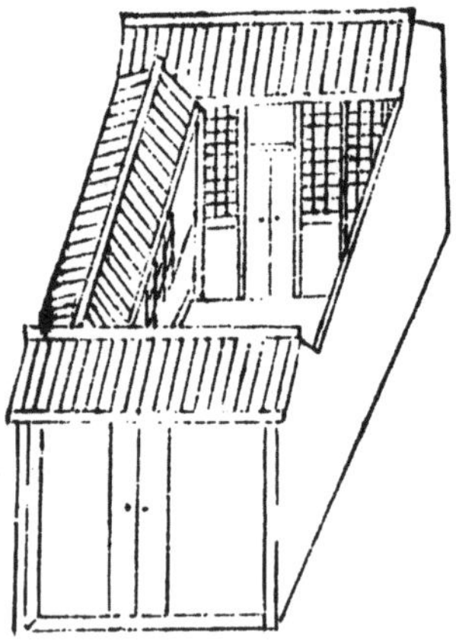

立杜絶賣浮房文契王永林今將祖遺原買呈繳公費錢糧浮房燬克復城後
並收買客民浮房架一所坐落江甯縣水西門外瓦廠街甯字鋪地方朝西迎
街門面平房一間後披一厦二進草房並排兩小間自南至北計寬一丈六尺
五寸自西至東計深四丈三尺東至城路西至官街高至姓北至馬姓四至註
明契後交代隨房周圍牆垣均依本房柱脚爲憑上房瓦木甎石板片相連在
房裝修註明租劵後交代其房現租開德源雜貨店並無項首近因正用通家
商議明白央中説合願將此浮房憑中邀牙立契出杜絶賣與普育堂名下永
遠執業取租當日三面言明本浮房得受杜絶賣價曹平八五兌紋銀二百五
十五兩二錢九分四釐整其銀卽日憑衆一平兌清王姓親手收足毫釐不少

銀契兩交明白自杜絶賣後聽憑買主拆卸翻任意更新永遠爲業

計附本房清查局照一紙又照

同治十二年九月　日立杜絶賣浮房文契王永林憑中湯銘席裕恆洪恩

錫謝正松吳紹楊長年

水西門外瓦廠街市房圖

同治十二年用正價銀五百四十七兩五分八釐置買馬森承租公基浮房現租開徐

源泰茶葉店

永西門外瓦廠街市房圖

前界由北至南計寬一丈七尺四寸
後界由南至北計寬一丈三寸
左界由東至西計深二丈九寸
右界由西至東計深二丈九寸

東

南　北

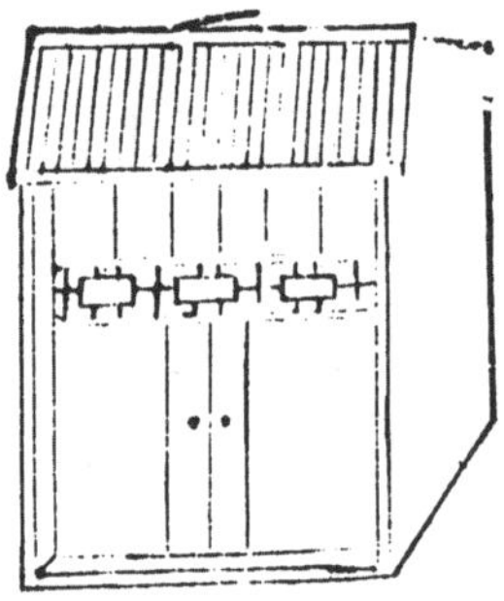

西

立杜絶賣浮房並頂首文契馬森今將自領公費錢糧基地一所自行起蓋浮房一業坐落三山門外瓦厰街甯字鋪地方朝東迎街門面洋樓上下兩間左右山牆兩道後簷牆一道樓下牆門兩道隨房周圍牆垣均依本房柱腳爲憑上房瓦木瓴石板片相連在房裝修另單交代其房現租開順泰錢店並無頂首近因正用通家商議明白央中說合願將此浮房憑中邀牙立契出杜絶賣與普育堂名下永遠執業取租當日三面言明本浮房得受杜絶賣價曹平八五兌紋銀五百四十七兩五分八釐整其銀即日憑衆一平兌足馬姓親手收楚毫釐不少銀契兩交明白自杜絶賣後憑買主拆卸翻蓋任意更新永遠爲業恐後無憑立此爲據

計附本房請領清查局照一紙付執又照

同治十二年九月　日立杜絶賣浮房文契馬森憑中謝正松湯銘楊長年

吳紹姚品三

水西門外南傘巷口市房圖

同治十年用正價銀三百兩置買張玉洲基屋光緒五年修理用工料洋錢一百四十員現租聚隆米店

水西門外南傘巷口市房圖

前界抵官街由東至西計寬二丈一尺二寸
後界抵荒基由西至東計寬二丈一尺二寸
左界抵顧地主房由南至北計深九丈八尺
右界抵陳地主房由北至南計深九丈八尺
後面基地長計三丈寬計二丈八尺

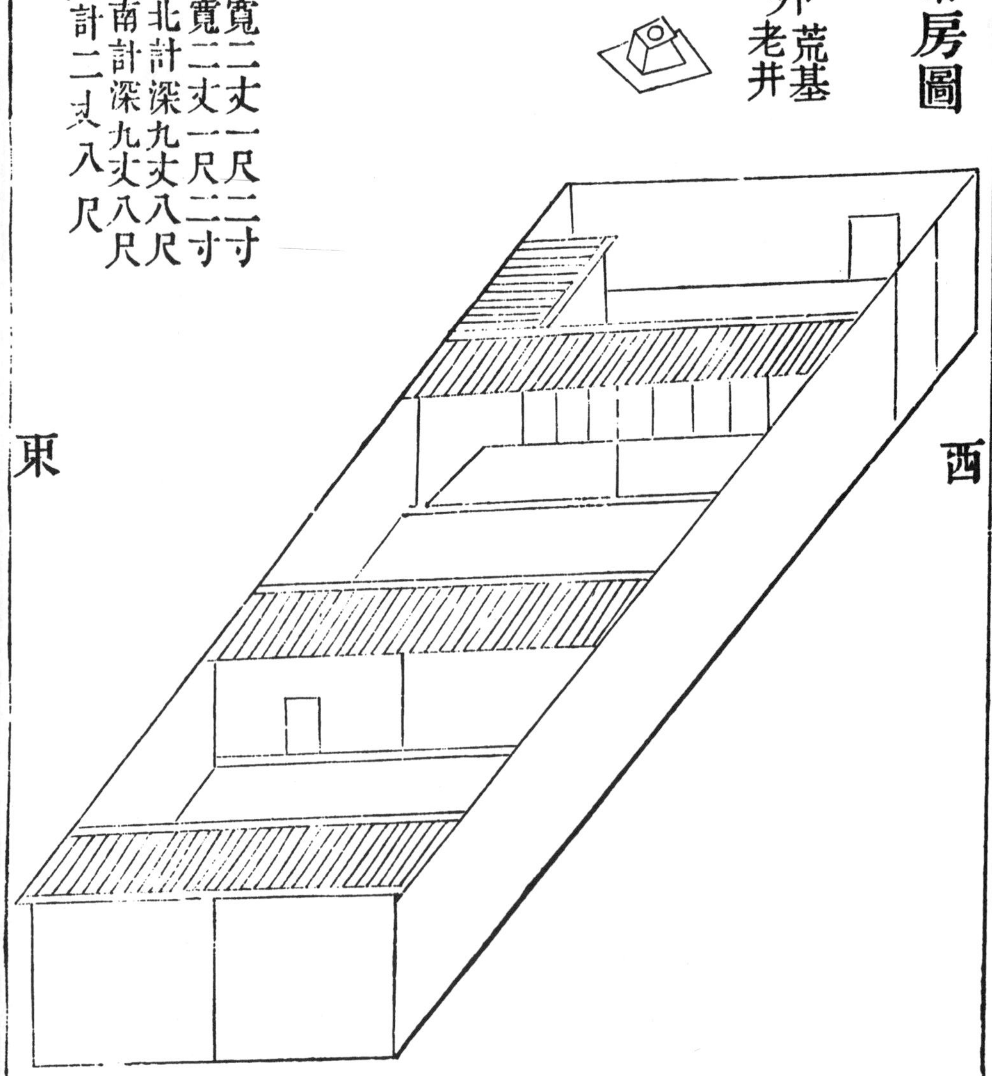

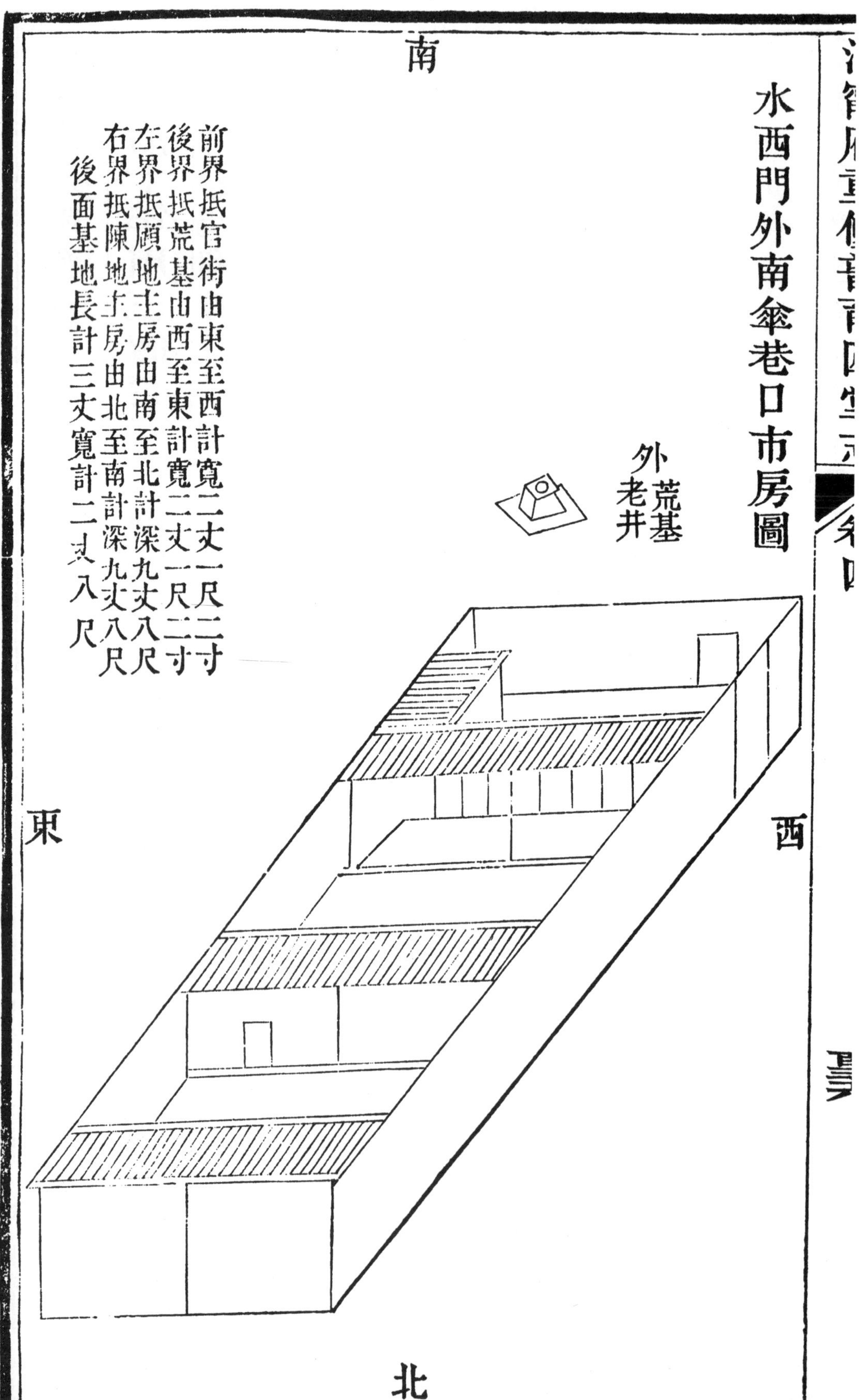

立杜絶賣店房文契張玉洲今將祖遺原買己產僅存基地復被客民起葢用價買回一業坐落江甯縣水西門外橋下大街南傘巷口地方計坐南朝北門面迎街第一進七架梁平房並排二間後牆一道天井一條第二進七架梁平房並排二間天井一條後牆一道第三進五架梁樓房上下四間後牆一道牆門外第四進基地並排二間內披房一厦後牆一道牆門外又基地一大方計長三丈計寬二丈八尺後以老牆脚爲界內有食井一員該基地左右前後均照老牆脚交代隨房左右牆垣均依本房柱脚爲憑上下土木房地甎石瓦片相連在房裝修載明契後交代近因正用通家商議明白央託中友說合自情願將此房寸土寸木不留罄產憑前典主吳姓交代邀牙立契出杜絶賣與普

育堂名下永遠執業當日三面言明本房照時估值得受杜絕賣價曹平八五
兌京紋銀三百兩整其銀卽日契下一平兌清賣主憑衆親手收足毫不短少
銀契兩交明白此房自賣之後聽憑買主拆卸翻蓋任意更改以舊易新永遠
執業
計附本基地執照一張又原買房架契一張又上首房架契兩張又批銷合
同典約兩紙共六紙付執又照
門面板大門枋檻全門面上帶子板全二進門兩扇又門一對樓上板楞全
又長窗九扇廂板枋全
同治十年六月　日立杜絕賣店房文契張玉洲憑前典主吳彭年中周樹

馨官牙佘兆奎

水西門外北傘巷市房圖

光緒五年用正價湘平銀七百兩典受梁大慶基屋三進限以八年爲滿

水西門外北傘巷市房圖

前界自北至南計寬三丈八尺
後界自南至北計寬三丈八尺
左界自西至東計深十丈四尺三寸
右界自東至西計深十丈四尺三寸

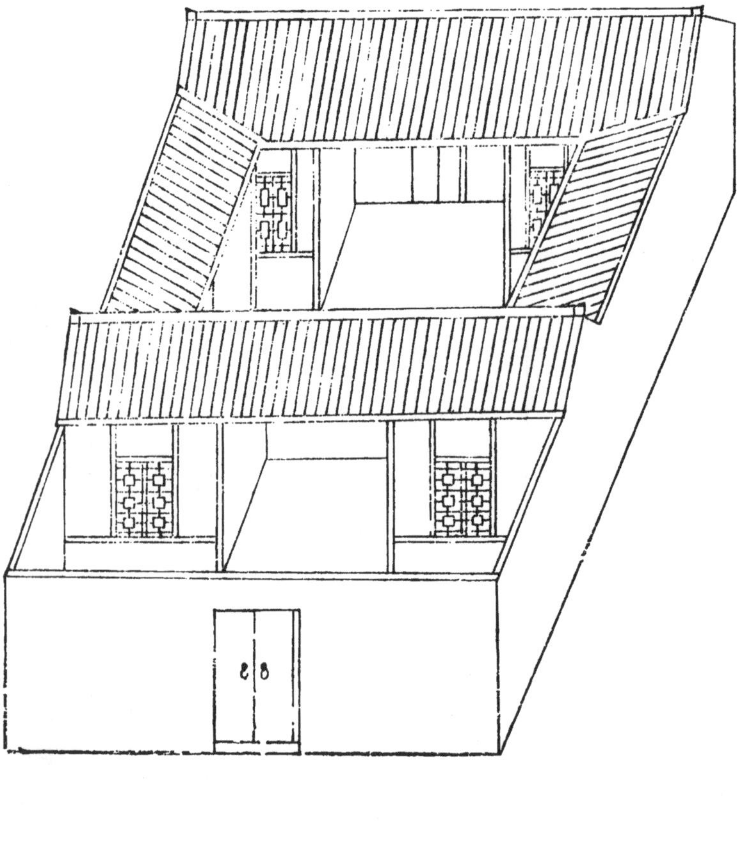

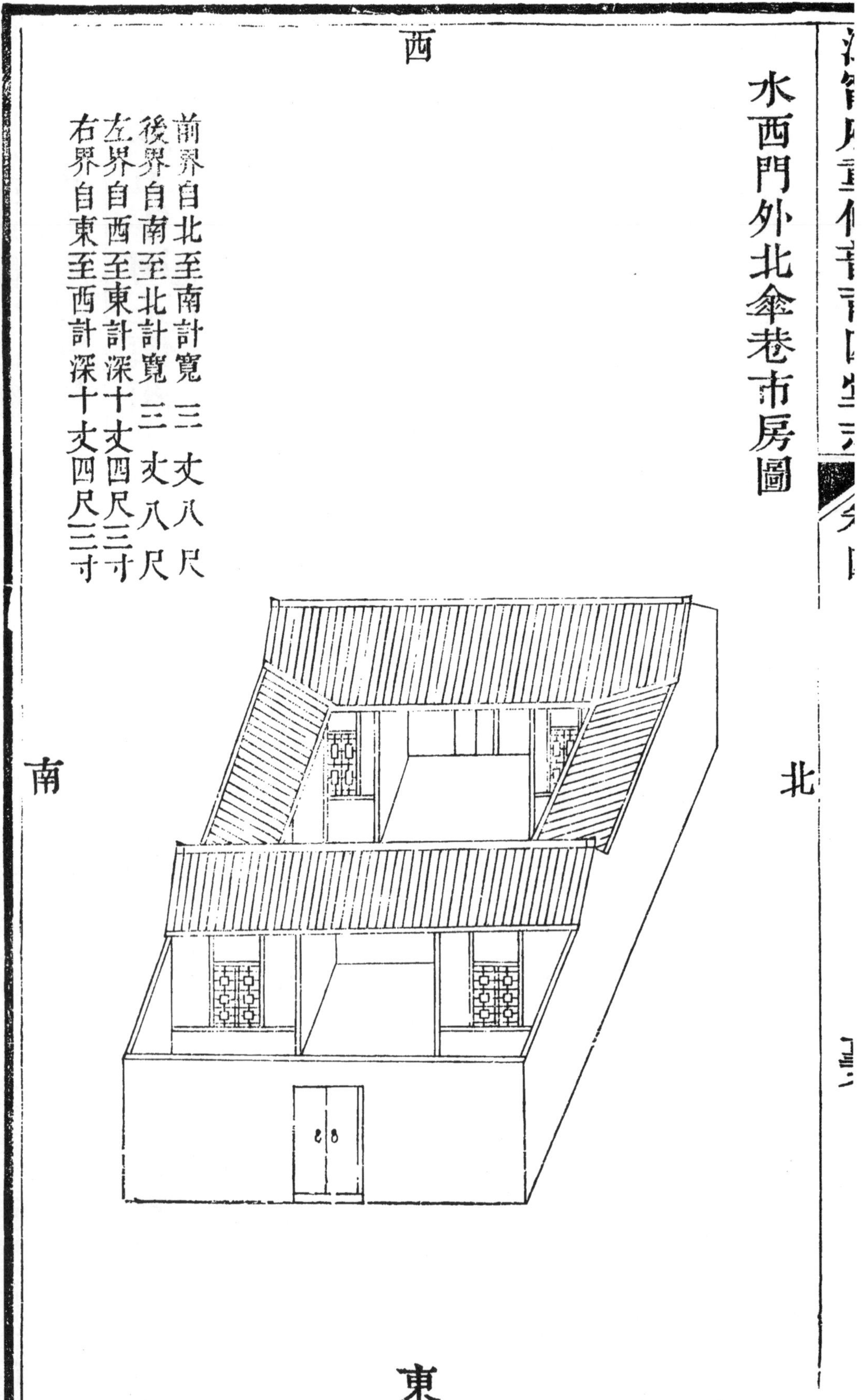

立典房屋并基地文契梁大慶同子占德今將原買基地自蓋己產一業坐落江甯縣水西門外途字鋪北傘巷計坐西朝東門面靑牆大門內天井一方頭進樓房並排三間明間無板楞房間有楞無板天井一方左右樓披房兩厦有楞無板二進樓房並排三間明間無板楞前簷有捲房間有楞無板天井一方三進平房並排三間一巷後門全隨房左右牆垣均依本房柱腳爲憑上下土木房地甎石瓦片相連在房裝修俱各絲毫不動另單隨房交代近因急需正用通家商議明白情願將此房央中說合邀牙立契出典與普育堂名下執業取租當日三面言明照時估值得受典價曹平足兌紋銀二七寶七百兩整其銀比即一平兌足梁姓憑眾親手收楚毫釐不少銀契兩交明白典後聽憑今

受典主管業取租等用設有梁姓族親長幼異姓人等爭論以及重複典當指
產質押或家務内外分析不清一毫一絲葛藤俱爲出筆人梁姓一力承當與
今受典主毫無干涉此產實係梁大慶己產與別房別姓無涉期限八年爲滿
備原價回贖只許回贖不准加找並無扣除濫木之說掃拾小修典主自備倘
動土木大工眼同註帳俟回贖之日一并加贖設遇不虞之事地歸典主墊錢
起蓋其墊造之錢文統俟回贖時合算一總加贖此係兩相意願允典服當輸
服成交并無私債準折逼勒等情毫無異言今欲有憑立此典房屋并基地文
契存照
計付本房原買基地紅契一紙又上業基地聯照一紙裝修單一紙共三紙

付執又照

光緒五年十月　　日立典房屋并基地文契粱大慶同子占德漗中陳志雲

袁福勝

大黃洲圖

太平府當塗縣屬距江甯省城水路九十里江甯縣紳胡恩爕承圠同治四五兩年言定每年繳蘆柴一萬一千束大錢一千串六年重定每年繳柴一萬四千束每束百斤由堂陸續僱船運回濟用繳大錢一千二百串以一百串爲修理埂壩及新漲洲灘栽插蘆柴之用實繳大錢一千一百串九年胡紳禀請歸其胞弟從九恩植接辦十年議繳堂柴一萬二千束大錢一千一百五十串每年承圠均以一年爲限至光緒十年冬仍准承圠批以十年爲限十一年桐城世職程建勳江甯紳士劉大璋先後具禀加租請圠詳奉督憲批歸胡紳接圠每年繳柴一萬五千束大錢一千五百串柴仍陸續由堂運回錢分當年八月次年二月四月三限呈繳

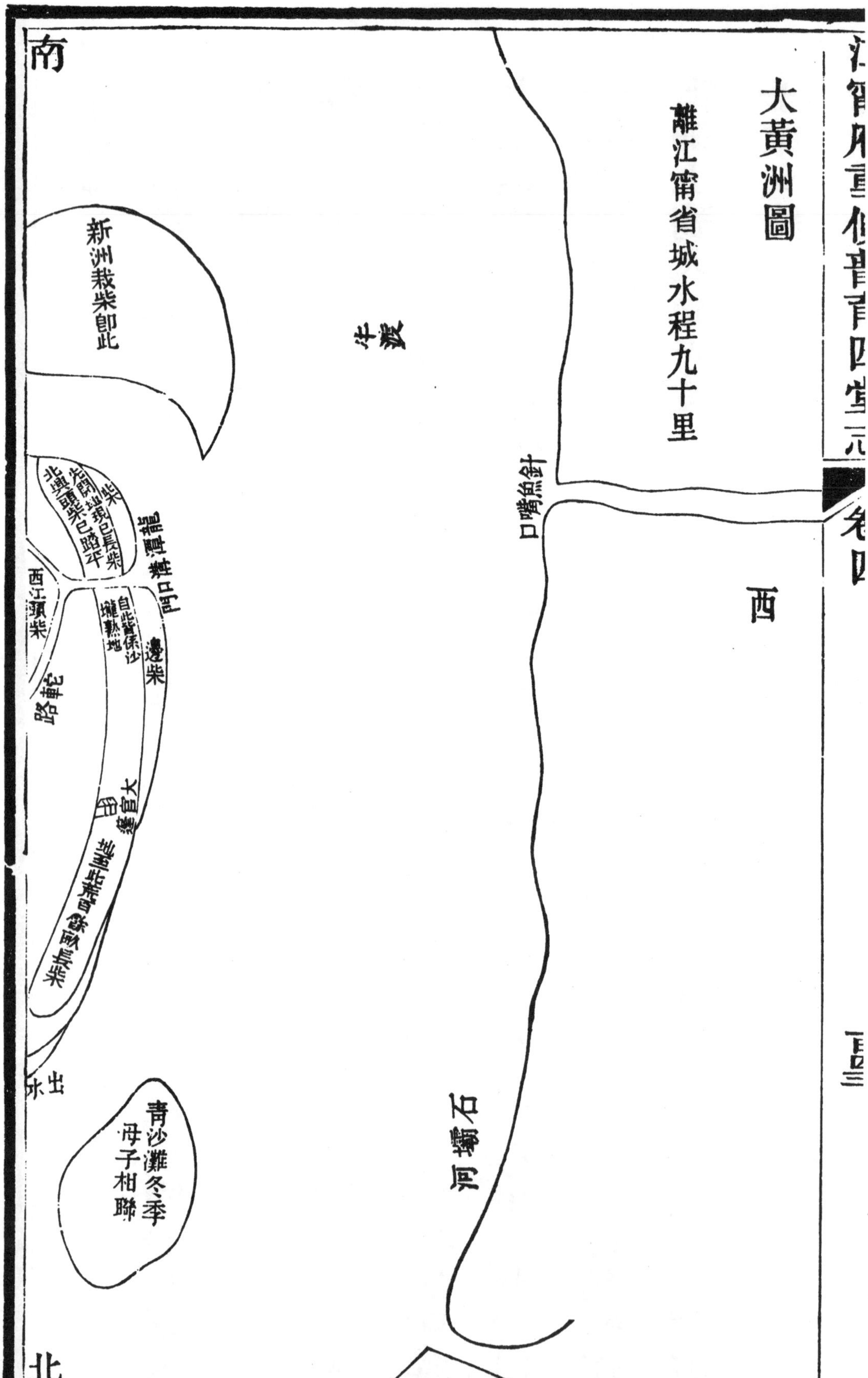
大黃洲圖
離江甯省城水程九十里
南
北
西
新洲栽柴卽此
針魚嘴口
龍潭口門
西江頭柴
乾路
邊柴
自此皆係沙灘熟地
石壩河
青沙灘冬季毋子相聯
出水

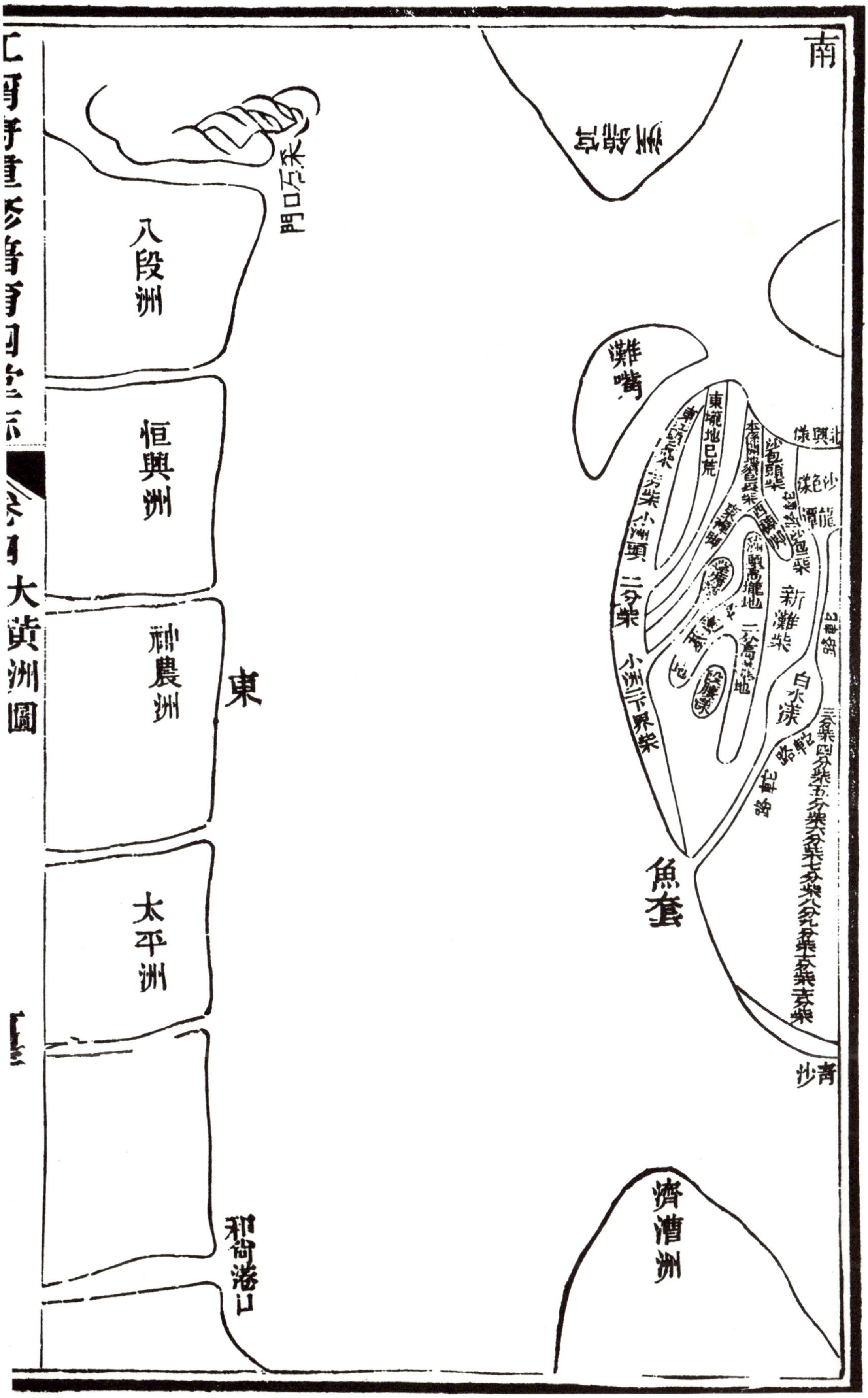
大黄洲圖
南
東
八段洲
恒興洲
神農洲
太平洲
灘嘴
新灘柴
白水漾
魚套
青沙
濟漕洲
和尚港口

印子洲圖

上元縣儀鳳門外距省城二十里係民人李宗晟等產業同治七年稟充堂產查勘得東至臨山橋西至二層橋南至大街北至江心洲頭潘士義民人許壽承䝉本年繳柴八百五十束每束計重一百五十斤八年減定每年繳柴八百四十束每束計重五十斤光緒四年冬潘士義以欠柴押退五年改由張必桂承䝉每年認繳堂柴一千二百束八年減定八百八十束十年夏改以張梅生承䝉十二年委候補知縣秦基查勘得該洲有水營哨官洪增榮等八戶自蓋草房四十四間每年繳地租錢十千文營兵共十二戶自蓋草房二十二間每年繳地錢五千文均以四月爲期由水營收齊彙繳民人十六戶自蓋草房四十六間每年九月由地甲收繳地租錢六千文均各立有租劵至該洲長柴之地仍令張姓承䝉

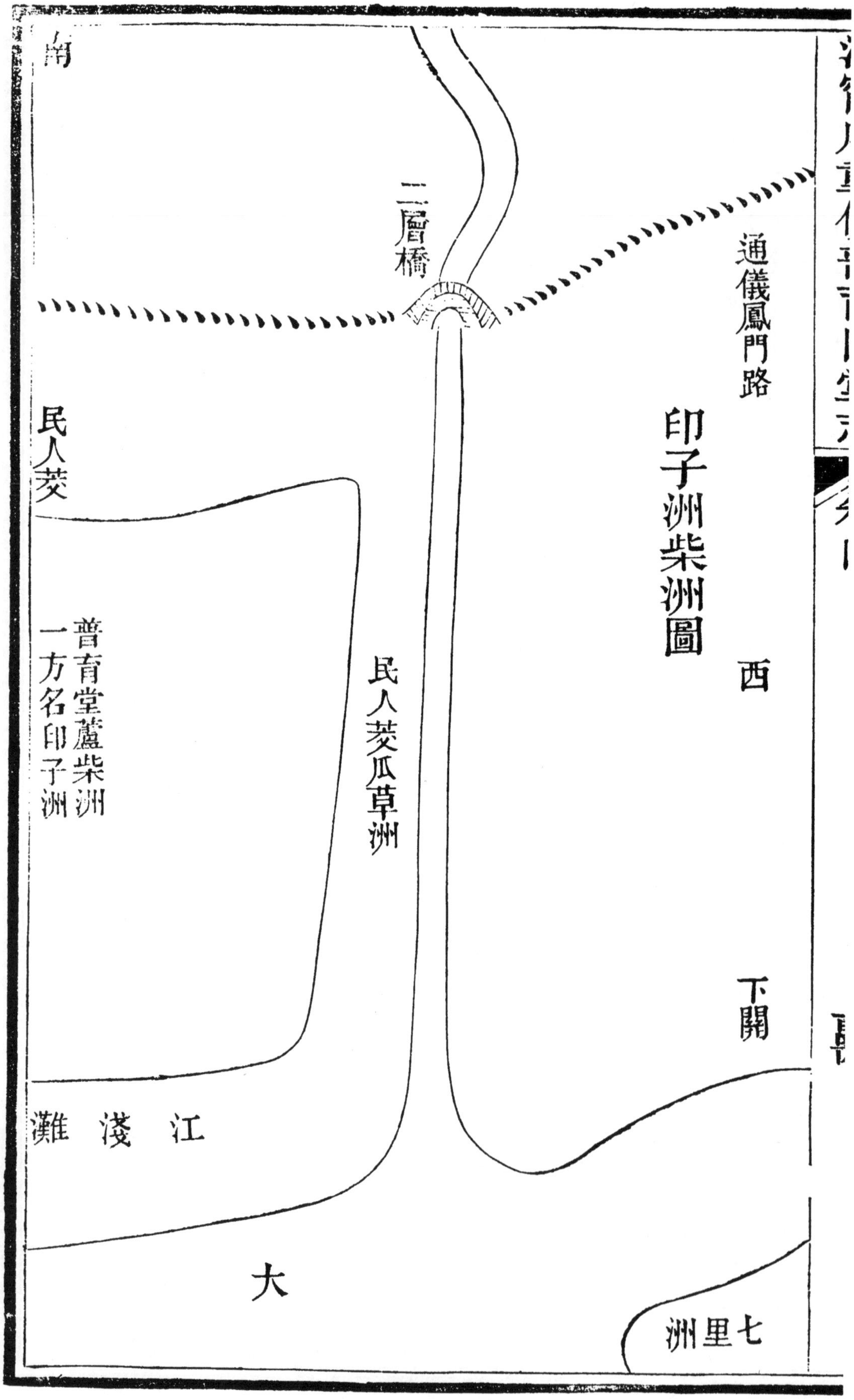
印子洲柴洲圖
通儀鳳門路
西
下關
南
二層橋
民人茭
普育堂蘆柴洲
一方名印子洲
民人茭瓜草洲
江淺灘
大
七里洲

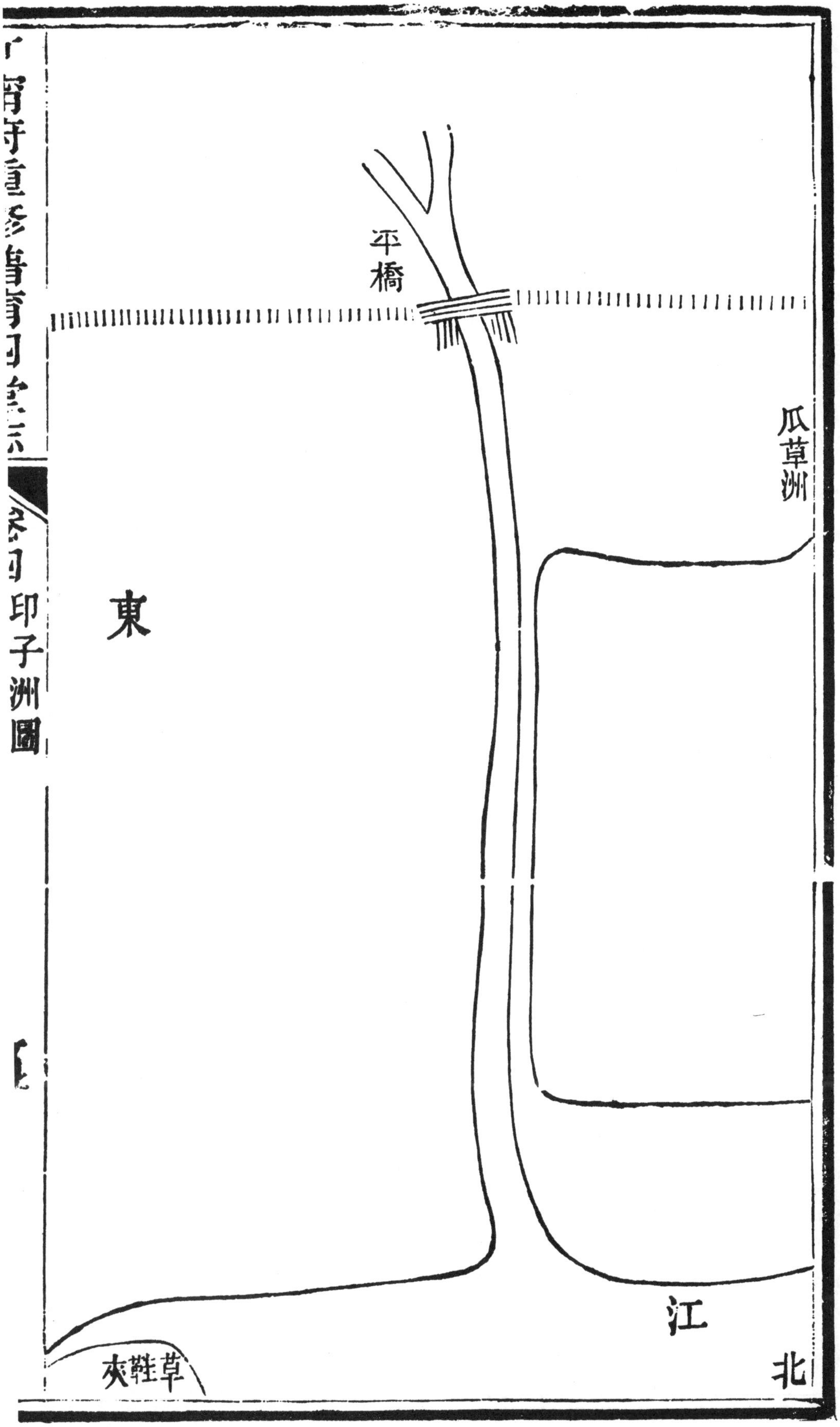
印子洲圖
平橋
瓜草洲
東
江
北
草鞋夾

秀才洲圖

江浦縣屬距縣城南門外八里上二段名大官洲下段及中下半段名小官洲均係堂產四面以古埂溝爲界計二百十九畝八毫三絲三忽光緒十年清理大丈加增稀蘆十五畝每畝科銀三分連前共應完課銀二兩九錢四分向由馯戶完納光緒二年馯戶馬世榮病故其子興洲接馯年限已滿九年原保人葛長林稟請接馯准以十年爲限每年定繳柴數四百二十束每束曹秤六十斤內提一百六十束完課餘皆歸堂濟用

秀才洲圖

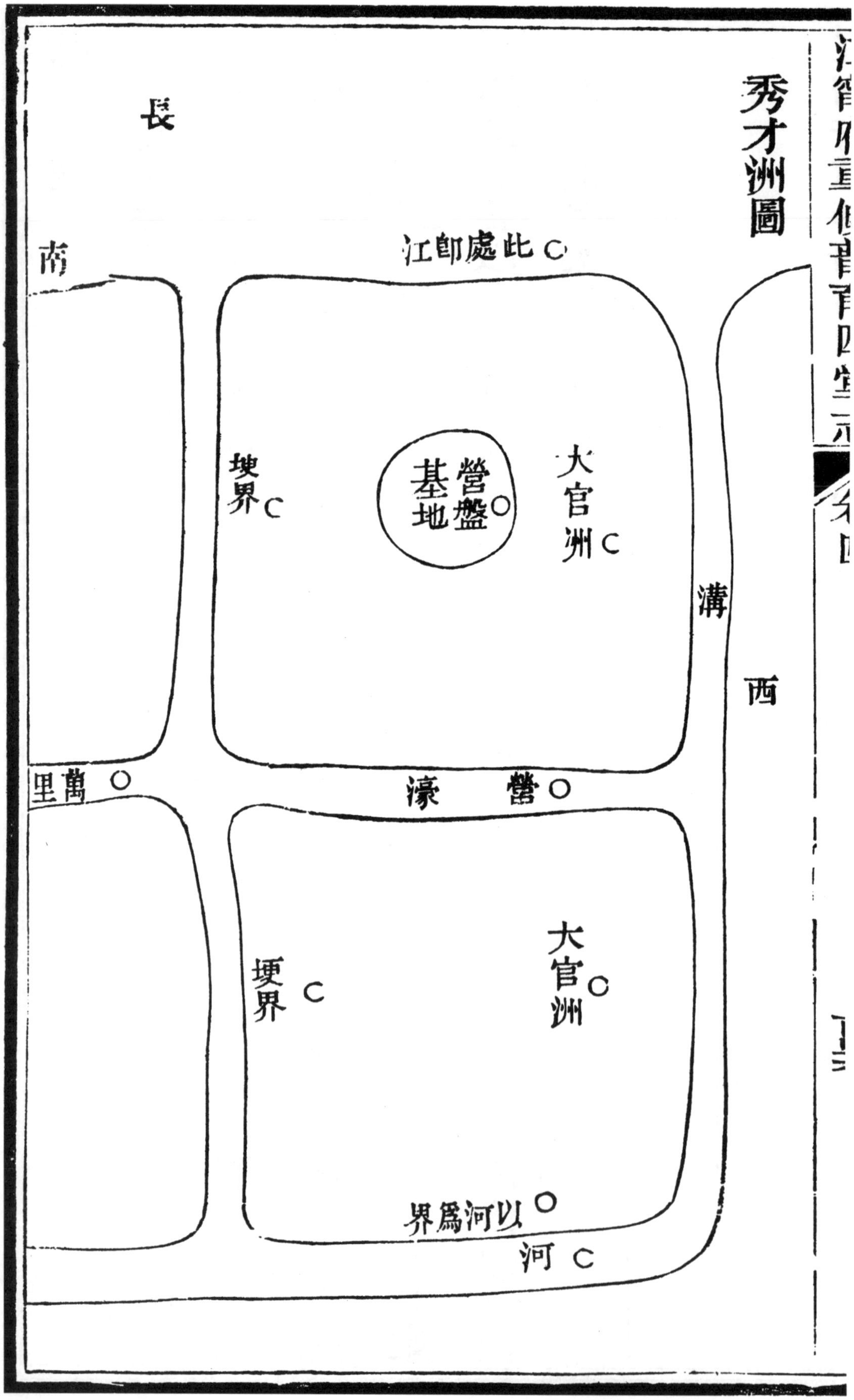

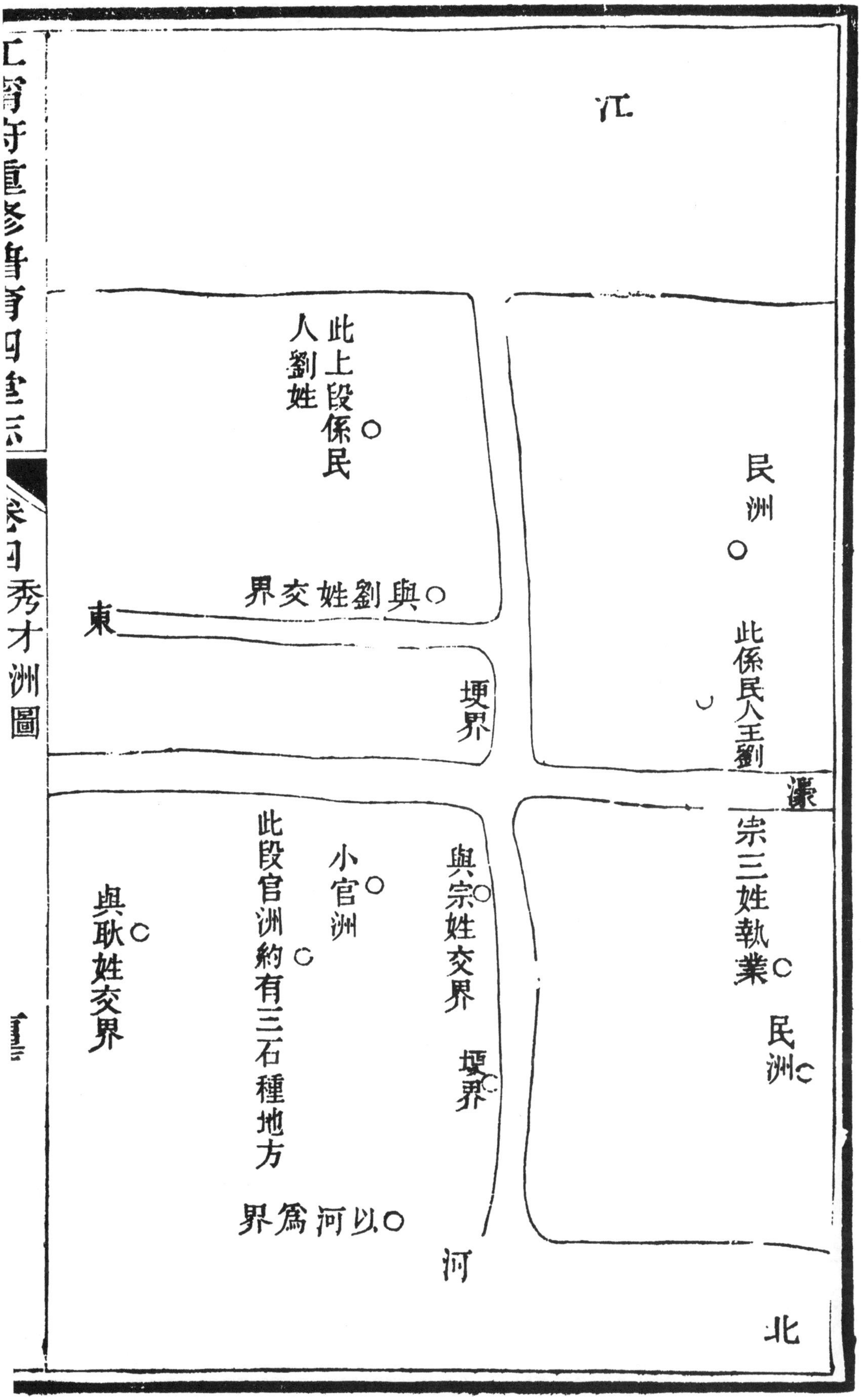
秀才洲圖
江
此上段係民人劉姓
民洲
與劉姓交界
東
埂界
此係民人王劉
濠
宗三姓執業
此段官洲約有三石種地方
小官洲
與宗姓交界
與耿姓交界
民洲
埂界
以河爲界
河
北

烈山公子二洲圖

烈山洲在江浦縣東北鄉距縣城五十里計地六千七百三十八畝應完課銀一百二兩一錢三分八釐向分四棚本堂原管一棚同治七年馬少峯裴王氏先後稟請將各管一棚充歸堂產本堂合管三棚向與民管一棚按年輪執原管一棚財戶陳沅每年繳財價本洋三十元馬姓充公一棚財戶沈巧每年繳本洋十七元裴姓充公一棚財戶王德和每年繳本洋十二元五角均由江浦縣知縣彙收批解光緒二年秋因有鄰洲方姓霸捐情事飭委查辦仍由原佃王德和等承財三棚每年共繳洋一百元旋因七八兩年欠繳價洋七十二元查係江浦縣書經承捐留虧欠照例懲辦改由財戶來堂逕自繳租自九年起議定每年繳本洋一

百二十元
公子洲在江浦縣屬在烈山洲東南界查得該洲共七千二百四十九畝一分五毫應完課銀五十七兩三錢七分九釐一毫五絲八忽向作四十二股同治十年上元縣職監生馬宗幹以所買蕭李管郁四姓產業共計十股稟充堂產又買金兩姓稟充善後局公費洲地四股民人趙世才盧有慶先後一併認賠每年繳租錢六十三千文由江浦縣知縣彙收批解內除歸善後局錢二十一千文實發到普育堂錢四十二千文光緒六年趙世才盧有慶認賠期滿七年改歸普育堂委員經管飭提馬宗幹原收紋契據發堂備案召上元縣文生馬釗承賠十一年馬釗承賠期滿據民人張國珍與馬釗先後具稟加租爭賠每年願先繳錢一百二十

千文光緒十二年改由普育堂委員派人試辦以觀後效

烈山公子洲圖

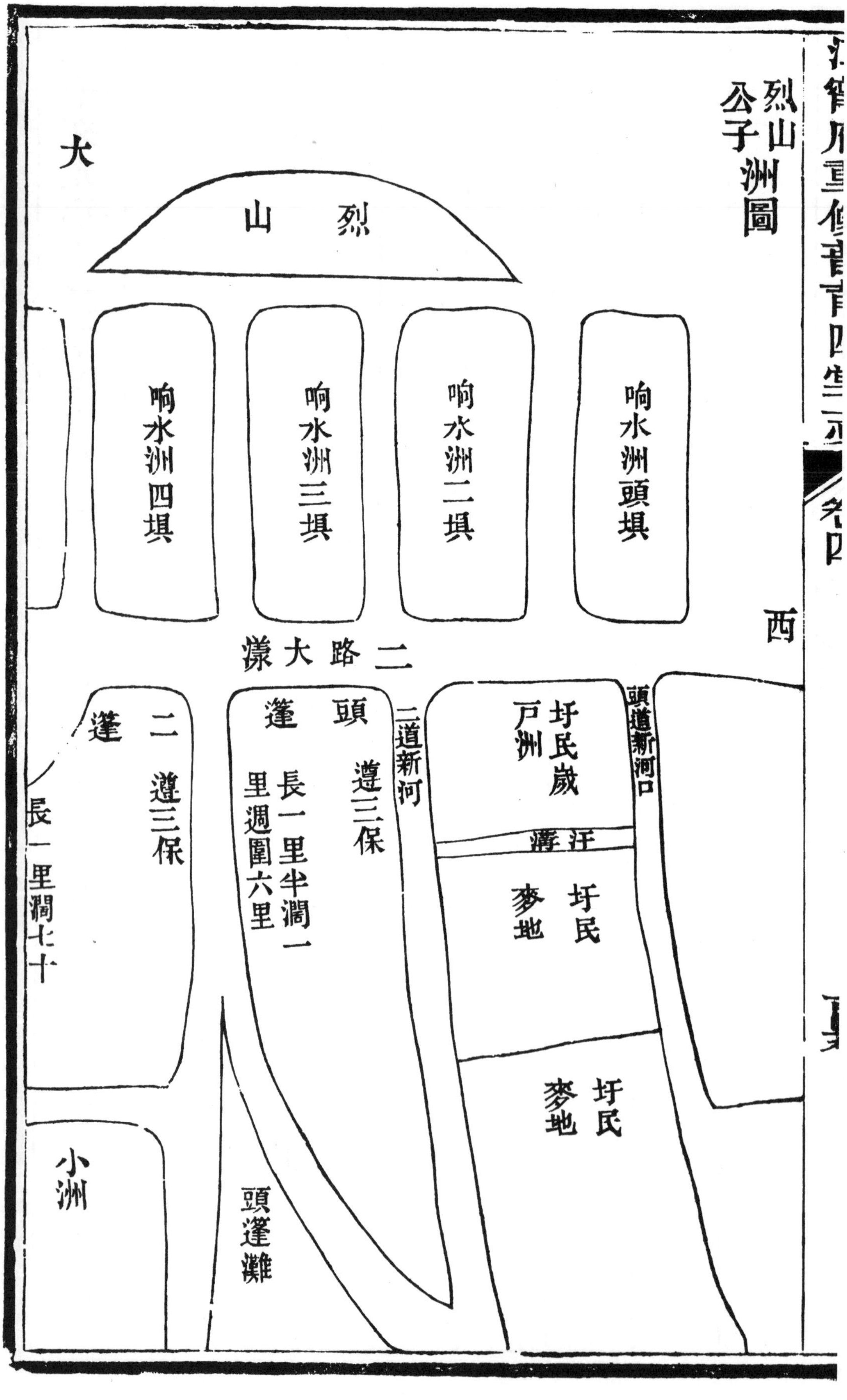
大
烈山
響水洲四墳
響水洲三墳
響水洲二墳
響水洲頭墳
西
二路大漾
二蓬
遵三保
長一里濶七十
頭蓬
遵三保
長一里半濶一里週圍六里
二道新河
圩民歲戶洲
頭道新河口
汗溝
圩民麥地
圩民麥地
小洲
頭蓬灘

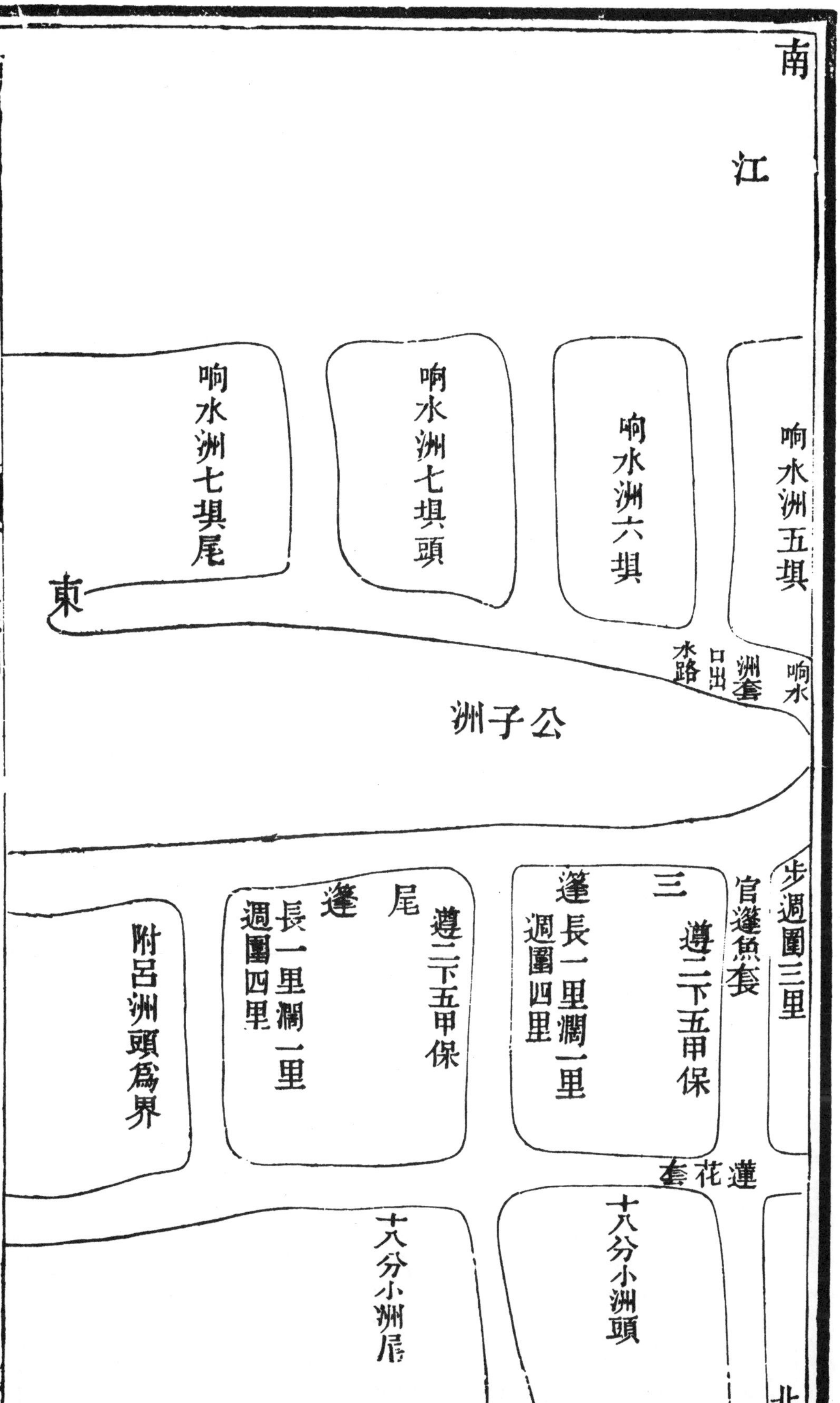
南
江
響水洲七圩尾
響水洲七圩頭
響水洲六圩
響水洲五圩
東
響水洲套口出水路
公子洲
三
尾蓬
遵二下五甲保
蓬長一里濶一里
週圍四里
遵二下五甲保
蓬長一里濶一里
週圍四里
官蓬魚套
步週圍三里
附呂洲頭爲界
蓮花套
十八分小洲尾
十八分小洲頭
北

立出預當洲場文契人蕭健行蕭鳴韶蕭金蕭鉽今將原典宰管二姓洲業坐落在浦邑西江口地方土名公子洲計四十二闈之一闈單年輪執裏厰洲頭外漲新灘七股內之一股雙年輪執老逢七股內之一股已出土未出土泥灘水影青黄柴薪一切花利前因正用故父手於嘉慶二十四年出當與程姓名下執業九五色銀四百兩現因垦欠蘆課無出合家商議浼託親友預轉加當與馬名下執業三面言明加當銀一百兩合前贖程姓契銀四百兩二共合銀五百兩係曹平九五足兌契下一平兌楚蕭姓憑眾親友手收清毫不短少今蕭姓已將此洲於道光八年清明日起至道光十六年止一連九年方許回贖年限不滿不准回贖如限內回贖照認每年花利合併正價一平回贖其本洲

課銀浦邑在冊蕭鑾戶名完納蘆課當執當交倘有己前塁欠均歸蕭姓完納與執業之家毫無干涉丈量執業者自納馬姓臨年收獲花利一切與蕭姓無涉此係允典服當契明價足並無私債準折逼勒等情倘有上業人等爭論一切葛藤不清之事均爲蕭姓中人一力承當今欲有憑立此出預當洲場文契存照

計附蕭姓原典受窐管二姓當契二紙並無上首紅契設有契紙來歷不清均爲蕭姓是問

馬姓月立允贖文約一紙付蕭姓收執

道光七年　月　日立出預轉當洲場文契人蕭健行蕭鳴韶蕭金蕭鉽憑

親中趙御符鄒醴泉岳光敏

立杜絕賣洲場魚滃文契人李馥亭今將自置公子洲坐落江浦縣西江口地方計通洲四十二股內之一股半本年輪執裏廠洲頭新灘一股半次年輪執老篷一股半以後週而復始本洲大滃沙滃均照股分執業輪執裏廠魚壠埂用柴錢照股派收今因正用浼託中親說合立契杜絕賣與馬名下永遠執業納課當日三面言明時值正價曹平足兑紋銀六百七十兩整其銀契下一平親手收楚毫不短少此係允買服賣並無債折等情凡杜絕之産永無加找之說倘有親疏爭競以及一切預撥重複葛藤不清之事俱係出筆人一力承當與受業主毫無干涉今欲有憑立此杜絕賣洲場魚滃文契永遠存照

計付原買管姓杜契一紙又付分裁下截上上杜契半紙又約據四紙合並
付執所有道光六年壓征五年蘆課以及從前掛欠俱係李姓完納與業主
無涉至本年丈費仍歸李姓認辦無辭
道光六年十一月　日立杜絕賣洲場魚滖文契李馥亭劉暎江高澤培鮑
筠溪鄧醴泉沙克明吴體仁哈迷榮馬鈺堂

立出杜絕賣洲場魚滖一切花利等項文契人管斗南今將自置洲產一業坐
落江浦縣西江口地方土名公子洲四十二鬮内之一鬮本年輪執裏廠七股
之一股又洲頭新灘七股之一股來年輪執老篷七股之一股以後週而復始
歲納管夏彝戶名正銀十八兩三錢七分二釐當執當交此洲大小魚滖已出

土未出土泥灘水影通壠各樣青黃柴薪一切花利寸土勺水寸草一概不留
磐洲交代今因正用合家商議明白浼託中友説合自情願立契杜絶賣與馬
名下永遠執業完納國課辦納丈量辛工使費收獲一切花利當日三面言明
土逢時價得受曹平足兑九五色銀四百五十五兩整契下一平兑足親手收
清毫釐不少銀契兩交明白自賣之後聽憑買主更名過戶日後坍長與賣主
無涉遵奉憲例永無增找永不回贖再無不斷不盡之事倘有族親上業異姓
人等爭論以及重複典當垛撥等情國課不清家務葛藤均爲管姓一力承當
與買主無涉以前掛欠課銀均歸管姓補納與馬姓無涉今欲有憑立此杜絶
賣洲場魚溇一切等項文契永遠存照

計付正紅契一紙係裁契再照此洲先于嘉慶二十二年當與馬姓執業今
已歸杜所有原當契據理合批銷亦存馬處又照

嘉慶二十五年十二月　日立出杜賣洲場魚滲文契人管斗南憑兄管軼
羣憑中馬靜夫陳大倫馬玉山

立出杜絕賣洲場魚滲一切花利等項文契人管謙益管玉峯今將自置洲產
一業坐落江浦縣西江口地方土名公子洲四十二鬮內之五鬮半本年輪執
老逢七股之五股半來年輪執裏厰七股之五股半又洲頭新灘七股之五股
半以後週而復始歲納江浦正銀每股十八兩三錢七分二釐當執當交此洲
大小魚滲已出土未出土泥灘水影通壠各樣青黃柴薪一切花利寸土勺水

寸草一概不留磬洲交代今因正用合家商議明白浼託中友說合自情願立契杜絕賣與馬名下永遠執業完納國課辦納丈量辛工使費收獲一切花利當日三面言明土逢時價得受曹平足兌九五色銀二千五百零二兩五錢整契下一平兌足親手收清毫釐不少銀契兩交明白自賣之後聽憑買主更名過戶日後坍長與賣主無涉遵奉憲例永無增找永不回贖再無不斷不盡之事倘有族親上業異姓人等爭論以及重複典當垛撥等情國課不清家務葛藤均爲管姓一力承當與買主無涉以前掛欠課銀均歸管姓補納與馬姓無涉今欲有憑立此杜絕賣洲場魚滄一切等項文契永遠存照

計付本洲正紅契二紙計開五股半蘆課戶名管耐夫一股陳來一股陳岷

一股管增一股二毫半鍾莊甯一股管蘭田二毫半

嘉慶二十五年十二月　日立出杜絕賣洲場魚滲一切花利等項文契人

管謙益管玉峯憑兄管軼羣姪管立仁中馬靜夫吳培源陳大倫

立出杜絕賣洲場魚滲一切花利等項文契人郁殿元今有祖遺受分洲産一業坐落江浦縣西江口地方土名公子洲四十二股內之一股本年輪執老逢七股之一股本年輪執裏廠七股之一股又洲頭新灘七股之一股以後週而復始歲納戶名正銀十八兩三錢七分二釐當執當交此洲大小魚滲已出土未出土泥灘水影通壠各様青黃柴薪一切花利寸土勺水寸草一概不留罄洲交代今因正用合家商議明白浼託中友說合自情願立契杜絕賣與馬名

下永遠執業完納國課辦納丈量辛工使費收獲一切花利當日三面言明土
逢時價得受曹平足兌九五色銀四百二十兩整契下一平兌足親手收清毫
釐不少銀契兩交明白自賣之後聽憑買主更名過戶日後坍長與賣主無涉
遵奉憲例永無增找永不回贖再無不斷不盡之説倘有族親上業異姓人等
爭論以及重複典當墚撥等情國課不清一切家務葛藤均爲郁姓一力承當
與買主無涉以前掛欠課銀不清均歸郁姓補納與馬姓無涉今欲有憑立此
杜絶賣洲場魚滲一切等項文契永遠存照

道光元年四月　日立出杜絶賣洲場魚滲一切花利等項文契人郁殿元

憑中王光仁張紹祖錢五橋王錫芝安釗馬東山

中河魚滗圖

江甯縣江東門外鍋巷後街距省城十里原係官灘自兵燹後荒蕪同治五年張應文戴震之等稟請承𥅽築壩養魚因委縣丞第五杰會縣查勘養魚河滗東南北三面均以河沿爲界西以現築新埂爲界探得水深八九尺不等北首蘆柴灘地東至新埂西至童家圩水溝南至韭菜圩北至當心地上坎爲界折共計一百六畝一分三釐五毫一絲七年定繳魚租錢一百二十千文分本年十一月底次年正月兩限呈繳每年完魚課庫平銀一兩二錢六分八九兩年因水成災十年改繳租錢四十千文光緒十一年歸戴敦仁接𥅽繳租未清押追另行召𥅽

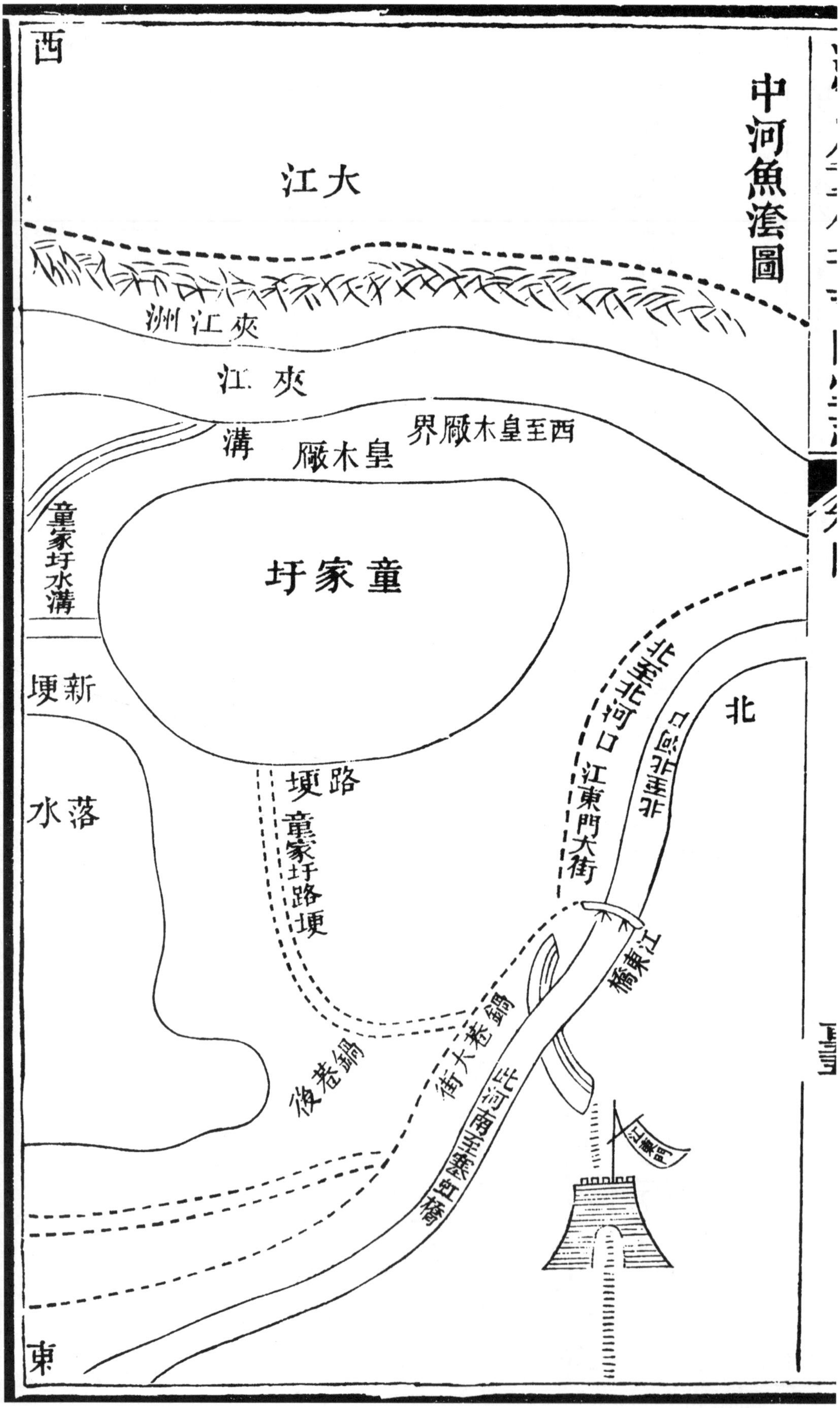
中河魚滄圖
西
大江
夾江洲
夾江
西至皇木廠界
溝
皇木廠
童家圩水溝
童家圩
新埂
落水
路埂
童家圩路埂
北至北河口
江東門大街
北至北河口
北
江東橋
鍋巷大街
鍋巷後
北至南河虹橋
江東門
東

江甯府重修普育四堂志 卷四 中河魚滲圖

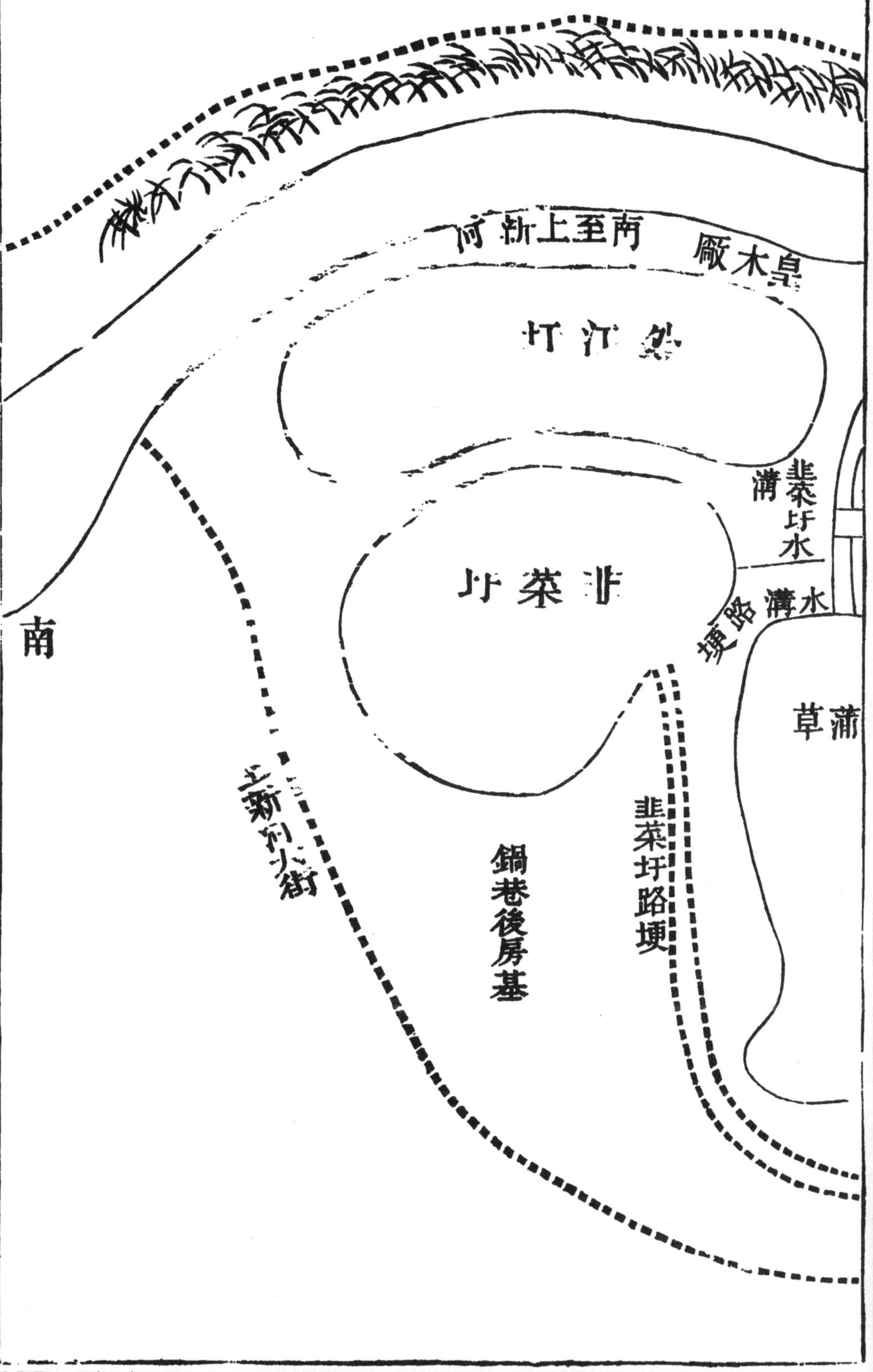

佟園地圖

江甯縣聚寶門外普育四堂舊址同治五年招佃戶王有順承種每年繳地租錢十千文十一年春奉善後局憲劄飭劈出十畝基地作爲義塚刊碑分界比減除佃地租錢二千文每年繳錢八千文

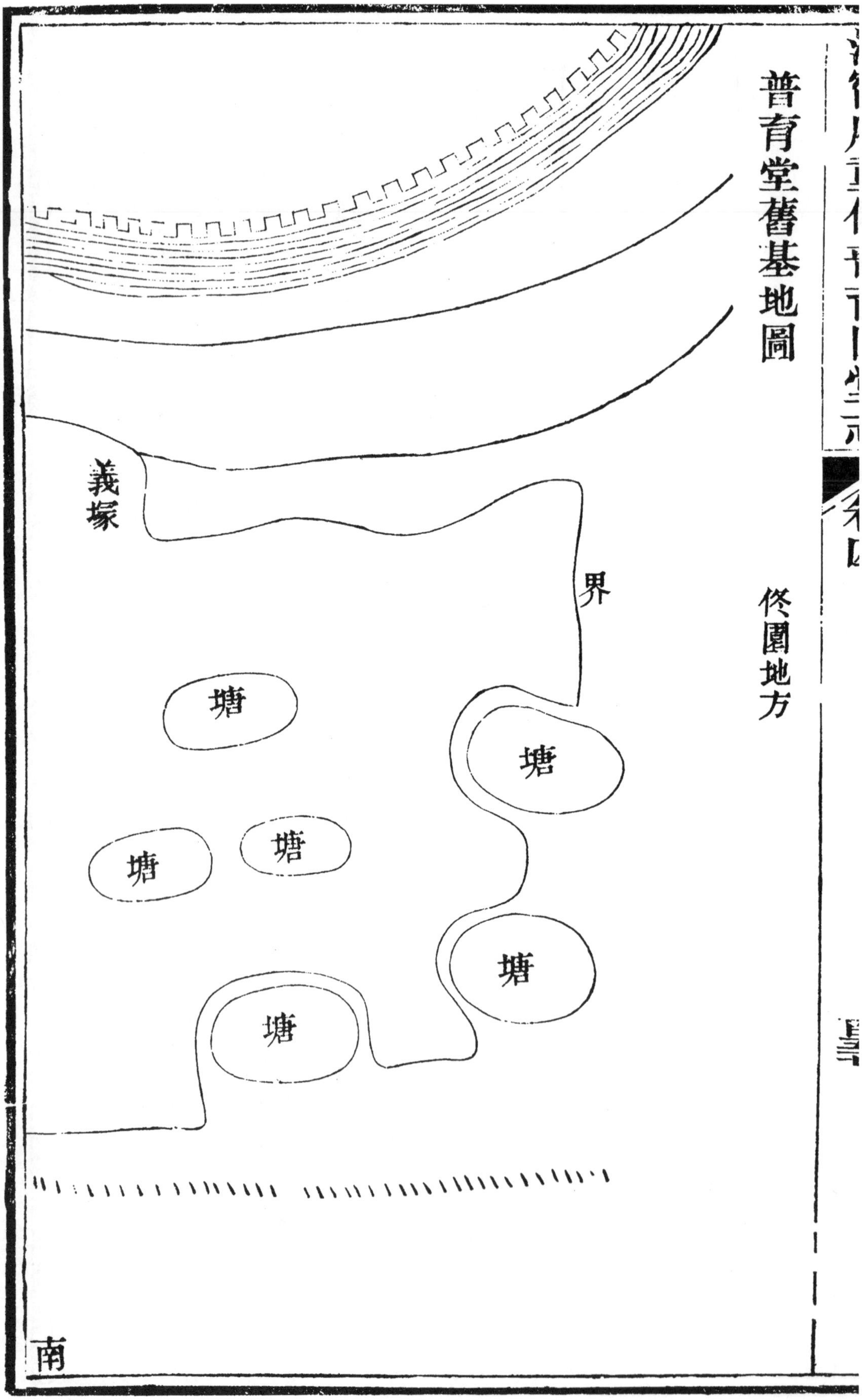

普育堂舊基地圖

老普育堂地圖

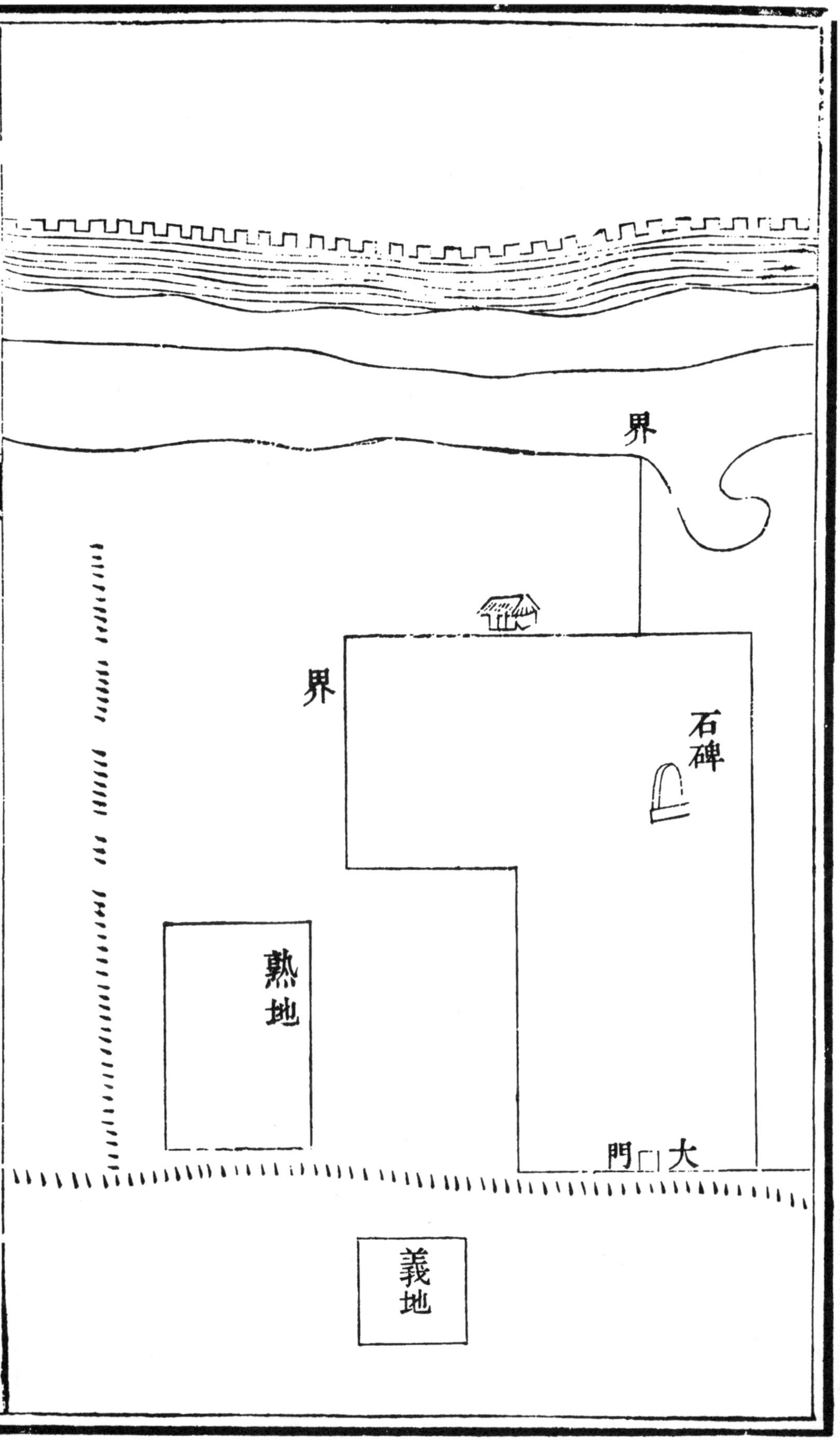

迴光寺基地圖

江甯縣治東花園地方舊爲養老院兹查得該基週圍一百七十二丈由南至北直二十五丈由東至西横十九丈五尺內有古井一圓小池一口光緒十二年招佃余姓承種

迴光寺基地圖

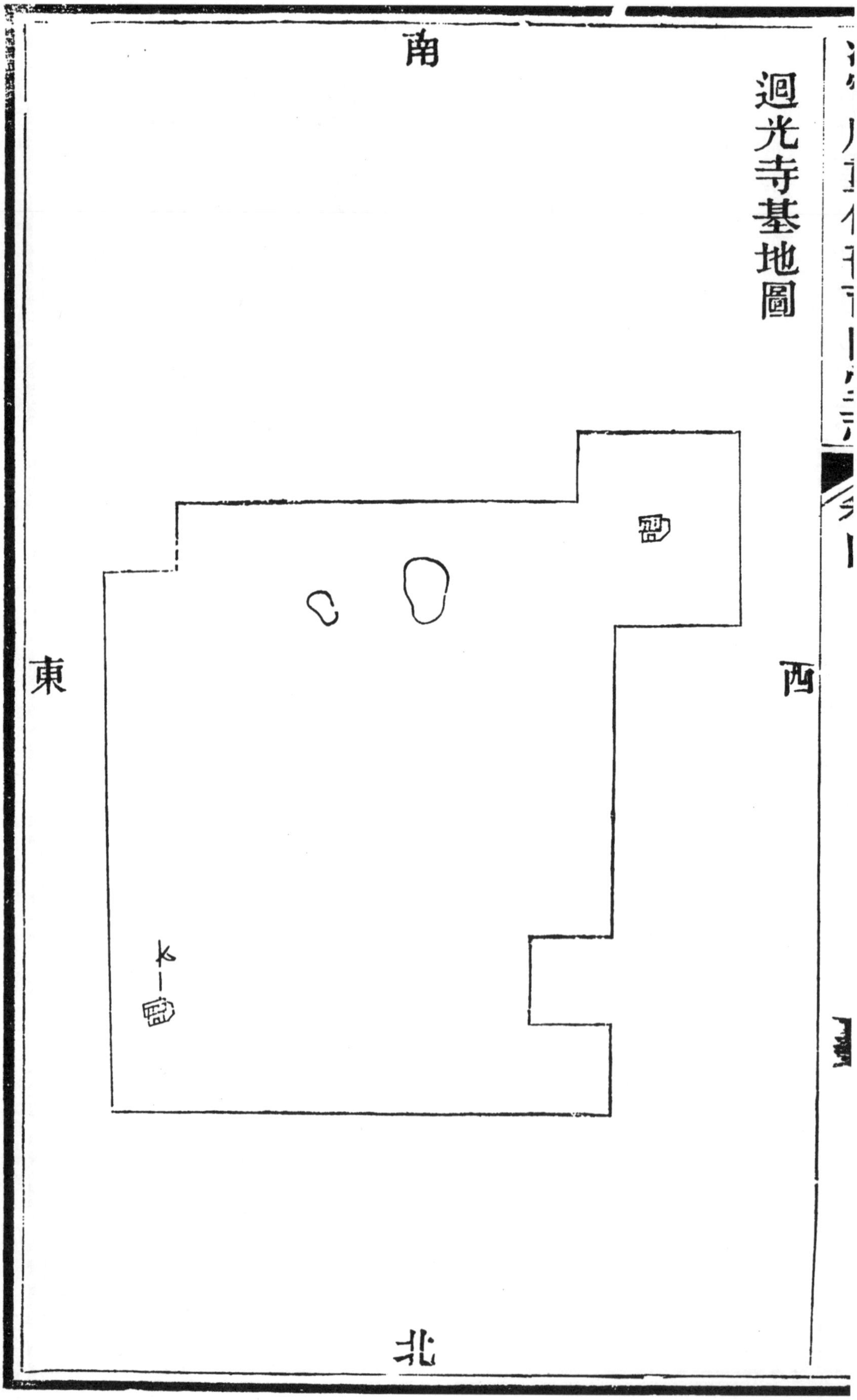

官茶局山地圖

上元縣漢西門内蛇山同治四年奉督憲批將該山充歸堂產六年招佃戶方三元承種七年換佘金元接種當交押租錢二十千文每年包交地租錢二十千文按春秋兩季呈繳約以十年爲限十年冬劈出一百六十畝作爲義塚尚餘熟地四十一畝十一年減租錢四千文言定俟地稍熟再行議加所有茶山餘存茶樹每年采送堂内交收前經查得南坡中一段龜山東首一凹南埂脊二大塊三小塊中平厰地二十二塊下坡十五塊東埂脊三大塊東坡八塊下平地三十五塊又東首一凹大小十四塊本年王令際盛覆查無異惟茶樹六十餘株外有松樹五十餘株桑樹四十株桃李樹六十株

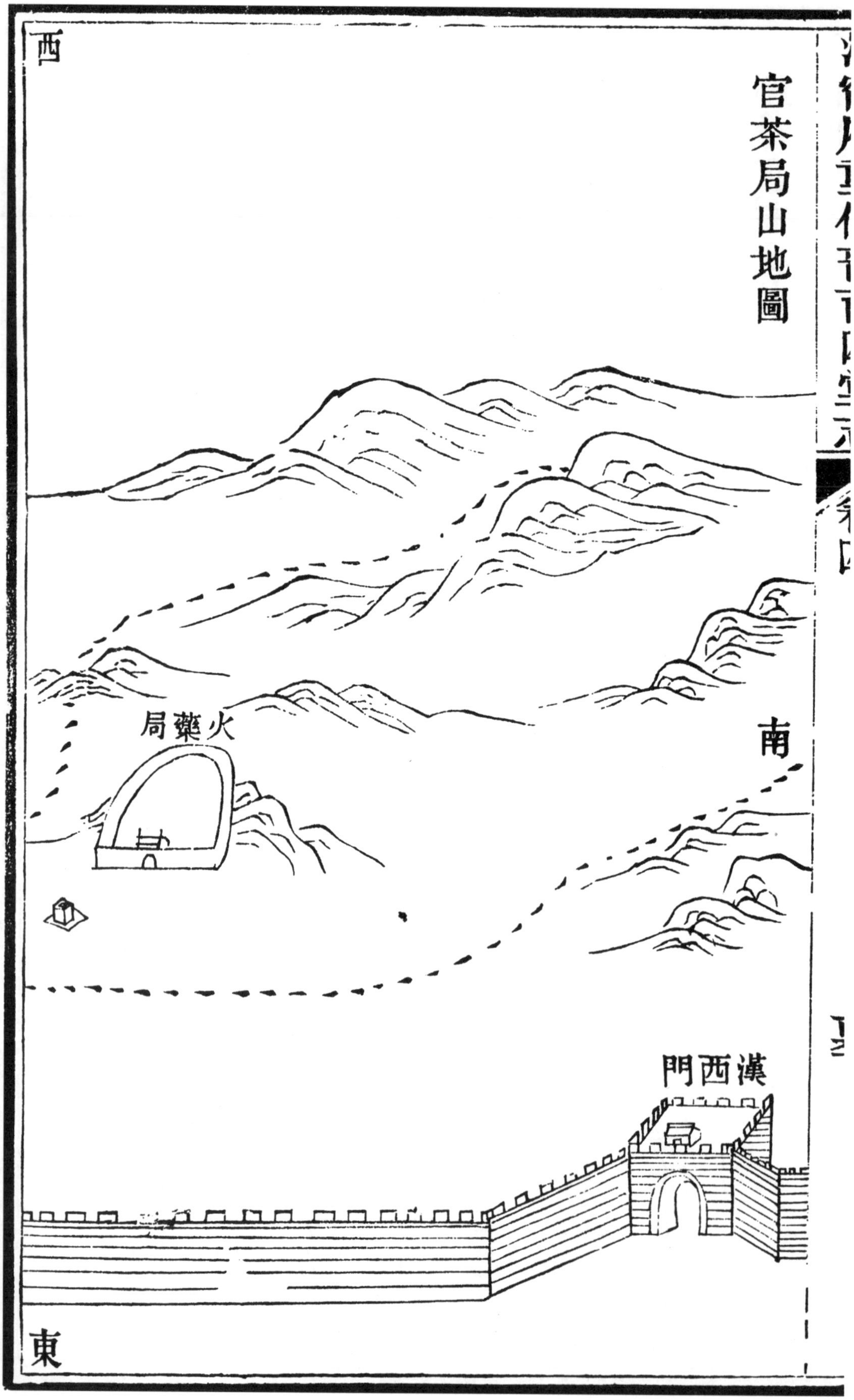
官茶局山地圖
西
南
東
火藥局
漢西門

江甯府重修普育四堂志 卷四 官荼局山地圖

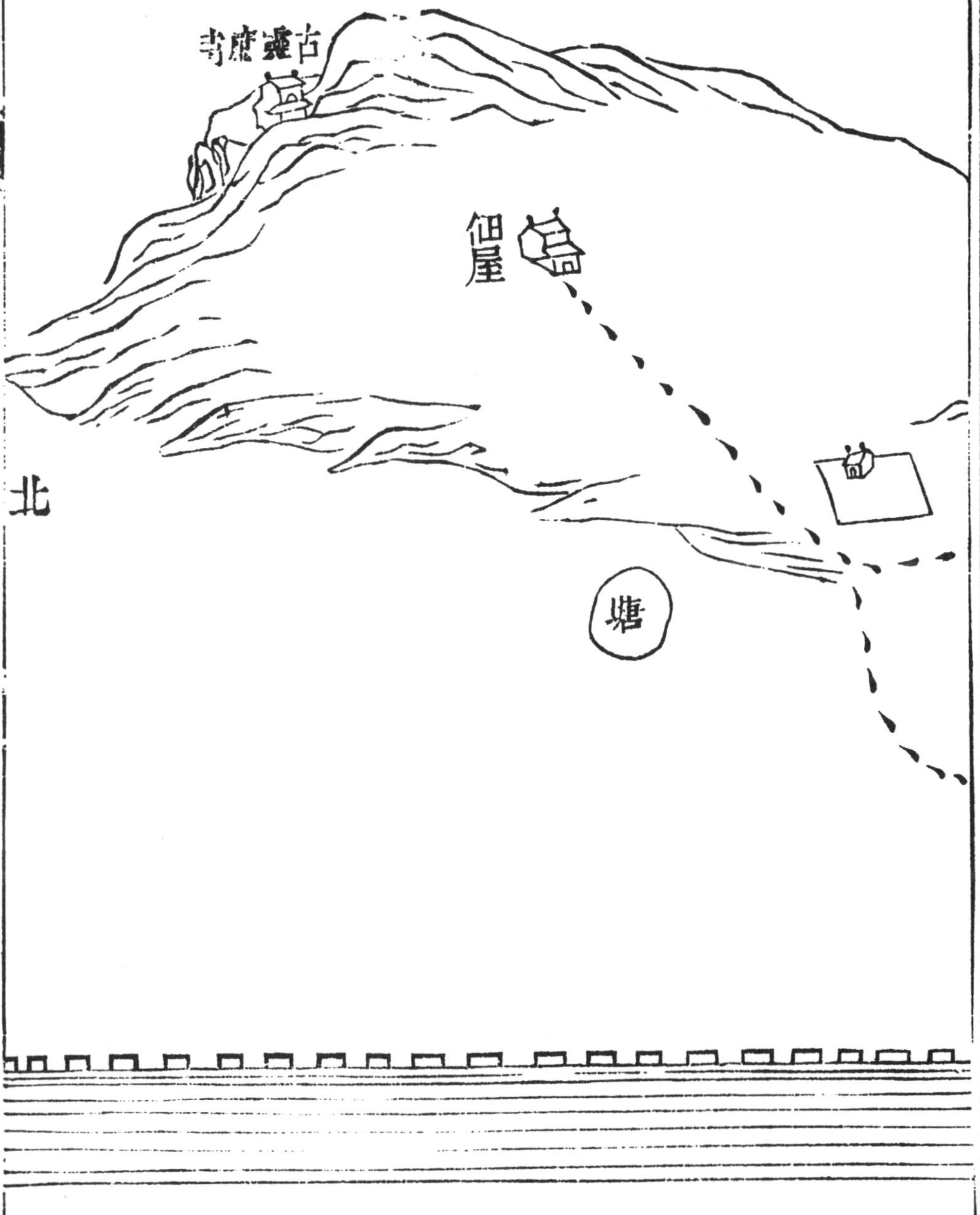

新子埠

上元縣屬新子埠莊田一業同治七年查得該莊原田約計四十餘畝全荒未墾

兹因水長草深坵數不分難以覆查未繪圖

朱家圩

上元縣屬朱家圩莊田一業同治七年查得該莊原田約計十餘畝全荒未墾茲因水長草深坵數不分難以覆查未繪圖

趙家圩

上元縣屬趙家圩莊田一業同治七年查得該莊原田約計三十餘畝全荒未墾

茲因水長草深坵數不分難以覆查未繪圖

北陽圩 建康圩 青山嘴 三莊田圖

建康圩上元縣屬距省城四十里同治四年查出招莊頭陶振聲領佃光緒十二年委周經歷鳳來查得熟田十一畝八分計八坵新墾田十九畝三分計九坵荒田二十九畝一分十四坵計共荒熟田六十畝二分

北陽圩在建康圩東北名張家潭同治四年查出招陳正潮領佃光緒十二年周經歷鳳來查得熟田六畝二坵荒田五畝八分二坵村董陳正潮莊頭陶振聲帶佃

青山嘴在北陽圩南同治四年查出招許永善領佃光緒十二年周經歷鳳來查得熟田三十畝二分十一坵新墾田二十六畝二分十一坵荒田十八畝二分十二坵

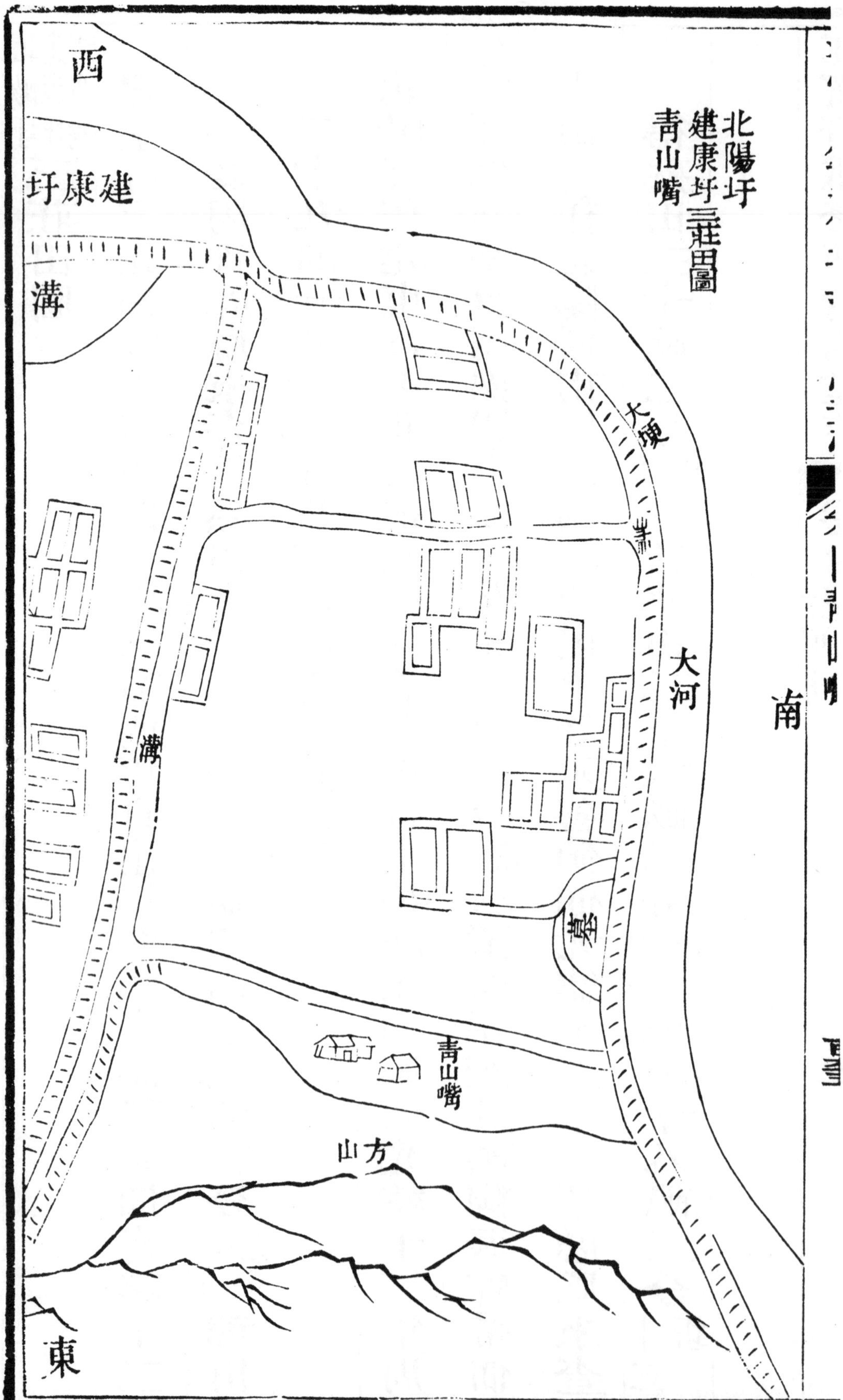
北陽圩
建康圩
青山嘴
三莊田圖
西
建康圩
溝
大埂
大河
南
溝
墓
青山嘴
方山
東

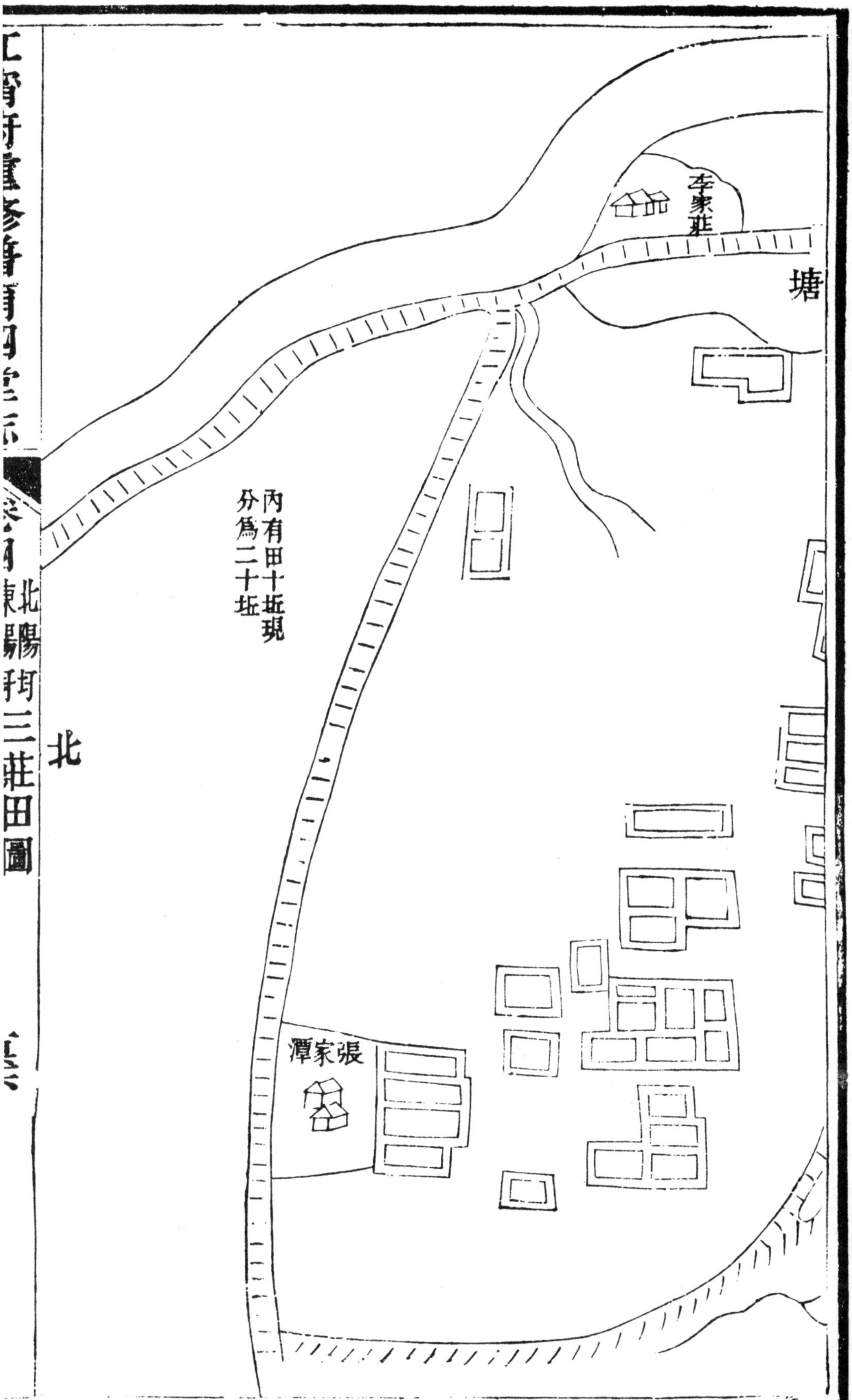
北陽坊三莊田圖
李家莊
塘
內有田十坵現分為二十坵
北
張家潭

高新二莊田圖

上元縣朝陽門外距省城七十里同治四年查出招莊頭龐士武龐茂旺領佃七年給墾費錢三千四百五十文光緒十二年周經歷鳳來查得熟田七十六畝九分五十一坵荒田十一畝一分九坵熟地十五畝二分六釐十二坵荒地六畝二分五坵塘堰隨田公修公用現歸龐茂旺之姪正文接佃

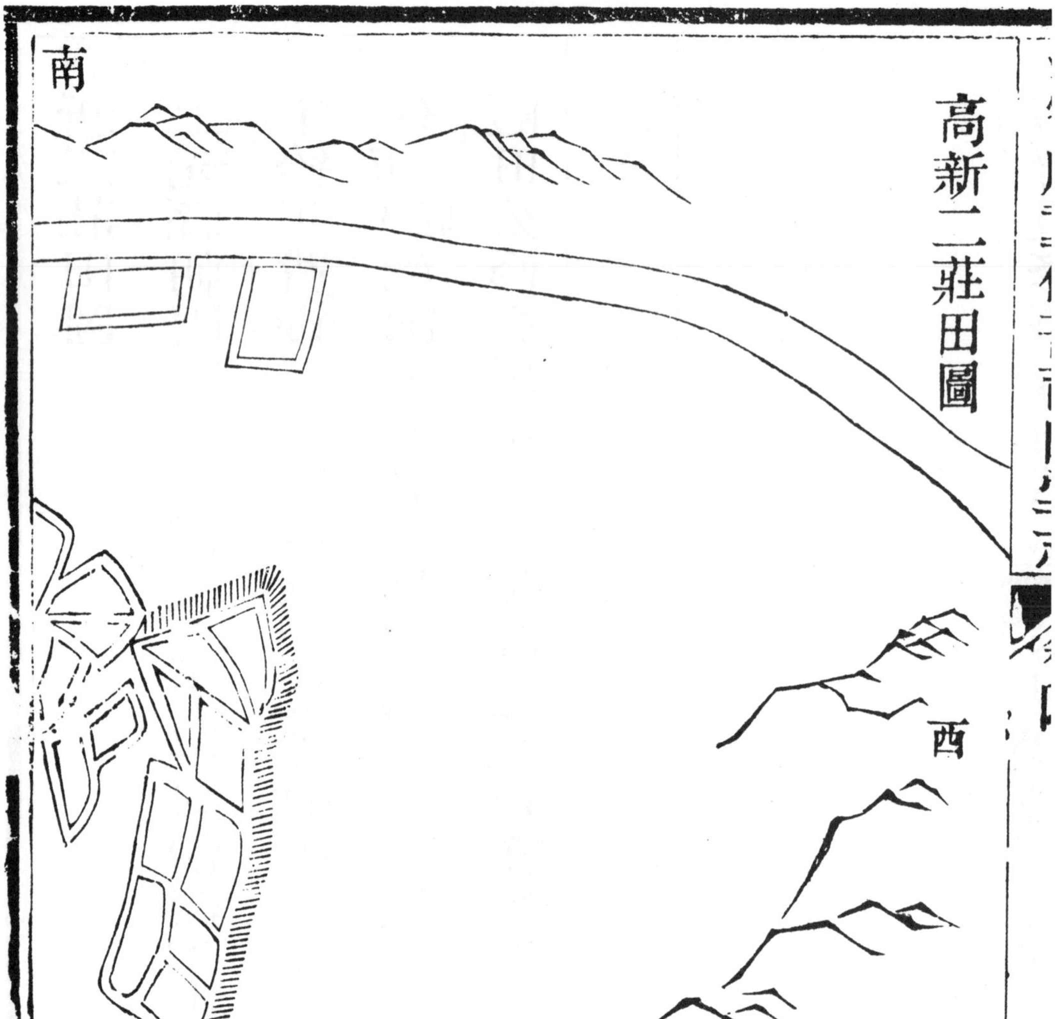
高新二莊田圖
南
西
餘基
塘
莊基

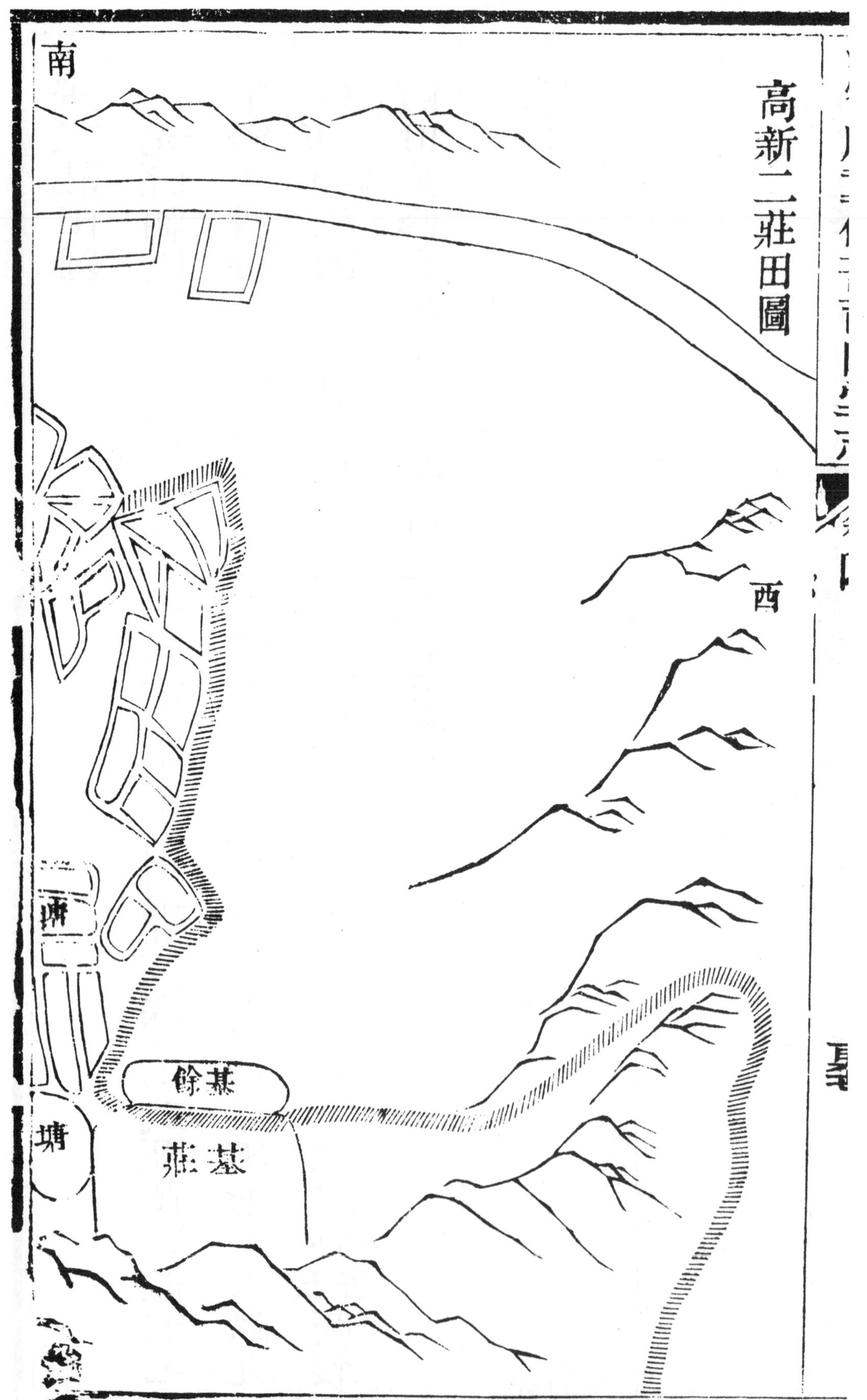

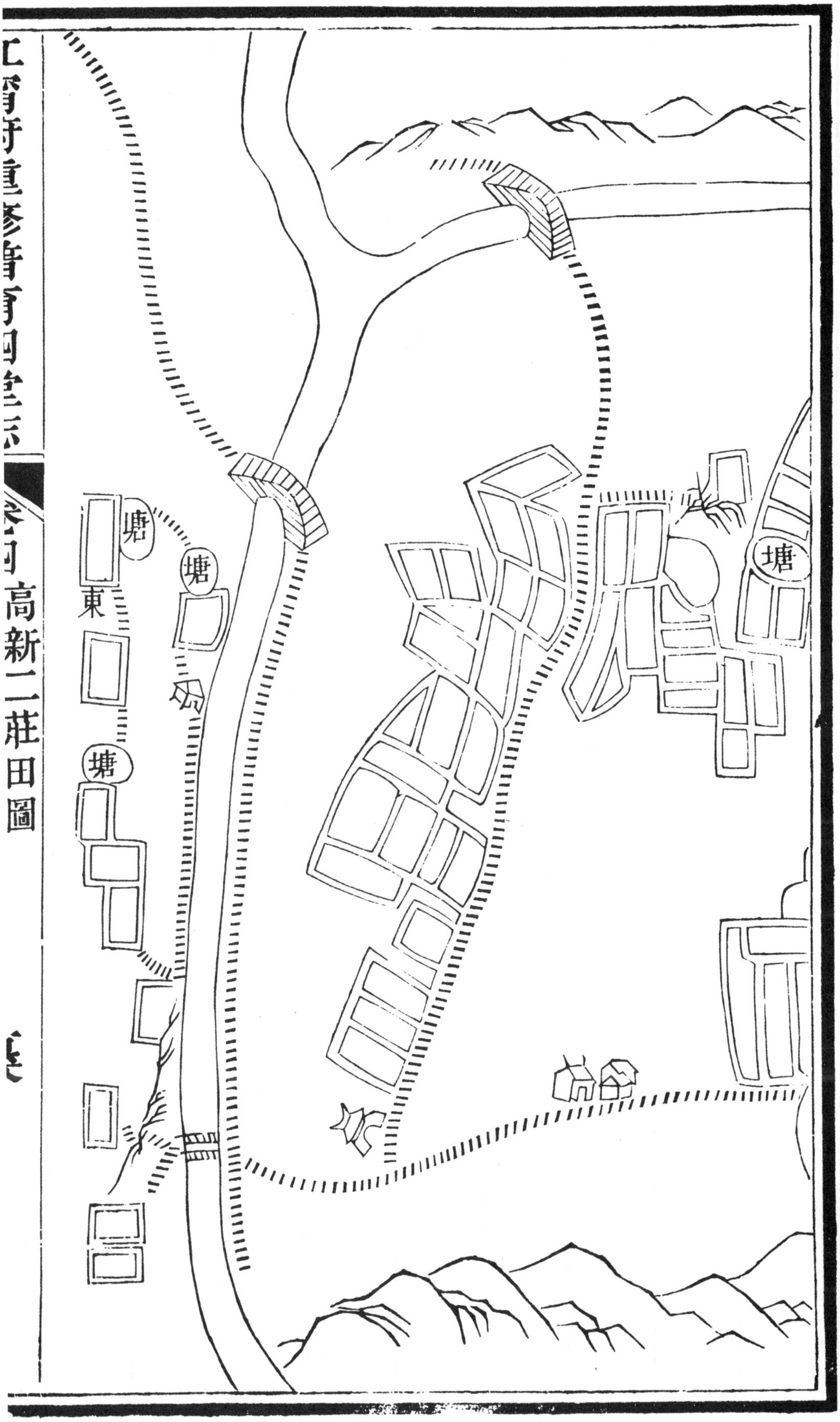

高新二莊田圖
塘
塘
東
塘
塘

夏村土山陳家塘東邊圩田圖

上元縣屬崇禮鄉新六圖距省城二十五里同治四年查得原田地一百六十五畝六分庄房基地一塊莊頭雷國明領佃七年給墾費錢二千四百十五文十年查得熟田四十八畝二十四垣荒田九十八畝四分三十五垣熟地十二畝三分十一垣荒地五畝五垣光緒十二年周經歷鳳來查得熟田九十一畝一分四十三垣荒田五十八畝二十六垣熟地十畝五分十一垣荒地五畝五分七垣

崇禮鄉新六圖夏村莊田圖

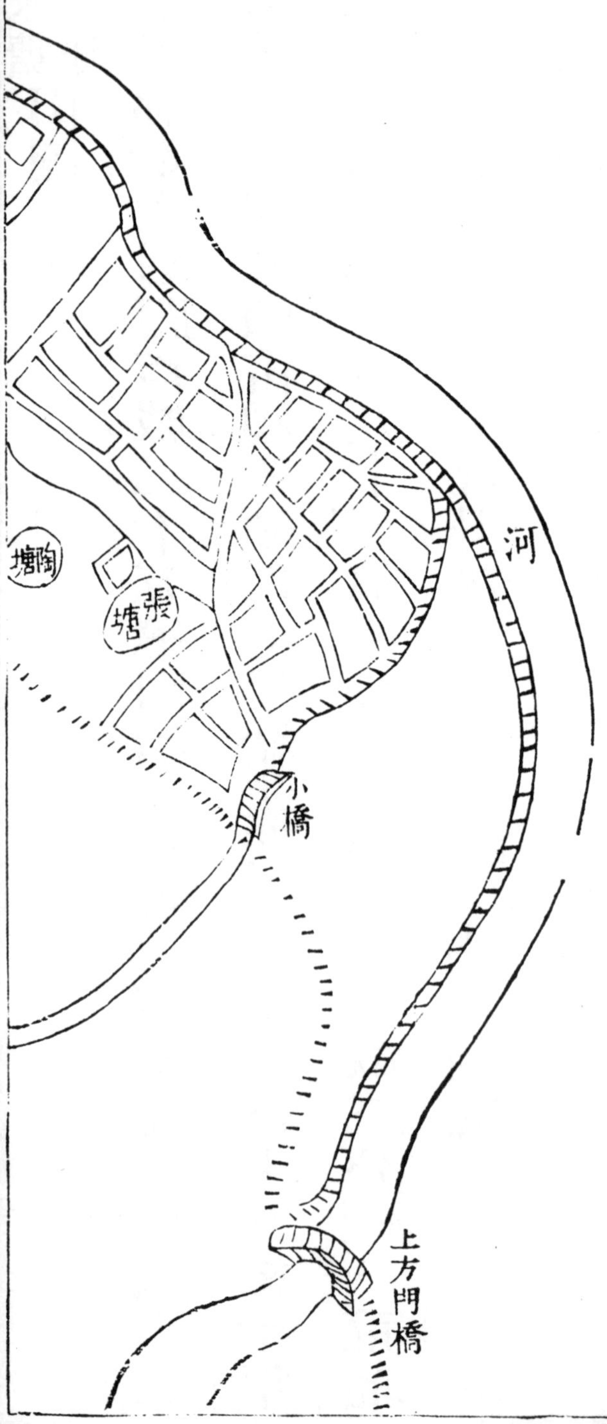

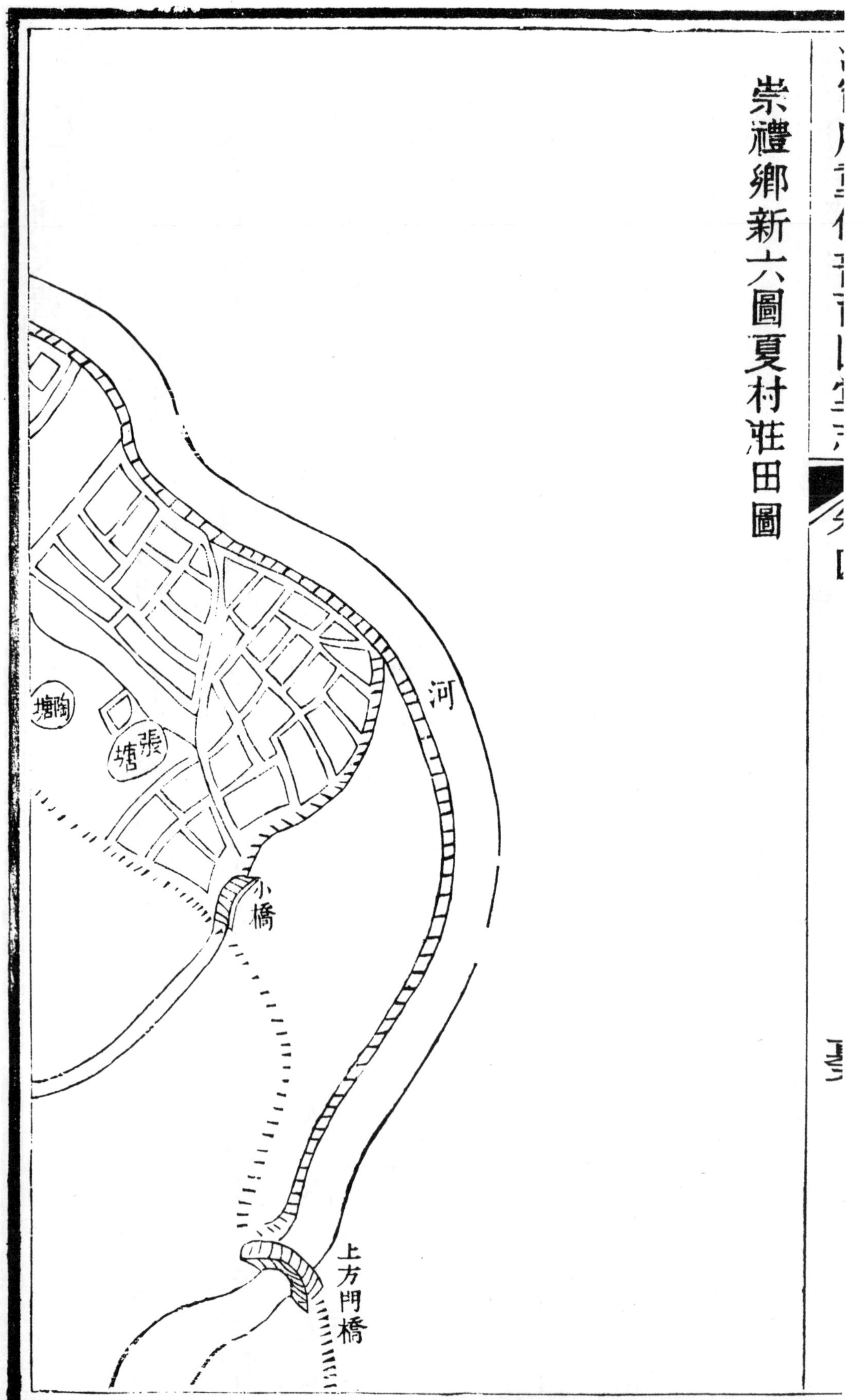

江甯府重修普育四堂志　卷四　夏村上山田圖

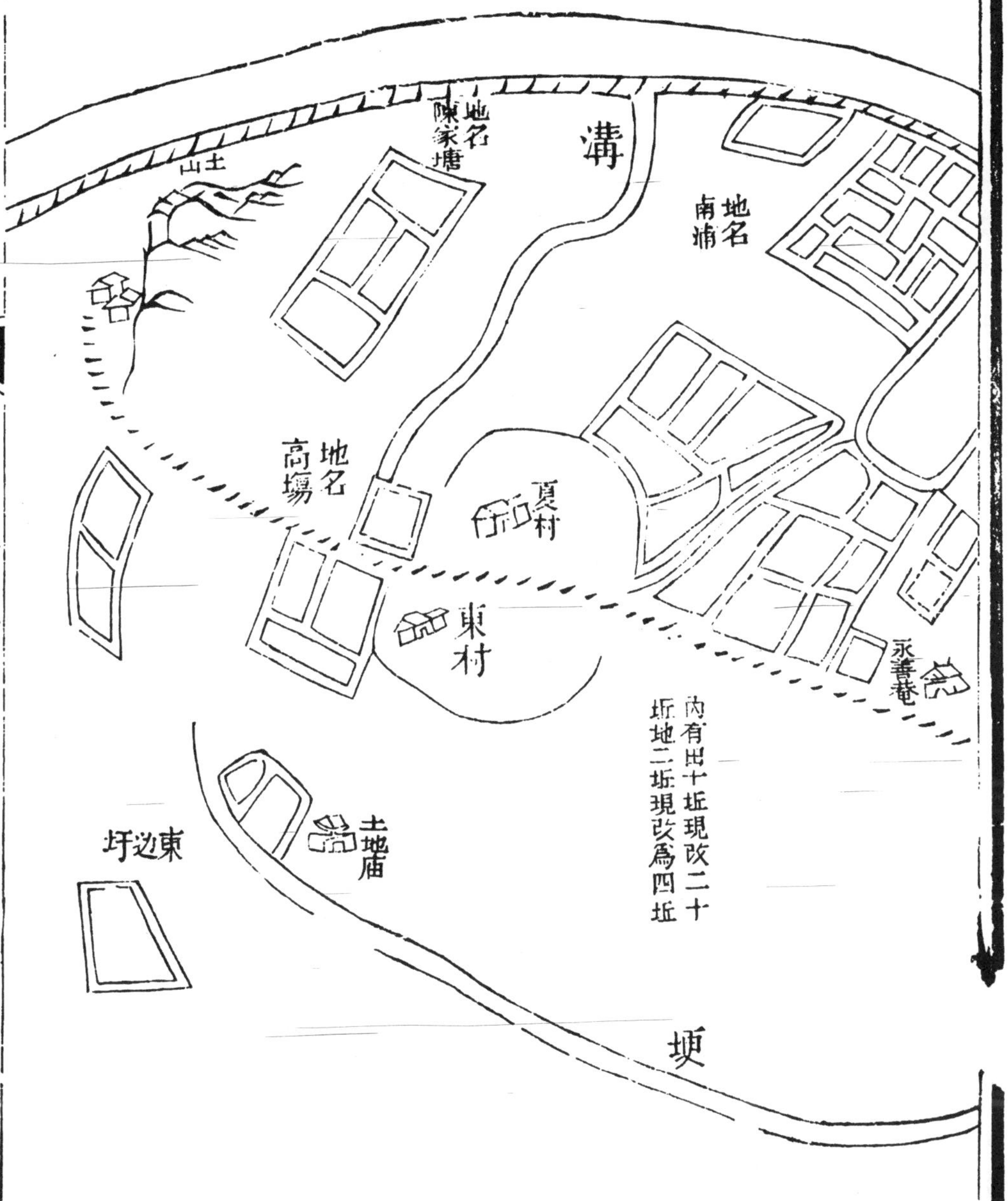

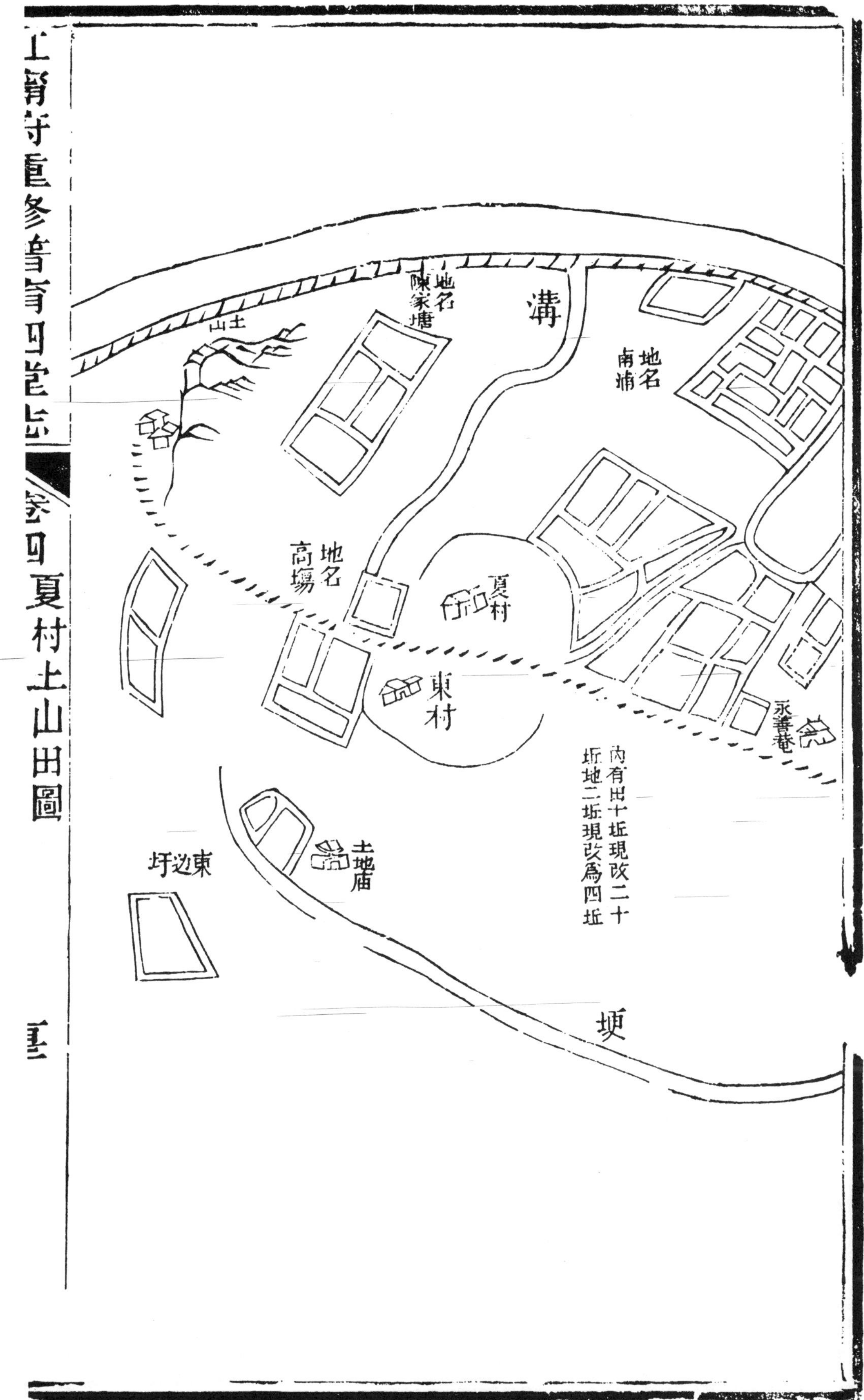

靖安廠田圖

在上元縣靖安廠地方離省城七十里原係生生堂同治四年奉善後局憲批准歸堂充公原田三十七畝一分二釐五毫計十八坵溝壩塘堰隨田公用公脩莊頭潘道利領佃查勘得實在熟田三十畝二分八釐五毫計十四坵荒田陸畝八分計五坵光緒十二年張典史壽樂查得該田均已成熟現歸潘道利之子思賢領佃

靖安廠田圖

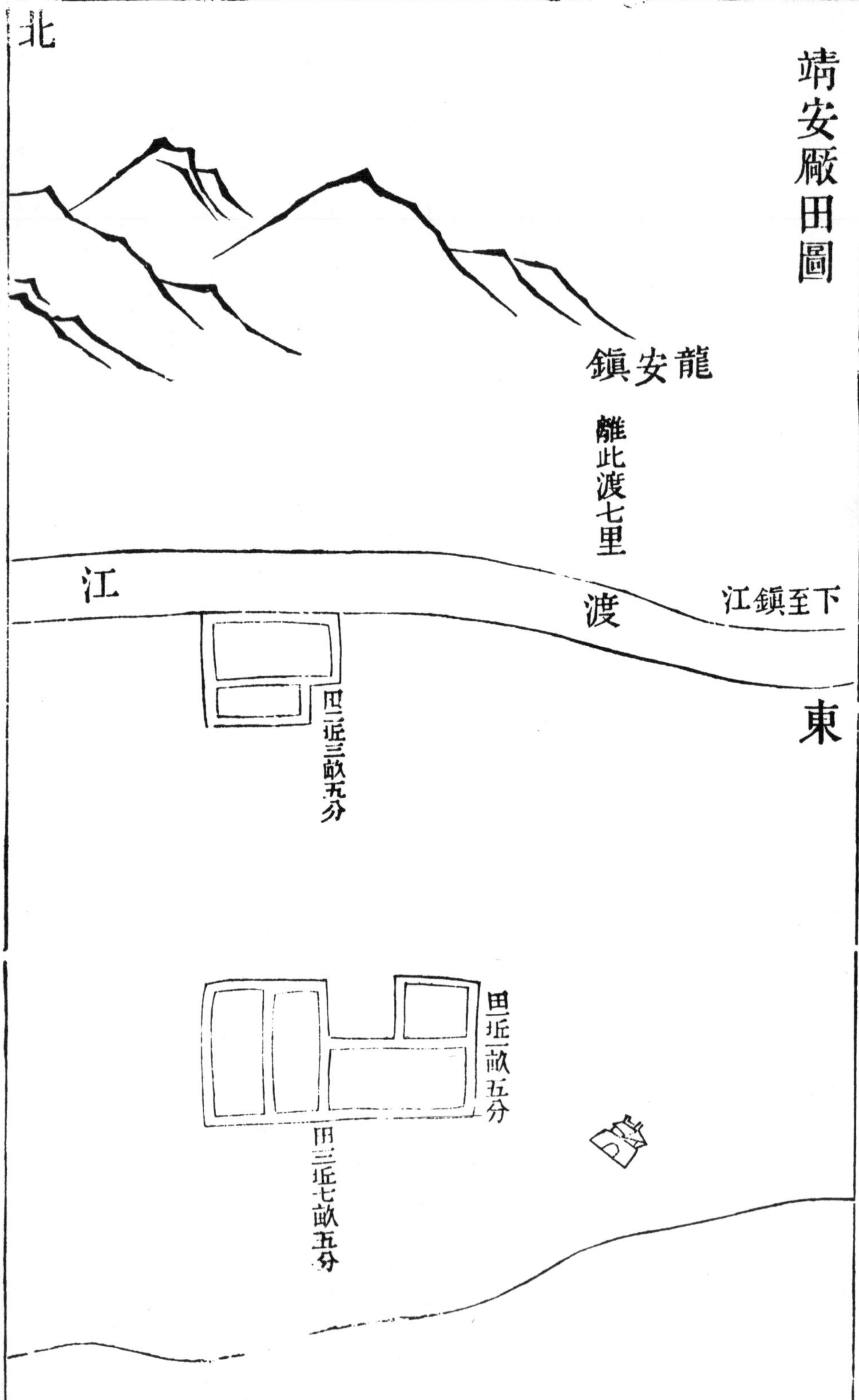
北
龍安鎮
離此渡七里
江
渡
下至鎮江
東
田二坵三畝五分
田一坵一畝五分
田三坵七畝五分
南

靖安堿田圖

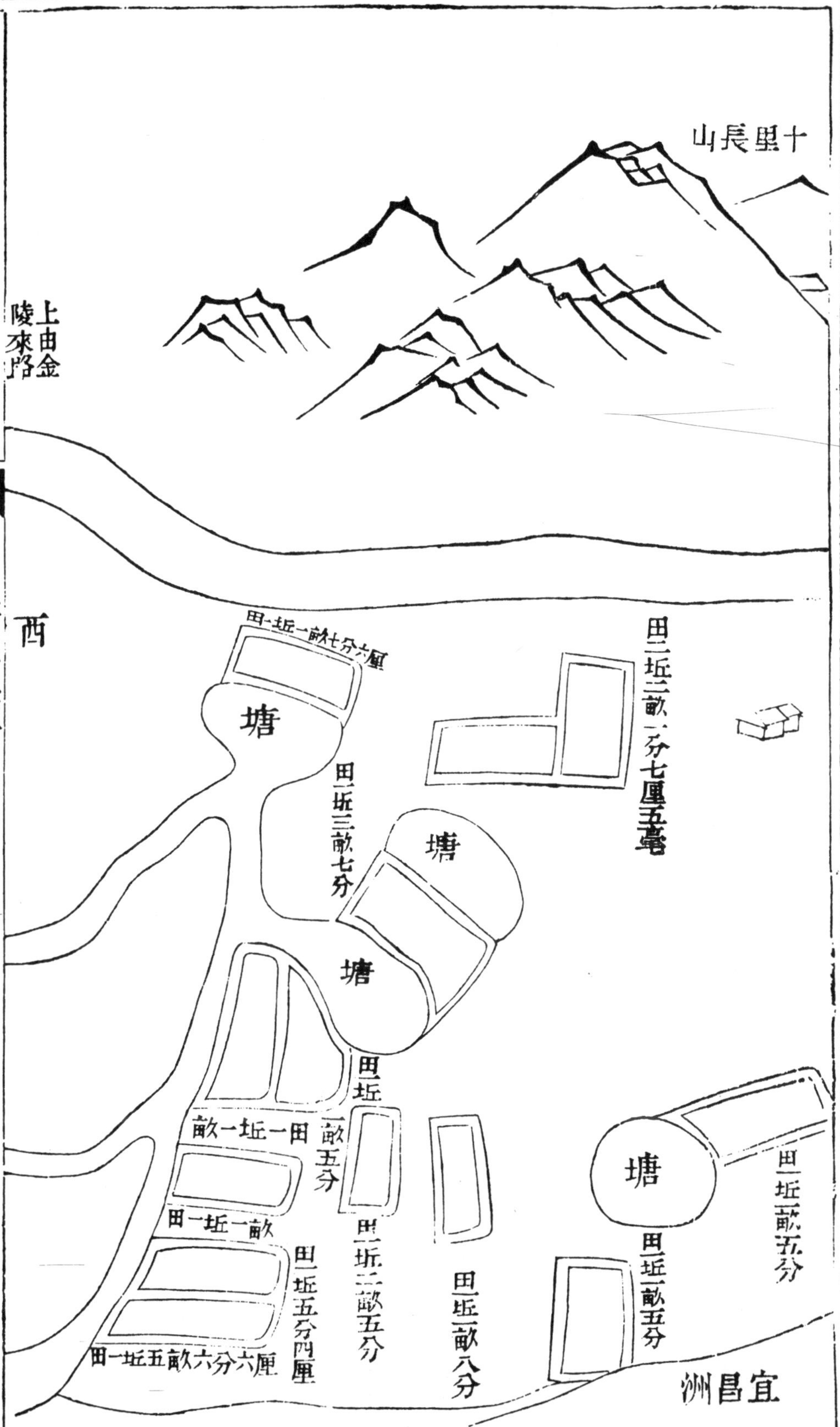
十里長山
上由金陵來路
西
田一坵一畝七分六厘
田二坵二畝一分七厘五毫
塘
田一坵三畝七分
塘
塘
田一坵一畝五分
田一坵一畝
田一坵一畝
田一坵二畝五分
田一坵一畝八分
田一坵五分四厘
田一坵五畝六分六厘
塘
田一坵一畝五分
田一坵一畝五分
宜昌洲

常家圩田圖

上元縣通濟門外八里附郭鄉左字舖原田一八畝五分地八畝係鷲峰寺產業同治四年蔣位三稟請充歸堂產五年寺僧興常稟求撥回三成當經前府批准光緒五年用正價銀二百七十五兩八錢三分收買毗連蔣文斗等熟田九十三畝五分荒田二十畝陸分熟地十一畝一分半房塲溝塘均全六年用正價銀九十三兩一錢收買前撥寺僧三成田地光緒十二年倪縣丞瑔查丈得熟田一百九十七畝三分六十五坵荒田四十四畝二十二坵熟地二十五畝三分四釐伍毫十五坵統共荒熟田地二百六十六畝六分四釐五毫

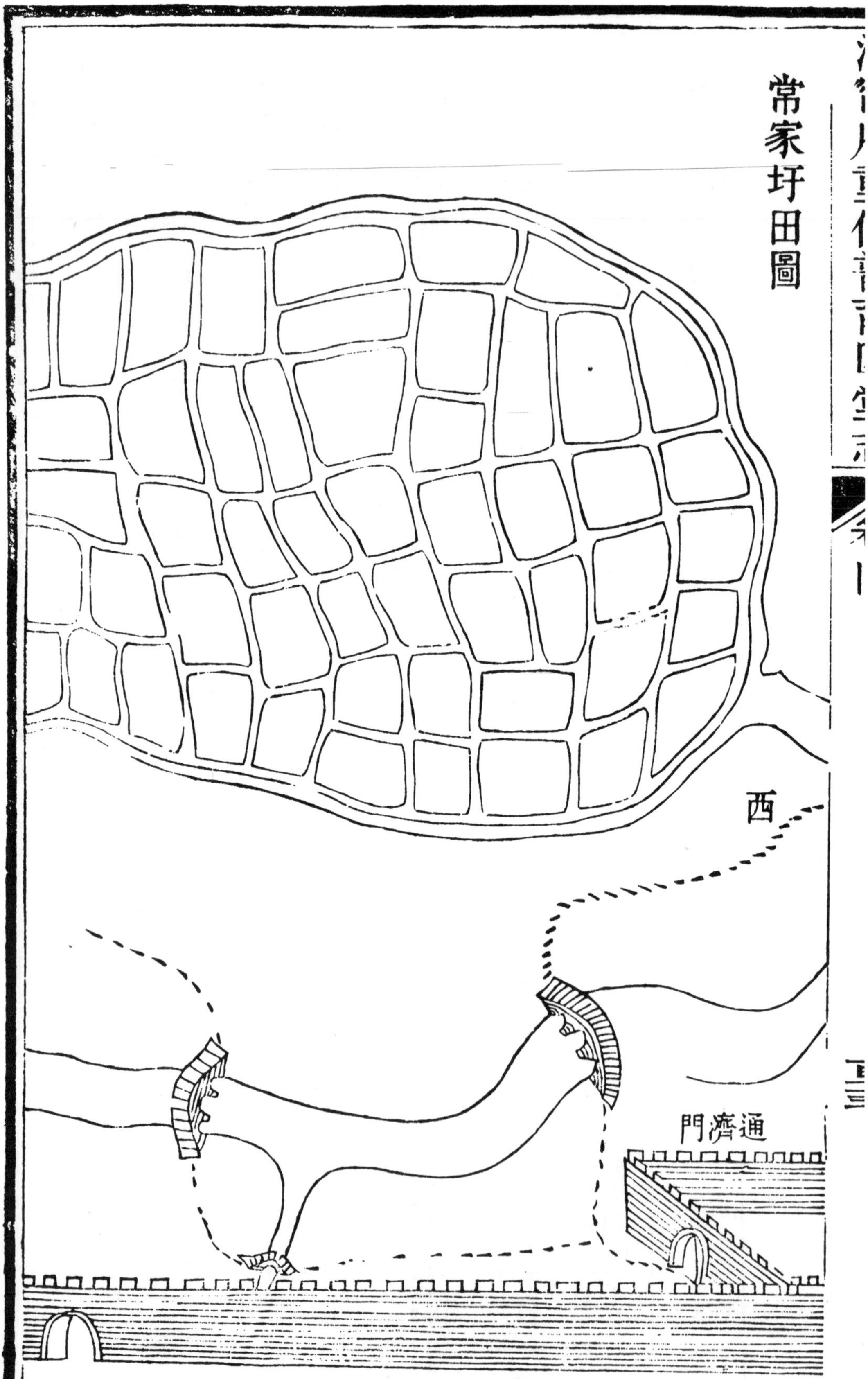
常家圩田圖
西
通濟門

江甯府重修普育四堂志　卷四　常家圩田圖

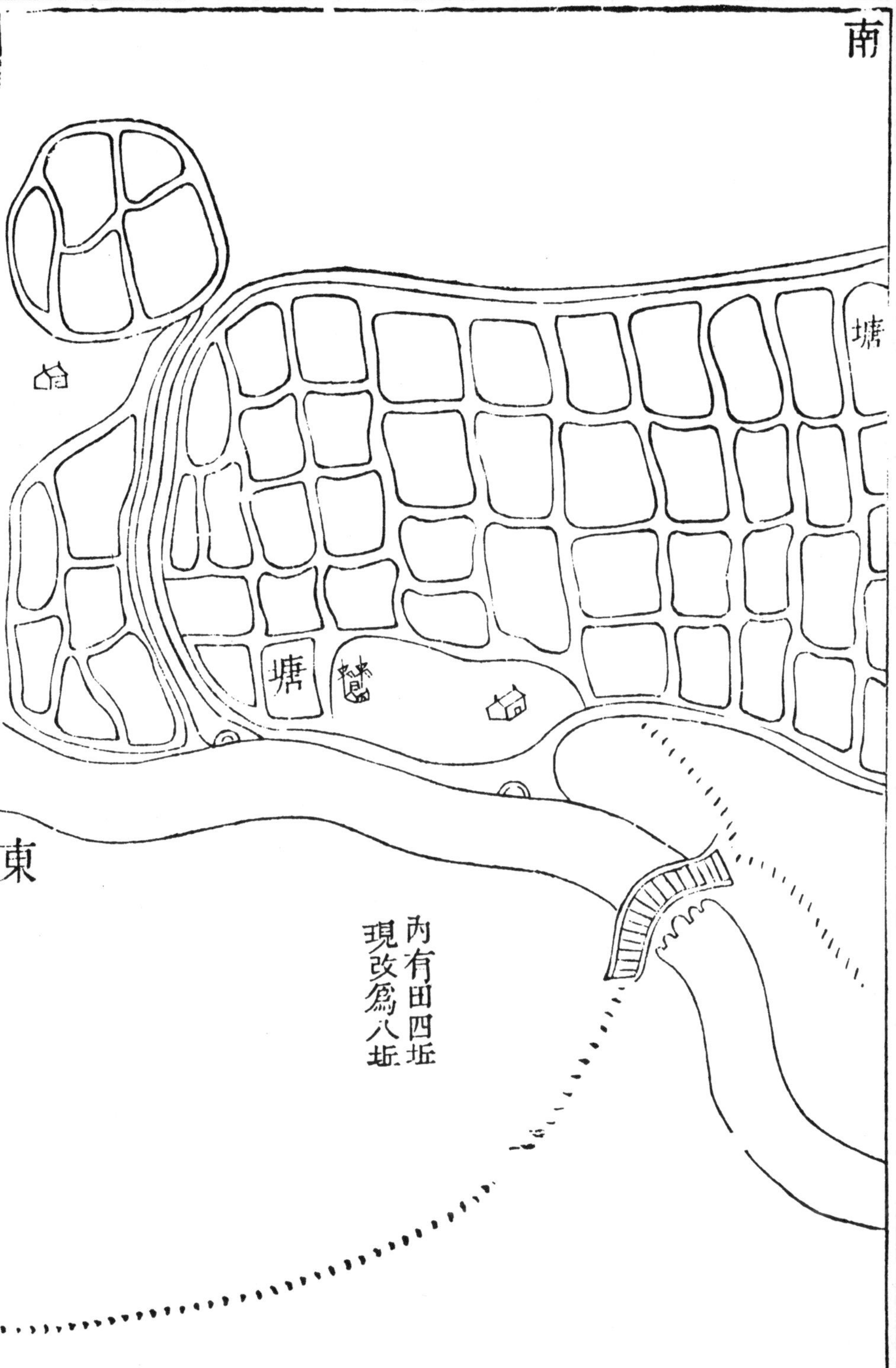

立杜絕賣田地莊基塘場歸併文契蔣文斗蔣壽臣蔣漢臣蔣錦臣蔣月波今將祖遺原買荒熟田地一業坐落上邑城外附郭鄉左字鋪地方土名常家壋計熟田九十九畝三分內除工口小者折去五畝八分實賣出熟田九十三畝五分熟地十一畝九分內除分水地折去七分半實賣出地十一畝一分半荒田二十畝六分原領熟田聯照九十二畝六分所有四至坵段因清查後不符現照公同執業交代情因此田當祖手原置時係與鷲峯寺充公七成堂田及鷲峯寺現執三成田地犬牙相錯向未分劈今共查得通共熟田七十坵熟地三十六坵荒田十六坵東至朱楊二姓田界西至公善堂田界南至大河界北至大河界打場一面莊房基三間進水溝塘三面石涵二個應照對派分劈各

得一半今因正用通家商議明白稟蒙批准將此產寸草寸水寸土不留罄莊交代今憑鄉中邀牙立契出杜絕歸併賣與普育堂名下永遠執業當日照時估值杜絕實賣湘平荆紋銀二百七十五兩八錢三分整其銀比即契下憑衆一平兌足蔣姓親手收楚毫釐不少銀契兩交明白自杜絕賣後聽憑買主執犁更業收割耔粒永遠爲業遵奉部例凡民間杜絕賣產契明價足日後永無增找永不回贖永斷葛藤永無異説該產係蔣姓祖遺原買已產與别房别姓無干嗣後倘有族親長幼異姓人等爭論家務分晰不清及指產質押重複典當冒認一切轇轕不楚等情均歸出筆人一力承當與買主毫無干涉但本產原買正上各契因避亂遺失已稟請聯照在案成交查付買主收執爲憑日後

撿出本產原買隻字均作廢紙無用此係兩相情願允買服賣並無準債勒逼
等情恐後無憑立此杜絶賣田地房基塘塲歸併文契永遠存照
計附執原領上餘字號五十二號聯照分裁合成一紙完納錢糧串票十一
張內共完屯賦熟田一百畝公費熟地十畝七分核與現在所賣畝數不符
實因前被莊首並未分清現既歸併堂內適符前報數目以後錢糧即照征
册更名統歸堂納又照
光緒五年十二月　日立杜絶賣田地塘塲歸併文契蔣文斗蔣壽臣蔣錦
臣蔣漢臣蔣月波憑中劉卓羣黃世元
立杜絶賣田地庄基塘塲歸併文契鷲峯寺住持僧隆範今將祖遺原買荒熟

田地一業坐落上邑城外附郭鄉左字舖地方土名常家墕兵燹後嵩將僧田充歸普育堂執業收租嗣由僧興常稟求奉准撥回三成以資香火當領上餘字六十號聯照一紙內載熟田二十七畝糧串係田二十八畝五分地七畝現經清查後實派寺僧應得熟田二十八畝五釐地三畝三分四釐五毫又荒田六畝一分八釐其四至坵段莊基塘埸向與堂田及蔣姓田地毗連均未分劈茲不具贅今因移產置產願將此產寸草寸水寸土不留罄莊交代是以憑中邀牙立杜絕賣契歸併與普育堂名下永遠執業當日照時估值杜絕賣價實貢湘平剕紋銀九十三兩一錢整其銀比即契下憑眾一平兌足隆範親手收楚毫釐不少銀契兩交明白自杜絕賣後聽憑買主挑培壅壓執犁耕種收割

耔粒永遠爲業遵奉部例凡民間杜絶賣産契明價足日後永無增找永不回
贖永斷葛藤永無異説該産係隆範祖遺原買己産與別人別姓無干嗣後倘
有族親長幼異姓人等爭論家務不淸及一切轇轕不楚等情均歸出筆人一
力承當與買主毫無干涉但本産原買正上各契因避亂遺失已稟請聯照在
案成交查付買主收執爲憑日後檢出本産片紙隻字均作廢紙無用此係兩
相情願允買服賣並無準債勒逼等情恐後無憑立此杜絶賣田地莊基塘場
文契永遠存照

計附執原領上餘字陸拾號聯照一紙又完納錢糧串票四紙共完屯賦熟
田二十八畝伍分公費熟地七畝核與現在所賣畝數不符實因前被莊首

並未分清現旣歸併堂內適符前報數目以後錢糧卽照征册更名統歸普

育堂內完納又照

光緒六年三月　日立杜絶賣田地莊基塘場文契鷲峯寺住持僧隆範憑

中副寺心傳莊首常康壽

高家場田圖

上元縣慈仁鄉觀音門外夾江南岸距觀音門一里係廟田充歸堂產前經查得屋基肆間原田十二畝五分五坵地二畝五分二坵庄頭徐涇領佃均已開墾成熟光緒十二年張典史壽榮查勘該田現以徐涇之子重德接佃

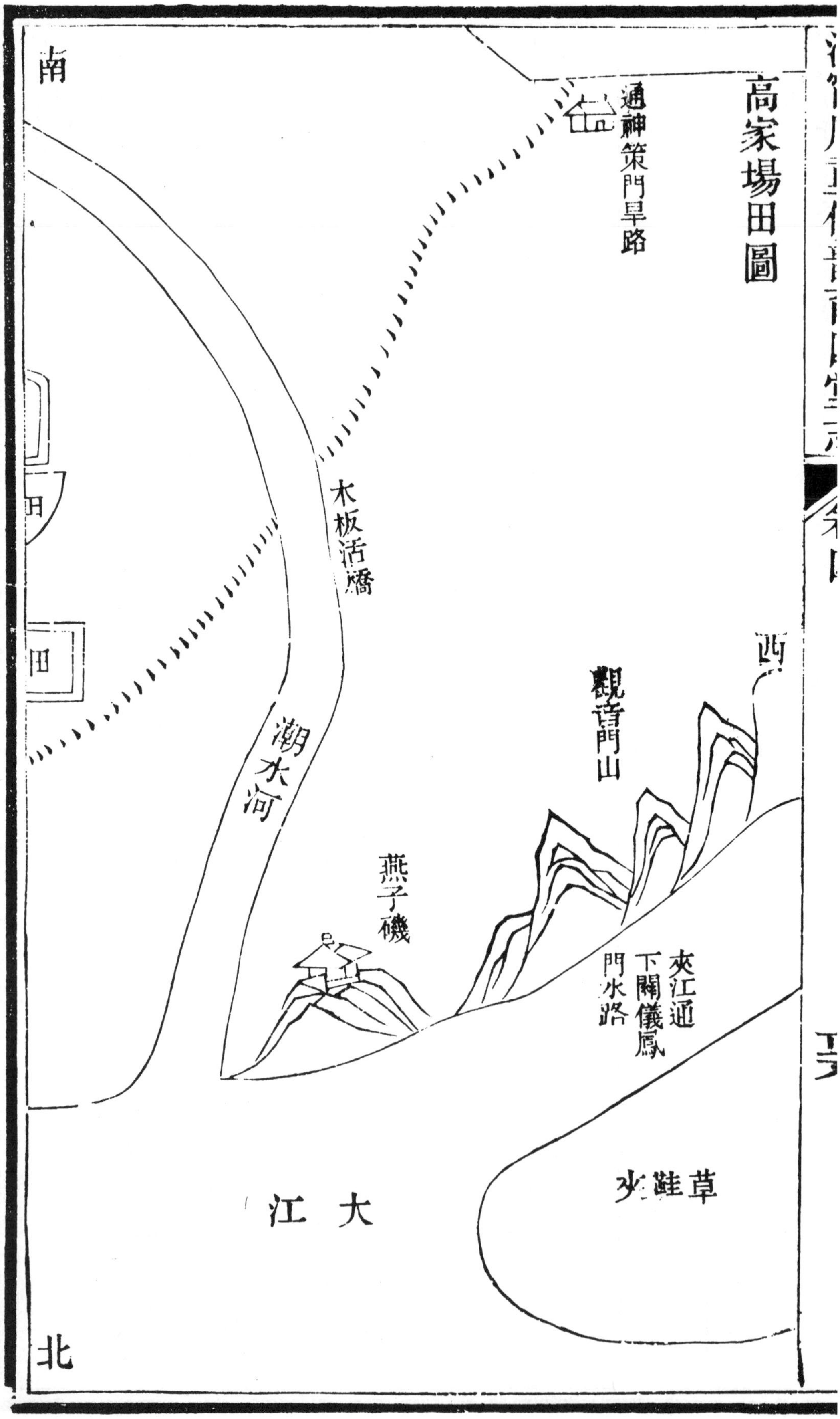

高家場田圖
南
北
西
通神策門旱路
木板活橋
潮水河
觀音門山
燕子磯
夾江通下關儀鳳門水路
大江
草鞋夾

高家場田圖

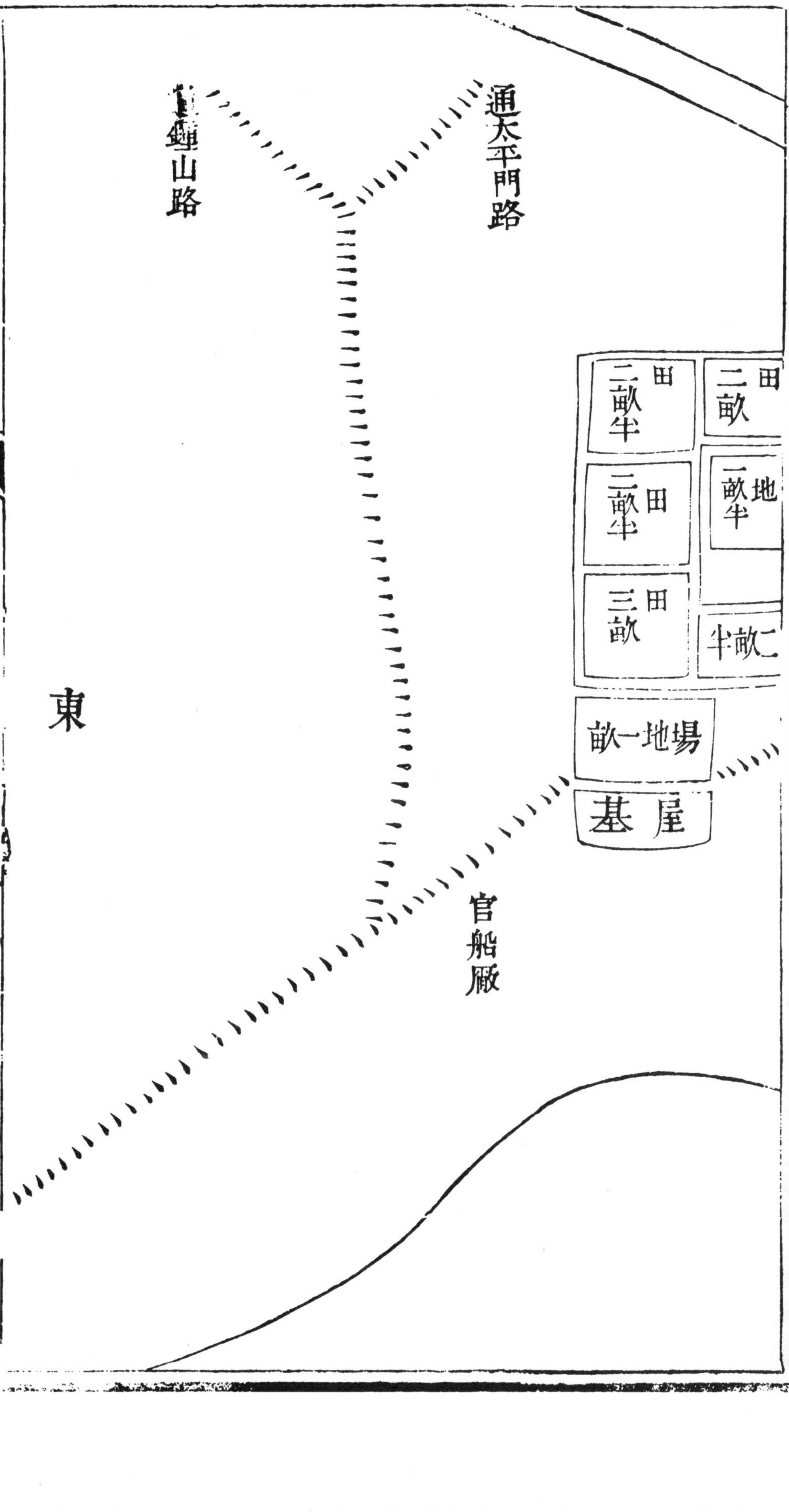
通太平門路
鍾山路
東
官船廠
田二畝半
田二畝
田二畝半
地一畝半
田三畝
二畝半
場地一畝
屋基

仙前莊田圖

江甯縣屬距省城二十五里原田二百五十餘畝同治五年查係莊頭歐啟全領佃十年查得該管荒熟田一百八十四畝八分莊房基二間曬場一塊塘大小四口隨田過水溝一道光緒十二年周經歷鳳來查得熟田九十二畝六分三十六垊荒田九十二畝二分三十四垊現以歐啟全之子世高接佃

仙前莊田圖

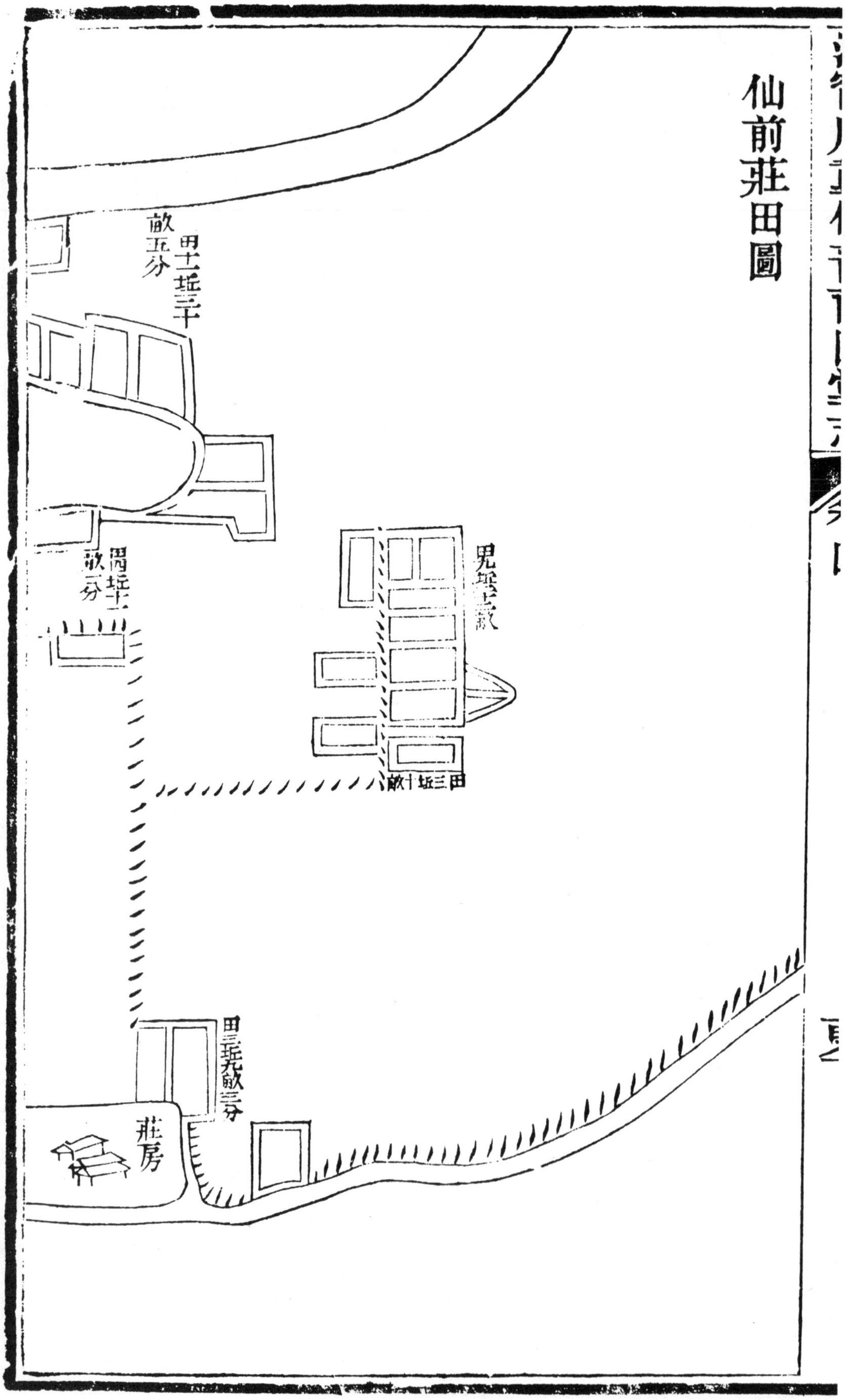

仙前莊田圖

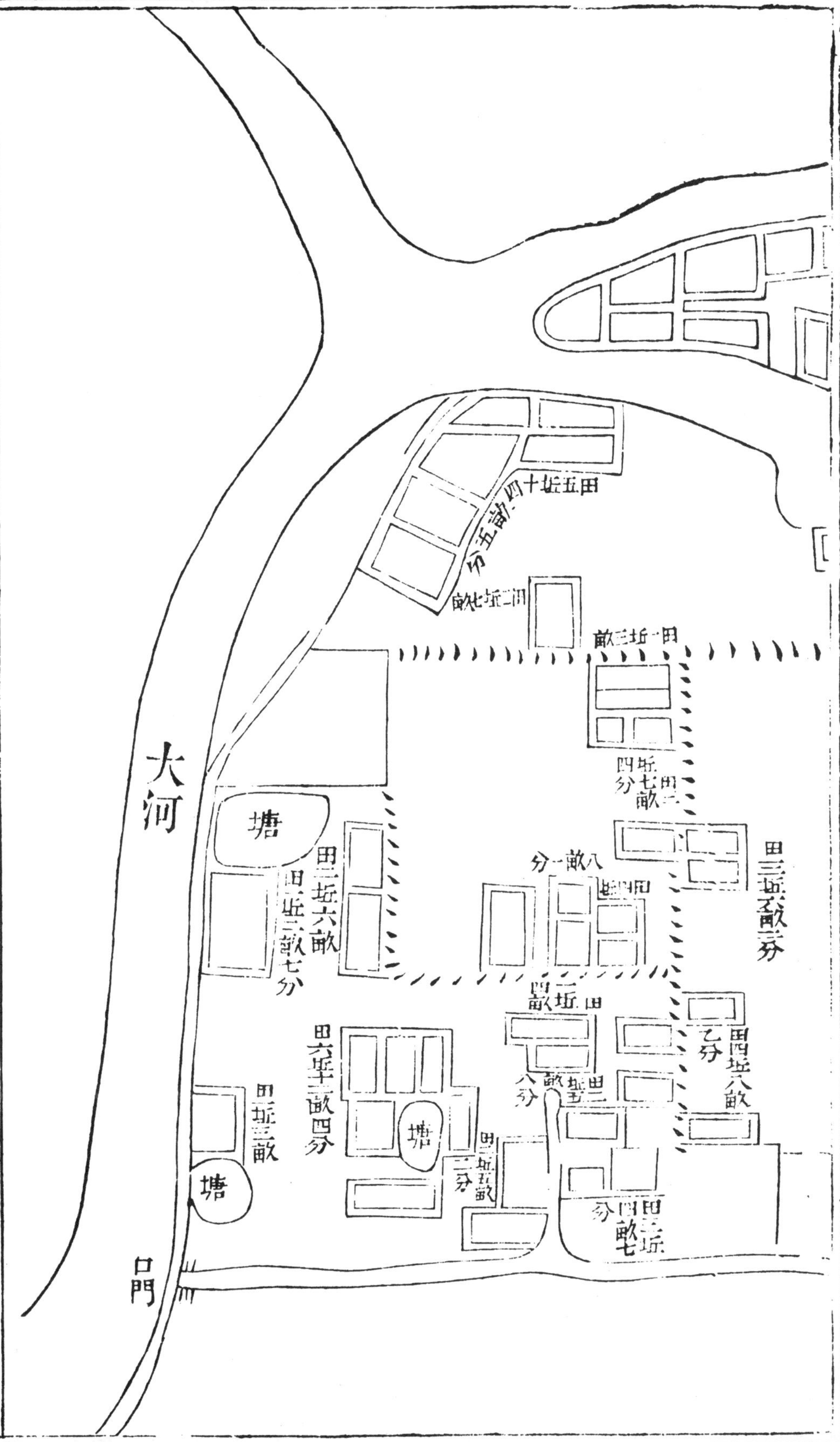

仙後莊田圖

江甯縣屬距省城二十五里同治五年查係莊頭劉開勳領佃十年查得該管荒熟田一百八十九畝四分荒地四畝二分四釐莊房基二十間塘大小八口隨田水溝一道光緒十二年周經歷鳳來查得熟田一百二十九畝九分五十五坵荒田五十八畝五釐三十六坵荒地五畝八分六坵現歸劉開勳之子文友領佃

仙後莊田圖

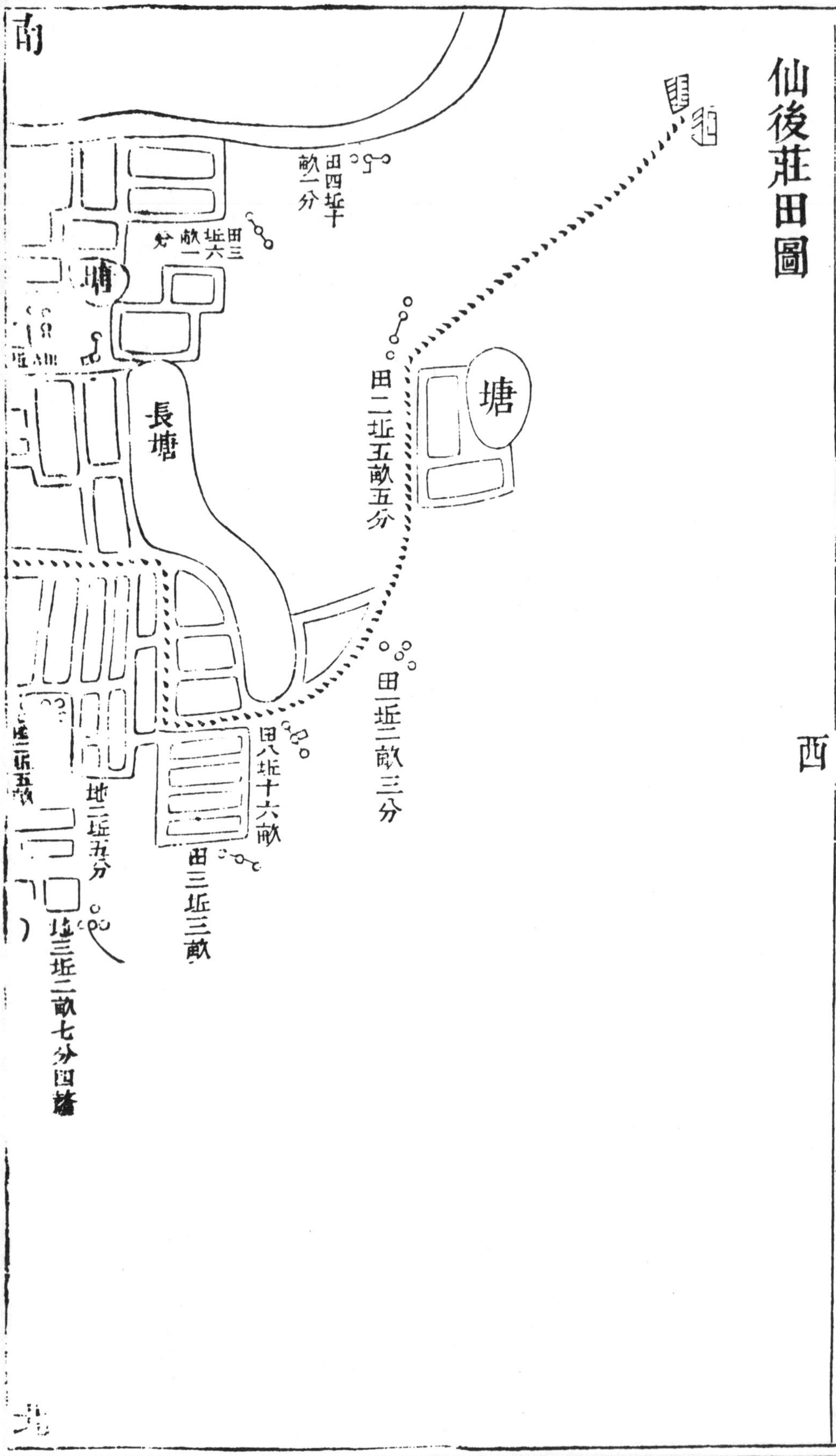
南
田四坵十畝一分
田三坵六畝一分
塘
長塘
塘
田二坵五畝五分
田一坵二畝三分
田八坵十六畝
田三坵三畝
坵二坵五分
坵三坵二畝七分四釐
西
北

仙後莊田圖

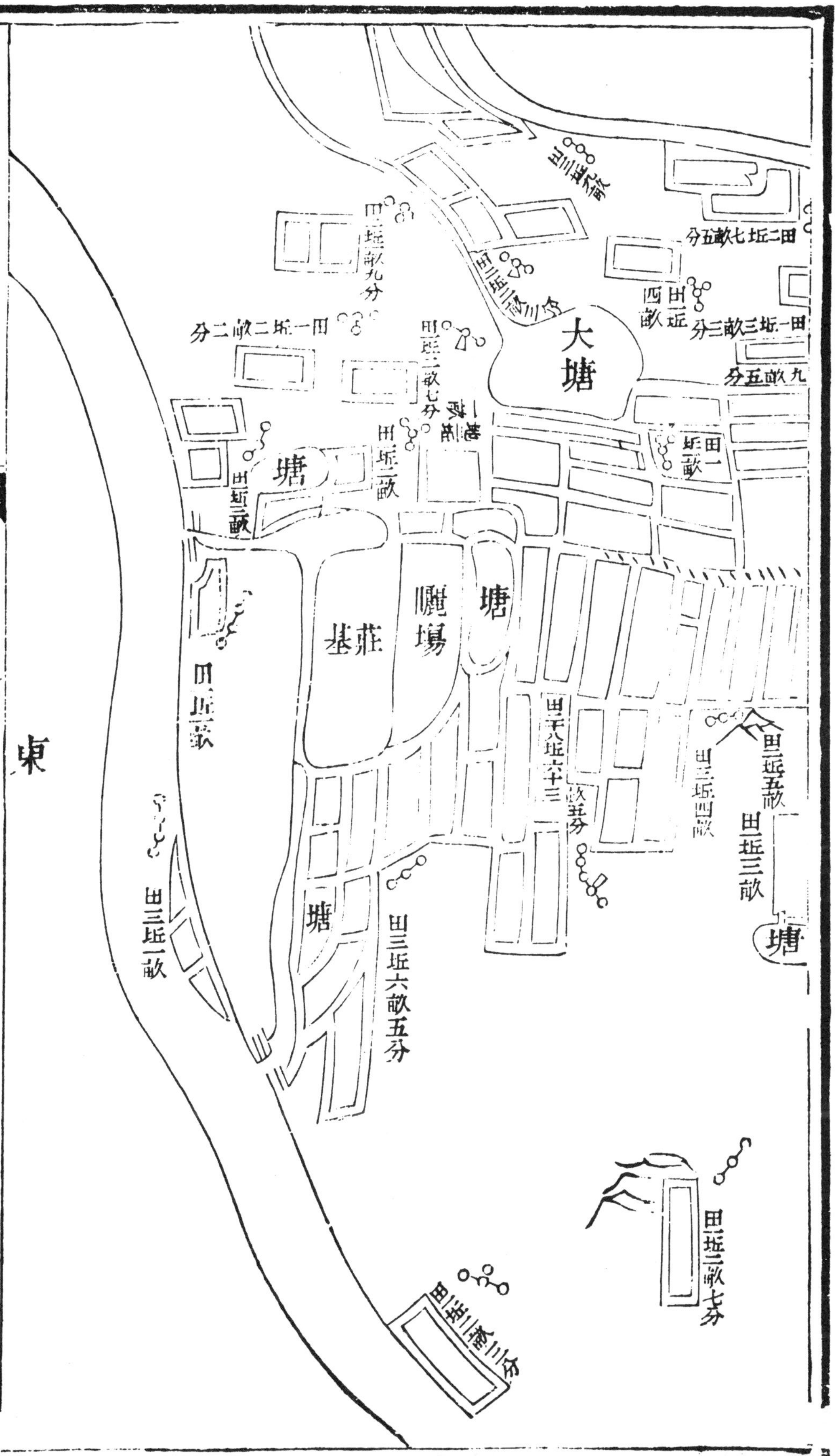
大塘
塘
莊基
曬場
東
田二坵七畝五分
田一坵二畝二分
田一坵三畝三分
田三坵一畝
田三坵六畝五分
田三坵四畝
田一坵三畝

東陽圩田圖

上元縣崇禮鄉距省城五十里原係罕姓産業同治五年莊頭宗啟廣禀稱罕姓亂後未歸請充堂産原田七十畝二十一坵仍歸宗啟廣承佃領修圩椿木錢二千八百文六年領墾費錢六千文又領修圩費錢二千八百文領水車一部折洋十五員査得實在熟田六十七畝三分二十五坵荒田二畝七分二坵莊基二間曬場一塊塘大小二口閘涵過水溝公用公修光緒十二年周經歷鳳來査得熟田五十三畝一分十五坵新墾田六畝三坵荒田十畝九分莊頭宗啟廣之甥郭宗盛接佃

東陽新圩圖

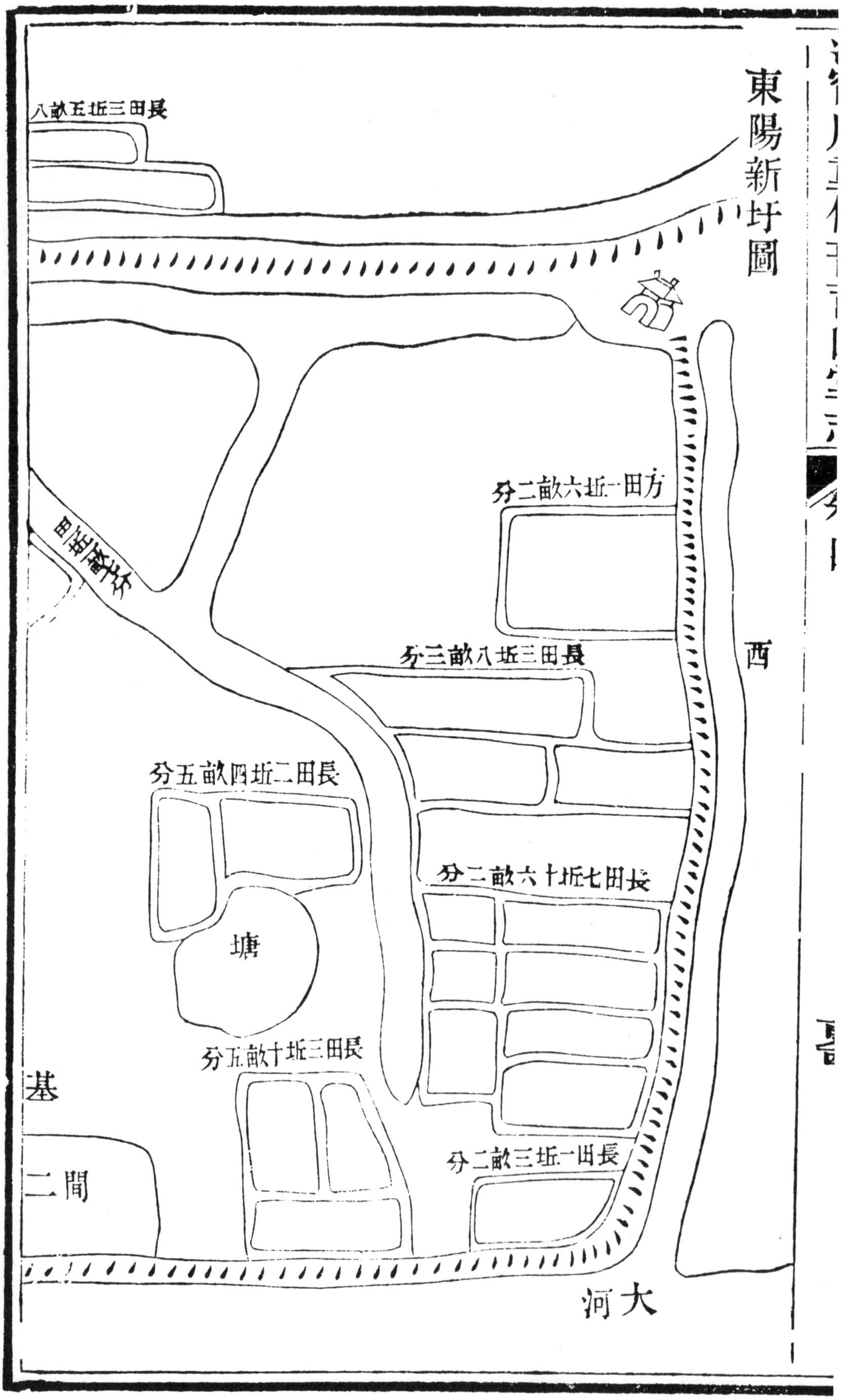
長田三坵五畝八
方田一坵六畝二分
長田三坵八畝三分
西
長田二坵四畝五分
長田七坵十六畝二分
塘
長田三坵十畝五分
基
二間
長田一坵三畝二分
大河

江甯府重修普育四堂志　卷四　東陽圩田圖

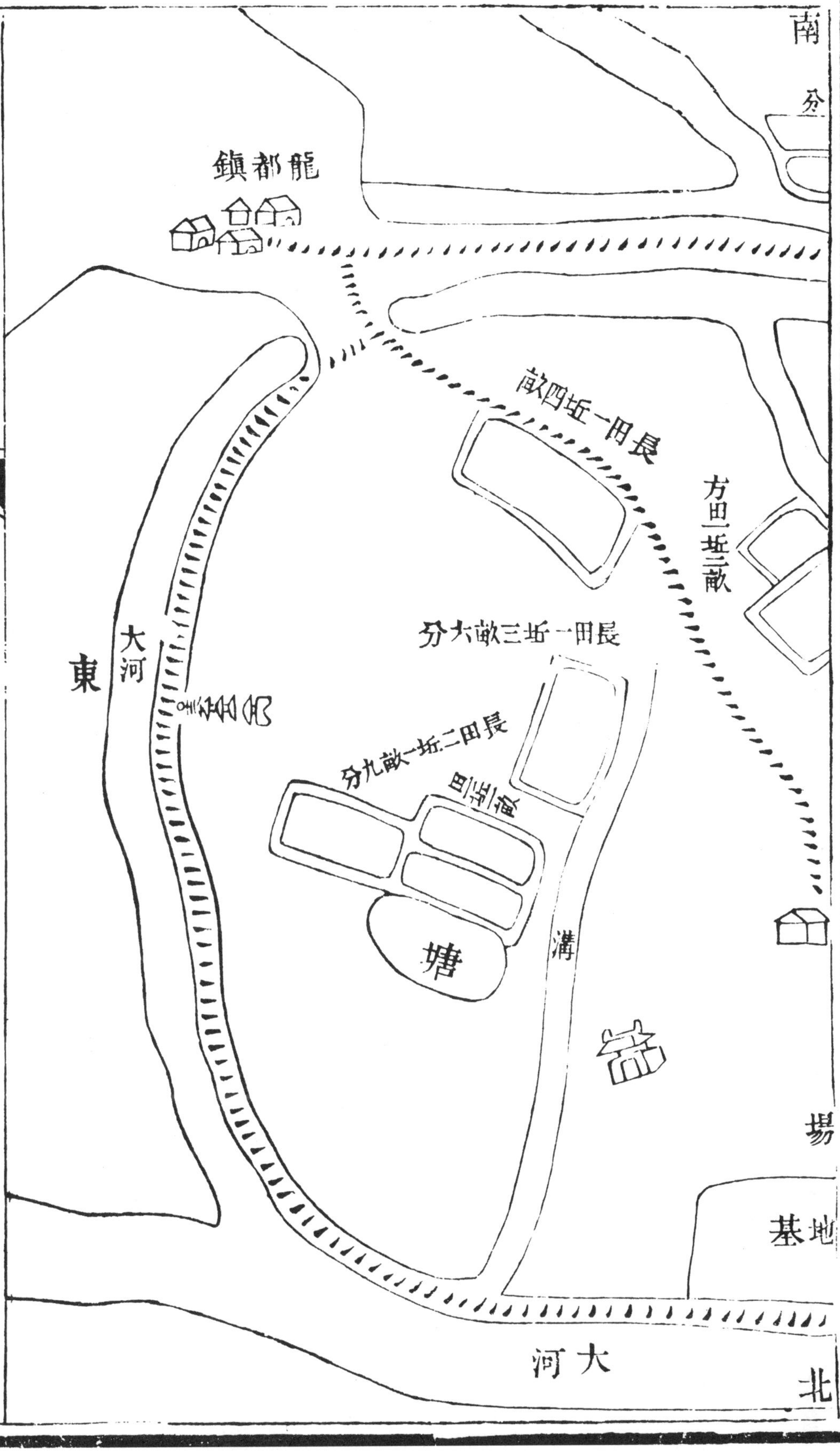

三

沙洲圩典牧所田圖

江甯縣屬距省城十五里同治五年查係莊頭方汞年領佃六年給水車一部折洋六員給墾費錢四千五百文又領修造莊房木料開墾荒田三十九畝十年查得熟田三十五畝五分十二坵　荒田三十三畝九坵　熟地十二畝三坵　光緒十二年周經歷鳳來查得畝數無異惟熟地復荒六畝

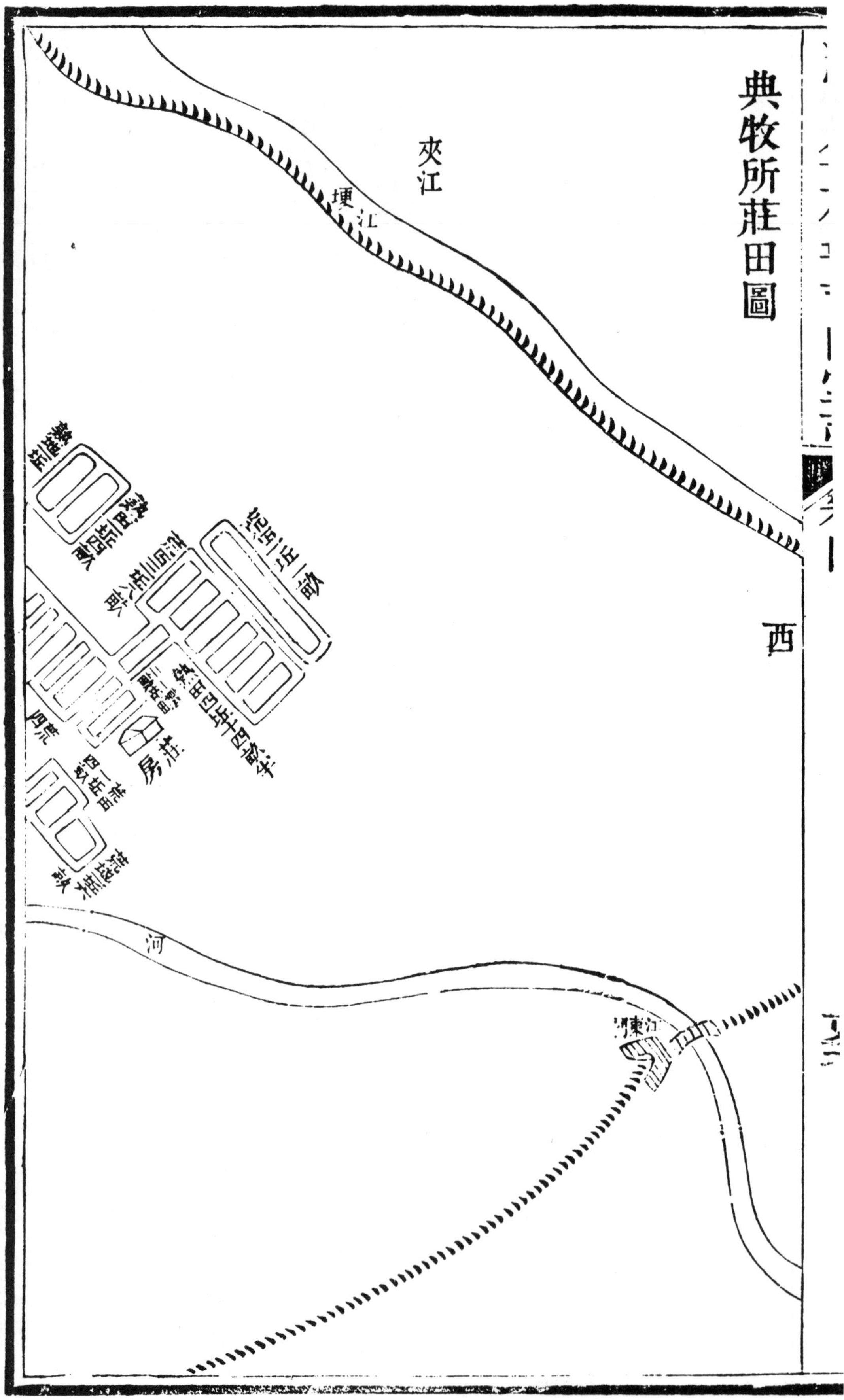
典牧所莊田圖
夾江
江埂
西
河
莊房
熟田四坵十四畝半
江東門

江甯府重修普育四堂志 卷四 典牧所田圖

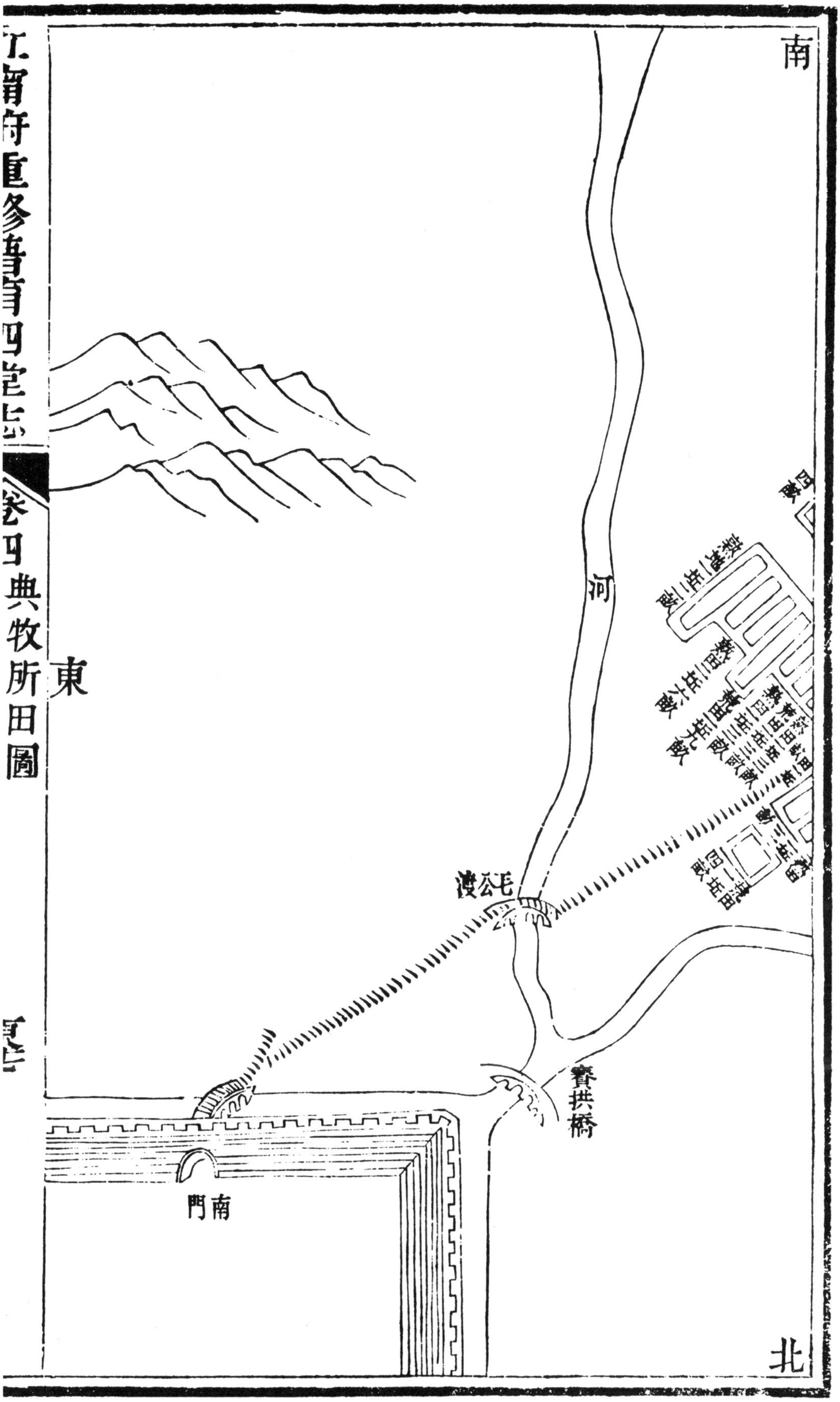

下關寶塔橋田圖

上元縣金川門外距省城二十里同治七年丁楊氏充歸堂產原田四十八畝方魚塘一口三叉塘一口柴洲一塊莊頭金得永領佃八年領修圩費錢四千二百文領修圩內埂費錢七千八百七十五文光緒十二年周經歷鳳來查得該田全荒水深草長

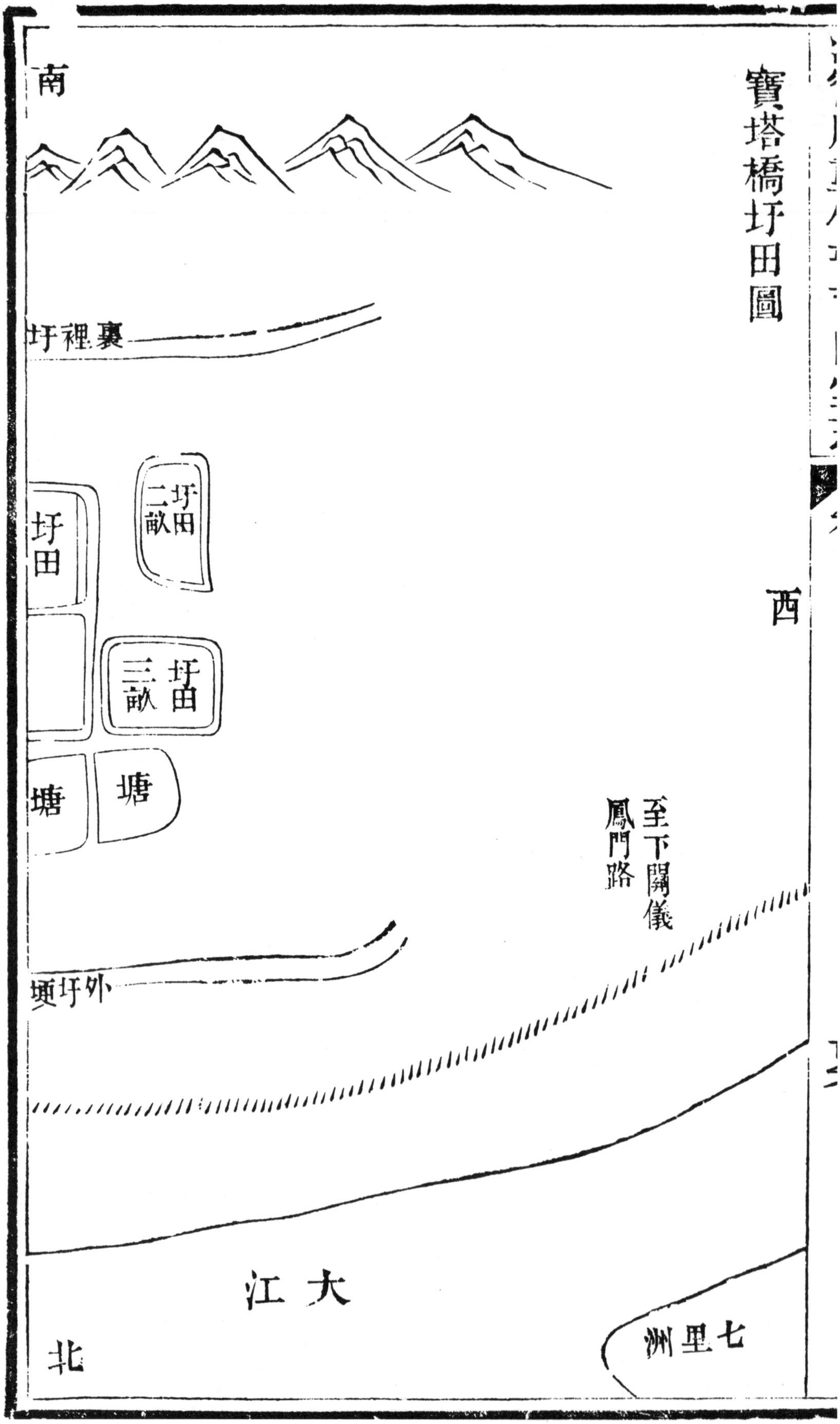
寶塔橋圩田圖
南
西
北
裏裡圩
圩田
圩田二畝
圩田三畝
塘
塘
至下關儀鳳門路
外圩埂
大江
七里洲

寶塔橋圩田圖

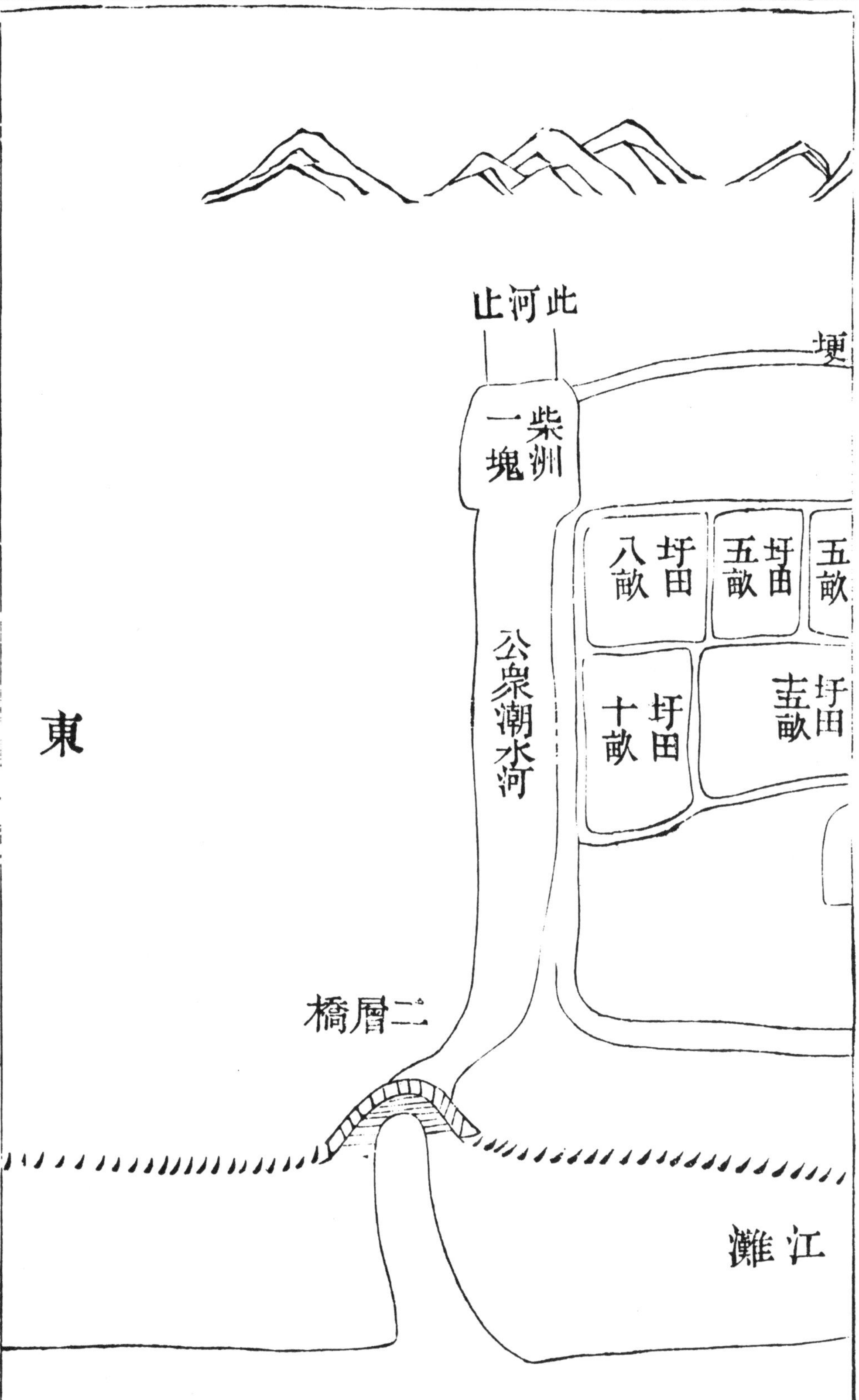

清涼菴莊田圖

上元縣洪武門外距省城七里同治七年查出招吳文林領佃光緒十二年周經歷鳳來查得熟田二十四畝六分二十四坵熟地二十七畝五分十三坵荒地三畝四分一坵

莊頭吳文林李宏順領佃

清涼菴中莊田圖

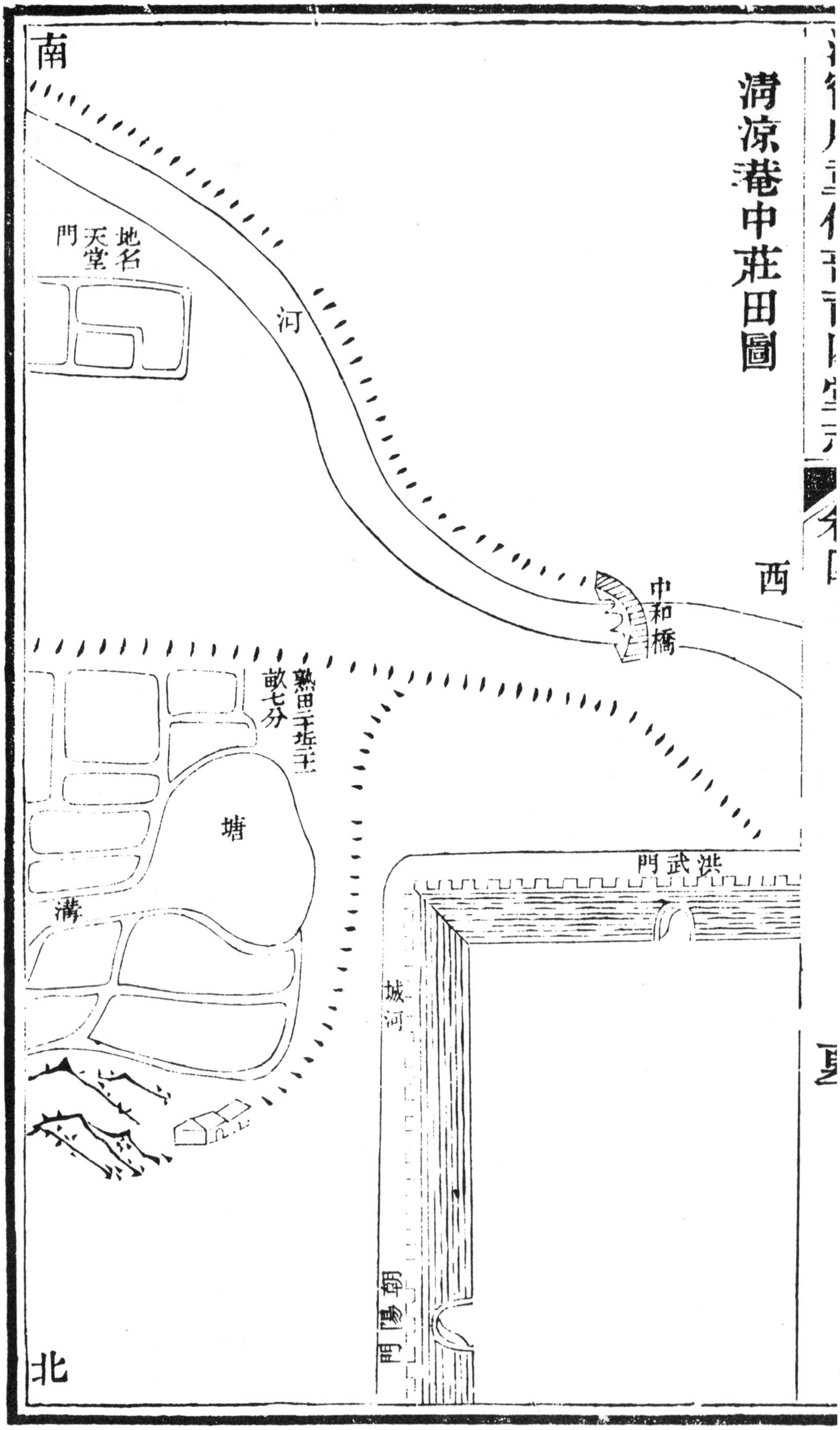

南
北
西
東
地名天堂門
河
中和橋
熟田三十五畝七分
塘
溝
洪武門
城河
朝陽門

清涼菴莊田圖

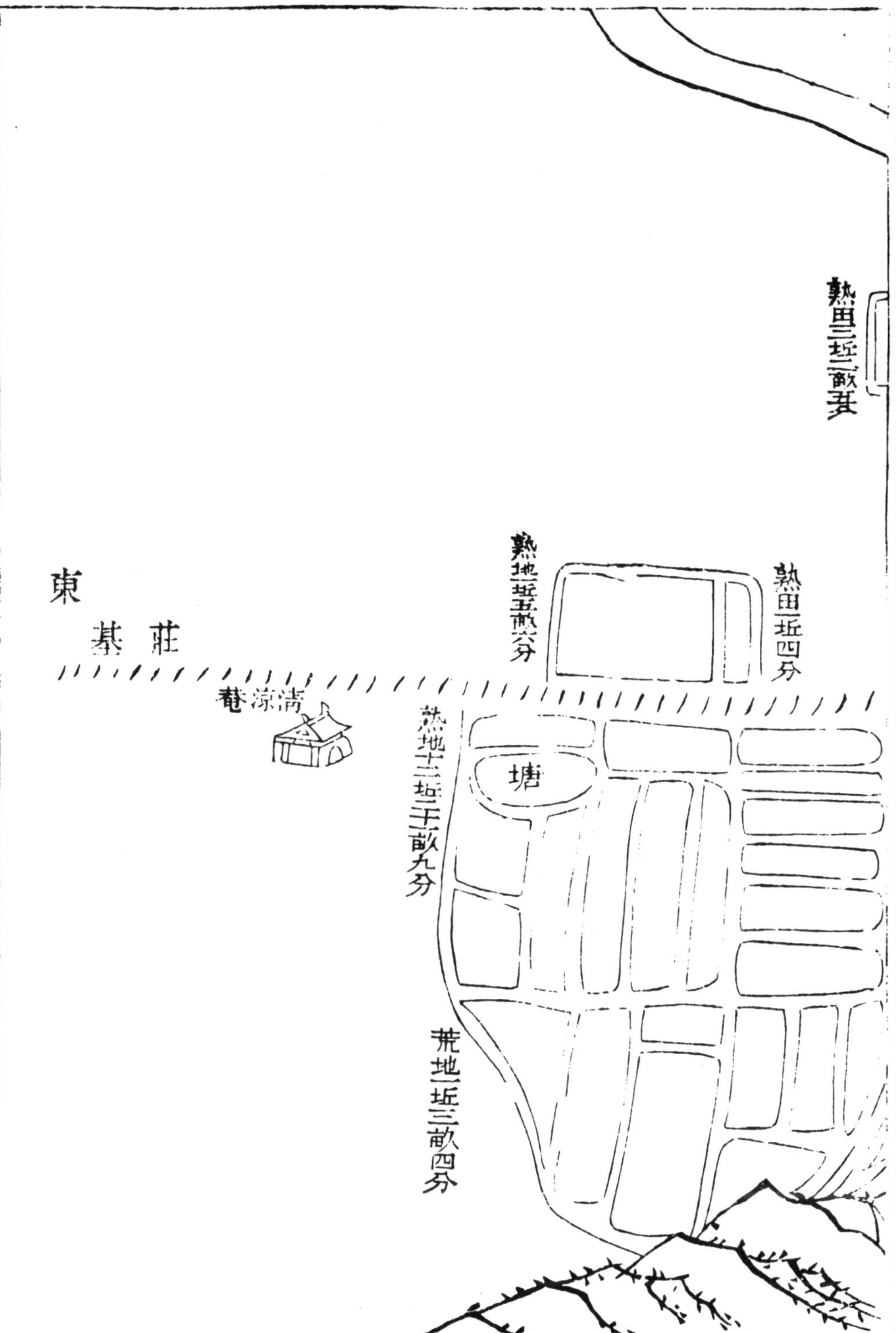

教廠口田圖

上元縣屬朝陽門外教廠口莊田一業離省城七里同治九年查得熟田二十四畝計七坵地十二畝五分計五坵莊房基地二塊計二間莊頭朱有盛領佃光緒十二年周經歷鳳來覆查無異

教厰口莊田圖

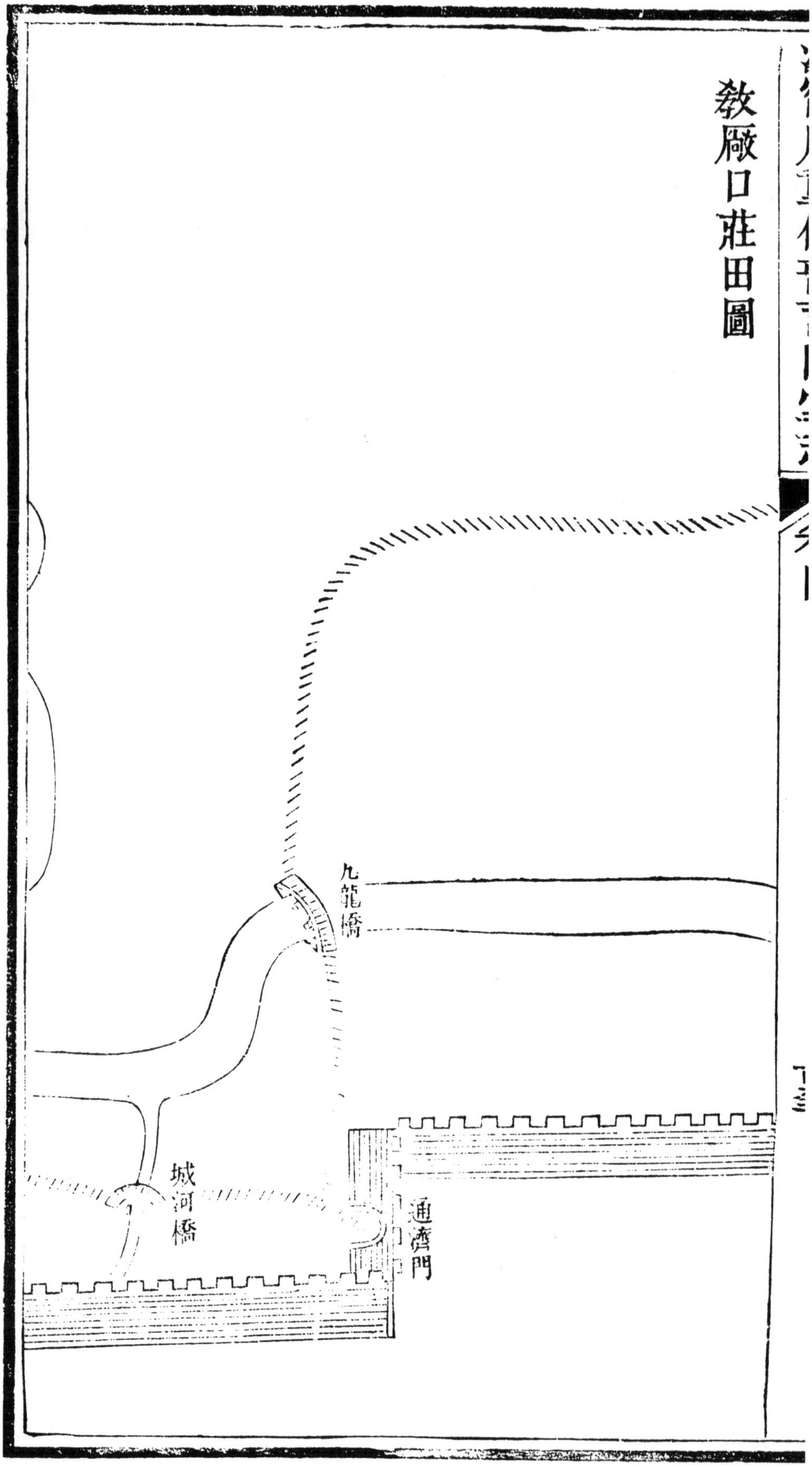

江甯府重修普育四堂志

卷四 教廠口田圖

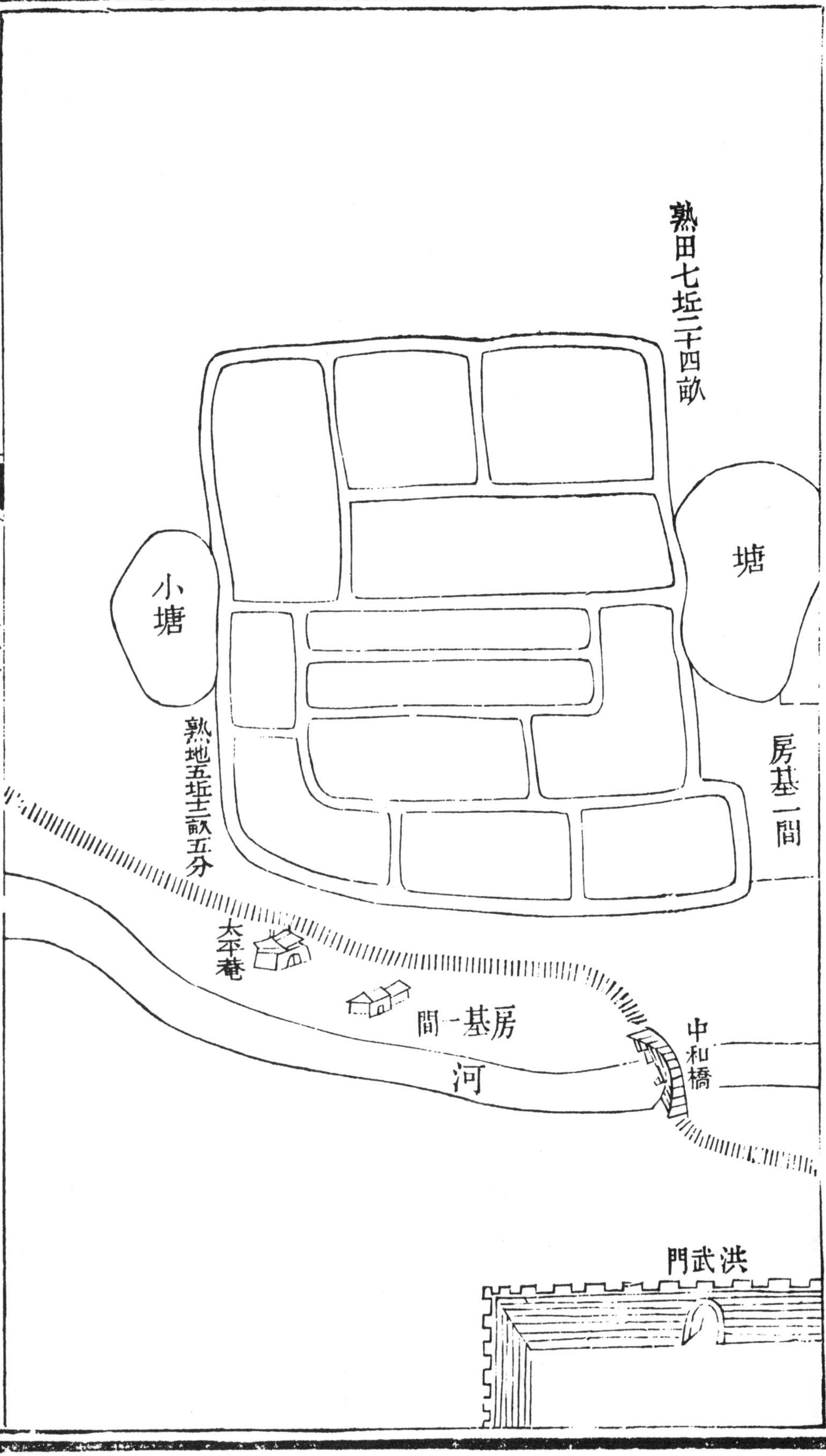

百三

青馬羣大莊田圖

上元縣朝陽門外仙鶴門內同治九年用正價湘平銀三百一兩五錢六分置買賀文蔚本莊與林家莊產業查勘得本莊熟田二十六畝二分十四坵荒田四畝七分三坵荒地一畝一分二坵光緒十二年周經歷鳳來覆查無異係吳金海楊家旺二人領佃

青馬羣大莊田圖

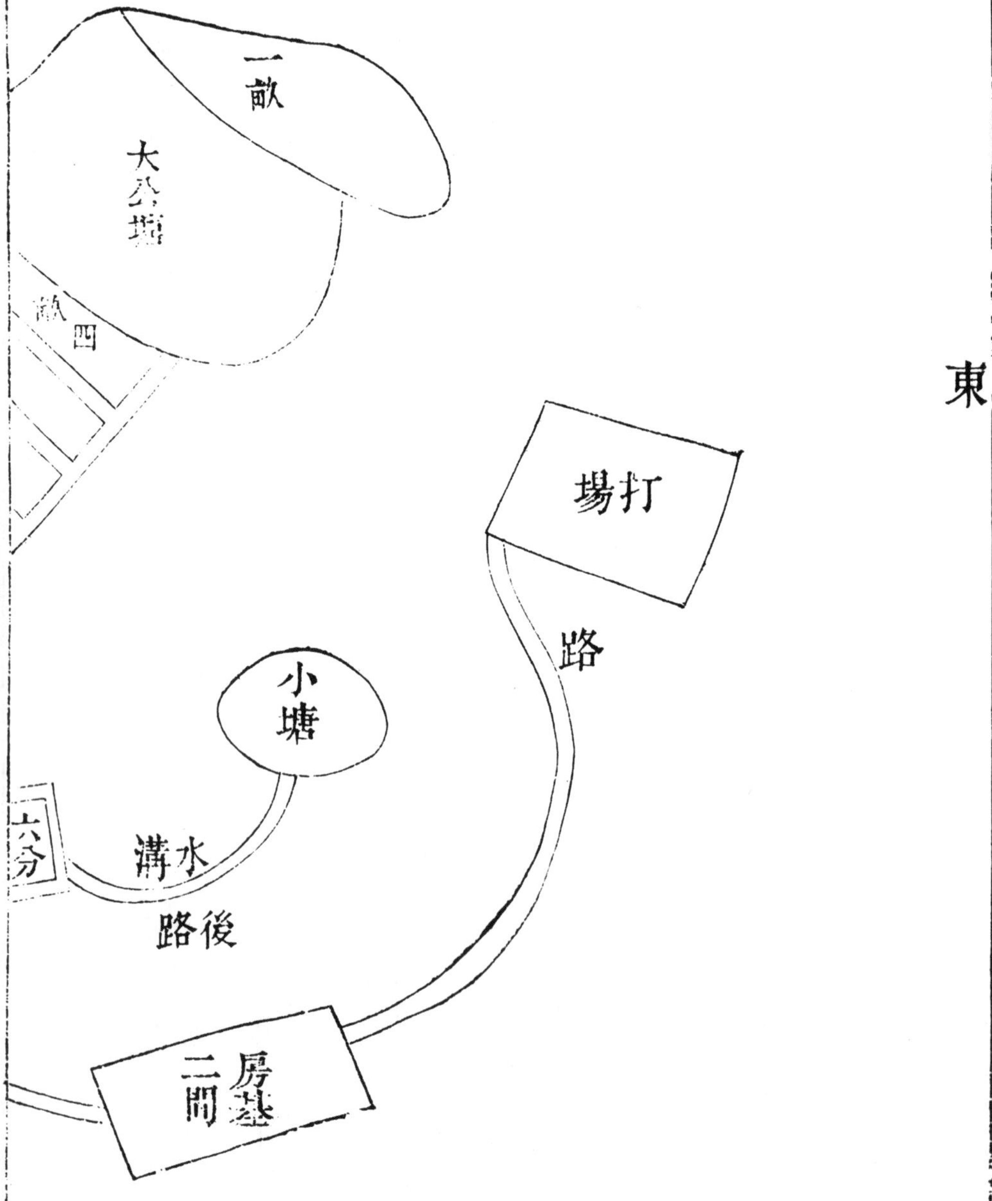

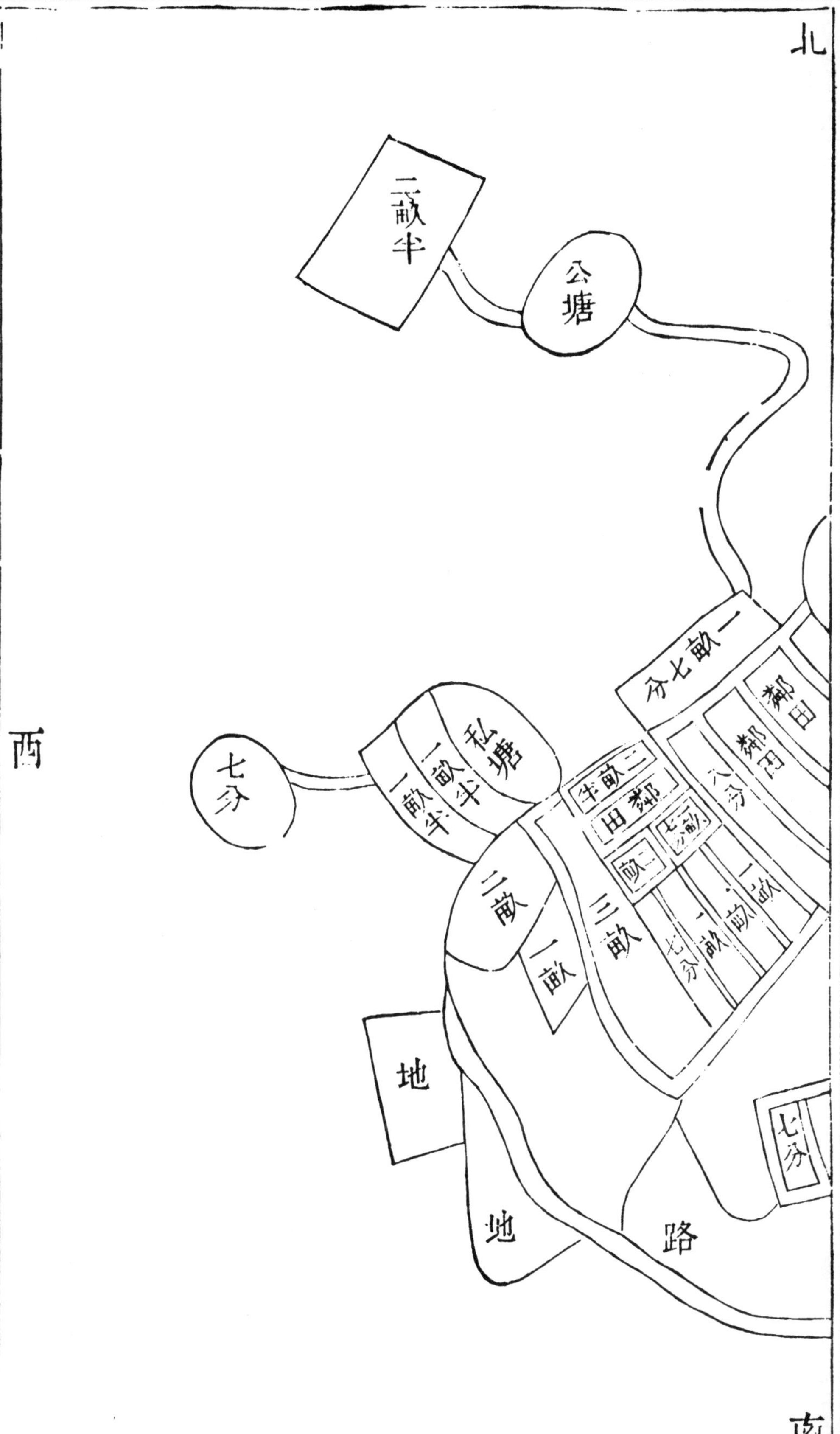
北
西
南
二畝半
公塘
一畝七分
鄰田
鄰田
八分
私塘
一畝半
一畝半
七分
二畝半
鄰田
七分
一畝
二畝
一畝
三畝
一畝
一畝
七分
地
七分
地
路

契載林家莊圖後

青馬羣林家莊田圖

上元縣朝陽門外仙鶴門內同治九年用正價湘平銀三百一兩五錢六分置買賀交蔚本莊與大莊產業查勘得本莊熟田二十六畝三分十二坵荒田十一畝四分九坵荒地八畝光緒十二年周經歷鳳來查得莊頭楊景祥領佃熟田二十六畝三分十三坵新開田三畝三坵荒田八畝四分七坵荒地八畝八坵莊基一塊曬場一塊其新開田未領墾費言定十三年起租

青馬羣林家莊田圖 距大莊一里

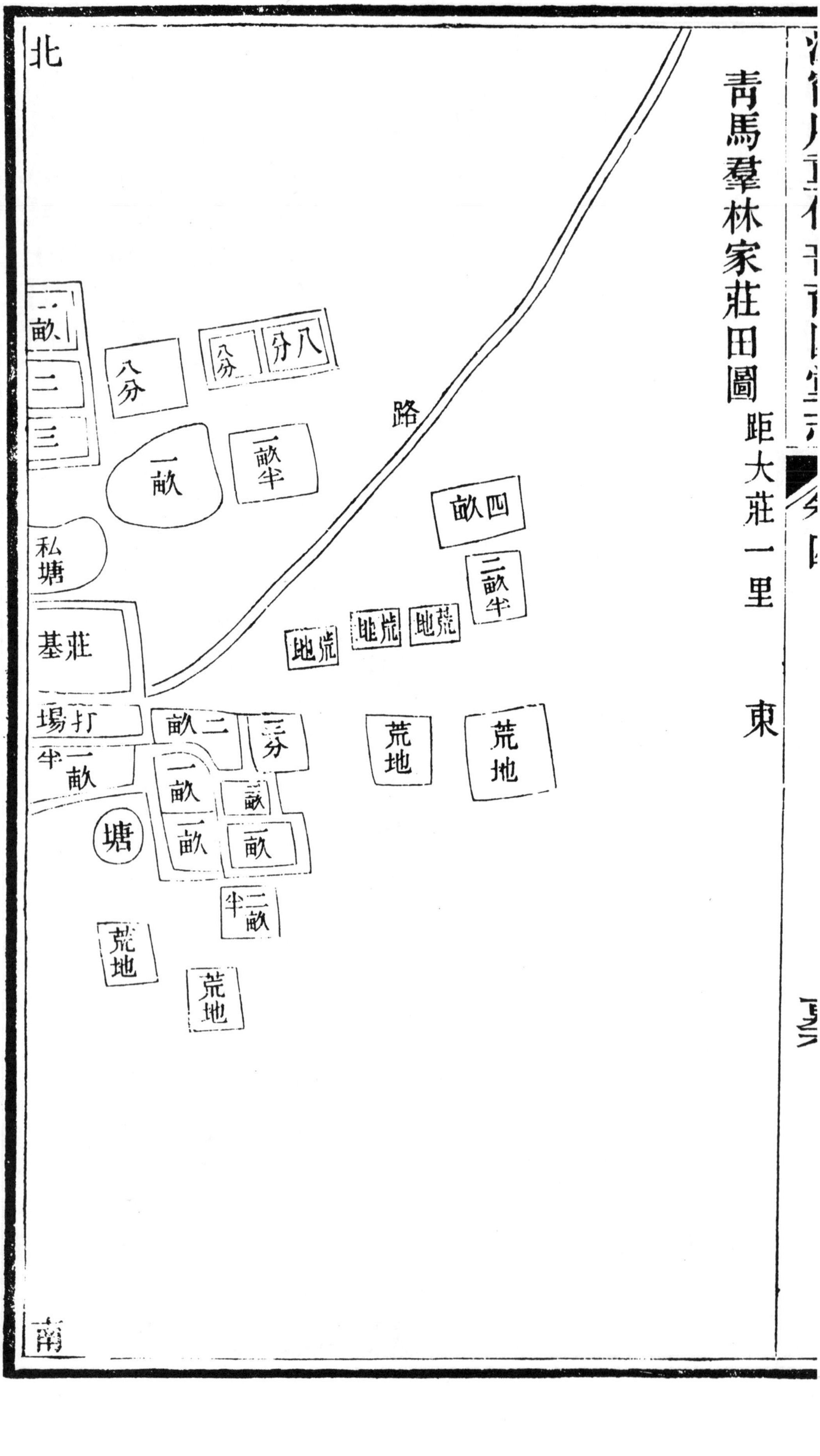

林家莊田圖

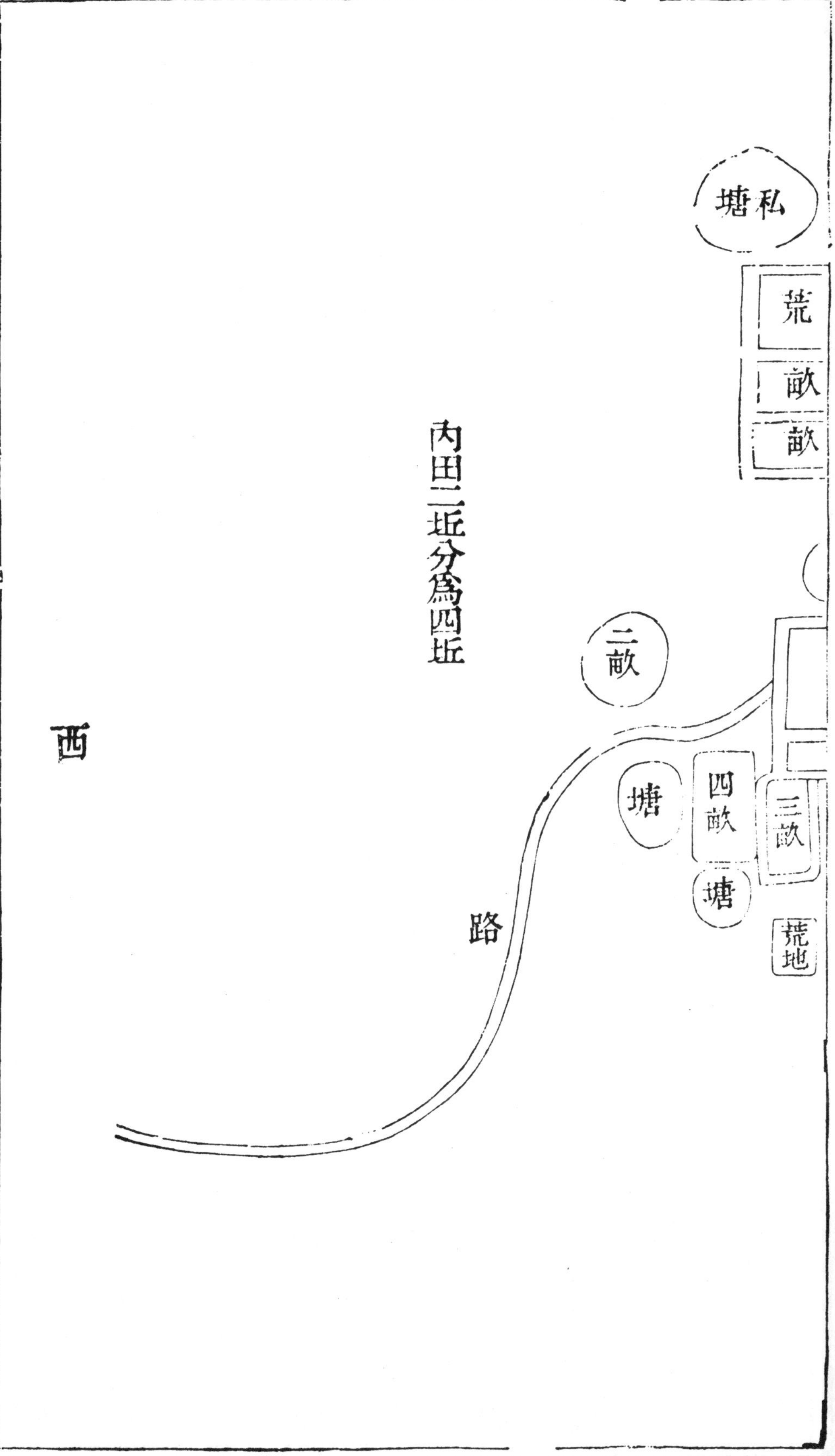

立杜絶賣山田塘地房基文契賀文蔚同姪玉霖今將祖遺原買田地一業坐落江甯府上元縣朝陽門外靑馬羣地方計大莊田二十一坵共三十畝九分地二坵共一畝一分公塘三面私塘一面房基二間打場一方又林家莊田二十三坵共三十七畝七分地八坵共八畝公塘四面私塘兩面房基八間打場一方統共計田六十八畝八分地九畝一分隨田埂隨產交代近因正用通家商議明白央託中友說合自情願將此田地寸土寸草不留憑中牙立契出杜絶賣與普育堂名下永遠執業當日三面言明本房基田地照得時估値得受曹平八五兌紋銀三百四十七兩六錢八分整其銀卽日契下一平兌淸賣主憑衆親手收楚毫釐不少銀契兩交明白此田自賣之後聽憑買主收割照例

完納錢糧永遠執業

再者每年上下忙照草場苜蓿完納批明又照

同治九年三月　　日立杜絶賣山田塘地房基文契賀文蔚同姪玉霖弟子

安憑中朱柳臣弟仲餘

洪家莊田圖

上元縣太平門外象房老軍鄉利字舖原田一百六畝地十畝八分係上元附生馮樹滋祖遺產業除劈賣出田五十畝外升科一畝熟地八畝實在田五十六畝地二畝八分於同治五年典與王廣海執業十二年三月馮樹滋與王廣海稟請充歸堂產比委張理問性淵查勘得熟田五十畝十九坵內有塘五分秧田五分無租實在熟田四十九畝十九坵荒田六畝三坵熟地八分一坵荒地二畝一坵草莊房九間水車兩部石磙三條莊頭楊春林領佃光緒十二年王令際盛周經歷鳳來先後覆查田地無異惟莊房現存四間

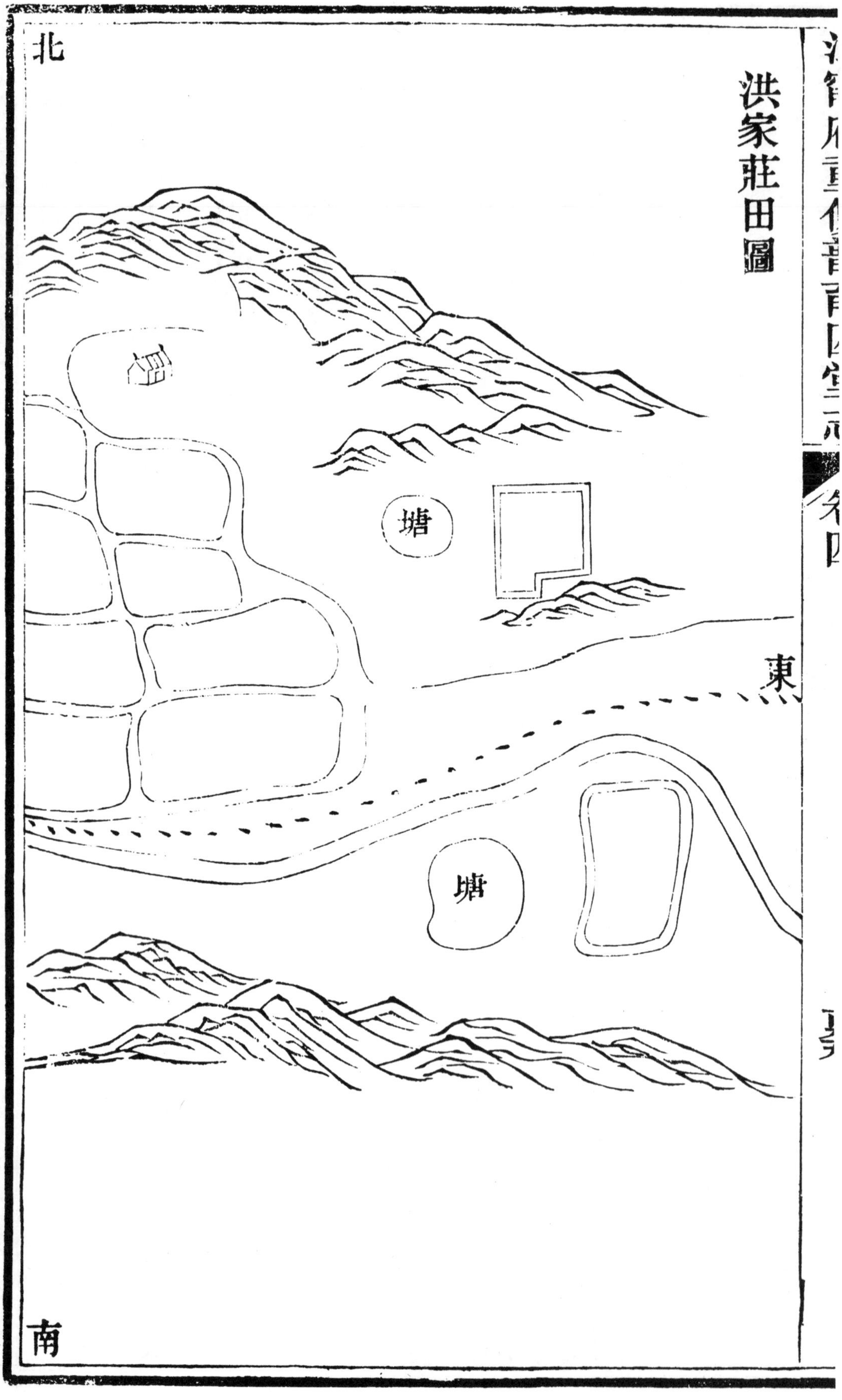
洪家莊田圖
北
東
南
塘
塘

洪家莊老契

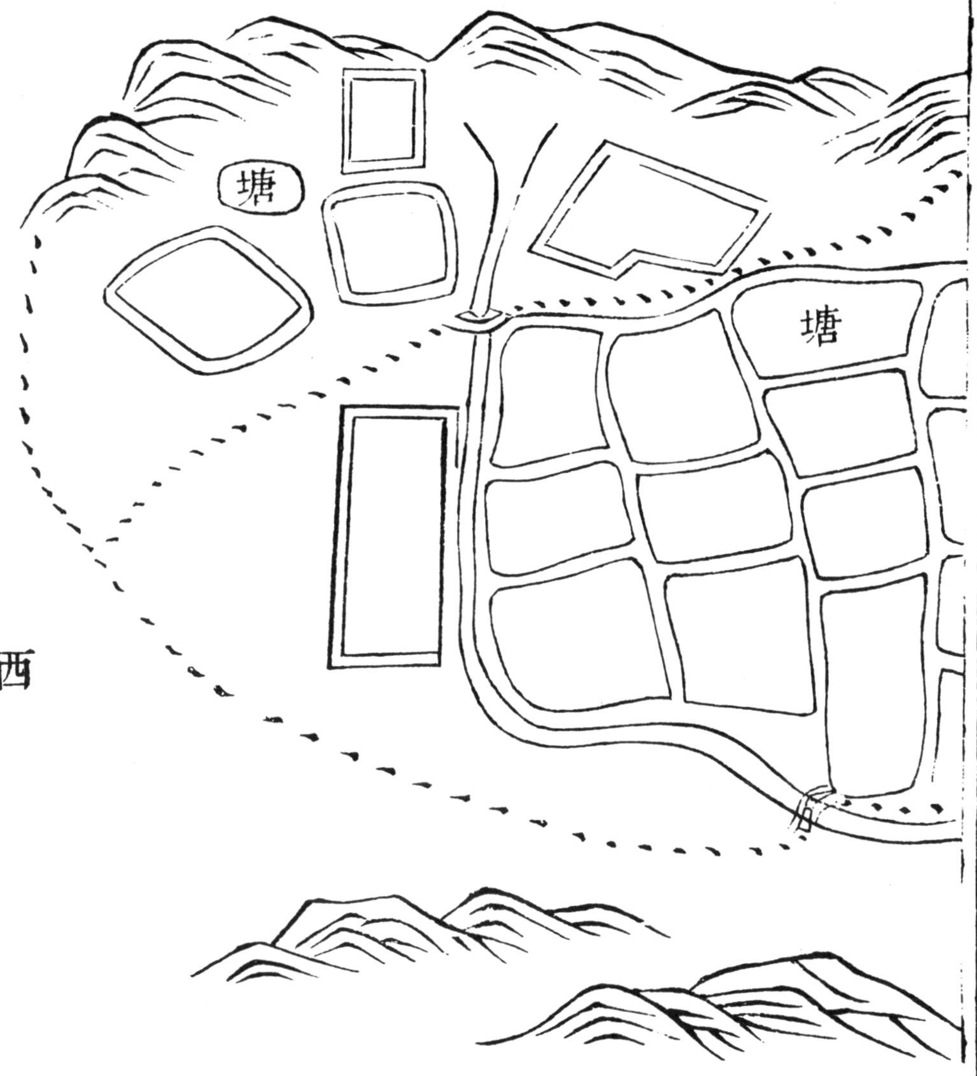

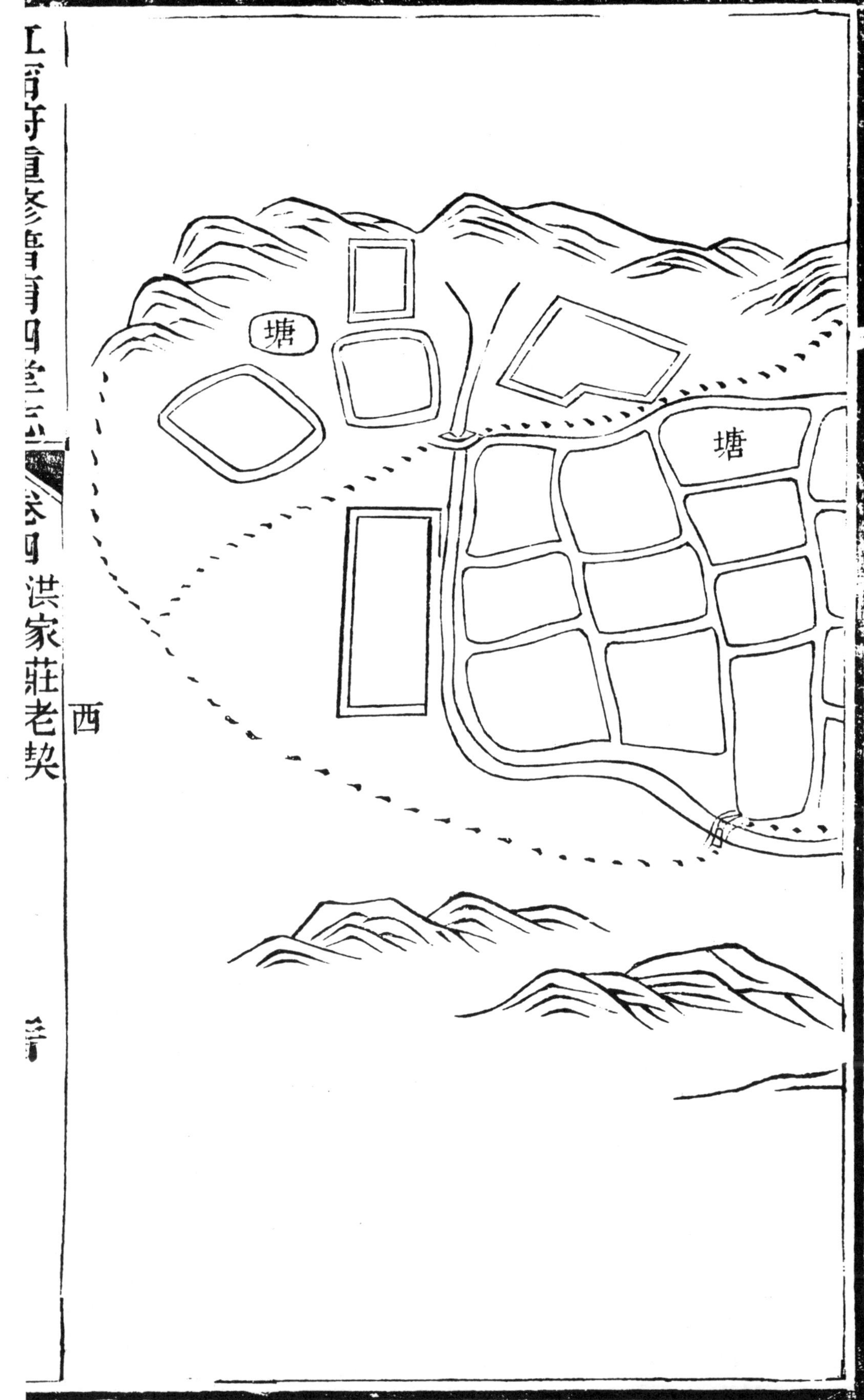

立典當田莊打場石磙基地文契人馮碩夫同子育之姪孫潤卿今有祖遺田莊一業坐落神策門外老軍鄉利字鋪土名洪家莊地方民田二十二坵計稅五十六畝其秧田在內地二坵計稅二畝八分已塘二面官塘一面車埠水利仍照前例打場一方自用石磙一條自用基地兩進九間今因正用乏需通家商議明白央託中友說合自情願憑中指交明白寸土不留埂丈隨田憑中牙出筆典到與王名下執業耕種爲主當日憑中三面言明土逢時値得受典價曹平京紋銀二百三十兩整其銀卽日契下一平兌足出筆人親手收受毫釐不欠憑中銀契兩交契明價足其田言明四年八季爲滿銀到回贖典靑贖靑自典之後交犁過耙聽憑受主招佃耕種收租完納並無阻滯此係允典服受

並無債準逼勒等情倘有親族上業家務人等爭論以及重複典當質押一切
葛藤不清之事俱係出筆人一力承當與受主毫無干涉倘有起蓋莊房之費
俟回贖之日照認無辭此係兩相情願各無異說今欲有憑立此典契存照
本年十二月二十四日憑原中人議加典曹平京紋銀一百兩整接後批明
存照又王姓起蓋五架梁草房五間計銀三十六兩整同治七年四月間加
典曹平京紋銀五十兩整回贖時同價一併凊還此據
計開四至
東至山邊南至大路西至山邊北至陳宅田埂爲界
同治五年七月二十六日立典當田莊打場石地石磙文契人馮碩夫同子育

之姪孫潤卿族鏡余憑中翁理堂李懷清王聚祿翁惠堂

王家莊田圖

江甯縣屬土名水橋莊在趙富岡南首距省城六十里同治五年查係莊頭吳宗林領佃八年領去新造水車兩部價洋三十元十年查得該莊房地基一塊曬場一塊實在熟田一百九十三畝一分九釐一百五坵荒田十一畝九分四釐十坵熟地二畝四分二坵荒地四畝二分四坵塘大小七口內一口與鄰田公用過水溝河道隨田灌漑光緒十二年周經歷鳳來查得熟田一百九十三畝五分四釐一百五坵新墾十畝八坵荒田四畝四坵荒地四畝一分九釐四坵

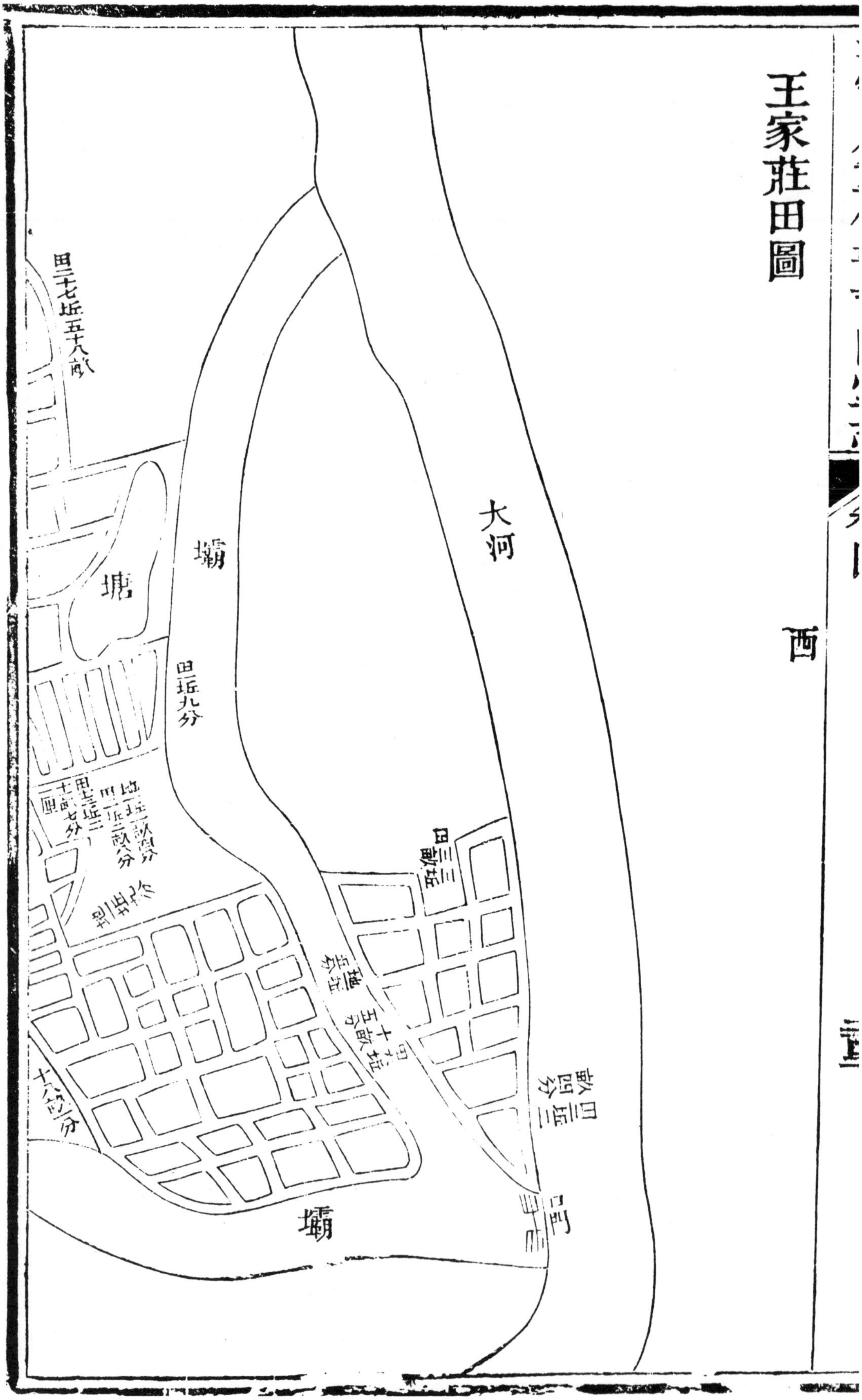
王家莊田圖
大河
西
壩
塘
壩
田二十七坵五十八畝
田一坵九分
田三十坵三畝四分

王家莊田圖

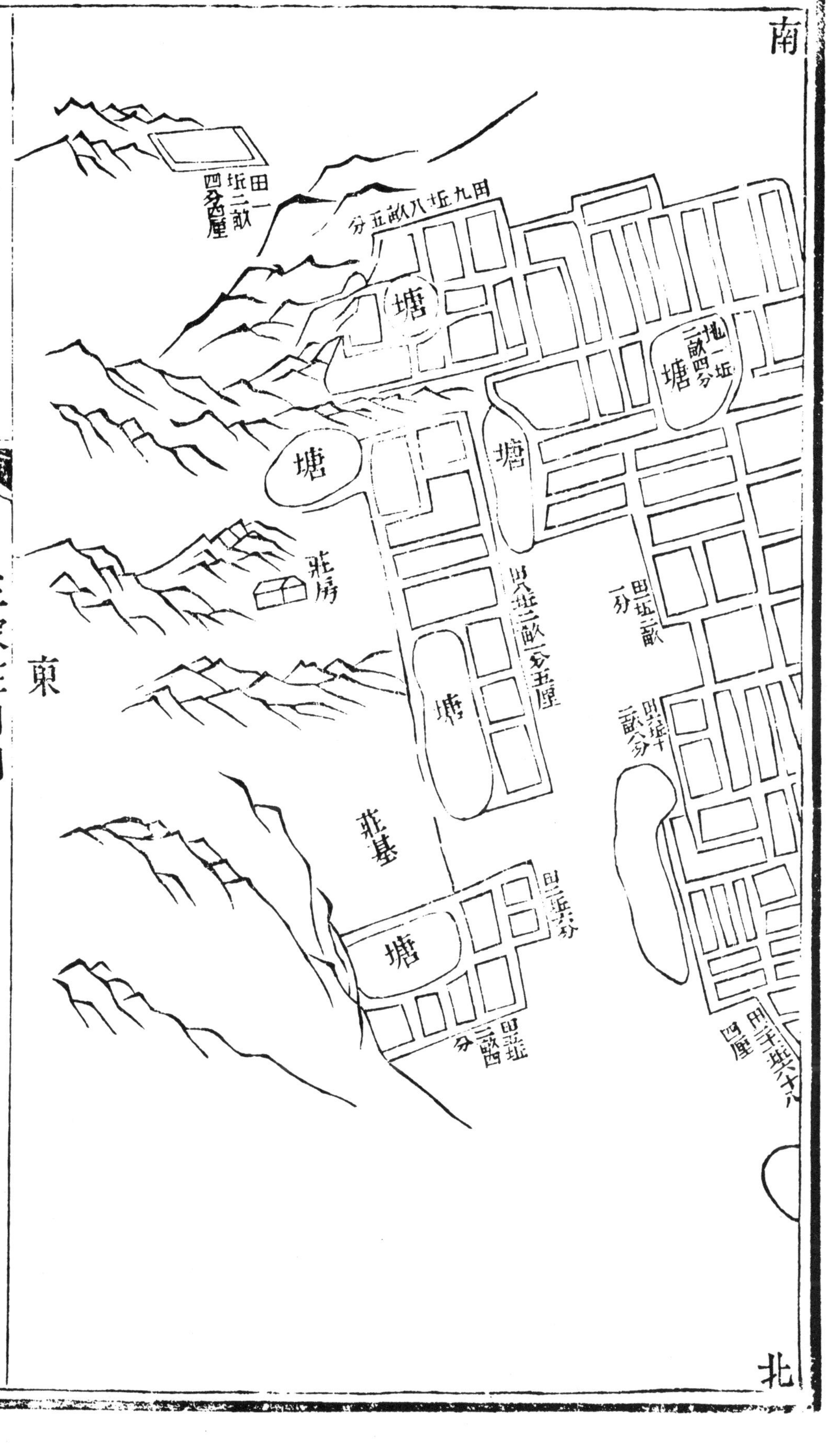

殷巷莊田圖

江甯縣屬距省城三十里原田三百餘畝同治五年查出二百六十五畝八分計百三十一坵瓦莊房二間莊頭張忠恕領佃給蓋屋洋二元七年給墾費錢三千文又給修屋費洋四元光緒十二年周經歷鳳來查得熟田一百五十畝二分五十九坵新墾田十九畝八坵老荒田地一百二十七畝八分現張孝順接佃

殷巷莊田圖

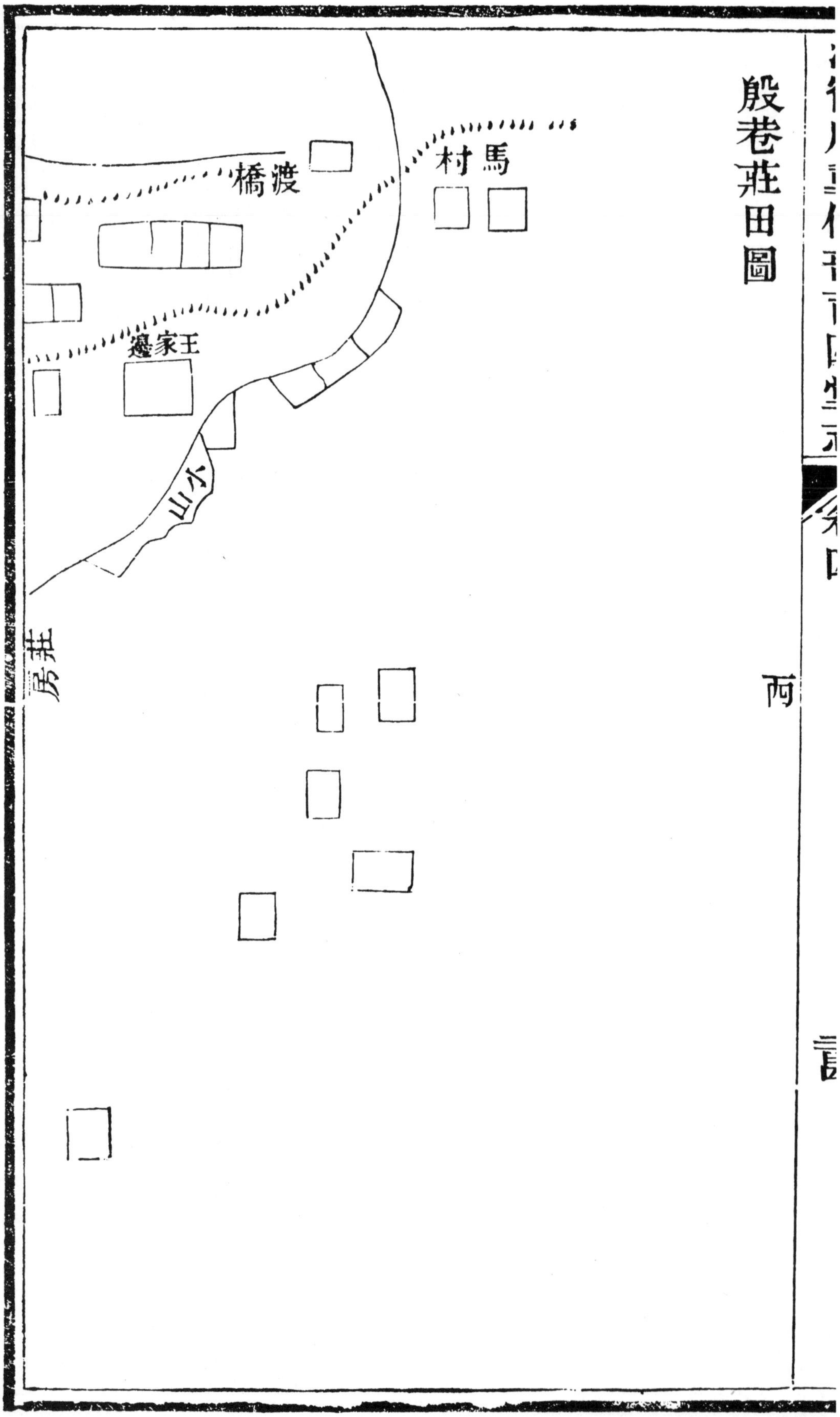

江甯府重修普育四堂志　卷四　殷巷莊田圖

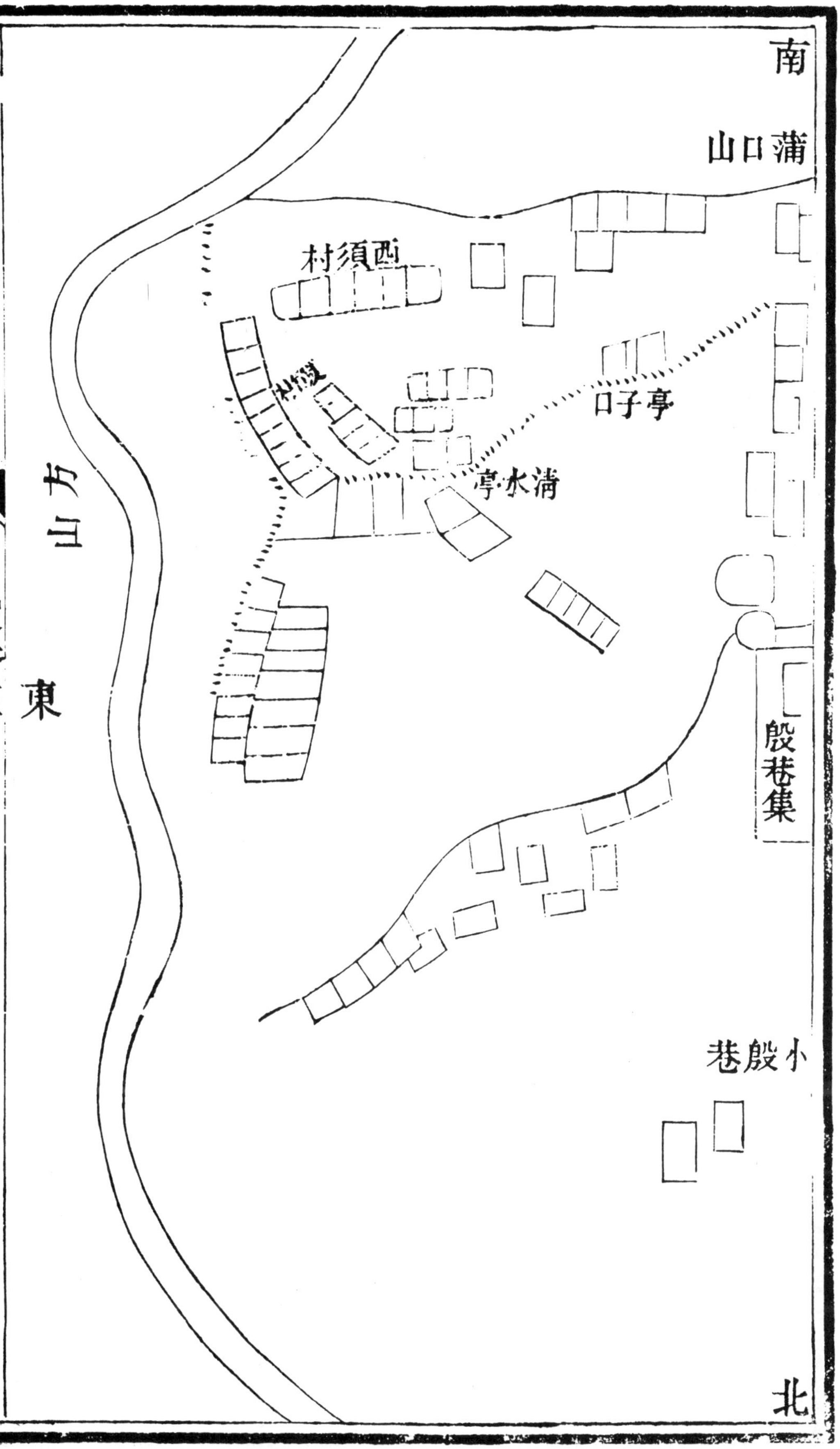

徐茂村田圖

江甯縣屬距省城十五里同治五年查出係莊頭孫長林領佃光緒十二年周經歷鳳來查得熟田一百六十四畝四分九十八坵荒田十六畝五分八坵熟地八畝三分八坵荒地三畝四分三坵莊基二間曬場一塊大小塘三口湖壩公修公用

徐茂村田圖

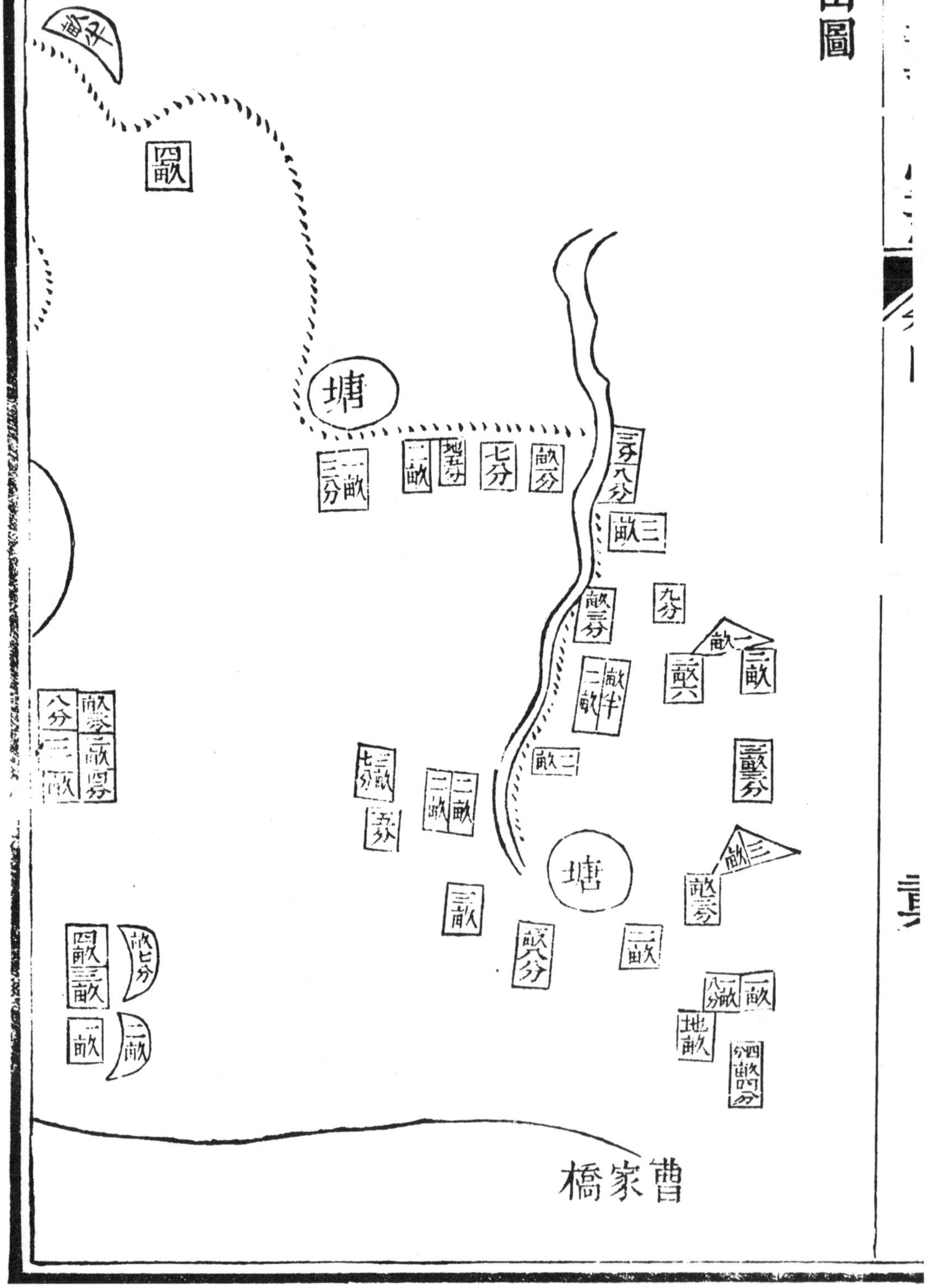

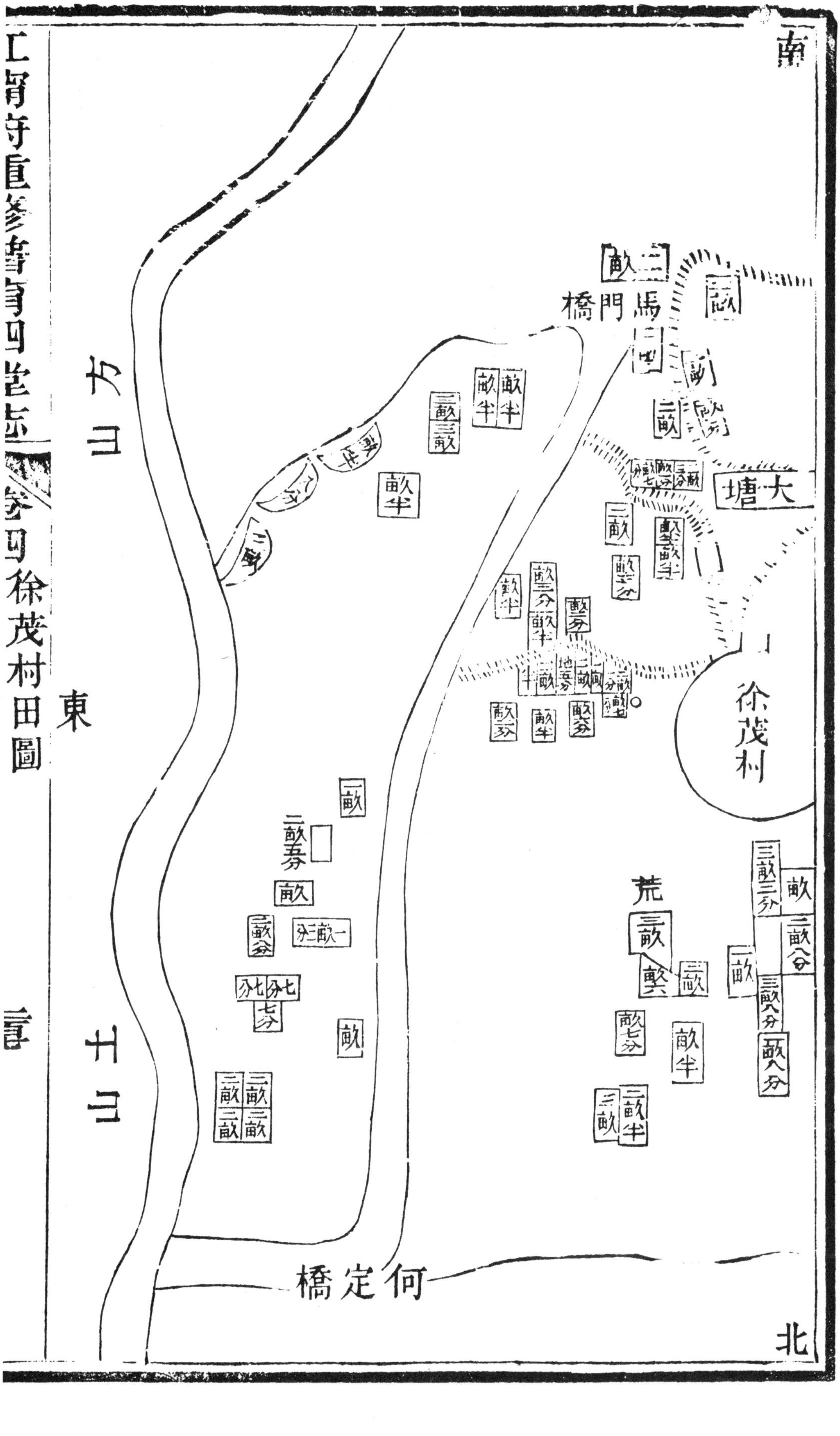
徐茂村田圖
南
北
東
馬門橋
大塘
徐茂村
荒
何定橋

楊庫村田圖

江甯縣南門外距省城八十里係三藏殿產業同治五年充歸堂產原田二百七十畝莊基六間旋據委員查出田多十一畝八分莊頭王有林領佃給修涵洞陡門費洋四元六年給水車兩部換莊頭徐泳江領佃十年查得熟田地二百九十一畝四分一百九十九坵荒地六畝七坵莊基一塊以一半作曬場塘大小十七口隨田過水溝一道光緒十二年周經歷鳳來查得熟田二百八十九畝四分一百九十八坵板荒田地共八畝八坵現係徐泳江之子得勝接佃

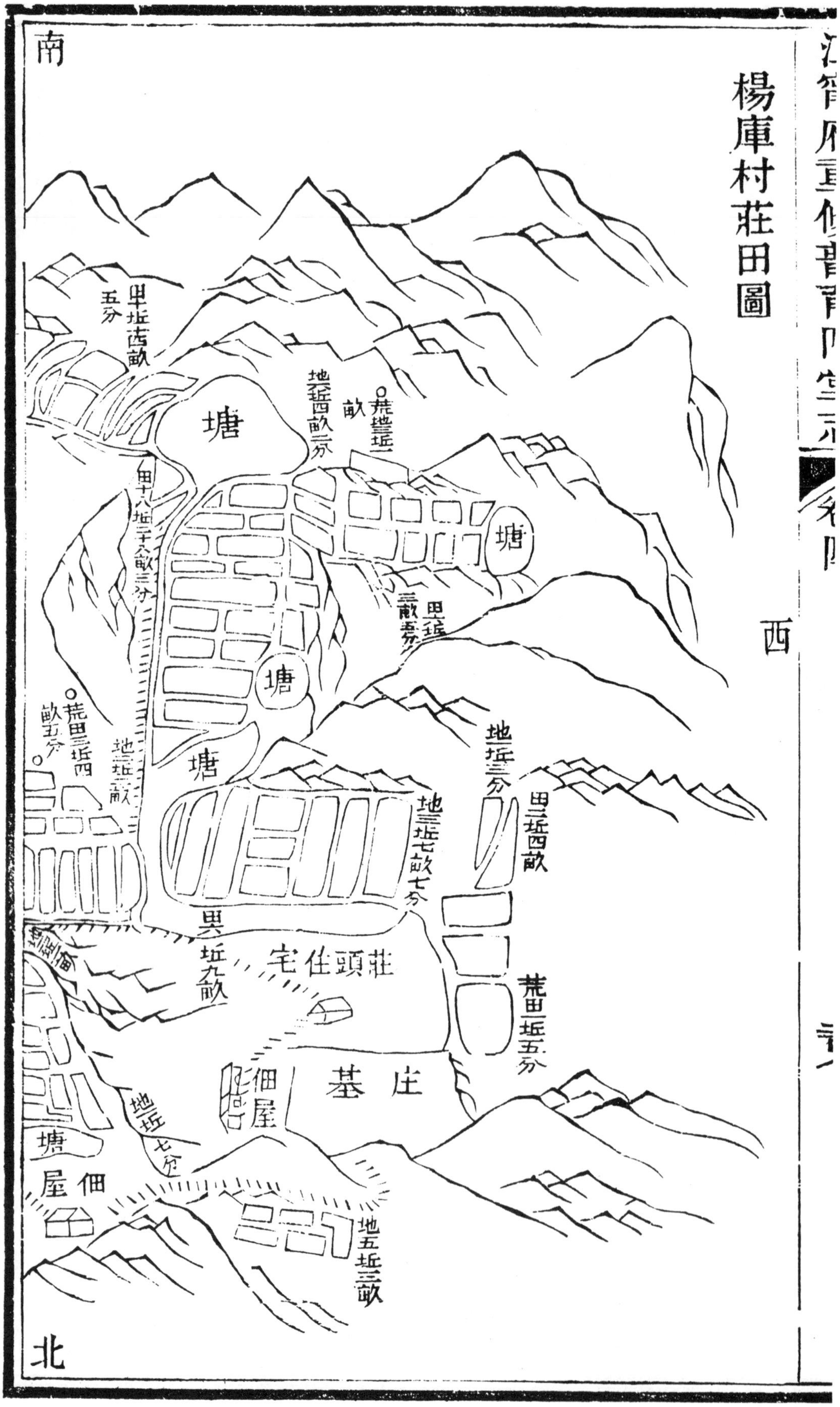
楊庫村莊田圖
南
西
北
塘
塘
塘
塘
塘
莊頭住宅
庄基
佃屋
佃屋
地五坵三畝
荒田一坵五分
地一坵三分
田三坵四畝
地一坵七畝七分

江寧府重修普育四堂志 卷四 楊庫村田圖

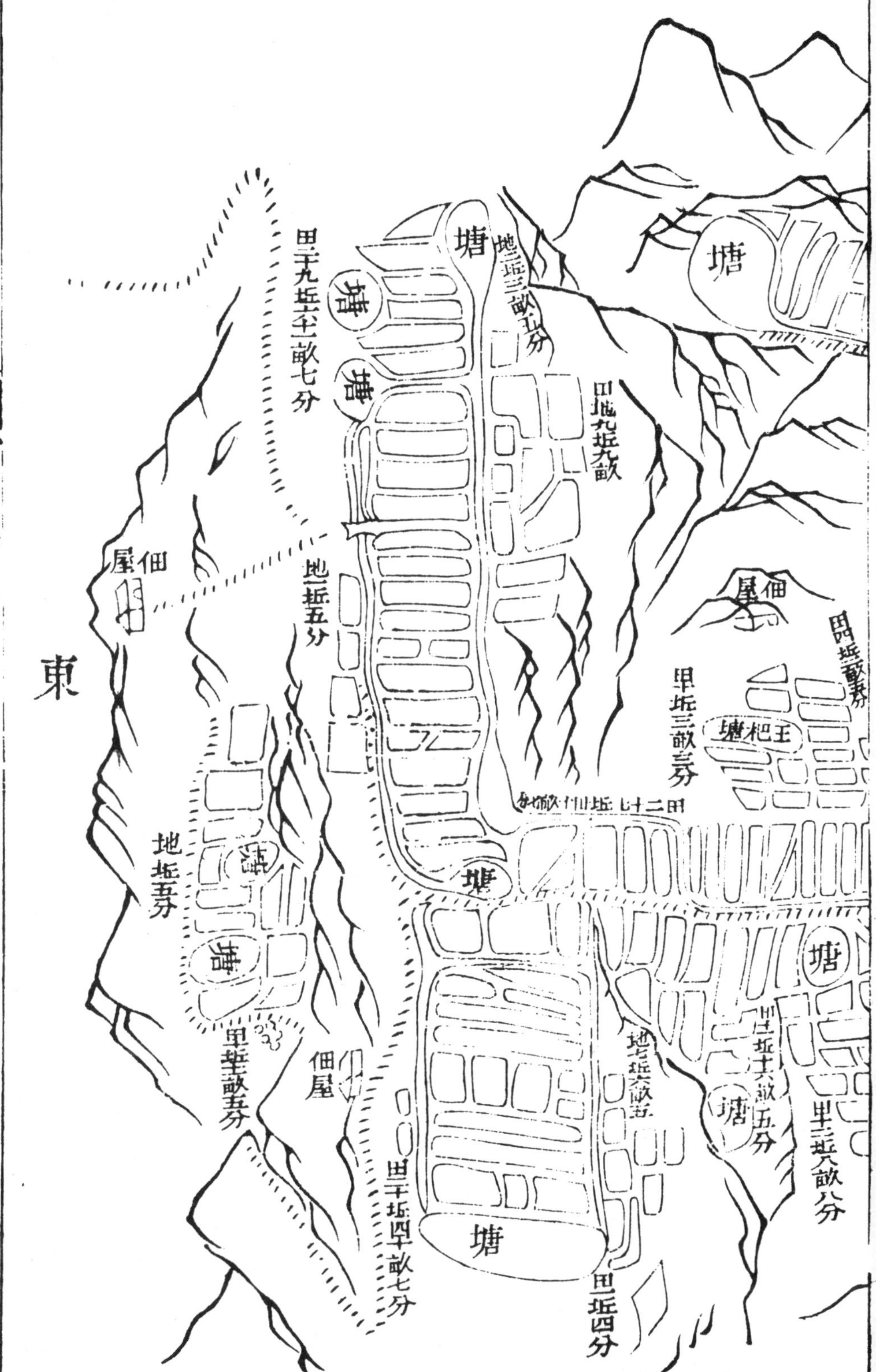

壹

立杜絕賣瓦莊房基地文契人徐得勝今因正用通家商議明白央中說合自情願將坐落江甯縣南門外楊庫村原買坐北朝南五架梁瓦住房劈出並排三間周圍牆全雙扇大門一道單扇後門一道在房土牆腰隔全南界至塘口後北界至屋後滴水左東界至山路旁邊右西界至出筆主房四至出入概無阻滯上下甎石基地寸土草木不留盡房交代立契出杜絕賣與普育堂名下永遠執業爲主當日三面言明照時估值實得曹平八五兌房價銀二十兩七錢五分三釐其銀契下一平兌交親手收楚毫釐不少自賣之後聽憑主人做爲莊屋以及折卸翻葢等事其房實係父手置買之産並無一切葛藤不清倘有親族異姓人等爭論均歸出筆人一力承當與受業主毫無干涉今欲有憑

立此杜絕賣瓦莊房文契永遠存照
計附呈本房找杜契據續白分裁一紙付執又照
同治十年六月　　日立杜絕賣瓦莊房基地文契人徐得勝憑中李二才

葛塘寺田圖

江甯縣屬太南三圖距省城六十里同治五年用正價庫平銀四百八十二兩價買王偉君荒熟田二百十二畝四分一百三坵地五十九畝七分五十四坵魚塘九口曬場二塊房基二十間莊頭倘艮才領佃光緒十二年周經歷鳳來查得熟田一百二十一畝八分四十九坵荒田八十五畝七分五十坵熟地二十八畝九分二十五坵荒地十二畝三分十坵荒灘約三十畝坵段難辨現係艮才之姪恆美恆發接佃

葛塘寺田圖

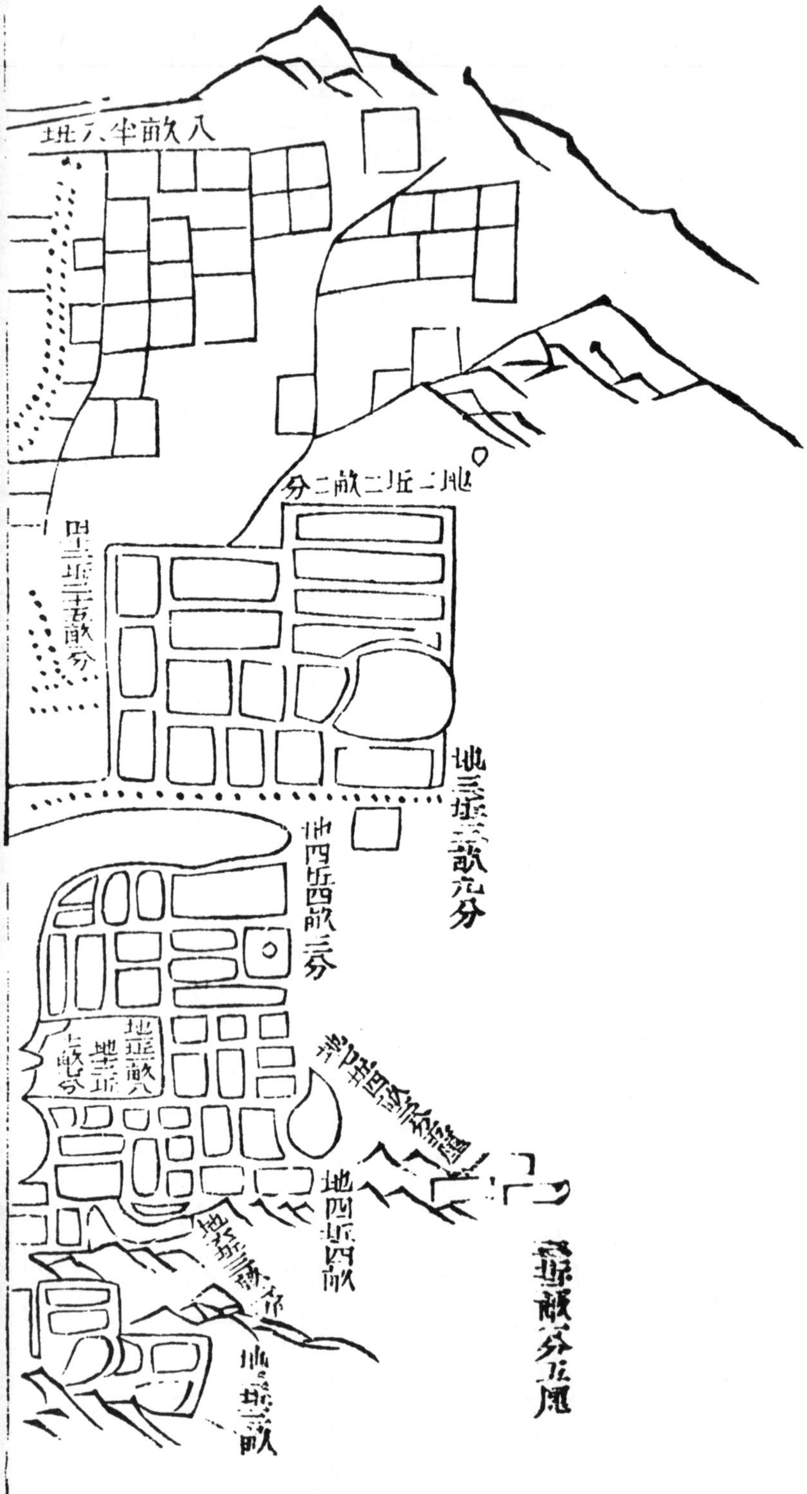

葛塘寺田

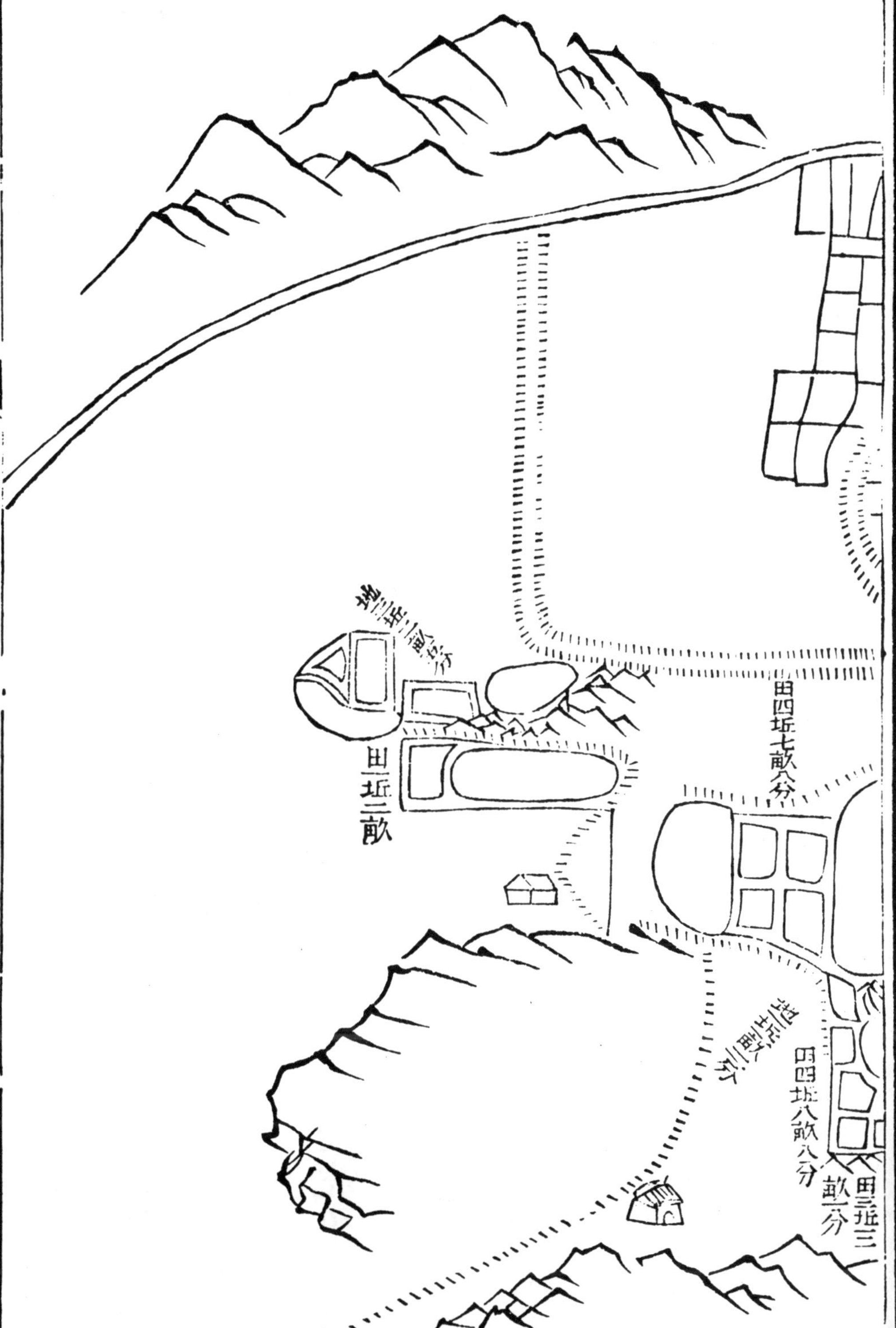

立杜絶賣田地塘壩房基打場文契人王偉君同姪蘋洲等今因負欠鍾禹庭
江子疇等一切欠項各款無償致被控追通家商議明白自願央請中證說合
將自置田地一業坐落江甯縣境葛塘寺鄉太南三圖地方計荒熟田一百三
坵共田二百十二畝四分又地五十四坵共五拾九畝七分統共荒熟田地一
百五十七坵計二百七十二畝一分外魚塘九面曬場兩方莊房基地二十間
其本田坵段名目田地四至均載於聯照黏單及繪圖之内開明釃勘交代清
楚今憑中立杜絶契出賣與普育堂永遠執業當日憑中三面言明按照時值
公同評估賣得杜絶價實湘平銀折庫平四百八十二兩即日憑中銀契兩交
毫不短少所賣價銀堂分給鍾禹庭江子疇等具領價欠完案此係兩相情願

並無逼勒各情自杜賣之後任憑買主執業給佃耕種倘嗣後價值高昂不得
加找亦不准言贖如有上業根葛不清以及重複典押並出賣人家務分析不
清親族人等藉詞爭論均歸出筆人一力承當與買主絲毫無涉是以立定杜
契永不增找永不回贖根絛兩斷丁糧漕米撥歸計數推歸買主照例完納係
屬兩願再無異說今欲有憑立此杜斷絶賣文契永遠存照
計附聯照一紙付執所有原買上契均因賊擾遺失無存日後查出隻字
片紙均作廢紙無用又照
同治五年十一月十七日立杜絶賣田地塘壩房基打場文契王偉君同姪蘋
洲墨香仲樓憑本地官紳中謝幼輝陳厚卿陳吉人程堯山繆潤南商致和

陳瑞岩

老北圩田圖

江甯縣屬江東門甯後衛係楊申溥基業原田九圩三十畝一分同治五年佃戶李貴誠李貴富等仍用楊姓花名呈請勸農總局領有執照光緒五年有楊兆洪出認因無確據經前府訊斷充歸產仍飭原佃各具領狀李貴誠領佃田堂八畝六分三圩塘一面溝一壩阬一個地一方打場一塊李貴富領佃田五畝三分二釐一圩李家塘與長塘各一半陳德祥領佃戶十畝七分五釐四圩長塘一半溝一壩阬一個打場一半顧高氏領佃田五畝三分二釐一圩李家塘一半春秋兩租均各對股分收惟每年塘租言定李貴誠繳錢二千五百文李貴富繳錢一千六百文陳德祥繳錢二千六百文顧高氏繳錢五百文光緒三十二年周經歷鳳來查得熟田三十一畝一分十一圩地二塊塘八口

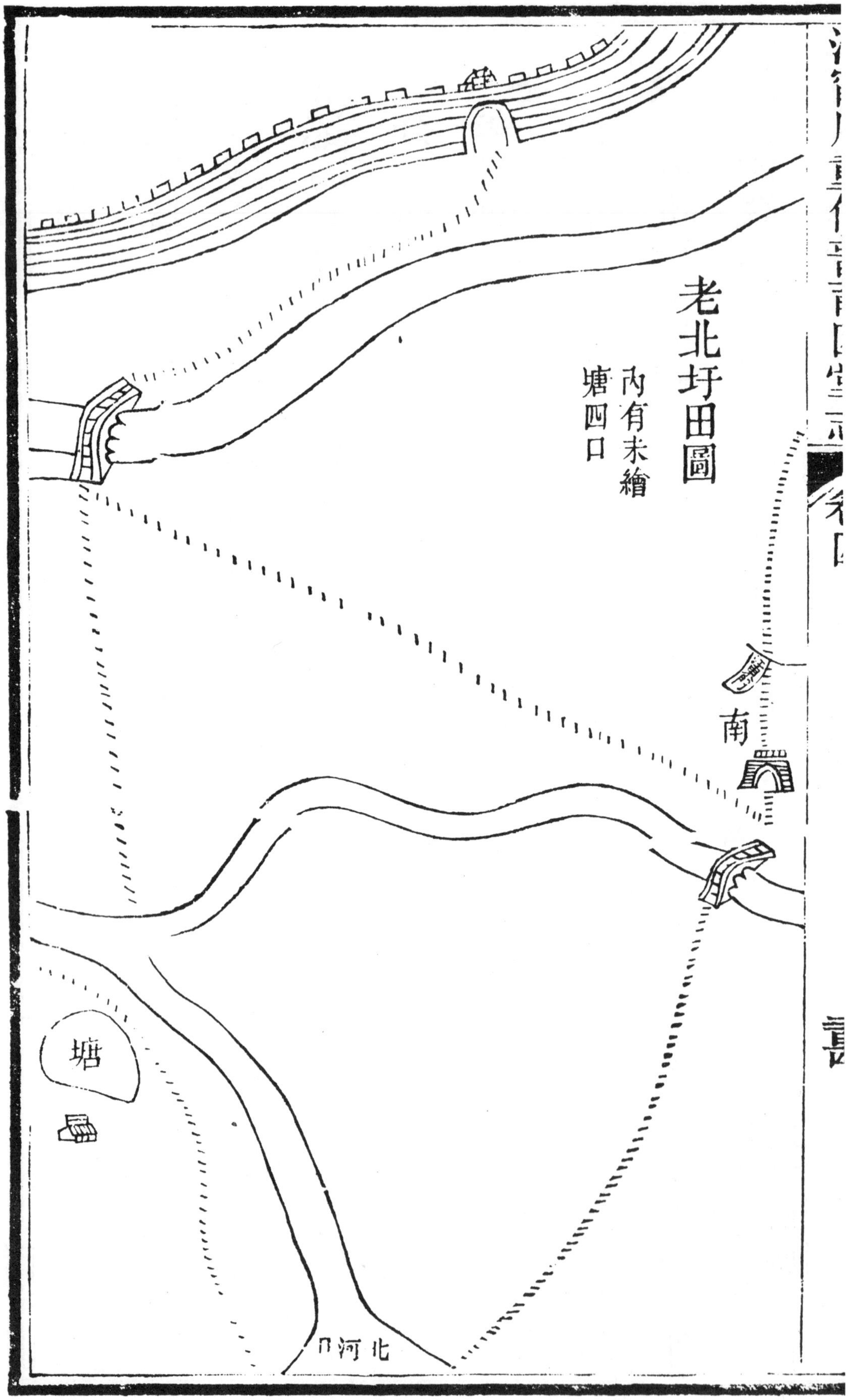
老北圩田圖
內有未繪塘四口
南
塘
北河口

老北圩田圖

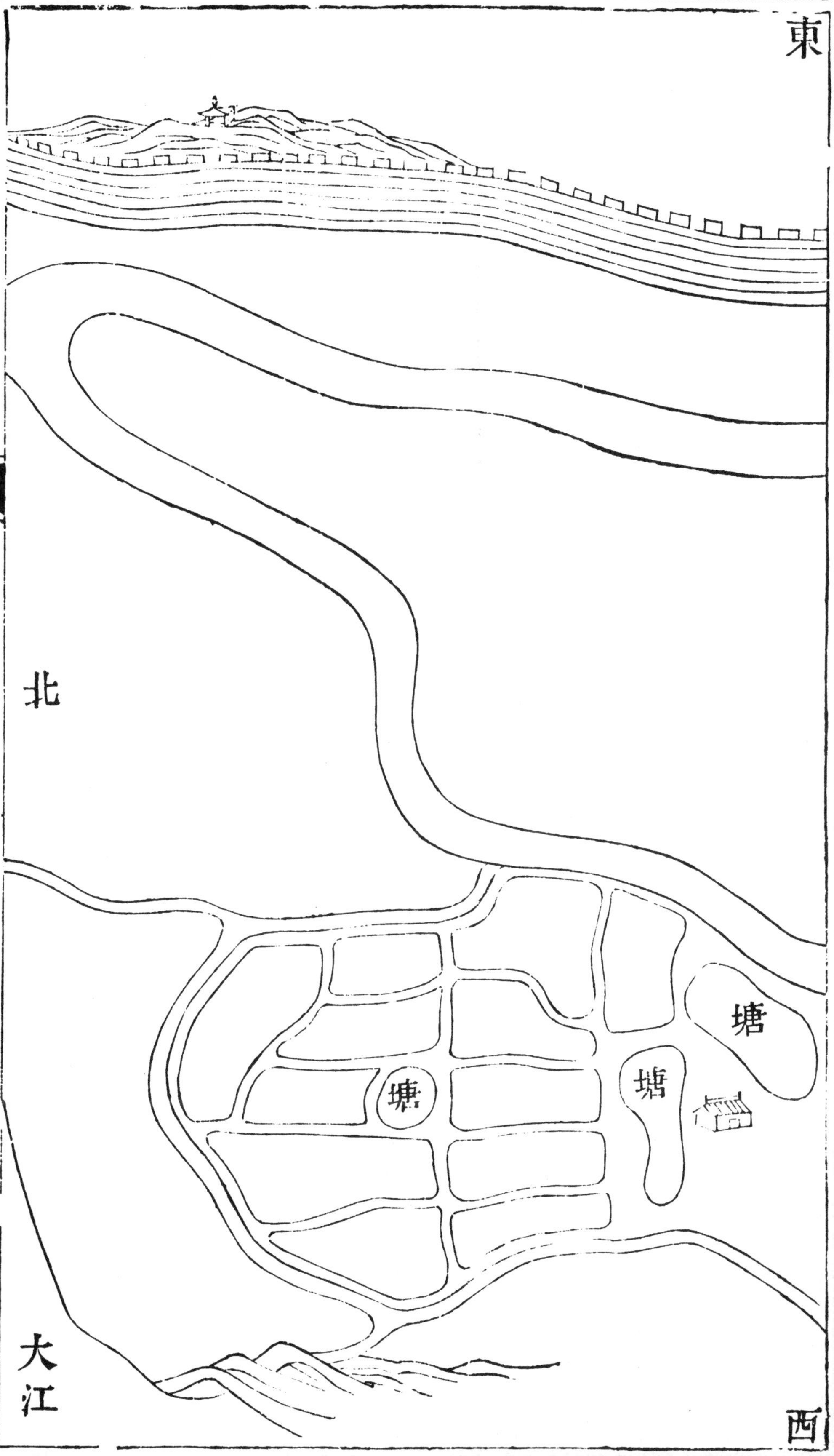

薛家小圩田圖

上元縣靖安廠南岸距省城八十里係陳慶鳳產業同治六年因欠宜昌洲貼價銀五十兩未繳願以田作押限以當年八月爲期逾期未贖永歸堂產查勘得熟田二十五畝原七坵改爲八坵菜園地一塊瓦莊房三間一廂晒場一塊塘大小二口隨田過水溝一道光緒十二年張典史壽宋覆查無異現以陳慶鳳之孫茂林接佃

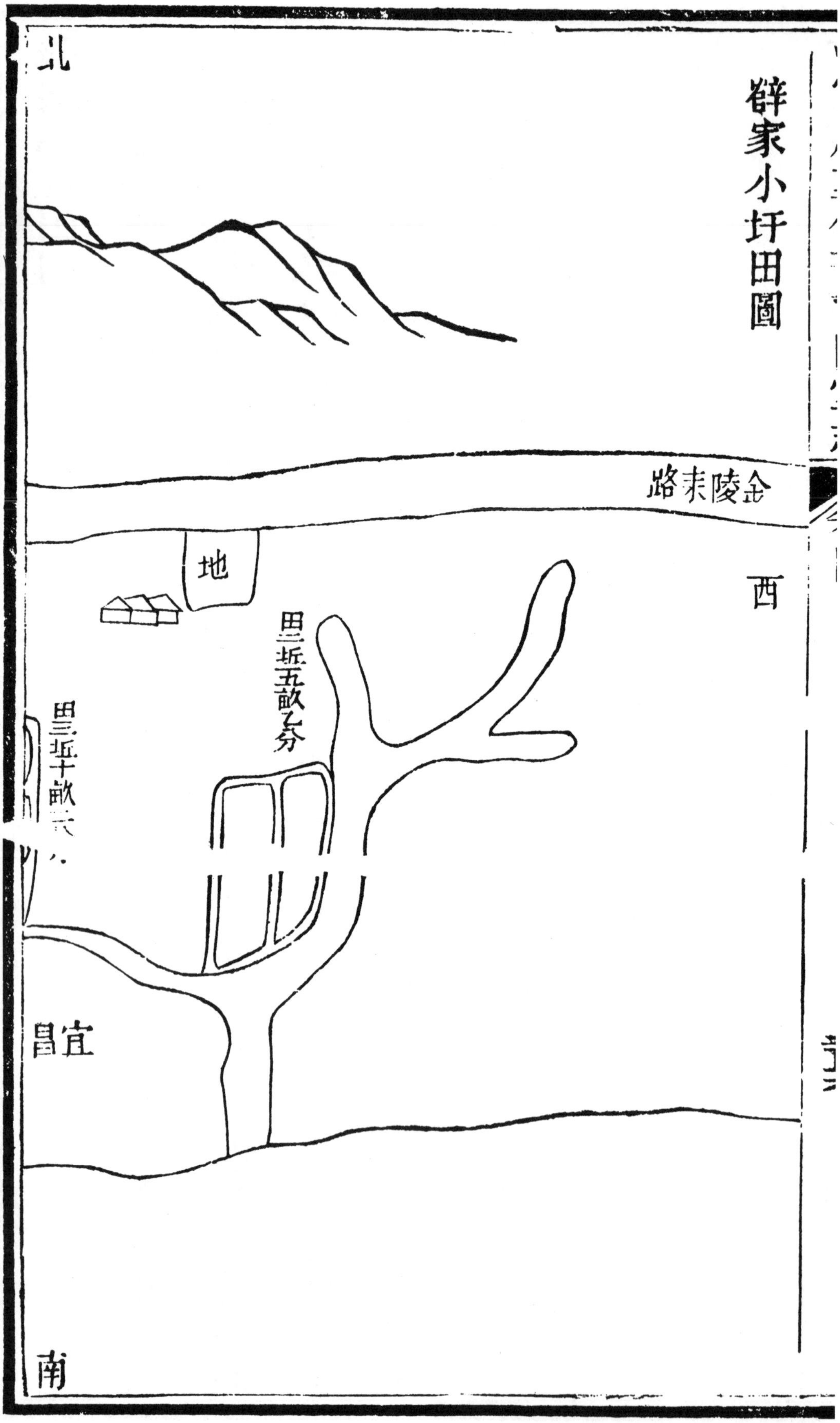
辥家小圩田圖
北
金陵來路
地
西
田三坵五畝乙分
田三坵十畝弍分
宜昌
南

薛家小圩田圖

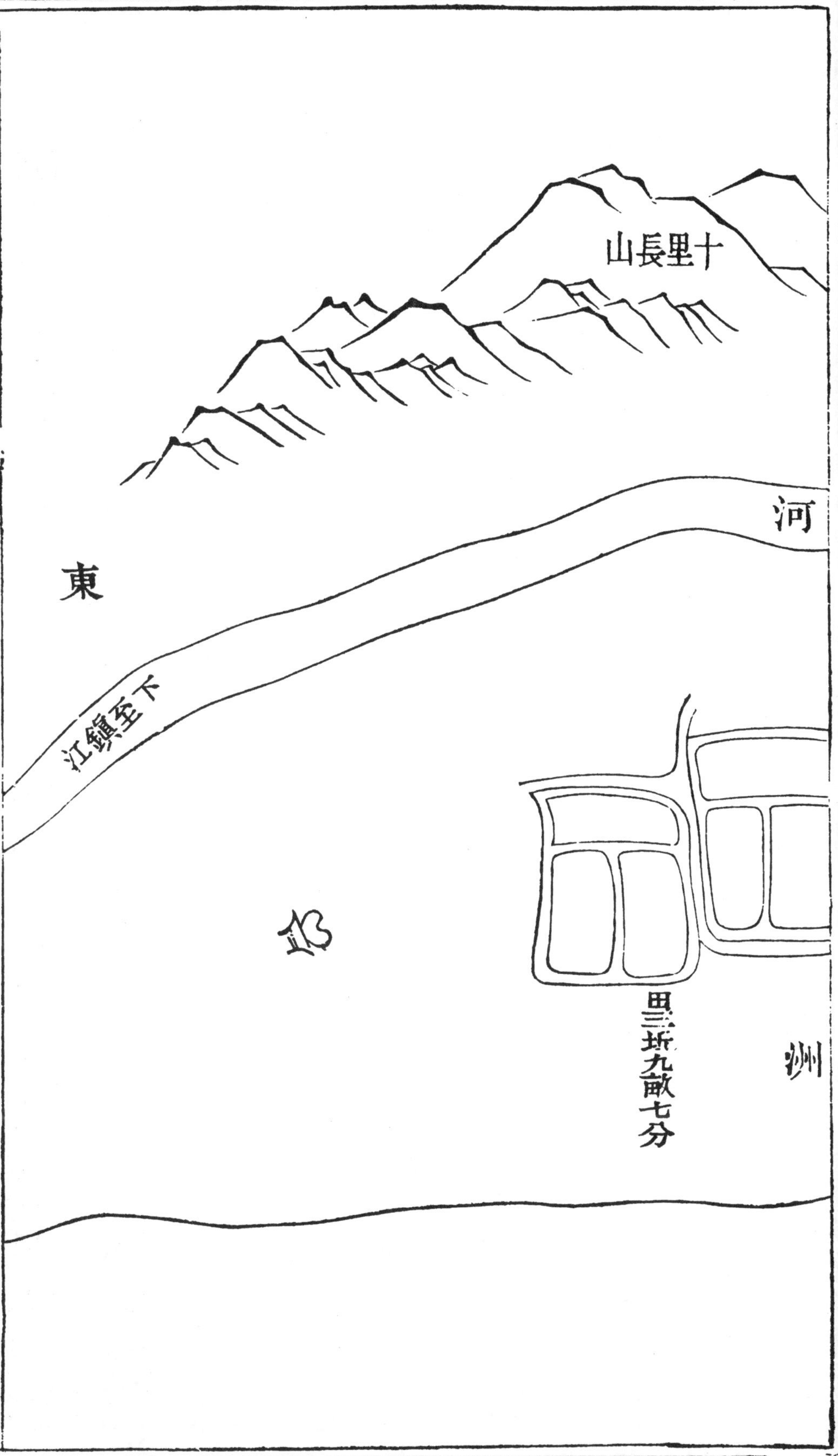

立出典田地莊房菜園稻場文契人陳慶鳳今將祖遺坐落靖安廠土名御河北東岡村壖田共二十五畝計七坵內大小塘二面莊房三間一廂隨房菜園地一塊稻場一方現因承撥宜昌洲歸公洲地租銀無繳情願出典與普育堂名下執業作抵言明每畝典價銀二兩共計湘平紋銀五十兩整以抵五年分欠繳租銀此田儘於本年八月底爲度銀到准其回贖如逾期不贖即永遠歸堂執業本年租稻照鄰田每畝租數繳淸以後由堂另批另佃兩無異說今欲有憑立此典押活契存照

計開田畝四至

田一坵計三畝土名廟東董家壖 田一坵計四畝半坐落莊房東首 田一坵計四畝土名東小壖 田一坵計四畝土名東小壖

田一坵計二畝半又一坵計三畝又一坵計四畝均在莊房西首土名薛家小壩

同治六年六月十五日立杜押活契人陳慶鳳憑中王士典

沙洲圩石左所田圖

江甯縣屬距省城十五里同治七年查得原田二十七畝老荒田四畝莊頭馮長友領佃十年查得熟田二十二畝八坵荒田五畝六坵老荒未墾光緒十二年周經歷鳳來查得田畝坵數相符多出熟地一畝計一坵現歸馮長友之子有德承佃

沙洲圩石左所田圖

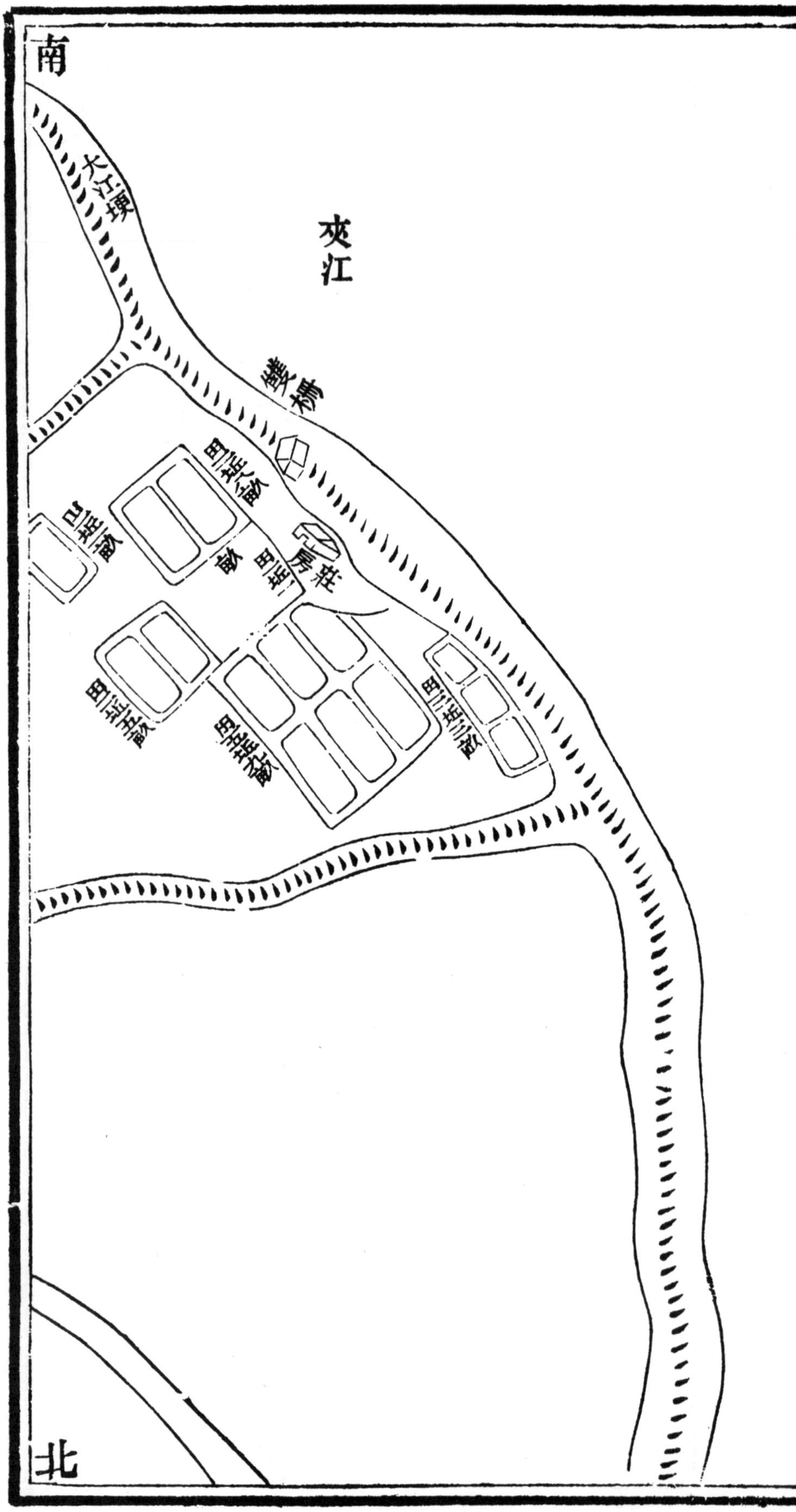

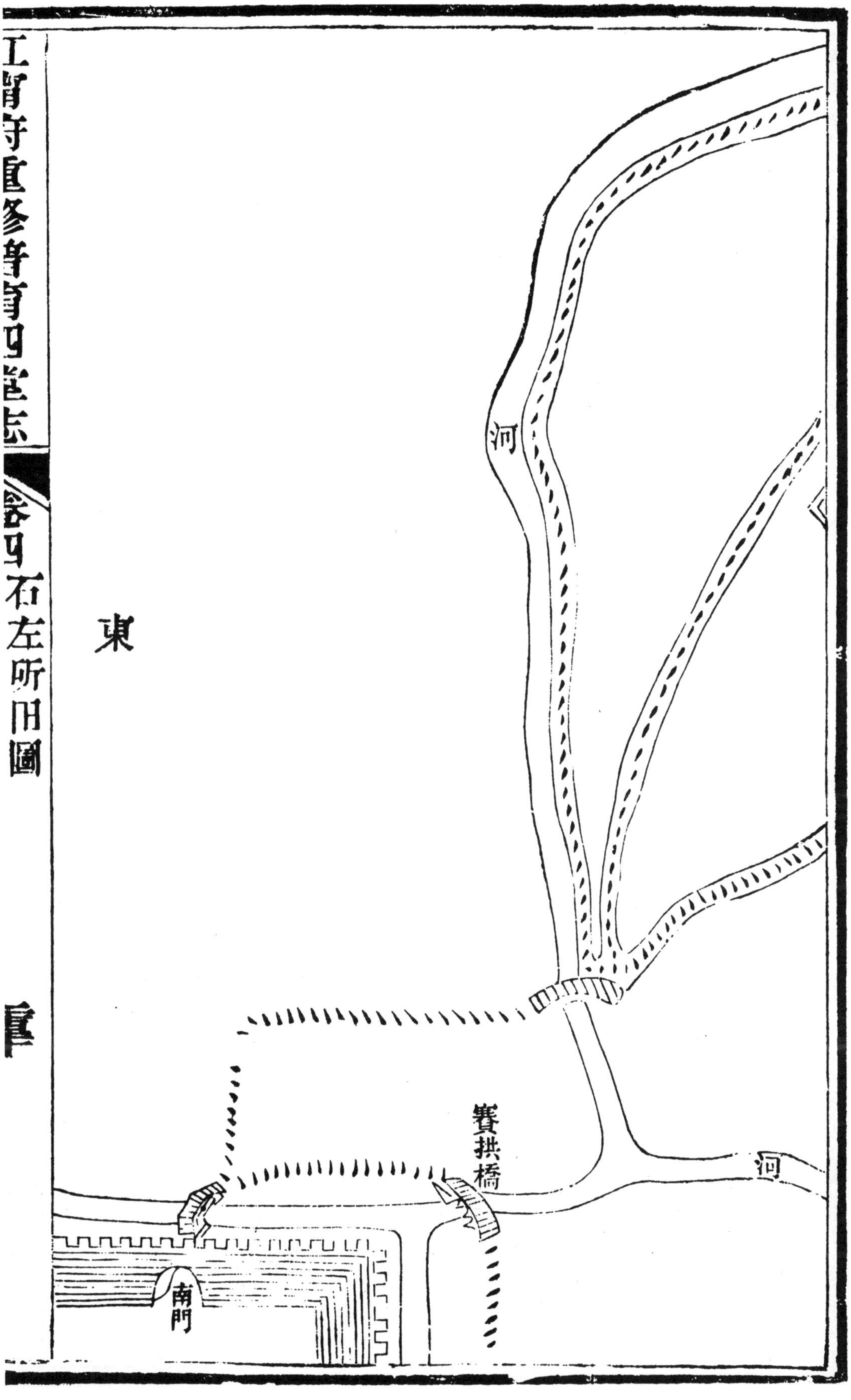
東
河
賽拱橋
河
南門

安德門田圖

江甯縣聚寶門外陸字鋪安德二圖距省城五里同治七年李黃氏充歸堂產莊頭張和龍領佃前經查得熟田四畝四坵熟地一畝一坵塘大小二口光緒十二年周經歷鳳來覆查無異惟改莊頭章長福領佃

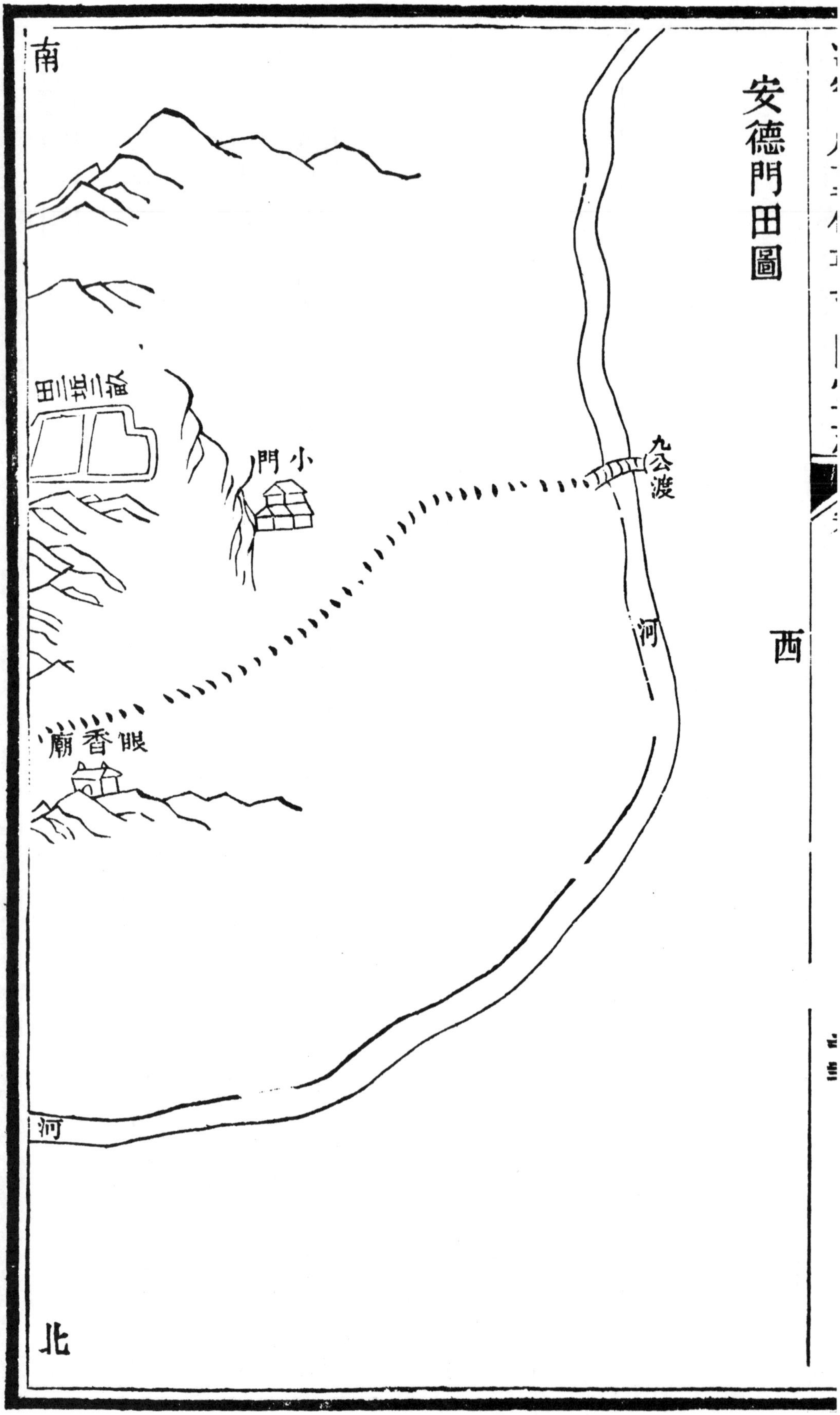
安德門田圖
南
西
北
小門
九公渡
河
河
眼香廟

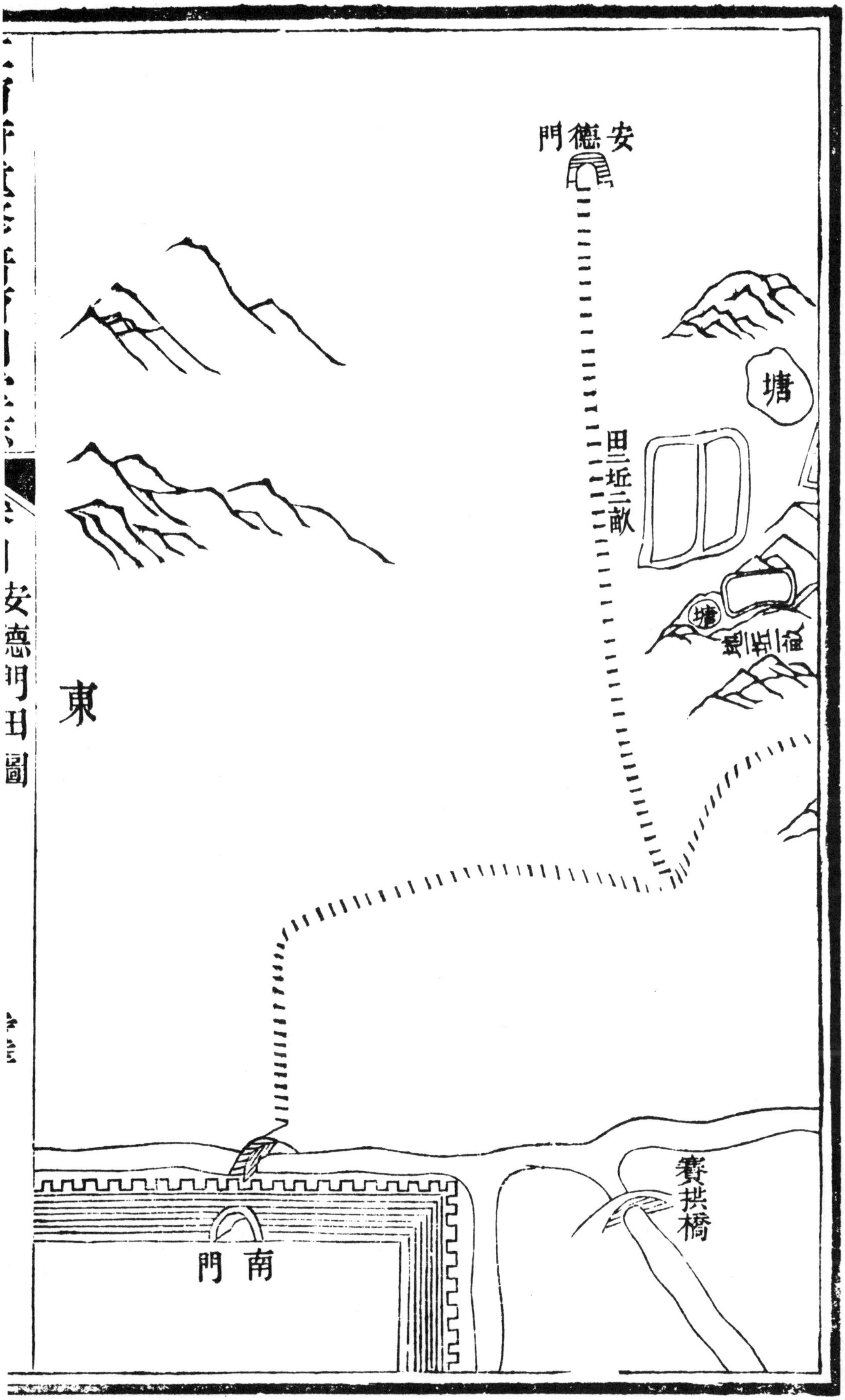
安德門田圖
安德門
塘
田二坵二畝
塘
徐姓墳
東
南門
寶拱橋

方耳岡田圖

江甯縣銅山二圖六郎橋距省城七十里同治七年用正價銀八百二十兩三錢置買張志匯等熟田一百六十二畝二分荒田五十二畝八分熟地五畝八分荒地十八畝五分共計一百二十坵曬場地三畝莊房基地三十間倉房二間水車二部大小塘十四口內三口與鄰田公共莊頭宋大元領佃八年領修水車板錢四千文查勘得寔在熟田地一百八十畝八分一百二坵荒田地五十八畝五分四十一坵內曬場伍畝糞坑五分莊房基地三十間現存佃房三間倉房二間又曬場一塊

光緒十二年周經歷鳳來查得內莊熟田一百三十二畝六分八十九坵荒田廿三畝八分五釐十三坵熟地八畝八分七坵荒地十二畝五分五釐九坵現歸宋大元妻宋楊氏與張大發接佃外莊熟田五十四畝二十二坵荒田九畝四坵現係呂正財領佃

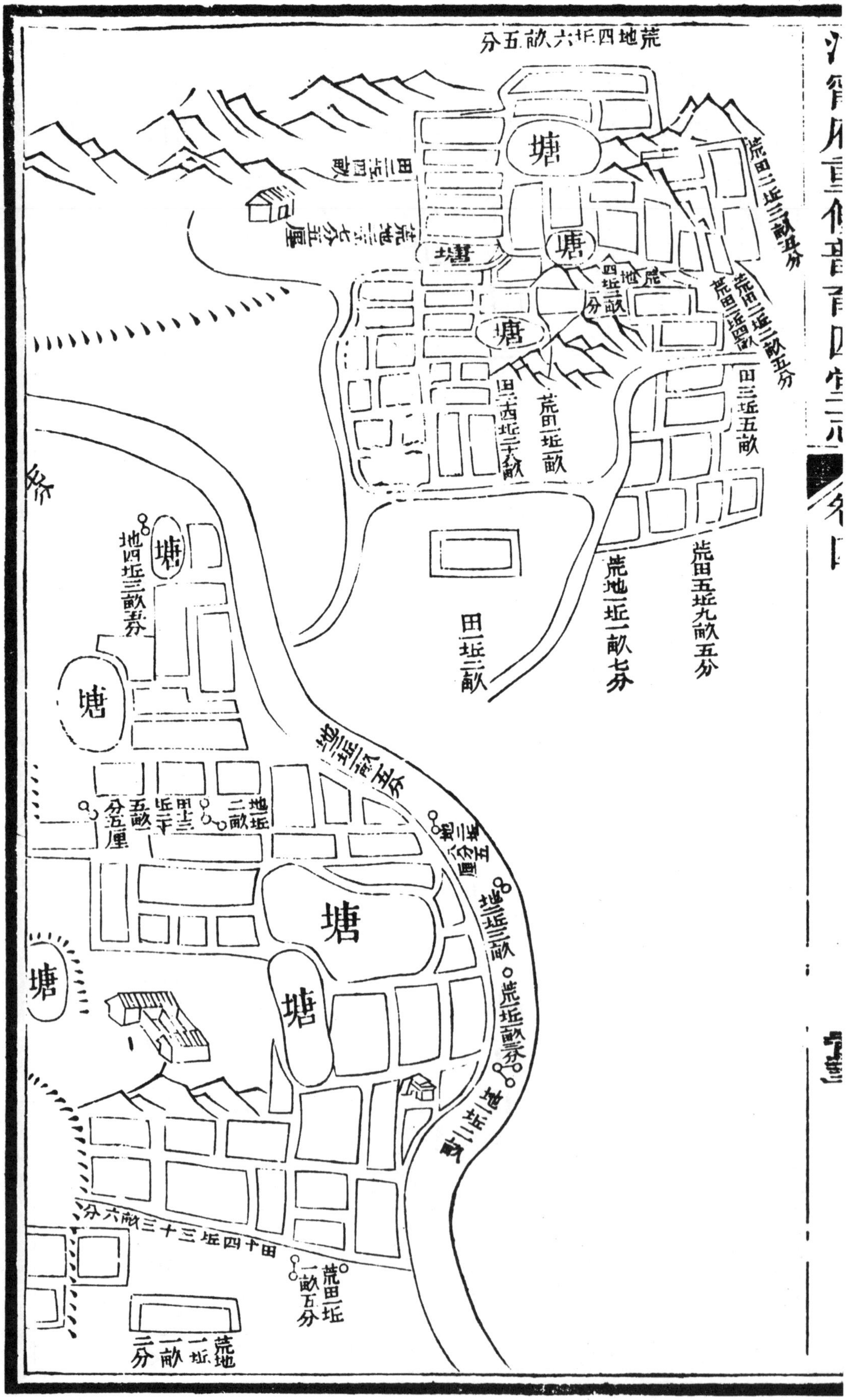
荒地四坵六畝五分
塘
荒田五坵九畝五分
荒地一坵一畝七分
田一坵二畝
田三坵五畝
地四坵三畝五分
田十四坵三十三畝六分
荒田一坵一畝五分
荒地一坵一畝二分

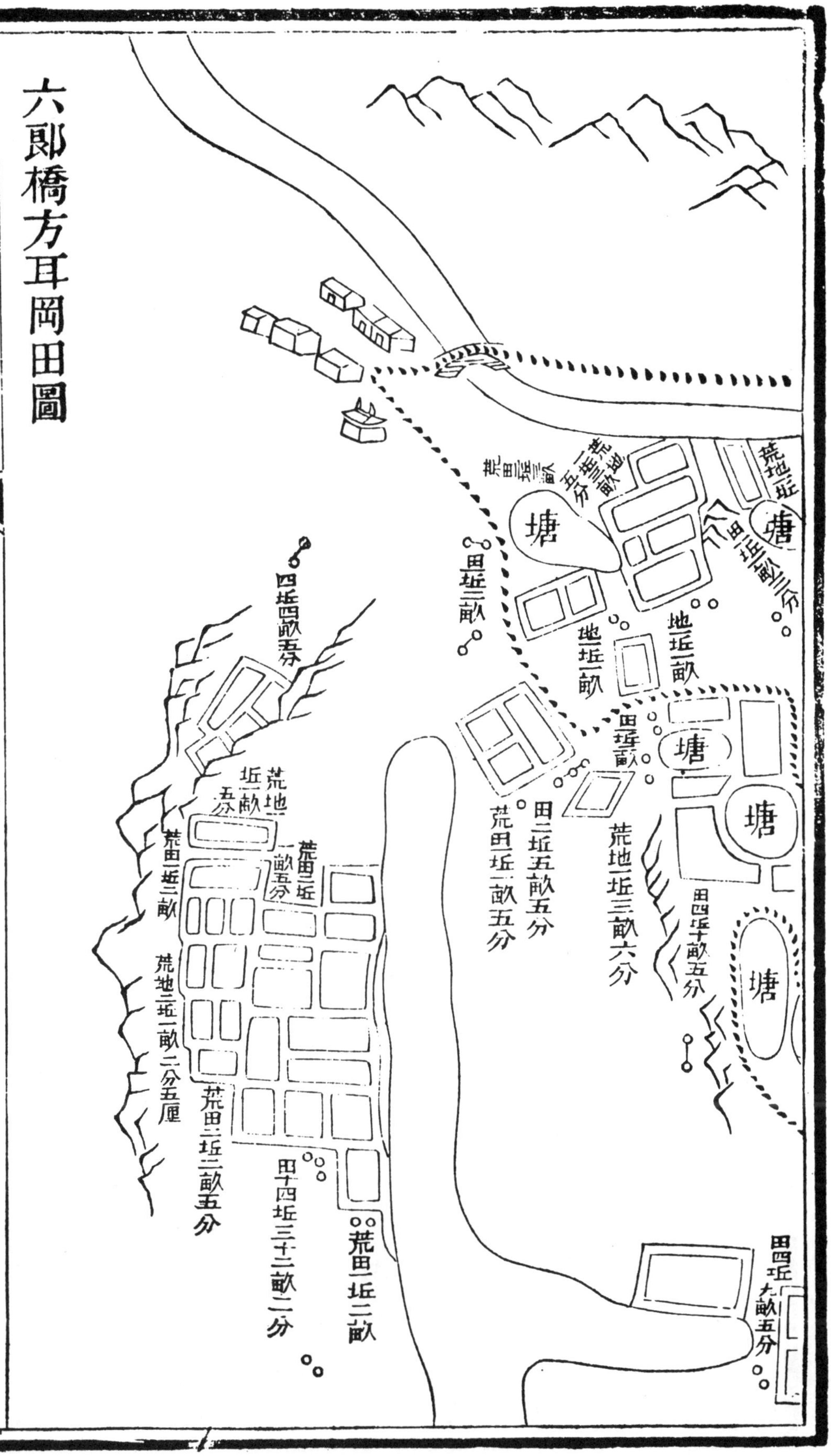

六郎橋方耳岡田圖
塘
塘
塘
塘
塘
地一坵一畝
地一坵一畝
田二坵五畝五分
荒田一坵一畝五分
荒地一坵三畝六分
荒地一坵一畝五分
荒田一坵二畝
荒地二坵一畝二分五厘
荒田二坵二畝五分
田十四坵三十二畝二分
荒田一坵二畝
田四坵六畝五分

立杜絶賣荒熟山田並倉房屋基水塘文契張志滙同姪子楚今將祖遺原買田一業坐落江邑大南門城外六郎橋土名方耳岡地方計熟田一百六十二畝二分荒田五十二畝八分熟地五畝八分荒地十八畝五分內有曬場三畝共二百三十九畝三分莊房三間倉房三間水車兩面大小塘十四口內有三口同田鄰公用隨田埂壩各色零星均各不動聲莊交代近因正用通家商議明白央託中友說合自情願將此田地塘房寸草寸水寸土不留憑中牙立契出杜絶賣與普育堂名下永遠執業收割籽粒當日三面言明本田及莊房屋基水塘等照時估値得受杜絶賣價曹平四色半八五兌紋銀九百六十五兩整其銀即日契下一平兌足賣主憑衆親手收楚毫釐不少銀契兩交明白此

田自賣之後聽憑買主收割栽種完納錢糧永遠爲業
計附本田執照一張付執該田四至東至西至南至北至均以鄰田爲界註
明又照
同治七年十二月　　日立杜絶賣荒熟山田塘地莊房文契張志匯同姪子
楚憑族佑廷親鄭蘭溪中羅麗垣鄭景周

柏家村田圖

江甯縣南門外光澤一圖板橋同治九年用正價銀二百五十四兩一錢一分陸釐置買陳吉人產業查勘得熟田四十三畝二分四釐半荒田九畝八分七釐半熟地二十四畝二分荒地十二畝九分共計五十四坵朝西房基曬場八畝官塘一面私塘一面柴山伍塊六人軸水車一部光緒十二年周經歷鳳來查得熟田三十一畝六分十七坵　荒田二十一畝五分二釐十三坵　熟地二十二畝五分十三坵　荒地十五畝七分十一坵　柴山五處莊頭石金和石金海領佃

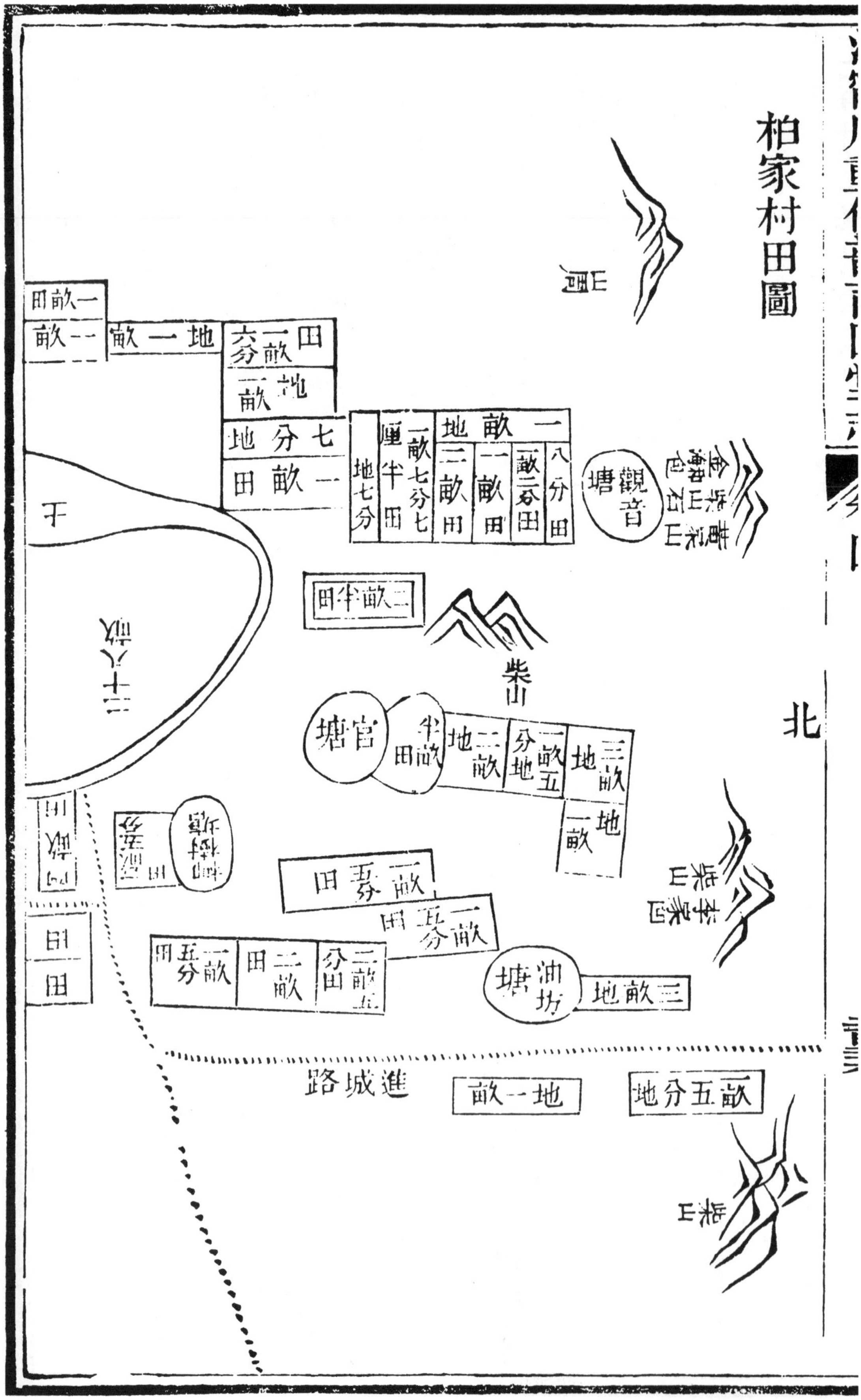
柏家村田圖
北
柴山
觀音塘
官塘
油坊塘
進城路
地一畝
三畝地
二畝半田
七分地
一畝田

柏家村田契

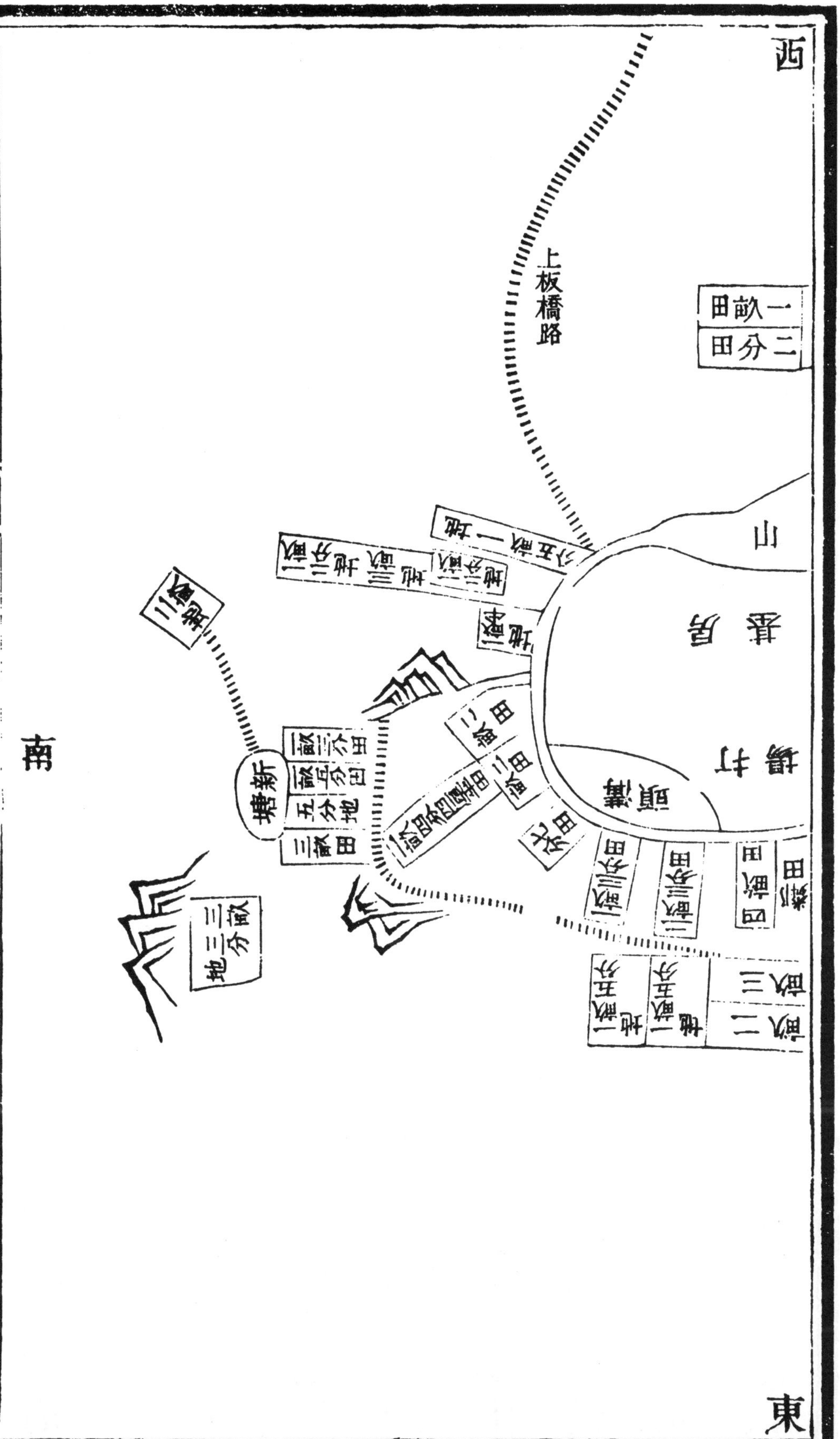

立杜絶賣莊田文契陳宰氏同子吉人今將祖遺原買莊田一業坐落江甯府
江甯縣南城外板橋柏家村光澤一圖地界計熟田四十三畝二分四釐半又
荒田九畝八分七釐半共三十一坵計熟地二十四畝二分又荒地十二畝九
分共二十三坵私塘四面官塘一大面房基打場照執照內載明交代荒山五
塊四人軸水車一部隨田房基水車一應隨田交代近因正用通家商議明白
央託中友說合自情願將此田寸草寸土不留盤產交代憑中族邀牙立契出
杜絶賣與普育堂名下永遠執業收租當日三面言明本田照時估值得受賣
價曹平八五兌京紋銀二百五十四兩一錢一分六釐其銀卽日契下一平兌
清陳姓親手收楚毫釐不少銀契兩交明白此田自賣之後聽憑買主招佃收

租永遠執業
計附本田執照一張所有每年錢糧照串完納批明又照
同治九年十一月　日立杜絕賣莊田文契陳宰氏同子吉人憑中陸矩莽
徐星五徐子元

文山集田圖

六合縣西南鄉距江甯省城旱路三十五里水路一百八十里距六合縣城旱路六十里水路一百十里同治四年查得原田水種二十四石一百八坵莊基二塊莊頭唐兆儀等領佃給修莊房銀六兩稻種九石九斗水牛一頭折銀十三兩五年莊房被焚復給洋蚨十三員六年給稻種錢十七千八百二十文十年查得熟田種十石八斗五十七坵荒田種十三担二斗五十一坵屋基一塊新起莊房七間曬場一塊私溝二道公溝二道光緒十二年張典史壽榮查得原田熟種十石八斗荒種十三石二斗莊頭唐兆儀之弟兆興領佃六續開墾熟田七石四升共計熟田種十七石八斗四升改作場基田一斗六升仍存荒田種六石

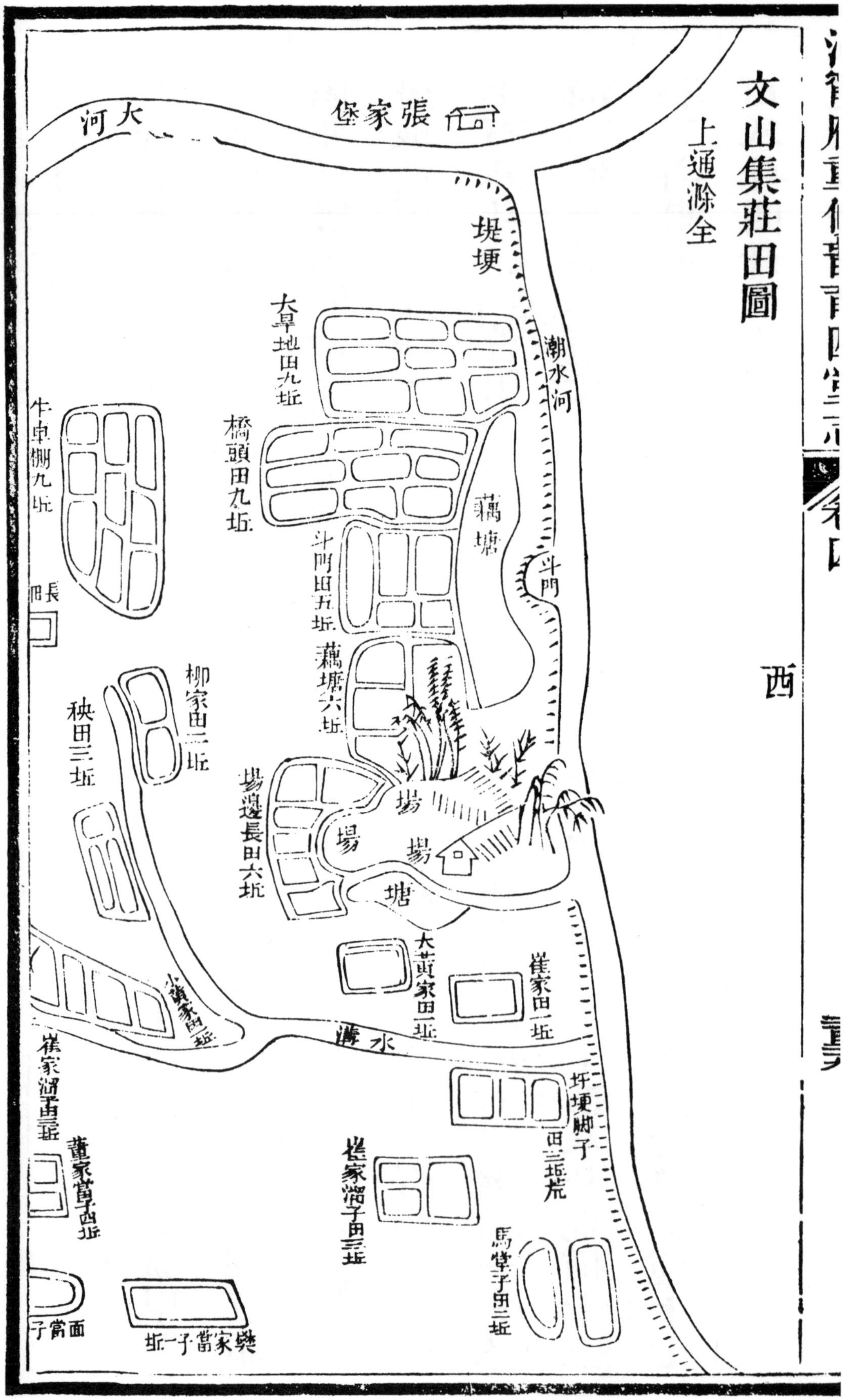
文山集莊田圖
上通滁全
大河
張家堡
堤埂
潮水河
大旱地田九坵
橋頭田九坵
牛車棚九坵
藕塘
斗門
斗門田五坵
藕塘六坵
柳家田二坵
秧田三坵
場邊長田六坵
場
場
場
塘
西
大黃家田一坵
崔家田一坵
小黃家田一坵
水溝
圩埂脚子田三坵荒
崔家窪子田三坵
董家窪子田四坵
崔家窪子田三坵
馬掌子田二坵
面當子
樊家當子一坵

江甯府重修普育四堂志卷四

文山集田圖

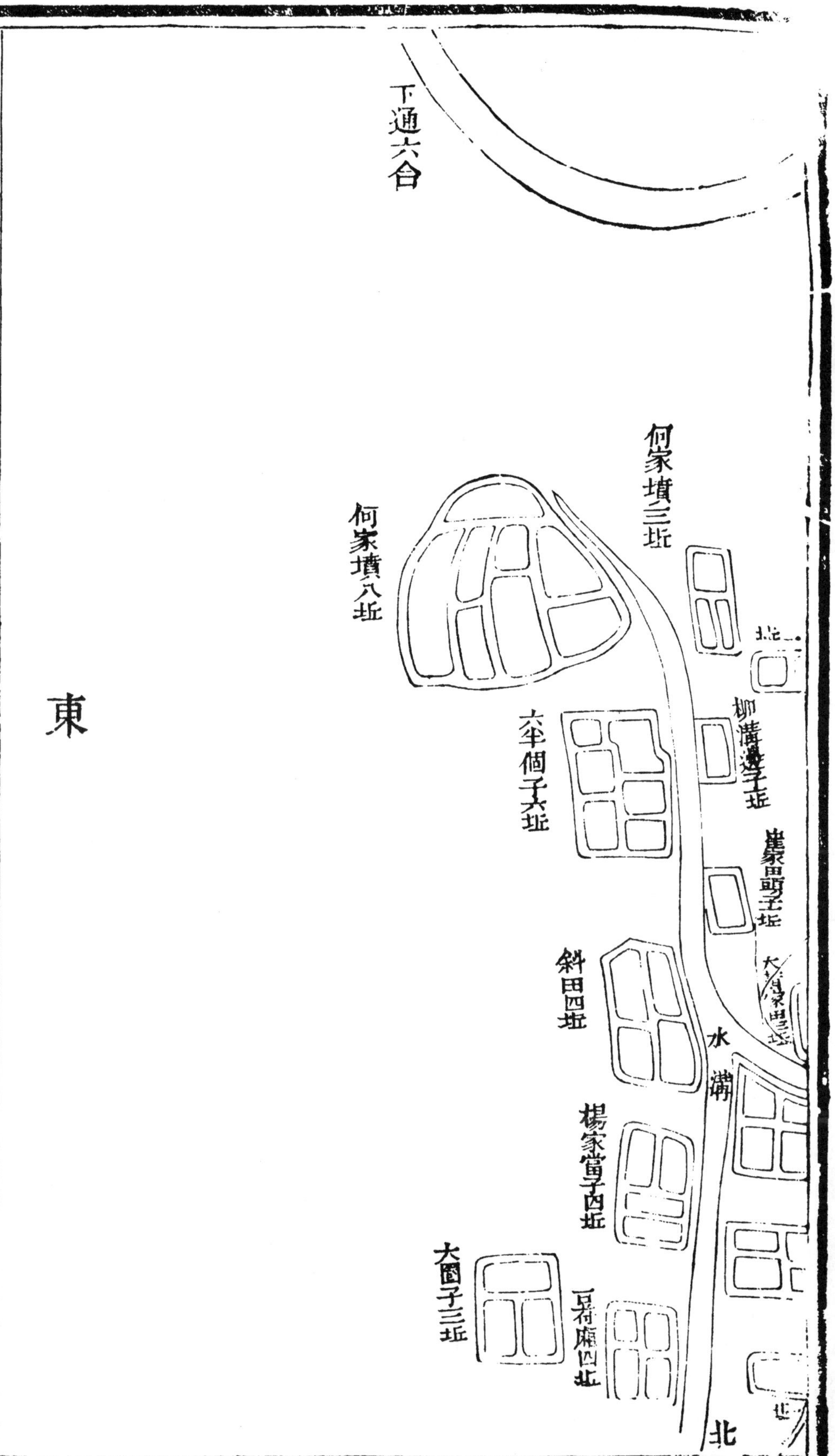

頭橋集田圖

六合縣西南鄉坐落長城圩內距江甯省城旱路五十五里水路一百五十里距六合縣城旱路三十五里水路七十里同治四年查得原田種二十石全荒未墾十年查得田種二十石四十四坵圩內莊基二進六間光緒十二年秦合基會縣查覆以該田積水未消俟水落再行履勘

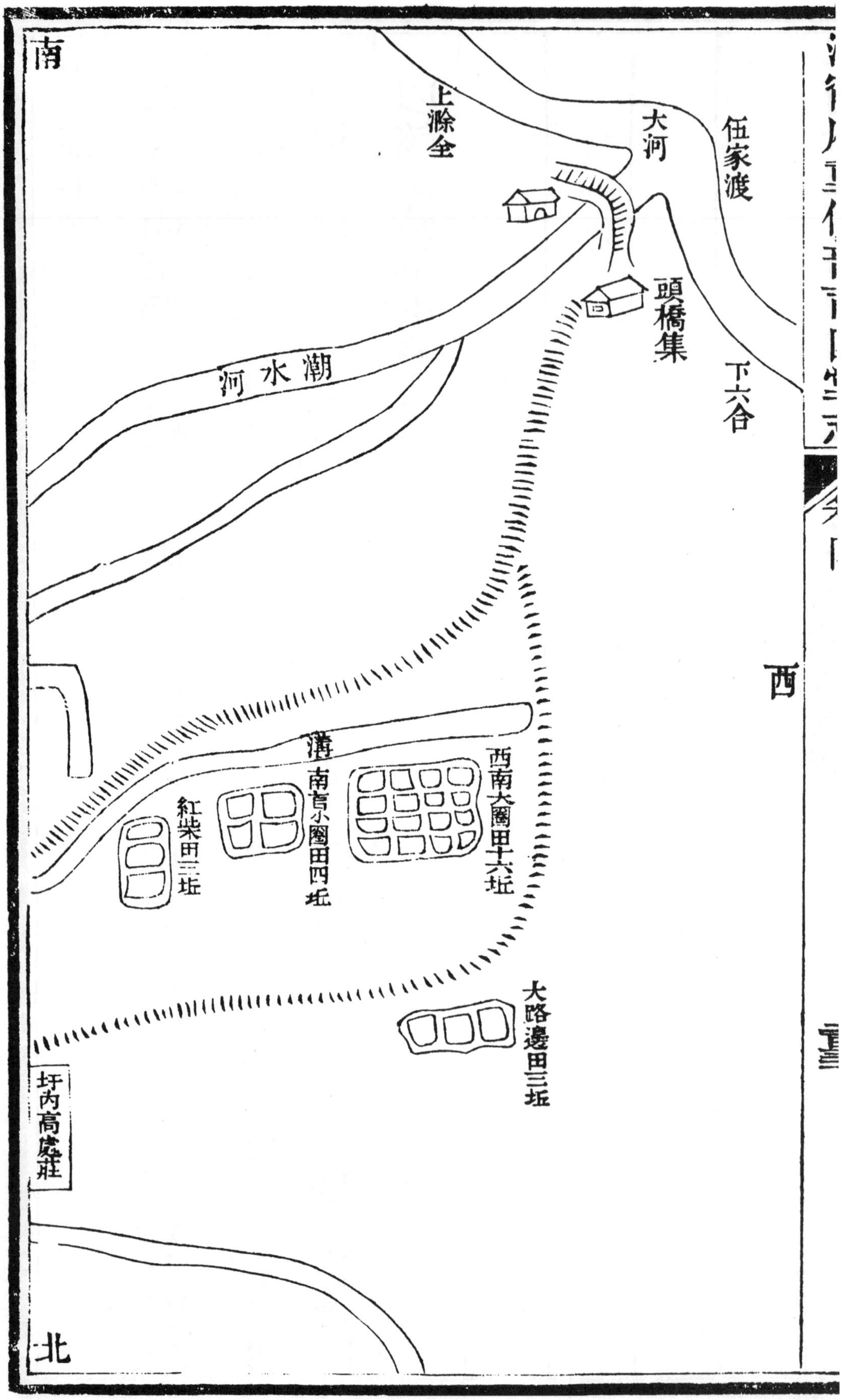
南
上滁全
大河
伍家渡
頭橋集
下六合
潮水河
西
溝
西南大圈田十六坵
南首小圈田四坵
紅柴田三坵
大路邊田三坵
圩內高處莊
北

頭橋集田圖

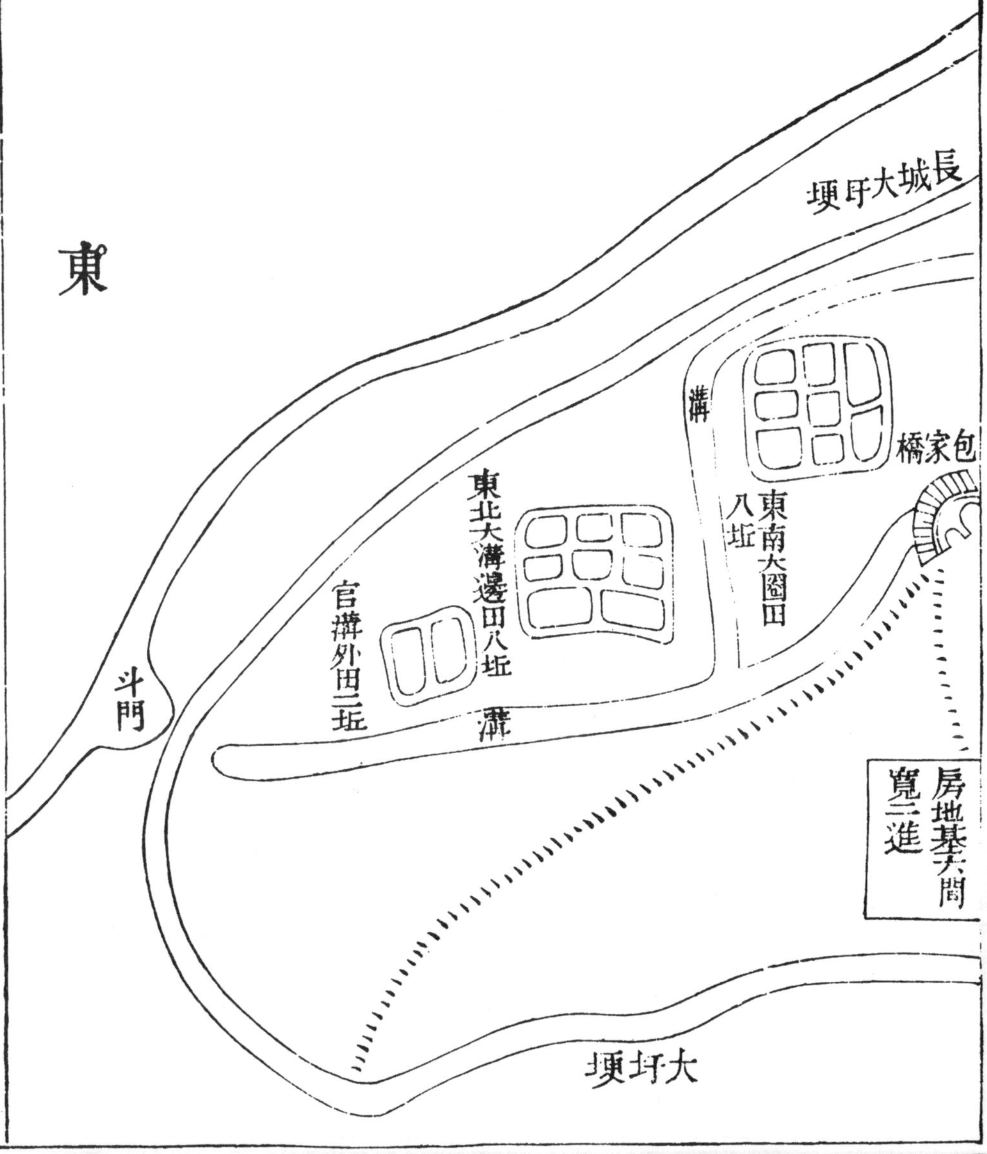

裴家集田圖

六合縣西鄉距江甯省城旱路七十里水路一百十里六合縣城旱路五十五里水路七十里同治四年查得原田水種二十四石全荒未墾十年覆查得田種二十四石于道光二十九年水災原佃逃出旋即分撥保內八姓帶種咸豐三年以後田更荒蕪光緒十二年委奏令基會縣查辦據六合縣知縣呂令憲秋稟覆該田一在胡家小圩計種十五石一在大圩計種九石共計二十四石大圩內田十五坵

塘一面打場一方莊基一所現開熟種二石

江甯府重修普育四堂志

裴家集田圖

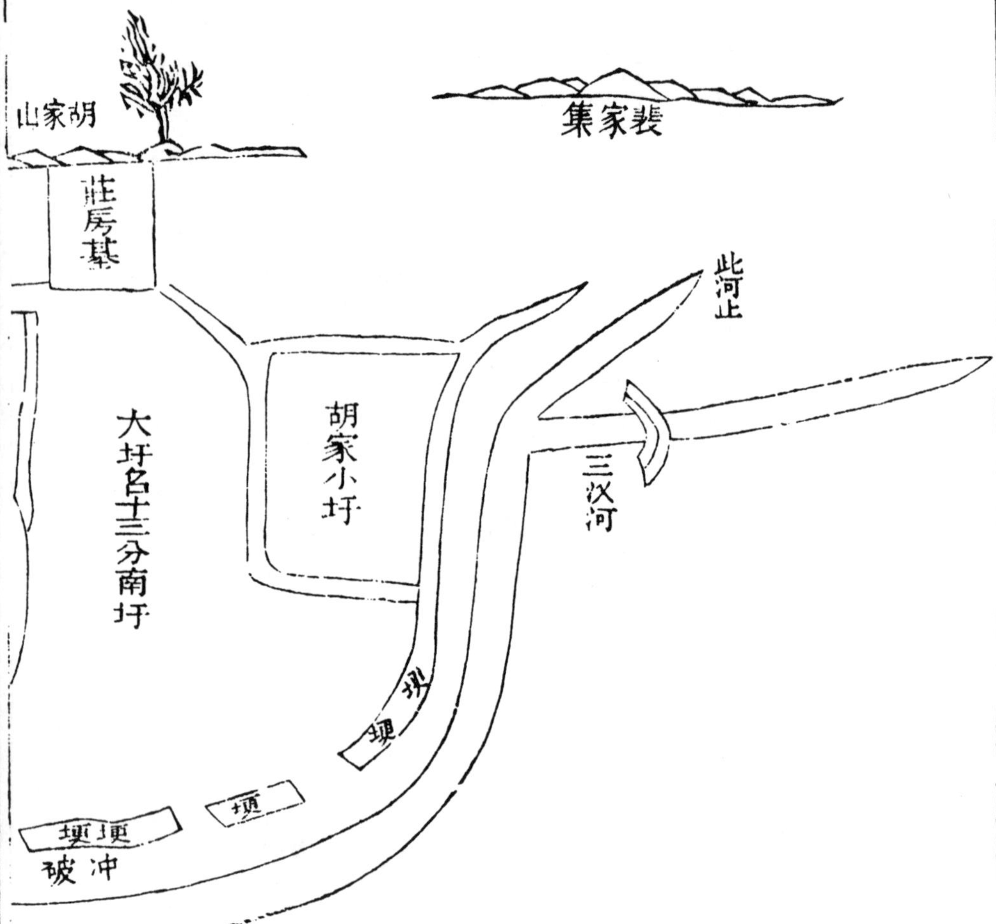

胡家小圩內全是普育堂官田
有種十五石

大圩內田畝過多普育堂官田
有種九石

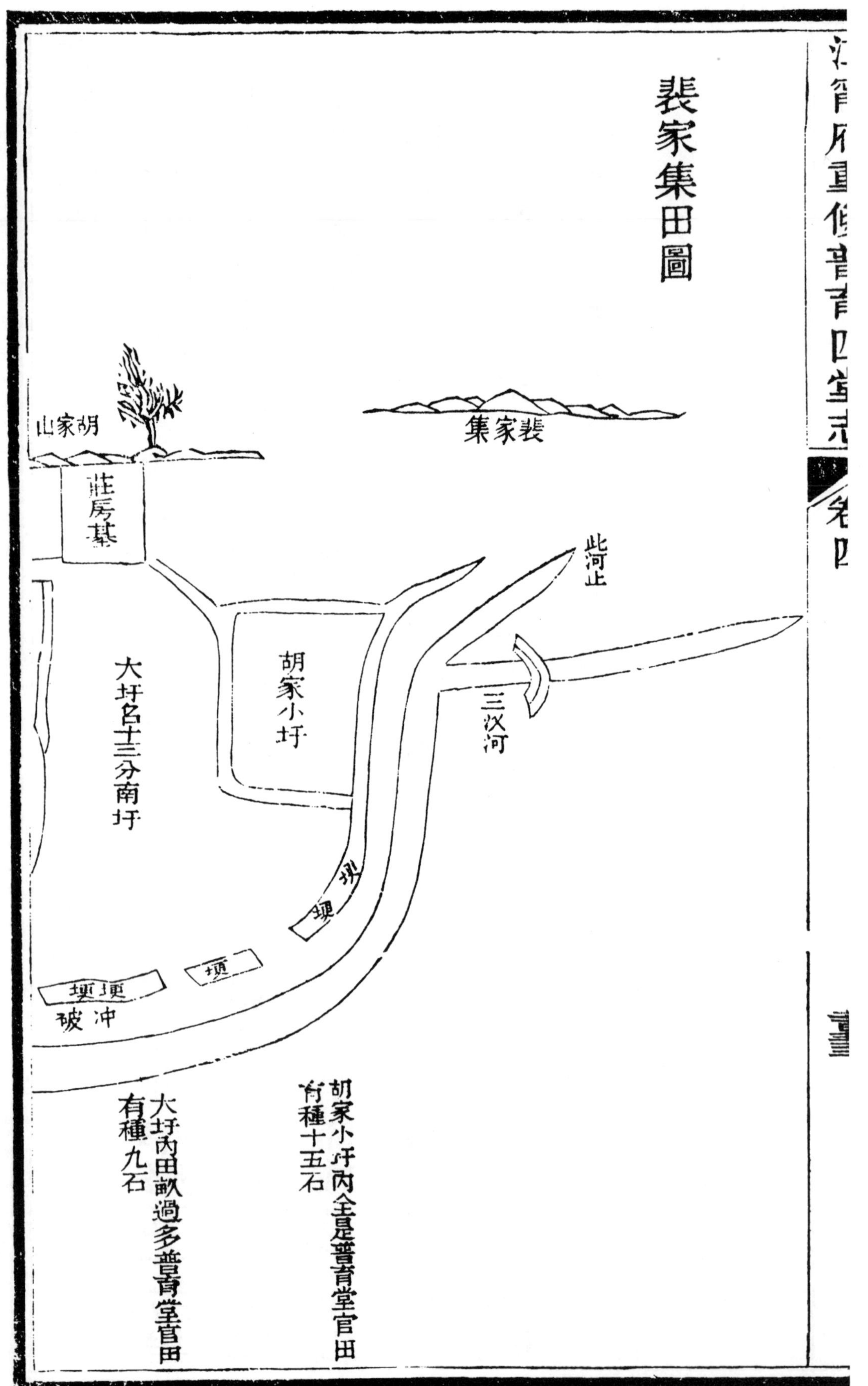

裴家集田圖

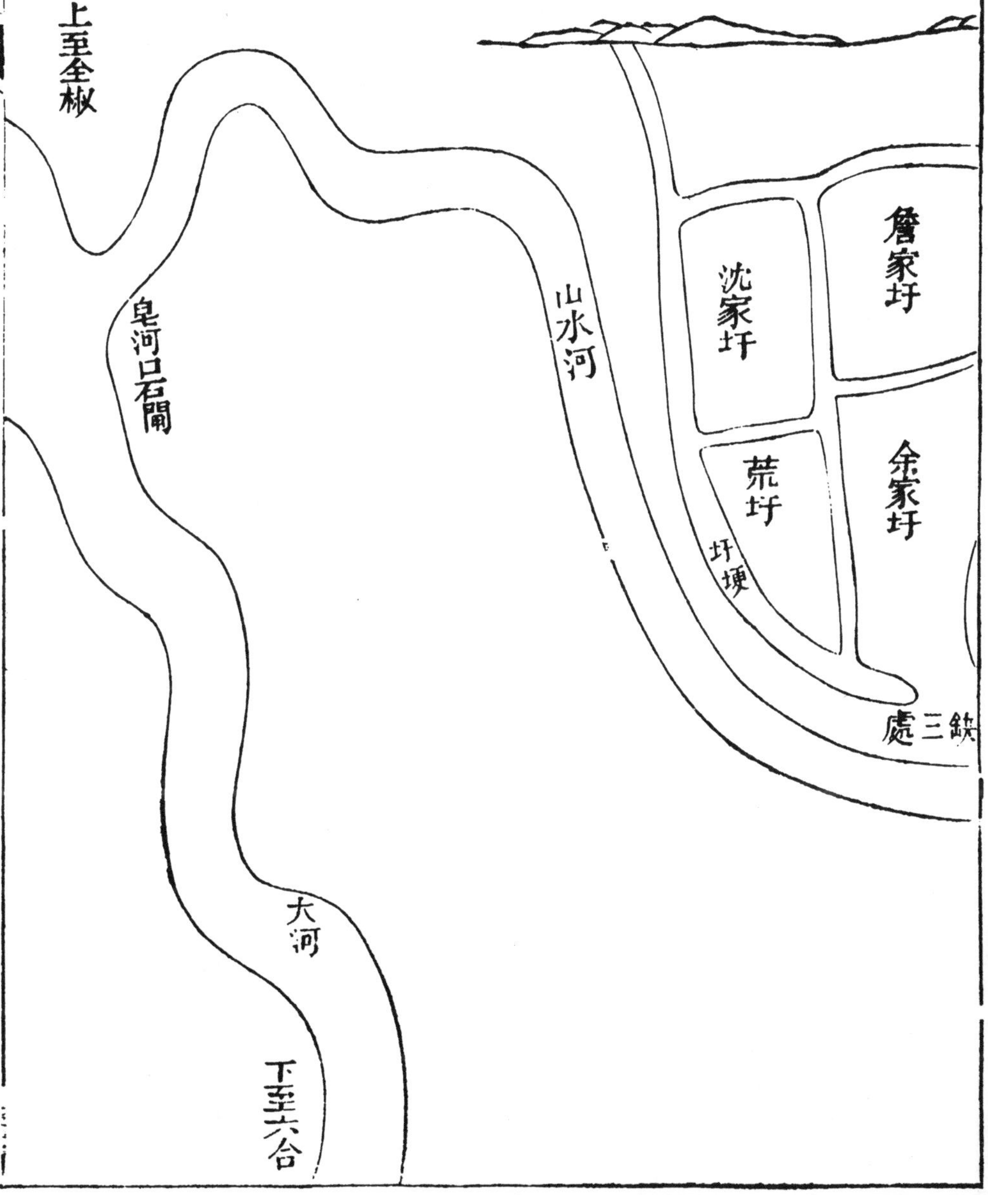
上至全椒
皂河口石閘
山水河
詹家圩
沈家圩
荒圩
余家圩
圩埂
鈌三處
大河
下至六合

陳官渡田圖

六合縣西南鄉距江甯省城旱路七十里水路一百四十里距六合縣城旱路二十五里水路六十五里同治五年查得原田水旱種十二石五十三坵公塘二口莊頭徐萬成孫有康領佃徐墾熟田種六石由六合縣莫給湘平銀三十一兩孫墾熟田種二石給湘平銀八兩十年查得該莊田在河套之內灘陂無埂內有土岡實在熟田種八石三十四坵荒田種四石十九坵屋基七間園地一塊曬場一塊公私塘二口光緒十二年張典史壽榮查得荒田均已成熟孫有康承佃田種八石徐中金承佃田種四石

陳官渡莊田圖

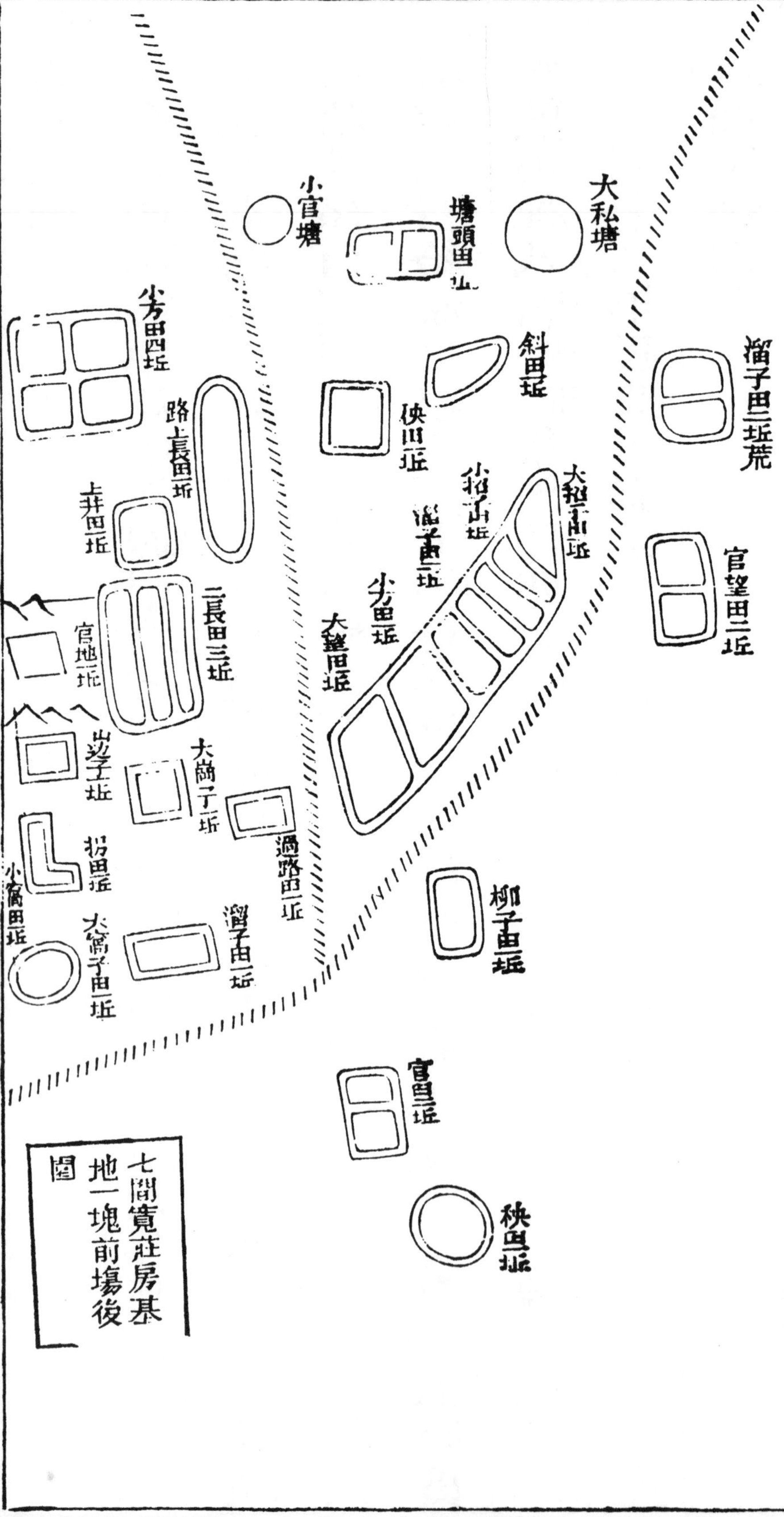

小官塘
塘頭田一坵
大私塘
小方田四坵
路上長田一坵
斜田一坵
溜子田二坵荒
上井田一坵
官望田二坵
小方田一坵
二長田三坵
大望田一坵
官地一坵
大崗子一坵
過路田一坵
拐田一坵
小窩田一坵
大窩子田一坵
溜子田一坵
柳子田一坵
官田二坵
秧田一坵
七間寬莊房基
地一塊前場後
圖

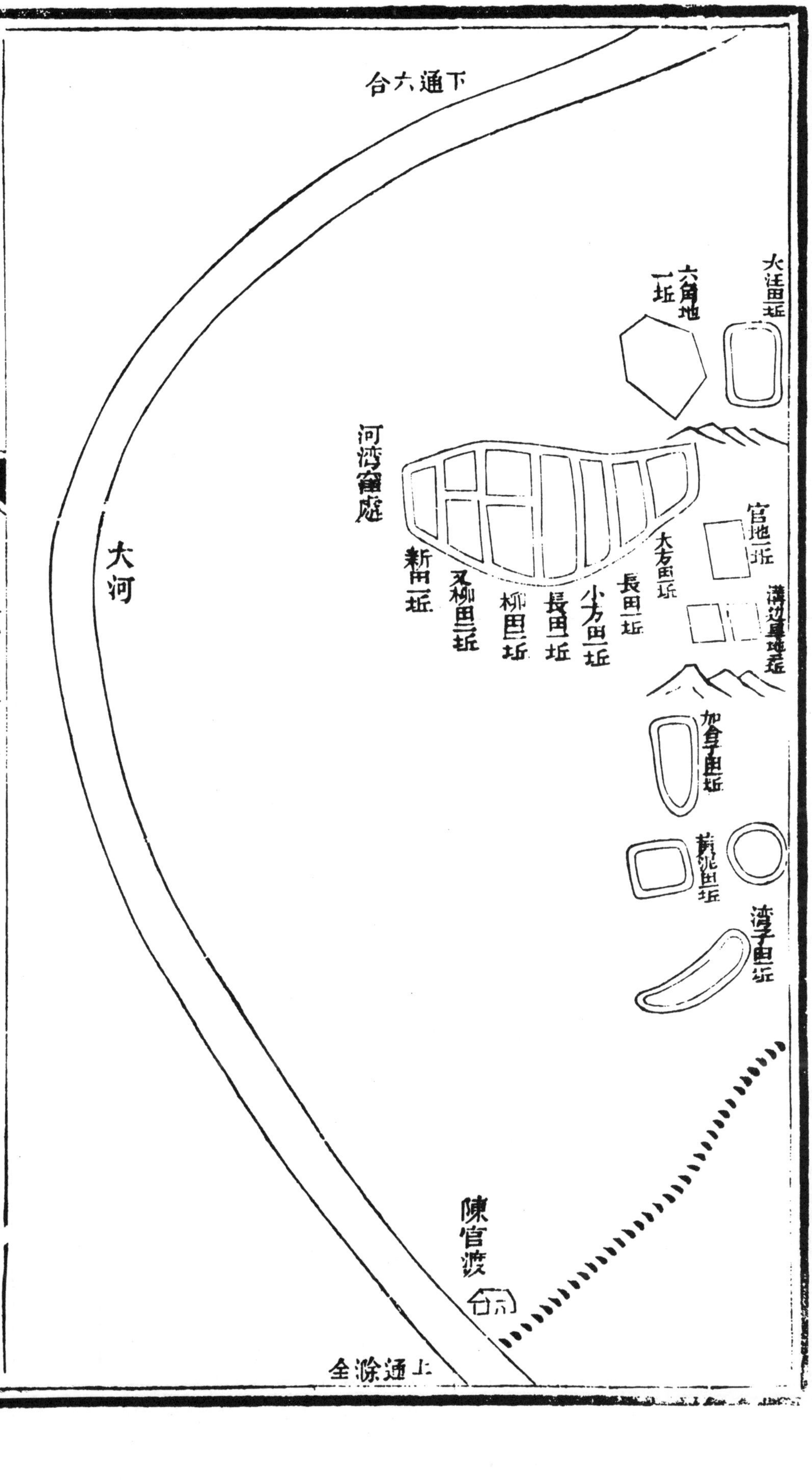
下通六合
大河
六角地一坵
大汪田一坵
河湾窰庭
官地一坵
大方田一坵
長田一坵
小方田一坵
長田一坵
柳田一坵
又柳田一坵
新田一坵
溝边旱地一坵
加倉子田一坵
湾子田一坵
陳官渡
上通滁全

陳官渡田圖

劉家圩田圖

六合縣屬南鄉係火神廟產業同治五年僧緣善病故奉善後局批充歸堂產其界西至吳姓田埂心東南北三面皆至公溝底公溝三道私塘一口十年六合知縣申稱該田畝數不符委從九錢斆泗會縣覆查稟稱七年經前縣丈得該田照二百四十弓爲一畝計荒熟田七十五畝七分四釐現按詳准定章以土弓三百十弓爲一畝照七七四折折實荒熟田共五十八畝六分二釐內計熟田二十六畝三分六釐荒田三十二畝二分六釐光緒十二年張典史壽榮查得該莊吳光裕領佃熟田二十六畝三分六釐新開熟田十七畝二分共計熟田四十三畝五分六釐現存荒田十五畝二釐陸續開墾未給墾費限三年後繳租

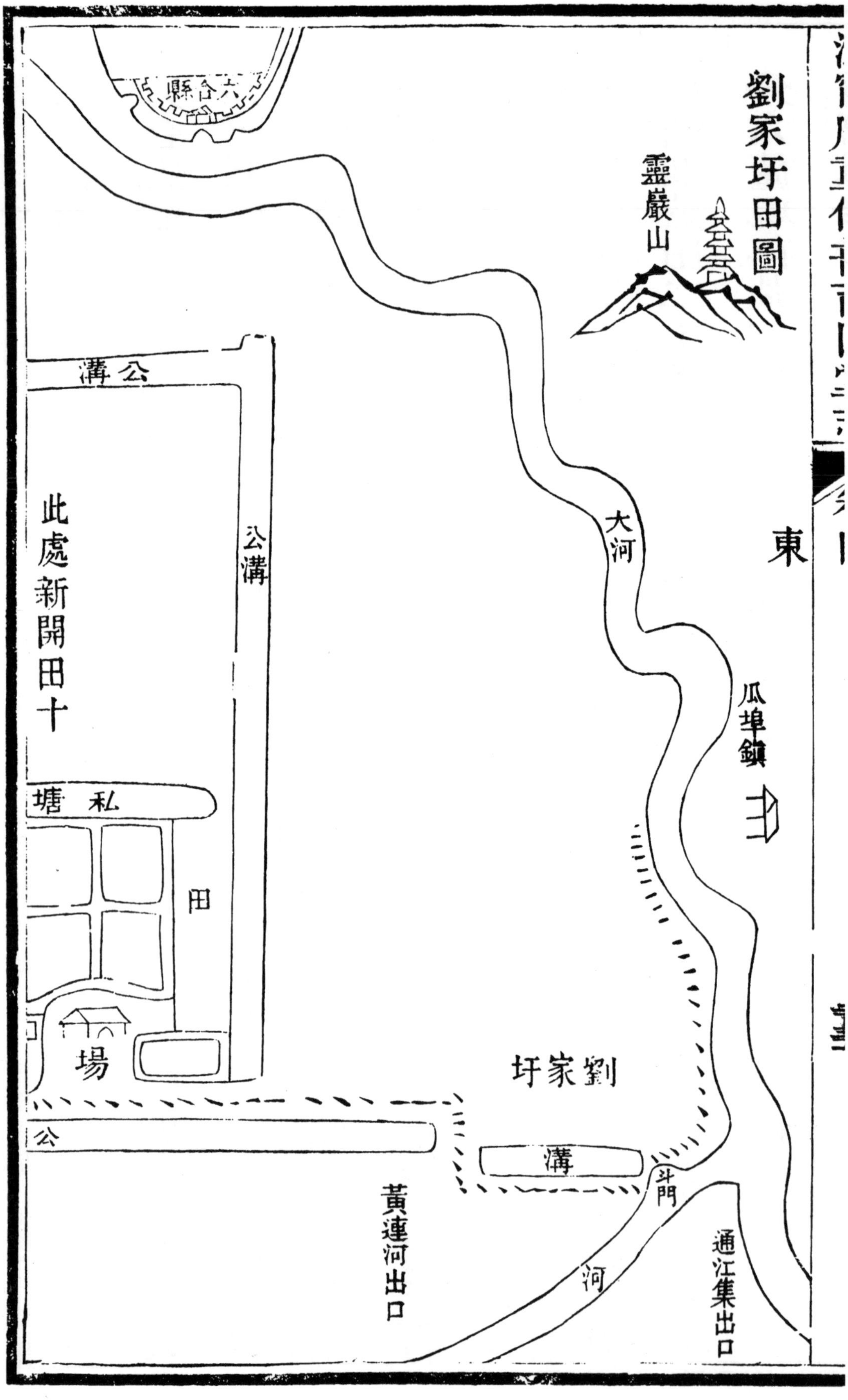
劉家圩田圖
靈巖山
六合縣
公溝
公溝
此處新開田十
私塘
田
場
大河
東
瓜埠鎮
劉家圩
公
溝
斗門
黃連河出口
河
通江集出口

劉家圩田圖

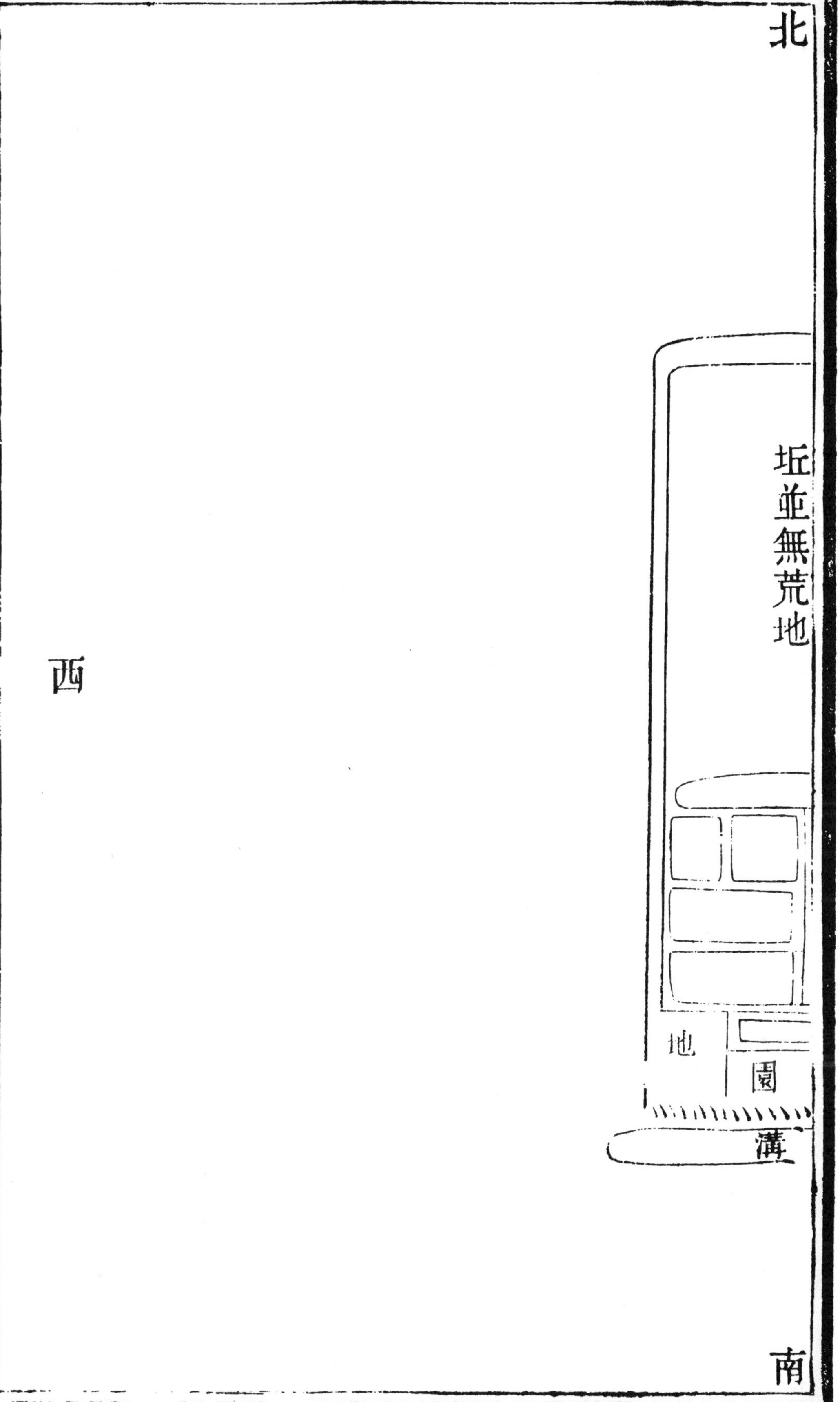

馬騾圩田圖

江浦縣南鄉高旺保上槽坊原田種荒熟三十六石同治十年江甯職員郭世爵稟請充歸堂產交尹玉鳳承佃光緒五年給墾費並雜用洋一百六十五元錢十千九百文六年給稻種並雜用洋二十三元七年給耔種並疏河道等用洋三十八元九年收拾莊房等費用洋二十元十二年修圩埂洋六十二元給佃戶楊洪洲魏啟盛墾費稻種洋十八元又給汪金貴買牛添屋等費洋四十一元九角八五錢四十千文典史張壽榮查得該田三十二石楊洪洲領種熟田五石三斗魏啟盛領種熟田九石朱開泰領種熟田四石三斗汪金貴領種熟田五石又新開田一石共計熟田種二十四石六斗尚存荒種七石四斗

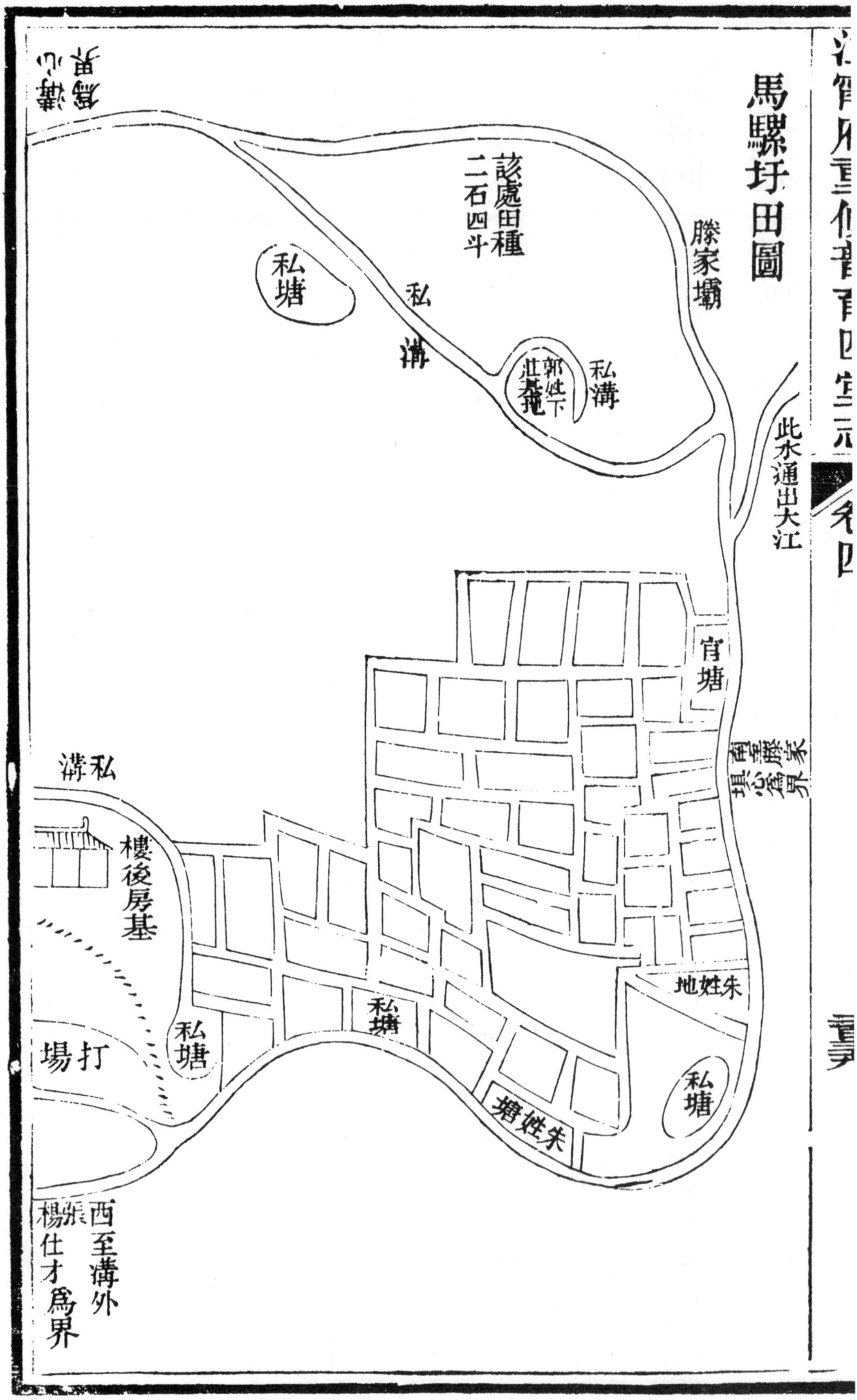
馬騾圩田圖
該處田種二石四斗
滕家壩
溝心為界
私塘
私溝
郭姓下莊基
私溝
此水通出大江
育塘
南至滕家塘心為界
私溝
樓後房基
朱姓地
私塘
私塘
打場
朱姓塘
私塘
西至溝外張楊仕才為界

馬騾圩田圖

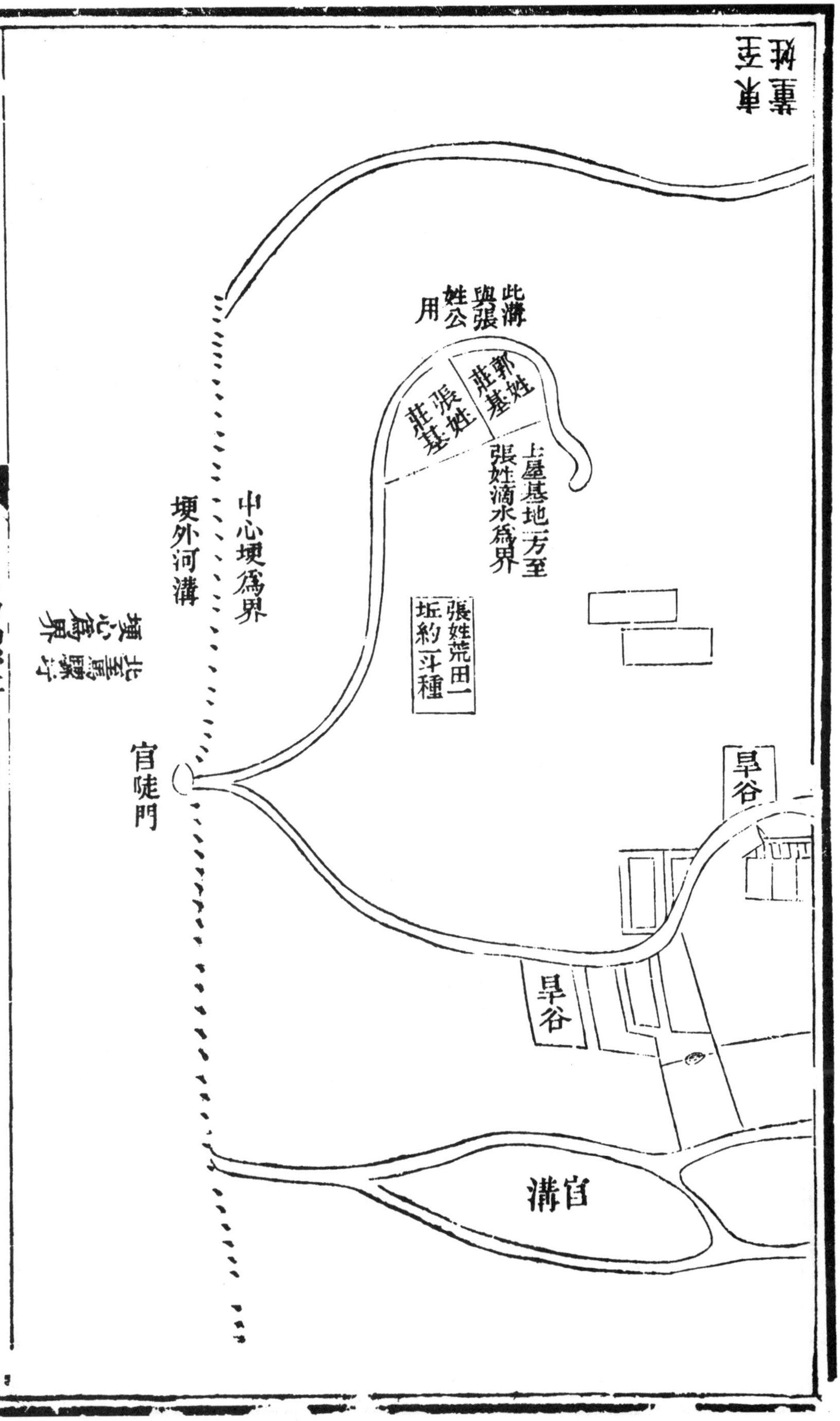
東至薑姓
此溝與張姓公用
郭姓莊基
張姓莊基
土壘基地一方至張姓滴水爲界
中心埂爲界
埂外河溝
北至馬騾圩埂心爲界
張姓荒田一坵約一斗種
官陡門
旱谷
旱谷
官溝

永豐圩田圖

無爲州無下三汎又名十連圩係報恩寺產業同治五年奉各憲批以三成歸寺以七成歸堂與救生局各半充公莊頭張應飛周有文領佃原田七百二十三畝五分五釐除挖壓田五十七畝二分五釐實在熟田六百六十六畝三分七年領盔草莊房三間折洋八元光緒十二年張典史壽榮查得該田七百三十一畝內除挖壓田四十九畝八分原老荒田四十一畝二分淨熟田六百四十畝莊頭周年壽端柳亭王道信領佃

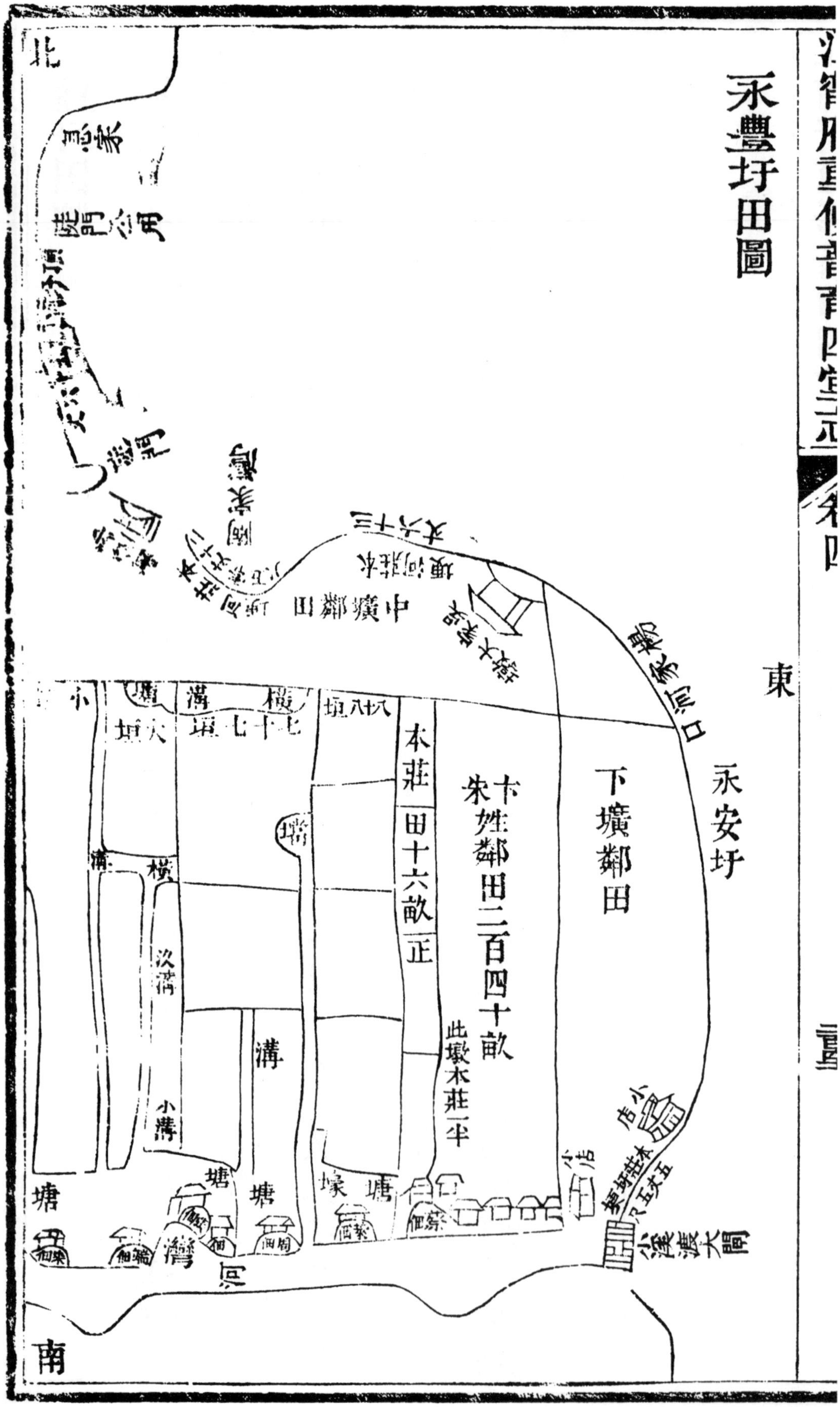

永豐圩田圖

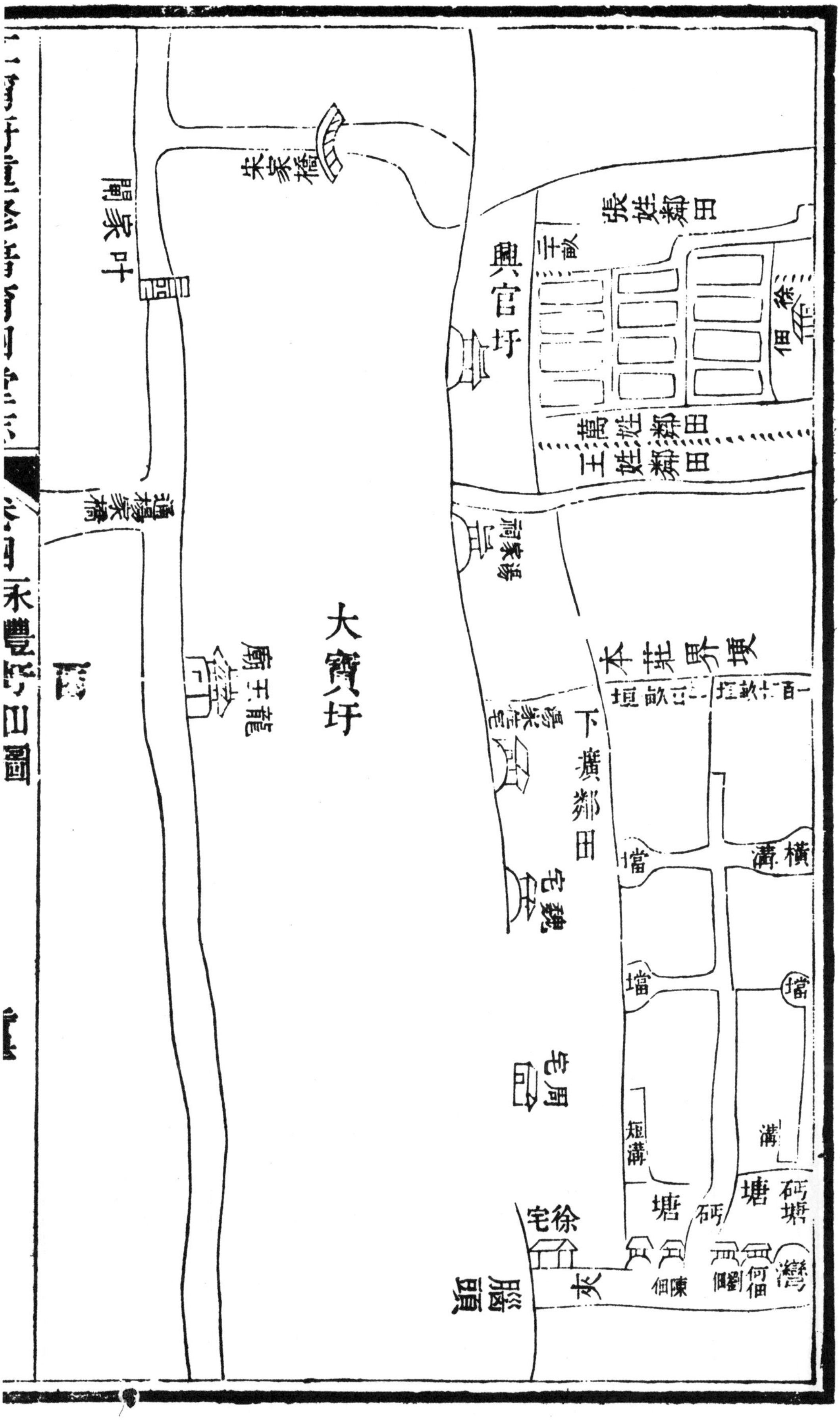
大寶圩
龍王廟
興官圩
東界址
下廣私田
魏宅
周宅
徐宅
張姓私田
萬姓私田
王姓私田
宋家橋

杜村田圖

當塗縣屬四圖采石磯下四五里距江甯省城一百二十里同治五年用正價銀七百六十四兩置買胡慰變等口號田一百十七畝六分實丈得田一百十三畝一分三釐六十八坵熟地三畝莊基四進四十間石磡四條稻場四塊內有房基七間石磡一條稻場一塊與張姓公共莊頭侯立本侯立昇承佃領修莊屋及修塘費洋十七元光緒十二年張典史壽榮查得原田一百十六畝內熟田八十畝又種豆田三十六畝外地三塊莊頭係侯姓領佃莊基四進四十間又東首莊基一塊又東南角曬場一塊塘大小十三口隨田過水溝一道石磡六條

杜村田圖

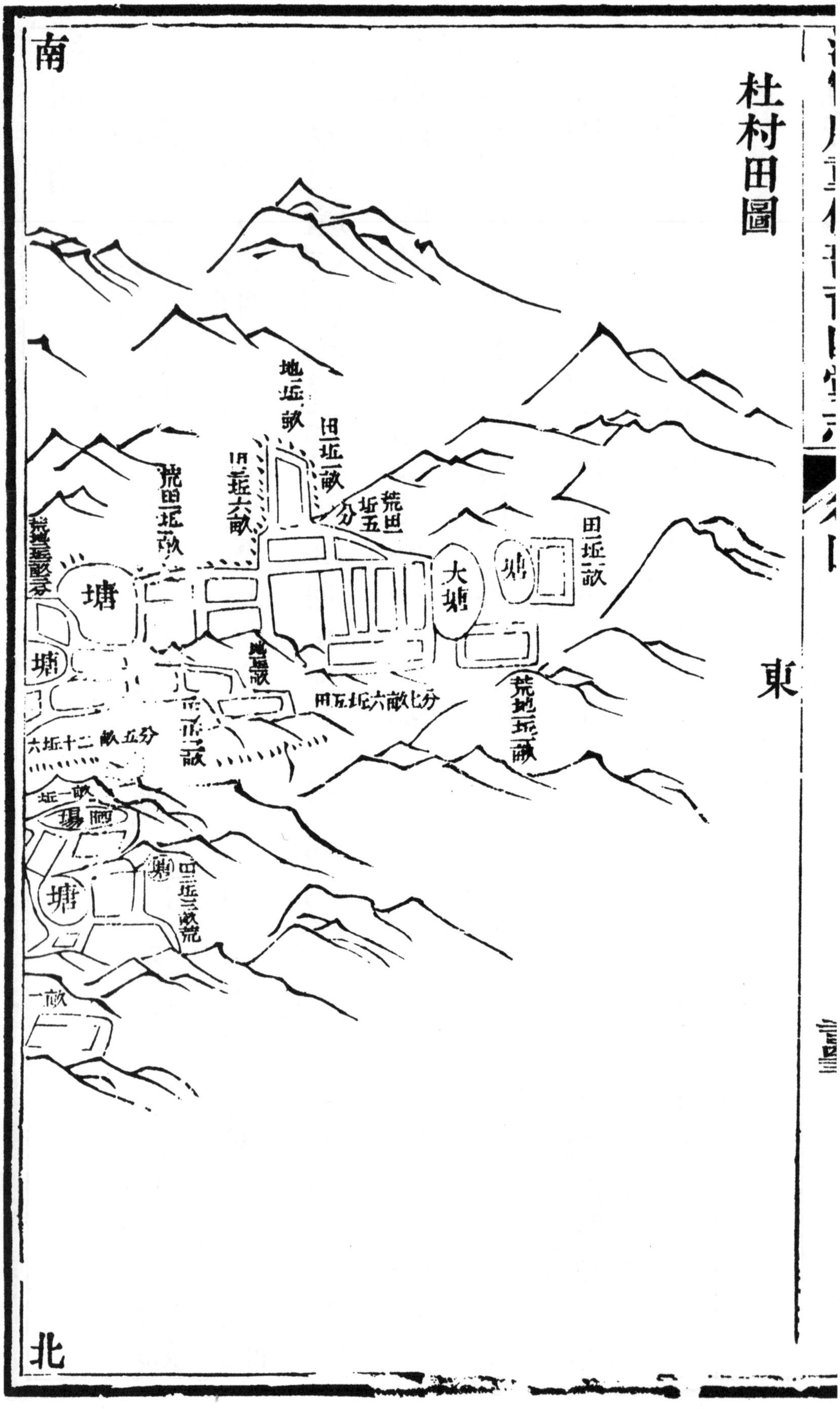

江甯府重修普育四堂志　卷四　杜村田房契

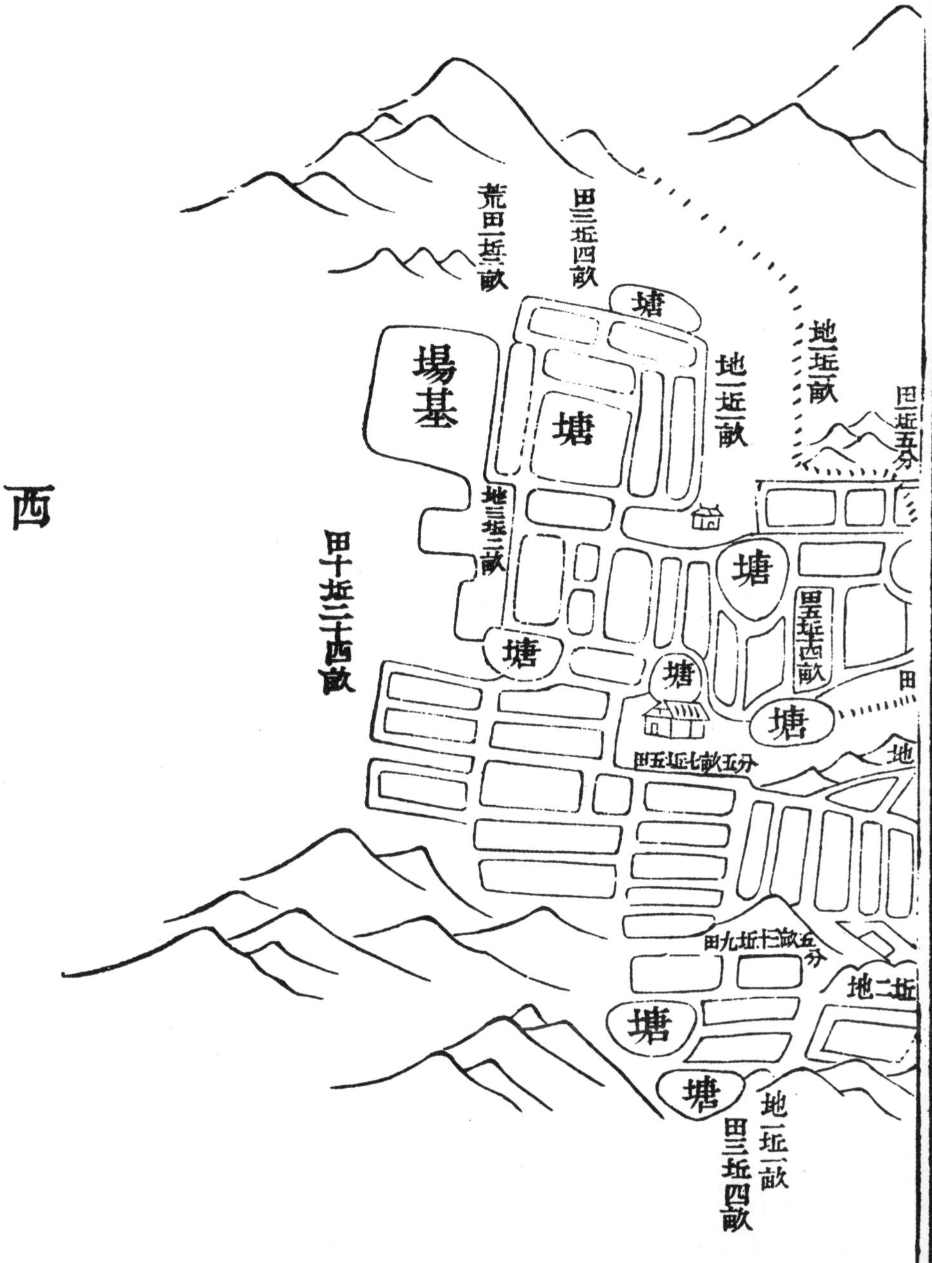

立杜賣田房文契胡恩燮胡恩培胡恩植胡恩錫胡恩澤胡光煜爲因正用願將自己置買民田口號一百十七畝六分實經丈量一百十三畝一分三釐隨田莊瓦草房塘池樹木基地稻場坂埂圩段等件磬莊發賣並將四至等項後開憑中陳厚卿等絕賣與江甯府普育堂爲業當日得受時值田房價湘平紋銀七百六十四兩四錢一併收足自賣之後聽憑買主拆卸翻蓋過犁耕種永遠執業並無親房上首及原主異言加贖枝節此係兩相情願亦無準折逼勒情弊恐後無憑立此絕賣田房文契爲據

莊草房基地四十間石磟四條稻場四面其內有草房基地七間石磟一條稻場一面係與侯姓公共又稻場一面與張姓公共其田所有塘埂樹木

坂埂基地圍䟺等件磬莊發賣寸土寸木片瓦寸草一概不留此照

計附尹姓赤契一紙併執所有上上各赤契均已遺失無存倘日後查出以

作廢紙無用又照

同治五年四月　日立杜絶賣田房文契胡恩爕胡恩培胡恩植胡恩錫胡

恩澤胡光煜漗中陳厚卿謝幼暉陳吉人孫澄之

江甯府重修普育四堂志卷五

升授蘇松太道前江甯府知府六安涂宗瀛原輯
三品銜即用道江甯府知府桐城孫雲錦續纂

度支

周官司書之職亞於司會所以主計會之簿書也普育堂出入款目歷經造冊報銷不出三項曰市房田產洲地爲一冊曰各堂用款暨變賣稻麥雜糧爲一冊曰各堂米薪爲一冊舊志逐款臚列殊涉繁瑣今謹撮其大凡以備鉤考

同治四五兩年分收款項下

一收善後局湘平銀壹萬捌千玖百拾陸兩壹錢貳分柒釐

又九八五錢壹千陸百千文

一收萬藩憲發下各州縣捐款湘平銀叁千貳百陸拾兩伍錢貳分伍釐

一收市房共十五所扣湘平銀壹百兩玖錢柒分捌釐

一收洲租扣湘平銀壹千叁拾陸兩陸錢貳分肆釐

一收餘柴變價扣湘平銀叁百陸拾肆兩玖錢

一收田地租扣湘平銀貳百肆拾捌兩陸錢捌分

一收出售粗細糠扣湘平銀伍拾兩捌錢捌分玖釐

一收營務處發來罰款扣湘平銀肆兩貳分玖釐

共收湘平銀貳萬叁千玖百捌拾貳兩柒錢伍分貳釐

共收九八五錢壹千陸百千文

同治四五兩年分支款塡下

一支修造普育堂湘平銀叄千肆百叄拾貳兩肆錢肆分肆釐

又九八五錢伍百千文

又修理李姓房屋借歸普育堂用九八五錢壹百柒拾壹千壹百叄拾柒文

一支修理老婦堂湘平銀叄百貳拾捌兩肆錢肆分

又九八五錢叄百貳拾捌千捌百陸拾叄文

一支修理清節堂湘平銀壹千貳百叄拾肆兩貳錢柒分捌釐

又九八五錢陸百千文

一支買大夫第金姓樓房一所湘平銀壹千兩

又修理工料雜用湘平銀叁百肆拾陸兩壹錢叁分伍釐

一支買大夫第單姓樓房一所湘平銀壹千貳百兩

又修理工料雜用湘平銀壹百貳拾兩柒錢伍分捌釐

一支投印金單二姓房契正税湘平銀捌拾陸兩捌錢捌分陸釐貳毫

一支給陸徐氏捐送石將軍巷平房一所湘平銀伍兩伍錢玖分肆釐

又修理工料雜用湘平銀玖兩伍錢伍分壹釐

一支買胡姓當塗縣杜郙莊田一所湘平銀柒百陸拾肆兩肆錢

又投印田契正税湘平銀貳拾柒兩柒錢玖分捌釐

又完上下忙錢漕兩項湘平銀拾叁兩捌分伍釐

一支買夏姓上元縣長甯鄉莊田一所湘平銀伍百玖拾柒兩貳錢伍分

又買基地一方湘平銀叁兩伍錢伍分

又投印田契正税湘平銀貳拾貳兩叁分玖釐

一支買王姓江甯縣葛塘寺莊田一所湘平銀肆百玖拾兩

又投印田契正税湘平銀貳拾壹兩壹錢肆分叁釐叁毫

一支買翦子巷蔣姓基地一方湘平銀貳拾玖兩柒錢

一支給六合縣陳官渡莊頭牛本湘平銀叁拾玖兩

一支借給大黄洲貼戶九八五錢貳百千文抑湘平銀壹百叁拾玖兩捌錢

陸分

一支採買米價湘平銀貳千叁百伍拾貳兩叁錢陸分伍釐

一支採買稻穀置辦礱碓器具湘平銀貳千叁百陸拾兩捌錢壹分陸釐

一支普育堂四年分薪工雜用湘平銀叁千叁百玖拾伍兩伍分伍釐

又五年分薪工雜用湘平銀叁千柒拾伍兩捌錢捌分叁釐

一支清節堂四年分秋冬兩季薪工雜用湘平銀肆百肆兩肆錢肆釐

又五年分薪工雜用湘平銀玖百拾壹兩叁錢伍分叁釐

一支牛痘局四年分夏秋冬三季薪工雜用湘平銀伍百伍拾兩

又五年分薪工雜用湘平銀陸百伍拾陸兩伍錢捌分

共支湘平銀貳萬叁千陸百拾捌兩叁錢陸分柒釐伍毫

共支九八五錢壹千陸百千文

同治六年分收款項下

一收舊存湘平銀叁百陸拾肆兩叁錢捌分肆釐伍毫

一收善後局湘平銀叁千捌百叁拾捌兩叁錢肆分陸釐

又九八五錢捌百貳拾壹千叁百伍拾伍文

一收畝捐足錢串九八五錢貳千叁百拾千陸拾貳文

一收市房租洋扣湘平銀貳百兩貳錢壹分伍釐

一收洲租湘平銀伍拾玖兩柒錢肆分伍釐

又九八五錢壹千叁拾叁千叁百叁拾叁文
一收餘柴變價湘平銀貳拾壹兩貳錢伍分貳釐
又九八五錢貳百肆拾陸千文
一收大黃洲卧戶繳還五年分借款九八五錢貳百千文
一收田地租錢扣湘平銀貳拾壹兩柒錢叁分玖釐
一收官茶局餘存湘平銀肆拾兩壹錢玖分
一收雜糧變價洋扣湘平銀壹百貳拾壹兩壹分
一收出售粗細糠錢扣湘平銀貳拾兩肆錢叁分
一收佃戶繳還領款洋扣湘平銀貳兩捌錢捌分

一收存款即市房押月錢扣湘平銀叁拾柒兩貳錢貳分肆釐伍毫

一收鳳池書院借用木瓦償價湘平銀貳拾壹兩叁錢叁分壹釐

一收保甲局交來罰款洋扣湘平銀拾捌兩

共收湘平銀肆千柒百陸拾陸兩柒錢肆分柒釐

共收九八五錢肆千陸百拾千柒百伍拾文

同治六年分支款項下

一支買石壩街福姓房屋一所湘平銀叁百柒拾兩

一支修理大夫第金單二姓房屋湘平銀陸兩捌錢陸分貳釐

一支借給杜郵莊頭洋叁員扣湘平銀貳兩壹錢陸分

一支借給大黃洲則戶九八五錢叁百千文

一支採買米穀並使用各費九八五錢貳千叁百拾壹千玖百陸拾柒文

一支礲碓夫工雜用湘平銀肆拾柒兩柒錢叁分

一支買木料松板湘平銀叁拾伍兩柒錢玖分

一支普育堂薪工並修屋買基各項雜用湘平銀貳千壹百陸拾肆兩玖錢叁分叁釐

又九八五錢肆百拾貳千陸百貳拾陸文

一支清節堂薪工雜用湘平銀陸百陸拾陸兩壹分捌釐

又九八五錢叁百拾捌千柒百肆拾捌文

一支牛痘局薪工雜用湘平銀伍百叁兩玖錢陸分叁釐
又九八五錢柒拾貳千文
共支湘平銀叁千柒百玖拾柒兩肆錢伍分陸釐
共支九八五錢叁千肆百拾伍千叁百肆拾壹文

同治七年分收款項下

一收舊存湘平銀玖百陸拾玖兩貳錢玖分壹釐
又九八五錢壹千壹百玖拾伍千肆百玖文
一收善後局湘平銀伍千壹百叁拾柒兩壹錢貳分
一收畝捐足錢申九八五錢壹千柒百玖拾壹千玖百貳拾伍文

一收郭軍門捐九八五錢壹百千文

一收市房租湘平銀伍拾叁兩玖錢

又洋蚨壹百肆拾柒員伍角

又九八五錢陸百叁拾叁千叁百玖拾肆文

一收洲租洋蚨叁拾員

又九八五錢壹百壹千文

一收餘柴變價九八五錢叁百叁拾貳千文

一收田地租九八五錢肆拾千叁百文

一收出售粗細糠錢扣湘平銀貳拾兩肆錢叁分

一收靖安廠田戶繳租洋蚨捌員叁角叁分叁釐

一收大黃洲貞戶繳還借款九八五錢叁百千文

一收杜邨佃戶繳還借款洋蚨叁員

一收雜糧變價洋蚨壹百捌拾捌員柒角貳釐

又九八五錢伍千肆百伍拾捌文

一收石將軍巷陸陳氏繳還裝修湘平銀壹百貳拾貳兩肆錢

一收保甲局發來唐王氏房價九八五錢貳拾千文

一收押租存款湘平銀肆拾叁兩壹錢貳分

又九八五錢貳拾千文

又洋蚨拾陸員

一收民婦陳氏捐助洋蚨叁拾員

一收保甲局移交罰款湘平銀伍拾兩

一收句容縣鄉董浮收畝捐九八五錢捌千柒百陸拾文

共收湘平銀陸千叁百玖拾陸兩貳錢陸分壹釐

共收九八五錢伍千伍百肆拾柒千貳百肆拾陸文

共收洋蚨肆百貳拾叁員伍角叁分伍釐

同治七年分支款項下

一支買驢子市孫姓市房一所湘平銀肆百伍拾陸兩

又投印房契正税湘平銀拾捌兩玖分捌釐
又成契雜用九八五錢肆千伍拾肆文
一支買評事街張姓市房一所九八五錢貳千伍拾壹千壹百伍拾陸文
又成契雜用九八五錢陸千玖百伍拾伍文
一支買陸郎橋張姓田一莊九八五錢壹千叁百伍拾柒千伍百玖拾陸文
一支退還石將軍巷楊姓押租湘平銀拾肆兩
一支退還蛇山佃戶方三元押租九八五錢貳拾千文
一支借給大黄洲趴戶九八五錢叁百千文
一支新造普育堂對面市房及育嬰堂房屋倉廒等項九八五錢壹千柒百

玖拾壹千玖百貳拾伍文

又修理市房工料湘平銀貳百肆拾貳兩貳錢柒分

一支礲碓夫工雜用湘平銀壹百貳拾玖兩捌錢肆分叁釐

一支普育堂薪工雜用湘平銀叁千貳拾兩壹錢貳分貳釐

又洋蚨肆百貳拾叁員伍角叁分伍釐

又九八五錢捌千柒拾貳文

一支清節堂薪工雜用湘平銀捌百肆拾肆兩壹錢伍分

一支牛痘局薪工雜用湘平銀壹千貳拾陸兩壹錢貳分伍釐

共支湘平銀伍千柒百伍拾兩陸錢捌釐

共支九八五錢伍千伍百叁拾玖千柒百伍拾捌文

共支洋蚨肆百貳拾叁員伍角叁分伍釐

同治八年分收款項下

一收舊存湘平銀陸百肆拾伍兩陸錢伍分叁釐

又九八五錢柒千肆百捌拾捌文

一收善後局湘平銀陸千貳百兩

一收升任蘇松太道涂觀督捐湘平銀伍百兩

一收市房租湘平銀貳百伍拾陸兩叁錢捌分

又九八五錢柒百捌拾玖千捌百伍拾柒文

又洋蚨壹百叁拾捌員叁角

一收洲租湘平銀陸拾兩玖錢柒分陸釐

又九八五錢柒百叁拾玖千肆百伍拾伍文

又洋蚨伍拾玖員伍角

又餘柴變價九八五錢壹百拾柒千肆百陸拾文

一收田地租洋蚨拾員柒角伍分

又九八五錢肆拾貳千貳百捌拾文

一收雜糧變價洋蚨叁拾貳員捌角壹分伍釐

一收出售粗細糠錢扣湘平銀叁拾玖兩壹錢陸分

一收李芳林贖回長甯鄉田價湘平銀伍百玖拾柒兩貳錢伍分

又繳還水車洋蚨拾叁員

一收押租存款洋蚨叁拾員

又九八五錢貳拾捌千肆百文

一收大黃洲貞戶繳還借款九八五錢叁百千文

一收無爲洲佃戶繳還借款洋蚨叁員

共收九八五錢貳千貳拾肆千玖百肆拾壹文

共收洋蚨貳百伍拾柒員叁角陸分伍釐兌湘平銀壹百玖拾叁兩肆

錢叁分玖釐

共收湘平銀捌千肆百玖拾貳兩捌錢伍分捌釐

同治八年分支款項下

一支買評事街柏姓市房一所湘平銀玖百柒拾兩

一支買翁子巷張姓市房一所湘平銀柒百陸拾伍兩

一支典普育堂間壁李姓住房一所湘平銀肆百伍拾兩扣九八五錢柒百叁拾捌千文

一支買雙塘劉姓市房一所九八五錢陸百肆拾陸千捌百拾柒文

一支買房成契雜用九八五錢拾壹千貳百陸拾陸文

一支完納中河魚稅湘平銀陸錢伍分陸釐

一支借給大黄洲卧戸九八五錢叁百千文
一支借給印子洲卧戸九八五錢肆千文
一支退還承恩寺市房孫姓押租湘平銀柒兩伍錢
一支退還石壩街住房陳姓押租湘平銀肆兩伍錢
一支修理評事街市房工料湘平銀叁百陸拾貳兩陸錢肆分伍釐
一支修理雙塘住房工料湘平銀柒拾叁兩伍錢玖分
一支普育堂薪工雜用湘平銀叁千肆拾肆兩伍錢肆分捌釐
一支育嬰堂夏秋冬薪工雜用湘平銀壹千貳百叁拾叁兩柒錢壹分柒釐
一支清節堂薪工雜用湘平銀柒百捌拾壹兩貳錢柒釐

一支牛痘局薪工雜用湘平銀伍百玖拾陸兩捌錢肆分柒釐

共支湘平銀柒千捌百肆拾兩貳錢壹分

共支九八五錢壹千柒百千捌拾叁文

同治九年分收款項下

一收舊存湘平銀陸百伍拾貳兩陸錢肆分捌釐

又九八五錢叁百貳拾肆千捌百伍拾柒文

一收善後局湘平銀陸千伍百兩

一收餘慶堂捐款洋蚨貳百員

一收市房租湘平銀貳百玖拾玖兩

又洋蚨肆百伍拾伍員捌角玖分陸釐

又九八五錢壹千玖拾叁千肆拾伍文

一收洲租九八五錢捌百陸拾叁千伍百拾肆文

又洋蚨伍拾玖員伍角

一收餘柴變價洋蚨陸百員

一收田地租九八五錢叁拾千文

又洋蚨貳拾捌員玖分

又雜糧變價洋蚨壹百陸拾員肆角叁分陸釐

一收大黃印子兩洲財戶繳還借款九八五錢叁百肆千文

一收出售粗細糠錢扣湘平銀拾肆兩叁錢伍分壹釐

一收押租存款洋蚨壹百拾貳員肆角

又九八五錢叁拾貳千陸百文

一收修理復隆棧餘料變價九八五錢壹百拾壹千叁百拾捌文

一收善後局發來私鹽罰款湘平銀貳拾叁兩肆錢

共收九八五錢貳千柒百伍拾玖千叁百貳拾肆文以壹千玖百拾柒千肆百伍拾叁文兌湘平銀壹千壹百肆拾壹兩壹錢叁分壹釐實收錢捌百肆拾壹千捌百捌拾壹文

共收洋蚨壹千陸百拾陸員叁角貳分貳釐以壹千肆百玖拾玖員叁

角貳分貳釐兌湘平銀壹千壹百拾叁兩柒錢叁分陸釐實收洋壹

百拾柒員

共收湘平銀玖千柒百肆拾肆兩貳錢柒分貳釐

同治九年分支款項下

一支買卓犖堂基地叁拾方湘平銀肆拾貳兩捌錢肆分

一支買評事街柏姓住房兩進湘平銀肆百捌兩

一支買評事街柏姓市房一所湘平銀肆百拾柒兩貳錢

一支買饒坊廊譚姓市房一所湘平銀貳百叁拾捌兩肆錢

一支買石壩街王姓住房一所湘平銀叁百柒拾貳兩伍錢

一支買三山街伍姓市房一所湘平銀柒百拾叁兩肆錢伍分

一支買三山街楊伍兩姓毗連市房一所湘平銀柒百陸拾伍兩

一支買講堂大街馬姓市房一所湘平銀叁百叁拾陸兩壹錢陸分叁釐

一支買青馬羣賀姓田一莊湘平銀叁百壹兩伍錢陸分

一支買板橋柏家邨陳姓田一莊湘平銀貳百貳拾兩肆錢壹分

一支田房成契雜用九八五錢貳拾捌千肆百拾文

一支完納中河魚稅湘平銀壹兩玖錢陸分陸釐

一支刻普育四堂志工料川貲等項用九八五錢壹百陸拾壹千陸百柒拾壹文

又刻圖說洋蚨玖拾陸員
一支退還五處押租共扣洋蚨貳拾壹員
又九八五錢壹千捌百文
一支借給大黃洲貼戶九八五錢叁百千文
一支普育堂薪工雜用湘平銀叁千壹百拾伍兩陸錢貳分伍釐
一支育嬰堂薪工雜用湘平銀壹千叁百玖兩捌錢肆釐貳毫
一支清節堂薪工雜用湘平銀捌百伍拾伍兩肆錢叁分壹釐
一支牛痘局薪工雜用湘平銀陸百捌兩貳錢陸分玖釐
共支湘平銀玖千柒百陸兩陸錢壹分捌釐貳毫

共支洋蚨壹百拾柒員

共支九八五錢肆百玖拾壹千捌百捌拾壹文

同治十年分收款項下

一收舊存湘平銀叁拾柒兩陸錢伍分叁釐捌毫

又九八五錢叁百伍拾千六

一收善後局湘平銀陸千兩

一收市房租湘平銀壹百肆拾叁兩

又洋蚨捌百捌拾員玖分叁釐柒毫

又九八五錢壹千伍千壹百伍拾玖文

一收洲租洋蚨伍拾玖員伍角
又九八五錢柒百捌拾叁千文
一收餘柴變價九八五錢壹百叁千叁百肆拾文
一收田地租洋蚨叁百員陸角叁分叁釐
又九八五錢肆拾捌千陸百捌拾文
一收出售稻穀湘平銀拾柒兩貳錢玖分壹釐
一收押租存款湘平銀壹兩叁錢壹分伍釐肆毫
又洋蚨壹百叁拾陸員陸角肆分玖釐肆毫
又九八五錢叁拾捌千叁百文

一收大黃洲圩戶繳還借款九八五錢叁百千文

共收湘平銀陸千壹百玖拾玖兩貳錢陸分貳釐以壹百柒拾玖兩玖錢玖分陸釐壹毫兌七四折洋蚨貳百肆拾叁員貳角叁分捌釐實收湘平銀陸千拾玖兩貳錢陸分伍釐玖毫

共收九八五錢貳千陸百貳拾捌千肆百柒拾玖文以壹千貳拾千捌拾叁文兌一二八折洋蚨柒百玖拾陸員玖角叁分玖釐捌毫實收九八五錢壹千陸百捌千叁百玖拾陸文

共收洋蚨貳千肆百拾柒員伍分叁釐玖毫

同治十年分支款項下

一支買水西門外周姓市房一所洋蚨玖拾員

一支買水西門外張姓房地相連市房一所洋蚨叄百伍拾員

一支買水西門外邱姓基地洋蚨叄拾員

一支買南門外上馬頭余姓市房一所洋蚨玖百伍拾員

一支買南門外上馬頭葉姓市房一所洋蚨捌百玖拾員

一支買銅作坊陳姓等市房二號九八五錢肆百叄拾千文

一支買楊庫邨屈姓莊房洋蚨貳拾肆員

一支買房成契雜用九八五錢拾叄千陸百貳拾柒文

一支馬騾圩田莊修屋換牛洋蚨伍員陸角伍分肆釐

又九八五錢貳拾捌千文

一支補刊堂志田房圖拾伍箇洋蚨拾伍員

一支堂志繪圖刻字並刷印志書伍拾部九八五錢捌拾玖千捌百陸拾文

一支完納中河魚稅湘平銀壹兩玖錢柒分肆釐玖毫

一支退還各處押月洋蚨陸拾貳員肆角

又九八五錢叁拾柒千捌百文

一支借給大黃洲䣊戶九八五錢叁百千文

一支普育堂薪工雜用湘平銀叁千叁百柒兩玖錢陸釐

一支育嬰堂薪工雜用湘平銀壹千壹百貳拾柒兩陸錢捌分伍釐

一支清節堂薪工雜用湘平銀柒百捌拾壹兩玖錢玖分叁釐
一支牛痘局薪工雜用湘平銀陸百捌拾玖兩捌錢玖分柒釐
共支湘平銀伍千玖百玖兩肆錢伍分伍釐玖毫
共支洋蚨貳千肆百拾柒員伍分肆釐
共支九八五錢捌百玖拾玖千貳百捌拾柒文
同治十一年分收款項下
一收舊存湘平銀壹百玖兩捌錢壹分
又九八五錢柒百玖千壹百玖文
一收善後局湘平銀陸千兩

一收市房租湘平銀肆百陸兩

又洋蚨壹千伍拾捌員陸角伍分

又九八五錢玖百伍拾伍千肆百叁拾貳文

一收洲租九八五錢壹千貳百肆拾貳千玖拾肆文

又洋蚨伍拾玖員伍角

一收餘柴變價九八五錢貳百叁拾捌千壹百玖拾玖文

一收田地租洋蚨貳百玖拾陸員捌角捌分捌釐

一收出售雜糧九八五錢肆拾捌千柒百柒拾文

一收出售粗細糠錢扣湘平銀拾貳兩壹錢捌分肆釐

一收押月存款九八五錢柒千貳百文
又洋蚨捌拾柒員捌角
一收大黃洲貼戶繳還借款九八五錢叁百千文
共收九八五錢叁千伍百千捌百肆文以伍拾貳千玖百貳拾伍文兌
湘平銀叁拾兩肆錢壹分柒釐以壹千壹百伍拾肆千壹百玖文兌
洋蚨捌百伍拾玖員玖角玖分貳釐實收九八五錢貳千貳百玖拾
叁千柒百柒拾文
共收洋蚨貳千叁百陸拾貳員捌角叁分以洋叁百柒拾陸員捌角叁
分兌湘平銀貳百捌拾兩玖錢肆分陸釐貳毫實收洋蚨壹千玖百

捌拾陸員

共收湘平銀柒千肆拾貳兩叁錢伍分柒釐貳毫以銀貳百叁兩兌洋蚨貳百伍拾捌員貳角柒分實收銀陸千捌百叁拾玖兩叁錢伍分柒釐貳毫

同治十一年分支款項下

一支買水西門外陳姓市房一所洋蚨捌百叁拾員

一支買三山街陳姓市房一所洋蚨壹千壹百伍拾員

一支買釣魚台李姓市房一所九八五錢貳百千文

一支買堆草巷李姓基地伍拾柒方陸尺湘平銀捌拾貳兩貳錢伍分貳釐

捌毫

一支買堆草巷傅姓基地伍拾捌方陸尺捌寸湘平銀捌拾叁兩柒錢玖分伍釐

一支買普育堂間壁李姓住房一所湘平銀伍百伍拾兩

一支買房成契雜用九八五錢拾貳千伍百陸拾文

一支完納中河魚稅湘平銀壹兩叁錢壹分伍釐肆毫

一支退還押月洋蚨陸員

又九八五錢壹千捌百文

一支補刻堂志圖字九八五錢貳拾肆千伍百玖拾貳文

一支借給大黄洲貼戶九八五錢叁百千文
一支普育堂薪工雜用湘平銀叁千玖拾叁兩叁錢壹分肆釐
一支育嬰堂薪工雜用湘平銀壹千貳百陸拾柒兩肆錢肆分伍釐
一支清節堂薪工雜用湘平銀柒百捌拾陸兩伍分陸釐
一支牛痘局薪工雜用湘平銀柒百貳拾壹兩柒錢陸分陸釐
共支湘平銀陸千伍百捌拾伍兩玖錢肆分肆釐貳毫
共支洋蚨壹千玖百捌拾陸員
共支九八五錢伍百叁拾捌千玖百伍拾貳文
同治十二年分收款項下

一收舊存湘平銀貳百伍拾叁兩肆錢壹分叁釐
又九八五錢壹千柒百伍拾肆千捌百拾捌文
一收善後局湘平銀陸千伍百兩
一收市房租湘平銀肆百貳拾玖兩
又洋蚨壹千肆百肆拾叁員叁角叁分叁釐
又九八五錢壹千壹百貳拾陸千玖拾貳文
一收洲租洋蚨伍拾玖員伍角
又九八五錢壹千陸百貳拾叁千玖百柒文
一收田地租洋蚨拾柒員陸角柒分伍釐

又九八五錢叄拾捌千捌百玖拾文

一收出售雜糧洋蚨壹百叄拾柒員肆角

一收出售粗細糠湘平銀伍兩肆錢陸分

一收大黃洲卧戶繳還借款九八五錢叄百千文

共收湘平銀柒千壹百捌拾柒兩捌錢柒分叄釐以銀陸百拾伍兩伍錢壹分柒釐伍毫照市價七錢七分七釐兑洋蚨柒百玖拾貳員壹角柒分貳釐實收湘平銀陸千伍百柒拾貳兩叄錢伍分伍釐伍毫

共收九八五錢肆千捌百肆拾叄千柒百柒文以錢伍百肆拾肆千捌百文照市價一千三百六十二文兑洋蚨肆百員又以錢貳千柒百

伍千玖百陸拾柒文照市價一千三百五十文兌洋蚨貳千肆員肆角貳分實收九八五錢壹千伍百玖拾貳千玖百肆拾文

共收洋蚨肆千捌百伍拾肆員伍角

同治十二年分支款項下

一支買柴院毗連傅姓後進基地捌方湘平銀拾壹兩肆錢貳分肆釐

一支買育嬰堂毗連柏姓基地拾肆方伍尺玖寸貳分湘平銀貳拾兩捌錢叁分柒釐叁毫

一支買陡門橋陳姓市房一所洋蚨捌百員

一支買府東大街管姓市房一所洋蚨貳百捌拾員

一支買大膺福街朱姓市房一所洋蚨叄百叄拾員

一支買水西門外瓦廠街馬姓市房一所洋蚨陸百員

一支買水西門外瓦廠街王姓市房一所洋蚨貳百捌拾員

一支買水西門外下河街楊姓市房一所洋蚨陸百伍拾員

一支買水西門外下河街劉姓市房一所洋蚨叄百捌拾伍員

一支買水西門外下馬頭陳姓市房一所洋蚨伍百貳拾伍員

一支買內橋街西柏姓市房一所洋蚨玖百捌拾捌員伍角

一支買三山門外宋姓市房一所九八五錢壹千貳百伍拾千文

一支買房十處成契雜用九八五錢叄拾叄千壹百肆拾貳文

一支完納中河魚稅湘平銀陸錢伍分柒釐柒毫
一支鐫刻四城碑圖工價湘平銀叁拾兩
一支買碑石二塊並繕碑筆貲洋蚨拾陸員
一支搨碑貳拾套九八五錢肆千文
一支退還王姓押月九八五錢伍千捌百文
一支借給大黃洲貼戶九八五錢叁百千文
一支普育堂薪工雜用湘平銀叁千壹百肆拾叁兩肆分
一支育嬰堂薪工雜用湘平銀壹千壹百捌拾捌兩貳錢柒分玖釐
一支清節堂薪工雜用湘平銀捌百叁拾捌兩叁錢玖分捌釐

一支牛痘局薪工雜用湘平銀捌百肆拾柒兩貳錢捌分捌釐
共支湘平銀陸千柒拾玖兩玖錢貳分肆釐
共支洋蚨肆千捌百伍拾肆員伍角
共支九八五錢壹千伍百玖拾貳千玖百肆拾文
同治十三年分收款項下
一收舊存湘平銀肆百玖拾貳兩肆錢叁分壹釐伍毫
一收善後局湘平銀陸千兩
一收市房租湘平銀肆百陸兩
又洋蚨貳千柒拾陸員叁角玖分陸釐肆毫

又九八五錢壹千壹百柒拾柒千伍百肆拾玖文
一收洲租九八五錢壹千柒百肆拾肆千陸百叁拾叁文
一收餘柴變價九八五錢肆百千文
一收田地租九八五錢叁拾壹千壹百拾肆文
一收出售雜糧洋蚨貳百捌拾玖員柒角伍分
一收出售粗細糠湘平銀捌兩壹錢柒分
一收大黃洲貼戶繳還借款九八五錢叁百千文
共收洋蚨貳千叁百陸拾陸員壹角肆分陸釐肆毫以洋蚨貳千肆拾
陸員壹角肆分陸釐肆毫照市價七錢七分二釐兌湘平銀壹千伍

百柒拾玖兩陸錢貳分伍釐實收洋蚨叁百貳拾員

共收九八五錢叁千陸百伍拾叁千貳百玖拾陸文以錢叁千叁百肆拾玖千柒百玖拾陸文照市價壹千陸百捌拾文兌湘平銀壹千玖百玖拾叁兩玖錢貳分陸釐壹毫實收九八五錢叁百叁千伍百文

共收湘平銀壹萬肆百捌拾兩壹錢伍分貳釐陸毫

同治十三年分支款項下

一支發典生息庫平銀叁千兩中湘平銀叁千壹百玖拾壹兩肆錢捌分玖釐

一支買東牌樓藍家院魏姓市房一所洋蚨叁百員

一支完納中河魚稅湘平銀陸錢伍分柒釐柒毫

一支退還押月洋蚨貳拾員
一支買房成契雜用九八五錢叁千伍百文
一支借給大黃洲貼戶九八五錢叁百千文
一支普育堂薪工雜用湘平銀叁千陸百伍拾捌兩壹分伍釐
一支育嬰堂薪工雜用湘平銀壹千貳百貳拾陸兩柒錢壹分叁釐
一支清節堂薪工雜用湘平銀柒百陸拾玖兩貳錢叁釐
一支牛痘局薪工雜用湘平銀柒百柒拾柒兩伍錢壹分貳釐
共支湘平銀玖千陸百貳拾叁兩伍錢捌分玖釐柒毫
共支洋蚨叁百貳拾員

共支九八五錢叁百叁千伍百文

光緒元年分收款項下

一收舊存湘平銀捌百伍拾陸兩伍錢陸分貳釐玖毫

一收善後局湘平銀陸千兩

一收蔣姓捐洋壹百員扣湘平銀柒拾兩叁錢陸釐壹毫

一收發典生息申湘平銀叁百叁拾壹兩貳錢壹釐柒毫

一收奉發淸節堂製棉衣款曹平銀叁拾肆兩申湘平銀叁拾肆兩陸錢玖分叁釐捌毫

一收罰款洋蚨肆百叁拾員扣湘平銀叁百叁拾叁兩叁分陸毫

又九八五錢伍千文

一收市房租湘平銀肆百陸兩

又洋蚨壹千捌百拾陸員捌角伍分

又九八五錢壹千貳百貳拾貳千肆百伍拾玖文

一收洲租九八五錢壹千伍百肆拾捌千陸百文

一收餘柴變價九八五錢貳百千文

一收田地租洋蚨拾員壹角伍分

又九八五錢肆拾叁千伍百柒文

一收出售雜糧洋蚨叁百拾員玖角叁分捌釐

一收出售粗細糠湘平銀柒兩壹錢伍分

一收大黃洲卧戶繳還借款九八五錢叁百千文

共收洋蚨貳千壹百叁拾柒員玖角叁分捌釐以洋貳千貳拾壹員玖角叁分捌釐照市價柒錢陸分柒釐兌湘平銀壹千伍百伍拾兩捌錢貳分陸釐肆毫實收洋蚨壹百拾陸員

共收九八五錢叁千叁百拾玖千伍百陸拾陸文以錢貳千陸拾叁千捌百伍拾文照市價壹千陸百玖拾文兌湘平銀壹千貳百貳拾壹兩貳錢壹分叁釐又以錢壹千貳百伍拾千柒百拾陸文照市價壹千陸百柒拾伍文兌湘平銀柒百肆拾陸兩陸錢玖分陸釐壹毫實

收九九八五錢伍千文

共收湘平銀壹萬壹千伍百伍拾柒兩陸錢捌分陸毫

光緒元年分支款項下

一支發典生息庫平銀叁千捌拾兩申湘平銀叁千貳百柒拾陸兩伍錢玖分伍釐柒毫

一支清節堂發典生息庫平銀肆百貳拾兩申湘平銀肆百肆拾陸兩捌錢捌釐伍毫

一支買育嬰堂後園毗連馬姓基地貳拾伍方湘平銀叁拾伍兩柒錢

一支買普育堂後牆王姓基地壹方湘平銀貳拾肆兩伍錢肆分肆釐

一支買翁子巷劉公館後王姓基地壹方湘平銀貳拾肆兩伍錢肆分肆釐

一支買三山街鄭曾兩姓基屋湘平銀壹百捌拾肆兩捌分

一支買房成契雜用錢拾千肆百文扣湘平銀陸兩貳錢壹分

一支改造三山街租住邵國楙市房工料洋蚨壹百員

一支完納中河魚稅湘平銀壹兩叁錢壹分伍釐肆毫

一支發給方耳岡莊首宋大元水車工價洋蚨拾陸員

一支發給楊庫邨莊首徐德勝水車工價九八五錢伍千文

一支借給大黃洲貼戶九八五錢叁百千文扣湘平銀壹百柒拾玖兩壹錢

肆釐

一支普育堂薪工雜用湘平銀叁千貳百伍兩捌分玖釐
一支育嬰堂薪工雜用湘平銀壹千貳百伍拾陸兩柒錢捌分柒釐
一支清節堂薪工雜用湘平銀柒百捌拾壹兩壹錢捌釐
一支牛痘局薪工雜用湘平銀柒百陸拾壹兩陸錢貳分貳釐
共支湘平銀壹萬壹百捌拾叁兩伍錢柒釐陸毫
共支洋蚨壹百拾陸員
共支九八五錢伍千文
光緒二年分收款項下
一收舊存湘平銀壹千叁百柒拾肆兩壹錢柒分叁釐

一收善後局湘平銀陸千伍百兩

一收協隆永成典息庫平申湘平銀捌百肆拾兩捌錢伍分壹釐

一代收清節堂永成典息庫平申湘平銀肆拾玖兩陸錢捌分

一收市房租湘平銀肆百貳拾玖兩

又洋蚨壹千捌百陸拾貳員伍角壹分伍釐

又九八五錢壹千貳百陸拾捌千柒百伍拾玖文

一收洲租洋蚨壹百柒拾捌員伍角

又九八五錢玖百玖拾柒千文

一收蘆柴變價九八五錢叁百伍拾千文

一收田地租九八五錢伍拾柒千貳百拾貳文

一收出售雜糧洋蚨拾叁員貳角壹分伍釐

一收出售粗細糠湘平銀捌兩玖錢伍分

一收前埶清節堂發典成本庫平中湘平銀捌兩肆錢伍釐壹毫

一收大黃洲𦚢戶繳還借款九八五錢叁百千文

一收江甯縣移送速仰山罰款九八五錢壹百千文

共收洋蚨貳千伍拾肆員貳角叁分以洋壹千叁拾玖員貳角伍釐照市價柒錢玖分貳釐兌湘平銀捌百貳拾叁兩伍分肆釐又以洋玖百陸拾玖員照市價捌錢貳釐兌湘平銀柒百柒拾陸兩叁分伍釐

貳毫實收洋蚨肆拾柒員肆角

共收九八五錢叁千柒拾貳千玖百柒拾壹文以錢壹千玖百陸拾陸千陸百肆拾捌文照市價壹千陸百叁拾伍文兌湘平銀壹千貳百貳兩捌錢肆分貳釐捌毫又以錢肆百柒拾柒千壹百玖拾文照市價壹千伍百玖拾文兌湘平銀叁百兩壹錢壹分玖釐肆毫實收九八五錢陸百貳拾玖千壹百叁拾叁文

共收湘平銀壹萬貳千叁百拾叁兩壹錢陸釐玖毫

光緒二年分支款項下

一支發典生息庫平銀叁千伍百兩申湘平銀叁千柒百貳拾叁兩肆錢肆

釐叁毫
一支買大夫第濮姓樓板裝修九八五錢伍拾千文
一支給曾永盛店後添造浮屋洋蚨貳拾伍員
又九八五錢壹千文
一支修南門外市房工料九八五錢貳百肆拾壹千捌百柒拾捌文
一支完納中河魚稅湘平銀壹兩叁錢壹分伍釐肆毫
一支給常萬圩莊首修圩並水車九八五錢拾肆千文
一支給東陽圩莊首修涵洞九八五錢貳拾貳千貳百伍拾伍文
一支借給大黃洲貼戶九八五錢叁百千文

一支退還承恩寺王姓押月洋蚨貳拾貳員肆角

一支發養建平案內人口飯食雜用湘平銀拾叁兩玖錢壹分肆釐

一支普育堂薪工雜用湘平銀叁千肆百捌拾捌兩捌錢捌分捌釐

一支育嬰堂薪工雜用並製棉衣湘平銀壹千肆百伍拾陸兩陸錢肆分貳釐伍毫

一支清節堂薪工雜用湘平銀捌百陸拾肆兩伍錢伍分貳釐

一支牛痘局薪工雜用湘平銀捌百拾叁兩壹錢陸分壹釐

共支湘平銀壹萬叁百陸拾壹兩捌錢柒分柒釐貳毫

共支洋蚨肆拾柒員肆角

共支九八五錢陸百貳拾玖千壹百叁拾叁文

光緒三年分收款項下

一收舊存湘平銀壹千玖百伍拾壹兩貳錢貳分玖釐柒毫

一收善後局湘平銀陸千兩

一收永豐協隆永成典息庫平申湘平銀壹千肆百貳拾兩壹錢叁分玖釐伍毫

一代收清節堂典息庫平申湘平銀伍拾叁兩陸錢壹分柒釐

一收清節堂做棉衣繳還餘銀湘平銀柒兩肆錢壹分貳釐

一收市房租湘平銀貳百拾玖兩

又洋蚨壹千肆百柒拾捌員壹角叁釐貳毫

又九八五錢壹千玖拾千壹百玖拾玖文

一收洲租九八五錢壹千伍百伍拾玖千伍百文

一收蘆柴變價九八五錢叁百伍拾千文

一收田地租九八五錢貳拾捌千捌百叁文

一收出售雜糧洋蚨叁百拾叁員捌角壹分捌釐

又九八五錢拾伍千捌百柒拾肆文

一收出售粗細糠湘平銀叁拾貳兩捌錢叁分捌釐

一收押月存款洋蚨拾壹員

一收大黃洲貼戶繳還借款九八五錢叁百千文

共收洋蚨壹千捌百貳員玖角貳分壹釐貳毫以洋玖百貳拾捌員貳角貳分陸釐陸毫照市價捌錢壹分伍釐兌湘平銀柒百伍拾陸兩伍錢肆釐陸毫實收洋蚨捌百柒拾肆員陸角玖分肆釐陸毫

共收九八五錢叁千叁百肆拾肆千叁百柒拾陸文以錢貳千貳百陸千壹百拾柒文照市價壹千陸百拾文兌湘平銀壹千叁百柒拾兩貳錢伍分玖釐實收九八五錢壹千壹百叁拾捌千貳百伍拾玖文

共收湘平銀壹萬壹千捌百拾兩玖錢玖分玖釐捌毫

光緒三年分支款項下

一支發典生息庫平銀肆千兩申湘平銀肆千貳百伍拾伍兩叁錢貳分

一支買普育堂間壁李姓大水池餘基湘平銀貳百兩

一支李姓成契雜用九八五錢貳千柒百肆拾文

一支砌造新買水池圍牆工料九八五錢壹百拾伍千捌百陸拾貳文

一支修理普育堂後樓裝修工料湘平銀叁百肆拾玖兩叁錢肆分陸釐

一支付清節堂典息庫平申湘平銀壹百叁兩貳錢玖分柒釐

一支修理普育分堂並添置水鋼等項九八五錢叁百叁拾陸千肆百貳拾玖文

一支修砌水西門外劉錦堂洋樓山牆九八五錢柒拾柒千叁百拾柒文

一支修理石壩街曹公館工料九八五錢拾伍千壹百貳拾文

一支買陡門橋范三義自盞浮披兩間洋蚨肆拾貳員

一支買范三義裝修雨水搭三號九八五錢伍拾千文

一支完納中河魚稅湘平銀壹兩叁錢壹分伍釐肆毫

一支給洪家莊常萬圩柏家郁水車共三部洋蚨叁拾捌員柒角壹分肆毫

一支給陳官渡莊首孫友康稻種洋蚨陸員

一支給高家場莊首徐經修埂工費九八五錢捌千壹百貳拾文

一支製辦棉衣貳百伍拾陸件九八五錢壹百玖拾伍千捌百貳拾貳文

一支退還押月存款洋蚨拾叁員

又九八五錢伍千伍百文

一支借給大黃洲戽戶九八五錢叁百千文

一支普育堂薪工雜用湘平銀叁千壹百陸兩叁錢捌分捌釐

一支育嬰堂薪工雜用湘平銀壹千叁百伍拾陸兩陸錢玖分捌釐

一支清節堂薪工雜用湘平銀捌百拾貳兩貳錢壹分

一支牛痘局薪工雜用湘平銀柒百伍拾柒兩柒錢捌分伍釐

共支湘平銀壹萬玖百肆拾貳兩叁錢伍分玖釐肆毫

共支洋蚨玖拾玖員柒角壹分肆毫

共支九八五錢壹千壹百陸千玖百拾文

光緒四年分收款項下

一收舊存湘平銀捌百陸拾捌兩陸錢肆分肆毫

又洋蚨柒百柒拾肆員玖角捌分肆釐貳毫

又九八五錢叁拾壹千叁百肆拾玖文

一收善後局湘平銀陸千兩

一收幫辦委員方道成捐助薪水湘平銀拾陸兩

一收永豐協隆永成典息庫平申湘平銀壹千陸百伍兩玖錢伍分柒釐陸毫

一代收清節堂典息庫平申湘平銀伍拾叁兩陸錢壹分柒釐

一收市房租湘平銀貳百肆拾肆兩伍錢

又洋蚨壹千伍百柒拾員壹角伍毫

又九八五錢玖百伍拾伍千肆百柒拾玖文

一收洲租洋蚨壹百員

又九八五錢壹千伍百拾陸千文

一收田地租九八五錢肆拾壹千壹百伍拾陸文

一收出售雜糧洋蚨貳百拾柒員貳角陸分伍釐

又九八五錢壹千陸拾文

一收出售粗細糠湘平銀叁拾伍兩陸錢柒分

一收押月存款洋蚨伍拾陸員

又九八五錢貳拾伍千壹百肆拾文

一收大黄洲貼戶繳還借款九八五錢叁百千文

共收洋蚨貳千柒百拾捌員叁角肆分玖釐柒毫以洋壹千陸百肆拾捌員叁角叁分肆釐貳毫照市價柒錢壹分肆釐兌湘平銀壹千壹百柒拾陸兩玖錢壹分陸毫實收洋蚨壹千柒拾員壹分伍釐伍毫

共收湘平銀壹萬壹兩貳錢玖分伍釐陸毫

共收九八五錢貳千捌百柒拾千壹百捌拾肆文

光緒四年分支款項下

一支提存府署庫平銀貳千兩申湘平銀貳千壹百貳拾柒兩陸錢伍分伍釐叁毫

一支修理評事街恆昌菸店工料湘平銀陸拾貳兩壹錢玖分叁釐

一支修理恆昌店洋蚨拾貳員

又九八五錢叁百伍拾玖千捌百玖拾文

一支修理留永盛店工料洋蚨貳百拾員

一支修理石壩街王公館工料九八五錢柒拾貳千陸百陸拾壹文

一支收買府東大街朱永勝自蓋浮屋洋蚨貳拾貳員

一支修理走馬巷鄒石壩街顧姓房屋工料九八五錢拾壹千柒百貳拾文

一支修理承恩寺市房工料九八五錢伍百肆拾捌千貳百肆拾捌文

一支修造銅作坊市房工料九八五錢壹百柒拾陸千貳百拾文

一支修理評事街方復隆棧房工料九八五錢伍拾玖千捌百肆拾肆文

一支買普育堂對面四五六號汪馮胡姓添蓋浮披工料九八五錢貳拾玖千叁百肆拾文

一支修理大夫第市房工料九八五錢玖拾貳千叁百叁拾肆文

一支給葛塘寺常萬圩埂費九八五錢拾柒千叁百捌拾陸文

一支給陳官渡莊首稻種洋蚨陸員

一支給馬騾圩墾田做屋買牛添置農器洋蚨壹百陸拾壹員肆角柒分

又九八五錢玖拾叁千壹百柒拾玖文

一支給各田莊領用水車雜費洋蚨玖員

又九八五錢叁千文
一支給本堂學生袁國興補增費九八五錢叁千玖百伍拾文
一支散給各堂棉衣九八五錢貳百捌千捌百玖拾捌文
一支退還大夫第涂公館押月湘平銀貳拾兩
一支退還方復隆押月湘平銀肆拾肆兩
一支退還各戶押月洋蚨陸拾玖員
又九八五錢肆拾壹千貳百文
一支借給大黃洲卹戶九八五錢叁百千文
一支普育堂薪工雜用湘平銀叁千柒百貳拾肆兩陸錢柒分柒釐伍毫

一支育嬰堂新工雜用湘平銀壹千陸百拾柒兩伍錢玖分肆釐

一支清節堂新工雜用湘平銀捌百陸拾柒兩伍錢貳分肆釐壹毫

一支牛痘局新工雜用湘平銀柒百陸拾貳兩伍錢肆分壹毫

共支湘平銀玖千貳百貳拾陸兩壹錢捌分肆釐

共支洋蚨肆百捌拾玖員肆角柒分

共支九八五錢貳千拾柒千捌百陸拾文

光緒五年分收款項下

一收舊存湘平銀柒百柒拾伍兩壹錢壹分壹釐陸毫

又洋蚨伍百捌拾員伍角肆分伍釐伍毫

又九八五錢捌百伍拾貳千叁百貳拾肆文

一收善後局湘平銀陸千伍百兩

一收永豐協隆永成典息庫平申湘平銀壹千柒百叁拾玖兩柒錢捌分玖釐伍毫

一代收清節堂典息庫平申湘平銀伍拾捌兩捌分肆釐伍毫

一收市房租洋蚨壹千捌百捌員貳角壹分貳釐貳毫

又湘平銀壹百玖拾捌兩

又九八五錢玖百叁拾玖千肆百伍拾文

一收洲租洋蚨貳百員

又九八五錢壹千伍百叁拾玖千文

一收田地租九八五錢陸拾肆千壹百文

一收出售雜糧洋蚨壹百捌拾肆員柒角玖分壹釐

一收出售粗細糠湘平銀貳拾陸兩貳錢伍分

一收押月存款洋蚨貳拾捌員

又九八五錢陸千玖百貳拾文

一收大黃洲貼戶繳還借款九八五錢叁百千文

共收洋蚨貳千捌百壹員伍角肆分捌釐柒毫以洋蚨壹千伍百捌拾玖員陸角柒分陸釐伍毫照市價柒錢壹分肆釐兑湘平銀壹千壹百叁拾伍兩貳分玖釐實收洋蚨壹千貳百拾壹員捌角柒分貳釐

貳毫
共收九八五錢叁千柒百壹千柒百玖拾肆文以錢叁千壹百肆拾伍千伍百肆拾叁文照市價壹千陸百拾文兑湘平銀壹千玖百伍拾叁兩柒錢伍分叁釐肆毫實收九八五錢伍百伍拾陸千貳百伍拾
壹文
共收湘平銀壹萬貳千叁百捌拾陸兩壹分捌釐

光緒五年分支款項下

一支折造大夫第市房工料湘平銀貳千陸百兩
一支修理水西門外王春和承租市房工料洋蚨壹百肆拾員

一支典水西門外張璚林市房一所湘平銀捌百叁拾叁兩叁錢叁分肆釐

一支典梁大慶市房一所湘平銀柒百貳拾玖兩壹錢陸分柒釐

一支買常萬圩蔣姓田地一業湘平銀貳百柒拾捌兩陸錢壹分陸釐

一支三處成契雜用九八五錢拾千貳百文

一支完納中河魚稅湘平銀壹兩叁錢壹分貳釐肆毫

一支馬騾圩墾費及雜用洋蚨壹百柒拾柒員

又修水車等費九八五錢拾千玖百文

一支給江甯境內各莊積穀洋蚨玖員捌角陸分

一支各莊修整水車洋蚨拾貳員

一支給甯後圩楊姓葬費洋蚨叁拾員

一支給散各堂棉衣工料九八五錢貳百壹千伍百伍拾陸文

一支退還押月洋蚨貳拾員

又九八五錢壹千肆百肆拾文

一支借給大黃洲䢼戶九八五錢叁百千文

一支普育堂薪工雜用湘平銀叁千捌百肆拾肆兩叁錢叁分玖釐玖毫

一支育嬰堂薪工雜用並添製衣帳等項湘平銀壹千陸百叁拾捌兩伍錢

貳分陸釐

一支清節堂薪工雜用湘平銀玖百柒拾陸兩叁錢肆分伍釐柒毫

一支牛痘局薪工雜用湘平銀捌百貳拾伍兩叁錢叁分貳釐柒毫

共支湘平銀壹萬壹千柒百貳拾陸兩玖錢柒分叁釐柒毫

共支洋蚨叁百捌拾捌員捌角陸分

共支九八五錢伍百貳拾肆千玖拾陸文

光緒六年分收款項下

一收舊存湘平銀陸百伍拾玖兩肆分肆釐叁毫

又洋蚨捌百貳拾叁員壹角貳分貳釐照市價壹千壹百柒拾文兌九八

五錢玖百陸拾叁千伍拾叁文

又九八五錢叁拾貳千壹百伍拾伍文

一收善後局湘平銀陸千兩

一收永豐協隆永成典息庫平申湘平銀壹千叁百叁拾捌兩貳錢玖分柒釐捌毫

一代收清節堂典息庫平申湘平銀肆拾肆兩陸錢捌分捌毫陸絲

一收市房租湘平銀貳百叁拾柒兩陸錢

又洋蚨壹千玖百柒拾陸員捌角叁分叁釐

又九八五錢玖百玖拾千肆百玖文

一收洲租九八五錢壹千肆百玖拾千文

一收田地租九八五錢叁拾捌千陸百文

一收出售雜糧洋蚨壹百貳拾陸員捌角壹釐

又九八五錢肆拾千陸百文
一收出售粗細糠湘平銀叁拾貳兩肆錢捌釐陸毫玖絲陸忽
一收馬騾圩莊首繳還借款洋蚨拾貳員
一收押月存款洋蚨壹百叁拾貳員伍角
又九八五錢貳拾叁千玖百貳拾伍文
一收大黄洲財戶繳還借款九八五錢叁百千文
共收洋蚨貳千貳百肆拾捌員壹角叁分肆釐
共收九八五錢叁千捌百柒拾捌千柒百肆拾貳文
共收湘平銀捌千叁百拾貳兩叁分壹釐陸毫伍絲陸忽

光緒六年分支款項下

一支買評事街嚴姓市房一所洋蚨壹千玖百拾壹員

一支買鷲峰寺常家圩田一莊湘平銀玖拾肆兩肆分肆毫

一支買田房成契雜用九八五錢陸千陸百貳拾捌文

一支添蓋普育堂房屋捌間九八五錢伍百伍拾伍千玖百陸拾陸文

一支修理大夫第住房工料湘平銀伍百拾肆兩柒錢叁分柒毫

一支給馬騾圩水車稻種余委員盤川雜用洋蚨貳拾叁員

又雜用九八五錢陸百文

一支完納六合陳官渡劉家圩糧米九八五錢肆千伍百叁拾肆文

一支退還押月洋蚨肆拾柒員
又九八五錢貳拾陸千貳百文
一支借給大黃洲貼戶九八五錢叁百千文
一支普育堂薪工雜用湘平銀叁千捌百捌拾肆兩柒錢捌毫陸絲壹忽
一支育嬰堂薪工雜用湘平銀壹千肆百拾貳兩肆錢柒分玖釐捌毫伍絲
一支清節堂薪工雜用並製做棉衣湘平銀壹千玖拾伍兩叁錢捌分捌釐
肆毫叁忽
一支牛痘局薪工雜用湘平銀柒百伍拾叁兩伍錢玖分玖毫伍絲伍忽
共支湘平銀柒千柒百伍拾肆兩玖錢叁分壹釐壹毫陸絲玖忽

共支洋蚨壹千玖百捌拾壹員

共支九八五錢捌百玖拾叁千玖百貳拾捌文

光緒七年分收款項下

一收舊存湘平銀伍百伍拾柒兩壹錢肆毫捌絲柒忽

又洋蚨貳百陸拾柒員壹角叁分肆釐

又九八五錢貳千玖百捌拾肆千捌百拾肆文

一收善後局湘平銀陸千伍百兩

一收永豐 協隆 永成典息庫平申湘平銀壹千叁百叁拾捌兩貳錢玖分柒釐捌毫

一代收清節堂典息庫平申湘平銀肆拾肆兩陸錢捌分捌毫陸絲

一收市房租洋蚨貳千壹百捌拾陸員玖角肆分玖釐
又湘平銀貳百貳拾柒兩柒錢
又九八五錢玖百玖拾伍千玖百柒拾肆文
一收洲租九八五錢壹千伍百肆拾千文
一收田地租九八五錢叁拾伍千捌百文
一收出售雜糧洋蚨貳百陸拾壹員壹角玖分
又九八五錢叁拾陸千貳百文
一收出售粗細糠湘平銀貳拾玖兩壹錢玖分叁釐柒毫叁絲貳忽
一收無爲州莊首繳還閘費洋蚨伍員

一收大黄洲貯戶繳還借款九八五錢叁百千文

共收洋蚨貳千柒百貳拾員貳角柒分叁釐

共收九八五錢伍千捌百玖拾貳千柒百捌拾捌文以錢壹百肆拾叁千伍百伍拾文照市價壹千伍百玖拾伍文兌湘平銀玖拾兩又以錢壹百柒拾捌千捌百陸拾文照市價壹千陸百貳拾陸文兌湘平銀壹百拾兩實收九八五錢伍千伍百柒拾千叁百柒拾捌文

共收湘平銀捌千捌百玖拾陸兩玖錢柒分貳釐捌毫柒絲玖忽

光緒七年分支款項下

一支改造油市大街市房工料九八五錢肆百玖拾陸千壹百捌拾貳文

一支修理雙塘市房工料九八五錢叁拾玖千捌拾叁文

一支修理劉公館工料九八五錢陸拾柒千伍百貳拾叁文

一支開井工料九八五錢柒拾伍千肆拾文

一支買石壩街王公館間壁市房洋蚨捌拾伍員

一支買房成契雜用九八五錢壹千文

一支買清節堂內基地湘平銀伍拾貳兩捌分柒釐伍毫陸絲

一支加典水西門外梁姓市房湘平銀貳百兩

一支修理評事街方復隆市房工料湘平銀叁百陸拾壹兩壹錢壹分陸釐
貳毫叁絲陸忽

一支給馬騾圩稻種並疏開河道等用洋蚨叁拾伍員

一支給無爲州常家圩修涵洞造水車等費洋蚨叁拾貳員

又給雜用九八五錢伍千捌拾文

一支借給大黄洲貯戸九八五錢叁百千文扣湘平銀壹百捌拾柒兩伍錢

一支退還押月洋蚨拾肆員

一支普育堂薪工雜用湘平銀肆千柒百柒拾兩肆錢柒分壹釐貳毫壹絲

一支育嬰堂薪工雜用湘平銀壹千肆百壹兩叁錢肆分肆釐玖毫伍絲

又製做棉衣工料九八五錢貳百肆拾玖千肆百文

一支清節堂薪工雜用湘平銀壹千壹百壹兩肆錢叁分叁釐叁毫

一支牛痘局薪工雜用湘平銀捌百拾伍兩叁錢壹分叁釐柒毫壹絲捌忽

共支湘平銀捌千捌百捌拾玖兩貳錢陸分陸釐玖毫柒絲肆忽

共支洋蚨壹百陸拾陸員

共支九八五錢玖百叁拾叁千叁百捌文

光緒八年分收款項下

一收舊存湘平銀柒兩柒錢伍釐玖毫伍忽

又洋蚨貳千伍百伍拾肆員貳角柒分叁釐

又九八五錢肆千陸百叁拾柒千柒拾文

一收善後局湘平銀陸千兩

一收永豐協隆永成典息庫平申湘平銀壹千叁百叁拾捌兩貳錢玖分柒釐捌毫

一代收清節育嬰兩堂典息庫平申湘平銀柒拾貳兩叁錢肆分肆毫貳絲

一收市房租湘平銀貳百拾柒兩捌錢

又洋蚨貳千貳百伍拾肆員貳角肆分伍釐

又九八五錢玖百肆拾叁千伍百貳拾玖文

一收洲租九八五錢壹千伍百玖拾柒千文

又洋蚨壹百員

一收田地租九八五錢貳拾肆千文

又洋蚨拾玖員叁角

一收出售雜糧洋蚨叁拾伍員玖角肆分

又九八五錢拾叄千捌百文

一收出售粗細糠湘平銀拾柒兩陸錢叄分陸釐壹毫

一收老婦堂間壁丁姓換地基找價並移造厠屋工料洋蚨貳百捌拾陸員

一收押月存款洋蚨壹百捌拾貳員

又九八五錢柒千捌百捌拾文

一收大黃洲貯戶繳還借款九八五錢叄百千文

共收洋蚨肆百叄拾壹員柒角伍分捌釐

共收九八五錢柒千伍百貳拾叄千貳百柒拾玖文

共收湘平銀柒千陸百伍拾叁兩柒錢捌分貳毫貳絲伍忽

光緒八年分支款項下

一支添造大夫第鈔庫街市房工料洋蚨叁百玖拾捌員壹角伍分壹釐伍毫

一支修理市房貼工料洋蚨伍員

一支給靖安廠常家圩修埂水車等費九八五錢拾陸千肆百柒拾柒文

一支給馬騾圩換牛修水車洋蚨伍員

一支退還押月洋蚨拾陸員

又九八五錢拾柒千柒百伍文

一支借給大黃洲貼戶九八五錢叁百千文扣湘平銀壹百捌拾肆兩玖錢

伍分

一支普育堂薪工雜用湘平銀肆千貳百柒拾叁兩貳錢玖分捌釐陸毫叁絲柒忽

一支育嬰堂薪工雜用湘平銀壹千叁百叁拾叁兩玖分

一支清節堂薪工雜用湘平銀玖百陸拾壹兩伍錢壹分柒釐陸毫

一支牛痘局薪工雜用湘平銀柒百伍拾叁兩伍錢叁分壹釐陸毫叁絲

共支洋蚨肆百貳拾肆員壹角伍分壹釐伍毫

共支九八五錢叁拾肆千壹百捌拾貳文

共支湘平銀柒千伍百陸兩叁錢捌分柒釐捌毫陸絲柒忽

光緒九年分收款項下

一收舊存湘平銀壹百肆拾柒兩叁錢玖分貳釐叁毫伍絲捌忽

又洋蚨伍千柒員陸角陸釐伍毫照市價柒錢伍分兌湘平銀叁千柒百伍拾伍兩柒錢肆釐捌毫柒絲伍忽

又九八五錢柒千肆百捌拾玖千玖拾柒文照市價壹千陸百伍拾壹文兌湘平銀肆千伍百叁拾陸兩玖錢柒分伍釐壹毫壹絲壹忽

一收善後局湘平銀陸千兩

一收永豐 協隆 永成典息庫平申湘平銀壹千叁百叁拾捌兩貳錢玖分柒釐捌毫

一代收育嬰清節兩堂庚興 源條 永成典息庫平申湘平銀壹百柒拾貳兩叁錢肆分

捌毫陸絲

一收高湻六合句容縣源仁福泰源裕典息庫平申湘平銀貳百肆拾柒兩叁錢肆分伍毫

一收市房租湘平銀貳百拾柒兩捌錢

又洋蚨貳千貳百肆拾伍員壹角

又九八五錢玖百玖拾玖千柒百玖拾玖文

一收洲租洋蚨肆百貳拾員

又九八五錢貳千捌拾貳千文

一收出售雜糧洋蚨壹百肆拾陸員陸角貳分

又九八五錢拾陸千伍百肆拾文

一收出售粗細糠湘平銀拾柒兩肆錢玖分柒釐

一收田地租九八五錢貳拾肆千文

一收押月存款洋蚨貳拾叁員

一收大黃洲則戶繳還借款九八五錢叁百千文

共收洋蚨貳千捌百叁拾肆員柒角貳分以洋貳千柒百陸拾玖員伍角伍分貳釐照市價柒錢肆分伍釐兌湘平銀貳千陸拾叁兩叁錢壹分陸釐釐伍毫柒絲實收洋蚨陸拾伍員壹角陸分捌釐

共收九八五錢叁千肆百貳拾貳千叁百叁拾玖文

共收湘平銀壹萬捌千肆百玖拾陸兩陸錢陸分伍釐柒絲肆忽

光緒九年分支款項下

一支申解府庫公典息銀庫平申湘平銀柒千貳百捌拾兩

一支起造老婦堂住屋並修理工料湘平銀貳千肆拾肆兩捌錢叁分玖釐貳毫柒絲陸忽

一支起造清節堂東偏住房工料湘平銀柒百伍拾貳兩壹分陸釐伍毫

一支起造水西門外趙恒興市房工料湘平銀捌拾兩捌錢貳分叁釐

一支起造水西門外瓦廠街市房工料湘平銀陸拾柒兩壹錢肆分叁釐柒毫陸絲伍忽

一支修理石壩街王公館工料湘平銀柒拾叁兩貳釐壹毫肆絲捌忽

一支撥清節堂製做棉衣湘平銀壹百柒拾兩

一支給方耳岡添水車洋蚨拾貳員

一支給老北圩柏家邨圩東陽圩三莊修水車隄埂九八五錢捌千捌百肆拾文

一支給楊庫邨修橋洋蚨叁員

一支完納上元縣錢糧庫平申湘平銀貳拾肆兩玖分伍釐柒毫叁絲

一支完納辥家小圩錢糧九八五錢拾叁千貳百叁拾叁文

一支退還押月洋蚨貳拾叁員

一支開通陰溝工料湘平銀拾貳兩壹錢貳分肆釐伍毫

一支借給大黃洲貼戶九八五錢叁百千文扣湘平銀壹百捌拾伍兩柒錢

陸分貳釐

一支普育堂薪工雜用湘平銀肆千貳百貳拾陸兩叁錢貳分伍釐伍毫肆絲肆忽

一支育嬰堂薪工並雜用湘平銀壹千柒百陸拾柒兩柒錢陸分捌釐陸毫伍絲

一支清節堂薪工雜用湘平銀壹千伍拾叁兩玖錢捌分柒釐捌毫

一支牛痘局薪工雜用湘平銀柒百伍拾叁兩陸錢伍分

共支洋蚨叁拾捌員

共支九八五錢貳拾貳千柒拾叁文

共支湘平銀壹萬捌千肆百玖拾壹兩伍錢叁分捌釐玖毫壹絲叁忽

光緒十年分收款項下

一收舊存湘平銀伍兩壹錢貳分陸釐壹毫陸絲壹忽

又洋蚨貳拾柒員壹角陸分捌釐

又九八五錢叁千肆百千貳百陸拾陸文

一收善後局湘平銀陸千伍百兩

一收（永豐 協隆 永成）典息庫平申湘平銀玖百柒拾貳兩捌錢叁分肆釐

一代收育嬰清節兩堂（永成 慶興 源餘）典息庫平申湘平銀壹百伍拾叁兩肆錢

一收（高淳 六合 句容）縣（源仁 福泰 源裕）典息庫平申湘平銀玖百拾兩

一收永成典繳還普育清節堂成本原領庫平銀伍千伍百叁拾兩肆百貳拾兩申湘平銀陸千壹百捌拾玖兩肆分

一收市房租湘平銀壹百捌拾捌兩壹錢

又洋蚨貳千陸百伍拾貳員陸角貳分

又九八五錢玖百柒拾肆千貳百叁拾伍文

一收洲租洋蚨壹百貳拾員

又九八五錢壹千伍百捌拾貳千文

一收田地租九八五錢貳拾捌千玖百文

一收出售雜糧洋蚨壹百壹員柒角柒分

一收出售粗細糠湘平銀貳拾叁兩陸分貳釐伍毫

一收押月存款湘平銀壹百貳兩

又洋蚨壹百陸拾貳員陸角捌分

又九八五錢貳千文

一收大黃洲貼戶繳還借款九八五錢叁百千文

共收洋蚨叁千陸拾肆員貳角叁分捌釐以洋蚨壹千肆百拾玖員柒角陸分照市價柒錢陸分兌湘平銀壹千伍拾兩陸錢貳分貳釐肆毫又以洋壹千肆百叁拾陸員貳角柒分捌釐照市價柒錢肆分伍釐兌湘平銀壹千柒拾兩貳分柒釐實收洋蚨貳百捌員貳角

共收九八五錢陸千貳百捌拾柒千肆百壹文以錢壹千拾千伍百陸拾柒文照市價壹千陸百文兌湘平銀陸百叁拾壹兩陸錢肆釐肆毫又以錢伍千貳百陸拾捌千叁百柒拾肆文照市價壹千陸百肆拾伍文兌湘平銀叁千貳百貳兩陸錢伍分玖釐實收九八五錢捌千肆百陸拾文

共收湘平銀貳萬玖百玖拾捌兩肆錢柒分伍釐肆毫陸絲壹忽

光緒十年分支款項下

一支買小西湖基地壹方並小屋拾壹間湘平銀肆百玖拾玖兩壹錢伍分

一支買漢西門外石城橋邊旗地王姓起造浮屋陸間湘平銀肆百陸拾兩

陸錢

一支買張府園李姓房屋一所湘平銀肆百肆拾肆兩

一支買水西門外王姓房屋一所湘平銀伍百玖拾貳兩

一支買水西門外租戶劉崇義自蓋浮屋湘平銀壹百拾捌兩肆錢

一支買石壩街吳姓房屋一所湘平銀壹千叁百貳拾陸兩

一支買牛市朱姓房屋一所湘平銀玖百拾捌兩

一支起造水西門外查大昌市房工料湘平銀叁百叁拾捌兩陸錢貳分貳

釐陸毫

一支修理大夫第羅公館房屋工料湘平銀玖拾肆兩肆錢陸分伍釐

一支修理大夫第後進樓房屋工料湘平銀伍拾玖兩陸錢肆分叁釐
一支起造評事街張萬春市房工料湘平銀壹千肆百玖拾玖兩捌錢陸分
肆釐貳毫玖絲
一支修理三山街鼎泰市房工料湘平銀貳拾柒兩貳錢玖分玖釐
一支修理水西門外馮炳江張萬順市房工料湘平銀肆拾叁兩陸錢柒分貳釐
一支起造小西湖房屋四所共工料湘平銀貳千玖百柒拾捌兩貳錢伍分
玖釐
一支起造南門外鳴福樓市房工料湘平銀玖拾壹兩玖錢肆分玖釐
一支起造育嬰堂樓房工料湘平銀陸百捌拾捌兩壹分

一支給馬騾圩莊首領修埂費九八五錢肆千伍百文

一支給常家圩莊首添水車一部並修整舊水車洋蚨拾叁員貳角

一支借給大黄洲貼戶九八五錢叁百千文扣湘平銀壹百捌拾肆兩肆分玖釐

一支退還押月九八五錢叁千玖百陸拾文

又洋蚨壹百玖拾伍員

一支買府東大街市房租戶劉石山自蓋浮披一間九八五錢拾柒千文扣湘平銀拾兩肆錢叁分

一支普育堂薪工雜用湘平銀伍千壹百拾叁兩貳錢肆分玖釐玖毫壹絲

一支育嬰堂薪工雜用湘平銀壹千玖百貳拾伍兩柒錢肆分伍釐伍毫
一支清節堂薪工雜用湘平銀壹千貳百捌兩捌錢玖分壹釐捌毫
一支牛痘局薪工雜用湘平銀捌百叁拾叁兩壹錢貳分壹釐
共支洋蚨貳百捌員貳角
共支九八五錢捌千肆百陸拾文
共支湘平銀壹萬玖千肆百伍拾伍兩肆錢貳分壹釐壹毫
光緒十一年分收款項下
一收舊存湘平銀壹千伍百肆拾叁兩伍分肆釐叁毫陸絲壹忽
一收善後局湘平銀陸千兩

一收府庫發下曹平銀貳千伍百兩申湘平銀貳千伍百伍拾兩

一收協隆永豐典息庫平申湘平銀柒百叁拾叁兩貳錢

一收高湻六合句容縣源仁福泰源裕典息庫平申湘平銀柒百貳拾捌兩

一代收清節育嬰兩堂庚興源餘典息庫平申湘平銀壹百貳拾肆兩捌錢

一收市房租九八五錢壹千壹百肆拾陸千陸百伍拾玖文

又湘平銀壹百捌兩玖錢

又洋蚨叁千壹百拾肆員捌角貳分

一收洲租九八五錢壹千伍百肆拾貳千文

又洋蚨壹百貳拾員

一收田地租九八五錢拾捌千文

一收出售雜糧九八五錢拾柒千陸百肆拾文

又洋蚨叁員

一收出售粗細糠湘平銀捌兩陸錢玖分

一收趙蘭亭罰款洋蚨拾員扣湘平銀柒兩肆錢捌分

一收信府河信和茶館接牆價洋折湘平銀貳拾壹兩壹錢貳分

一收押月存款湘平銀壹百兩

又洋蚨柒拾伍員伍角

一收大黃洲貼戶繳還借款九八五錢叁百千文

共收洋蚨叁千叁百拾叁員叁角伍分以洋蚨壹千伍百拾伍員玖角貳分伍釐照市價柒錢肆分捌釐兌湘平銀壹千壹百叁拾叁兩玖錢壹分壹釐玖毫又以洋蚨壹千陸百伍拾玖員柒角肆分伍釐照市價柒錢肆分兌湘平銀壹千貳百貳拾捌兩貳錢壹分壹釐叁毫

實收洋蚨壹百叁拾柒員陸角捌分

共收九八五錢叁千貳拾肆千貳百玖拾玖文以錢壹千貳百伍千肆拾捌文照市價壹千陸百文兌湘平銀柒百肆拾陸兩捌錢肆分貳釐伍毫又以錢壹千捌百拾玖千貳百伍拾壹文照市價壹千陸百貳拾文兌湘平銀壹千壹百貳拾貳兩玖錢玖分肆釐肆毫

共收湘平銀壹萬陸千伍拾柒兩貳錢肆釐肆毫陸絲壹忽

光緒十一年分支款項下

一支申解府署庫平銀貳千兩申湘平銀貳千捌拾兩

一支買普育堂間壁李姓房屋一所湘平銀貳千伍百伍拾兩

一支買信府河信和茶館李姓房屋一所湘平銀玖百拾捌兩

一支新買李姓空基築牆兩道湘平銀壹百叁拾伍兩捌錢壹分玖釐

一支起造清節堂住房披屋工料湘平銀壹百伍拾叁兩叁錢玖分柒釐

一支借給大黄洲鄖戶九八五錢叁百千文扣湘平銀壹百捌拾伍兩壹錢

伍分

一支退還押月湘平銀壹百貳兩

又洋蚨壹百叁拾柒員陸角捌分

一支普育堂薪工雜用湘平銀肆千肆百捌拾陸兩壹錢叁分陸釐壹毫陸絲壹忽

一支育嬰堂薪工雜用湘平銀壹千陸百肆拾玖兩柒錢肆分貳釐肆毫

一支清節堂薪工雜用湘平銀壹千壹百肆拾叁兩柒錢捌釐

一支牛痘局薪工雜用湘平銀捌百兩伍錢肆分伍釐捌毫

共支洋蚨壹百叁拾柒員陸角捌分

共支湘平銀壹萬肆千貳百肆兩肆錢玖分捌釐叁毫陸絲壹忽

各堂收支米數附錄於後

同治四年分收米項下

一收善後局米叁拾陸石捌斗

一收三次採買米壹千肆拾捌石陸斗陸升

一收藩憲發米肆百叁拾伍石

一收李爵督憲發米貳千石

共收米叁千伍百貳拾石肆斗陸升

同治四年分支米項下

一支普育堂米壹千捌百柒拾陸石伍斗

一支清節堂米壹百玖拾捌石柒斗叁合

共支米貳千柒拾伍石貳斗叁合

同治五年分收米項下

一收舊存米壹千肆百肆拾伍石貳斗伍升柒合

一收李爵督憲發米肆百石

一收穀米局米壹百壹石伍斗貳升

一收本堂租稻做米叁百捌拾石貳斗叁升

共收米貳千叁百貳拾柒石柒合

同治五年分支米項下

一支普育堂米壹千叁拾石壹斗柒升伍合

一支清節堂米肆百伍拾石伍斗肆升捌合

共支米壹千玖百捌拾石柒斗貳升叁合

同治六年分收米項下

一收舊存米叁百肆拾陸石貳斗捌升肆合

一收採買米壹千壹百陸拾貳石

一收買稻做米壹千貳百陸拾肆石陸斗伍升

共收米貳千柒百柒拾貳石玖斗叁升肆合

同治六年分支米項下

一支普育堂米壹千叁百肆拾捌石柒斗叁升

一支淸節堂米肆百玖拾柒石捌斗叁升貳合

共支米壹千捌百肆拾陸石伍斗陸升貳合

同治七年分收米項下

一收舊存米玖百貳拾陸石叁斗柒升貳合

一收穀米局熟米壹百叁拾玖石

一收穀米局糙米壹千玖拾叁石

一收本堂租稻做米陸百肆拾伍石伍斗肆升

共收米貳千捌百叁石玖斗壹升貳合

同治七年分支米項下
一支普育堂米壹千肆百柒拾叁石肆斗叁升捌合
一支清節堂米肆百柒拾貳石伍斗貳升
一支折耗米伍拾肆石陸斗叁升
共支米貳千石伍斗捌升捌合
同治八年分收米項下
一收舊存米捌百叁石叁斗貳升肆合
收穀米局米伍百捌拾肆石壹斗柒升
一收採買長合米伍百陸拾玖石捌升捌合伍勺

一收本堂租稻做米壹千捌拾貳石伍斗

共收米叁千叁拾玖石捌升貳合伍勺

同治八年分支米項下

一支普育堂米壹千貳百玖拾玖石叁斗貳升伍勺

一支清節堂米肆百拾捌石柒斗捌升肆合

一支育嬰堂米伍拾伍石肆斗陸升伍合

共支米壹千柒百柒拾叁石伍斗柒升肆合

同治九年分收米項下

一收舊存米壹千貳百陸拾伍石伍斗捌合伍勺

一收穀米局米捌百貳拾石

一收採買長合米壹百捌拾肆石貳斗玖升柒合

一收本堂租稻做米肆百玖拾陸石貳斗伍升

共收米貳千柒百陸拾陸石伍升伍合伍勺

同治九年分支米項下

一支普育堂米壹千肆百肆拾柒石貳斗玖升壹合

一支清節堂米肆百拾貳石叁斗貳升

一支育嬰堂米貳百拾貳石捌升壹合伍勺

共支米貳千柒拾壹石陸斗玖升貳合伍勺

同治十年分收米項下

一收舊存米陸百玖拾肆石叁斗陸升叁合

一收穀米局米壹千肆百貳拾石

一收本堂租稻做米陸百玖拾捌石貳斗伍升

共收米貳千捌百拾貳石陸斗壹升叁合

同治十年分支米項下

一支普育堂米壹千伍百柒拾壹石伍斗叁升陸合伍勺

一支育嬰堂米壹百拾玖石捌斗肆升伍合

一支清節堂米叁百捌拾叁石捌斗

共支米貳千柒拾伍石壹斗捌升壹合伍勺

同治十一年分收米項下

一收舊存米柒百叁拾柒石肆斗叁升壹合伍勺

一收穀米局米壹千叁百陸拾石

一收本堂租稻做米陸百玖拾陸石叁斗

一收年終盤倉長出米捌拾伍石伍斗捌升

共收米貳千捌百柒拾玖石叁斗壹升壹合伍勺

同治十一年分支米項下

一支普育堂米壹千肆百玖拾陸石玖升

一支育嬰堂米貳百拾柒石肆斗陸升柒合伍勺
一支清節堂米叁百玖拾肆石柒斗肆合
共支米貳千壹百捌石貳斗陸升壹合伍勺
同治十二年分收米項下
一收舊存米柒百柒拾壹石伍升
一收穀米局米壹千肆百貳拾石
一收本堂租稻做米肆百伍拾貳石捌斗
一收年終盤倉長出米貳拾叁石捌斗
共收米貳千陸百陸拾柒石陸斗伍升

同治十二年分支米項下

一支普育堂米壹千陸百拾貳石陸斗陸合

一支育嬰堂米壹百陸拾陸石肆斗貳升貳合伍勺

一支清節堂米肆百捌石捌斗捌升捌合

共支米貳千壹百捌拾柒石玖斗壹升陸合伍勺

同治十三年分收米項下

一收舊存米肆百柒拾捌石柒斗叁升叁合伍勺

一收穀米局米壹千柒百陸拾石

一收本堂租稻做米陸百貳拾石

一收年終盤倉長出米柒拾叁石
共收米貳千玖百叁拾壹石柒斗叁升叁合伍勺
同治十三年分支米項下
一支普育堂米壹千肆百柒拾玖石肆斗伍升陸合
一支育嬰堂米壹百捌拾叁石叁斗陸升貳合伍勺
一支清節堂米叁百伍拾壹石壹斗叁升貳合
共支米貳千拾叁石玖斗伍升伍勺
光緒元年分收米項下
一收舊存米玖百拾柒石柒斗捌升叁合

一收穀米局米壹千肆百貳拾石

一收本堂租稻做米肆百貳拾石伍斗

一收年終盤倉長出米叁拾壹石伍斗

共收米貳千柒百捌拾玖石柒斗捌升叁合

光緒元年分支米項下

一支普育堂米壹千陸百玖拾貳石伍斗肆升壹合

一支育嬰堂米壹百柒拾捌石叁斗柒升

一支清節堂米叁百柒拾石叁斗貳升

共支米貳千貳百肆拾石玖斗肆升叁合

光緒二年分收米項下

一收舊存米伍百肆拾捌石捌斗肆升

一收穀米局米壹千捌百肆拾石

一收本堂租稻做米肆百玖拾貳石

一收年終盤倉長出米肆拾貳石柒斗

共收米貳千玖百貳拾叁石伍斗肆升

光緒二年分支米項下

一支普育堂米壹千玖百拾捌石捌斗叁升陸合

一支育嬰堂米壹百捌拾玖石肆斗玖升貳合伍勺

一支清節堂米肆百拾壹石捌斗貳升肆合
共支米貳千伍百貳拾石壹斗伍升貳合伍勺
光緒三年分收米項下
一收舊存米肆百叁石叁斗捌升柒合伍勺
一收穀米局米貳千貳百陸拾石
一收本堂租稻做米叁百伍拾陸石貳斗
一收年終盤倉長出米貳拾伍石柒斗伍升
共收米叁千肆拾伍石叁斗叁升柒合伍勺
光緒三年分支米項下

一支普育堂米貳千柒拾貳石伍斗肆升

一支育嬰堂米壹百玖拾叁石叁斗伍升柒合伍勺

一支清節堂米叁百柒拾肆石玖斗玖升貳合

共支米貳千陸百肆拾石捌斗捌升玖合伍勺

光緒四年分收米項下

一收舊存米肆百肆石肆斗肆升捌合

一收穀米局米貳千石

一收復成倉米伍百伍拾石

一收本堂租稻做米肆百捌拾伍石玖斗

一收年終盤倉長出米拾肆石肆斗伍升

共收米叁千肆百伍拾肆石柒斗玖升捌合

光緒四年分支米項下

一支普育堂米貳千貳百捌拾石伍斗柒升叁合

一支育嬰堂米貳百拾肆石叁斗陸升柒合伍勺

一支清節堂米叁百玖拾陸石柒斗陸升捌合

共支米貳千捌百玖拾壹石柒斗捌合伍勺

光緒五年分收米項下

一收舊存米伍百陸拾叁石捌升玖合伍勺

一收穀米局米壹千捌拾石

一收復成倉米壹千陸百柒拾石

一收本堂租稻做米肆百玖拾石肆斗

一收年終盤倉長出米拾捌石壹斗

其收米叁千捌百貳拾壹石伍斗捌升玖合伍勺

光緒五年分支米項下

一支普育堂米貳千伍百陸拾壹石玖斗壹升貳合

一支育嬰堂米貳百玖石貳斗肆升柒合伍勺

一支清節堂米陸百貳拾貳石叁斗叁升陸合

共支米叁千叁百玖拾叁石肆斗玖升伍合伍勺

光緒六年分收米項下

一收舊存米肆百貳拾捌石玖升肆合

一收穀米局米伍百石

一收復成倉米壹千柒百玖拾肆石

一收本堂租稻做米陸百玖拾伍石伍斗

一收年終盤倉長出米貳拾壹石叁斗

共收米叁千肆百叁拾捌石捌斗玖升肆合

光緒六年分支米項下

一支普育堂米貳千叁百貳拾壹石玖斗肆升
一支育嬰堂米貳百壹石壹斗叁升伍合
一支清節堂米伍百肆拾叁石柒斗捌升肆合
共支米叁千陸拾陸石捌斗伍升玖合
光緒七年分收米項下
一收舊存米叁百柒拾貳石叁升伍合
一收穀米局米貳百玖拾捌石肆斗叁升
一收復成倉米貳千捌百捌拾石
一收本堂租稻做米陸百陸拾肆石貳斗

一收年終盤倉長出米貳拾石肆斗

共收米肆千貳百叁拾伍石陸升伍合

光緒七年分支米項下

一支普育堂米貳千玖百捌拾捌石柒斗叁升捌合

一支育嬰堂米貳百叁石捌斗伍升

一支清節堂米陸百貳拾陸石柒斗肆升捌合

共支米叁千捌百拾玖石叁斗叁升陸合

光緒八年分收米項下

一收舊存米肆百拾伍石柒斗貳升玖合

一收穀米局米貳千伍百石
一收復成倉米玖百石
一收本堂租稻做米叁百捌拾貳石
一收年終盤倉長出米拾石柒斗
共收米肆千貳百捌石肆斗貳升玖合
光緒八年分支米項下
一支普育堂米貳千玖百叁拾叁石肆斗壹升
一支育嬰堂米壹百柒拾肆石肆斗壹升
一支清節堂米伍百玖拾石捌斗陸合

共支米叁千陸百玖拾捌石陸斗貳升陸合

光緒九年分收米項下

一收舊存米伍百玖石捌斗叁合

一收穀米局米貳千叁百伍拾陸石叁斗

一收復成倉米壹千肆百伍拾玖石

一收本堂租稻做米肆百肆拾貳石陸斗伍升

一收年終盤倉長出米玖石肆斗柒升

共收米肆千柒百柒拾柒石貳斗貳升叁合

光緒九年分支米項下

一支普育堂米叁千貳百陸拾伍石肆斗壹升
一支育嬰堂米壹百玖拾陸石玖升柒合伍勺
一支清節堂米陸百肆拾貳石玖斗壹升肆合
共支米肆千壹百肆石肆斗貳升壹合伍勺
光緒十年分收米項下
一收舊存米陸百柒拾貳石捌斗壹合伍勺
一收穀米局米叁千壹百石
一收復成倉米壹千肆百叁拾石陸斗
一收本堂租稻做米陸百貳拾貳石肆斗

一收年終盤倉長出米拾壹石貳斗
共收米伍千捌百叁拾柒石壹合伍勺
光緒十年分支米項下
一支普育堂米肆千貳百陸拾叁石壹升捌合
一支育嬰堂米貳百貳拾壹石捌斗貳升柒合伍勺
一支清節堂米捌百拾叁石叁斗肆升捌合
共支米伍千貳百玖拾捌石壹斗玖升叁合伍勺
光緒十一年分收米項下
一收舊存米伍百叁拾捌石捌斗捌合

一收穀米局米叁千捌百石

一收復成倉米壹千貳百石

一收本堂租稻做米貳百叁拾玖石肆斗

共收米伍千柒百柒拾捌石貳斗捌合

光緒十一年分支米項下

一支普育堂米肆千貳百柒拾石肆斗壹升貳合

一支育嬰堂米壹百玖拾石陸斗貳升柒合伍勺

一支清節堂米捌百貳拾捌石貳斗壹升

共支米伍千貳百捌拾玖石貳斗肆升玖合伍勺

各堂收支柴數附錄於後

同治四年分收柴項下

一收大黄洲柴伍拾叁萬捌千捌百拾捌觔

一收採買柴拾萬玖千捌百玖拾伍觔

一收工程局移交柴壹萬捌千觔

共收柴陸拾陸萬陸千柒百拾叁觔

同治四年分支柴項下

一支普育堂柴伍拾叁萬玖千貳百柒拾陸觔

一支凊節堂柴肆萬伍拾玖觔

共支柴伍拾柒萬玖千叁百叁拾伍觔

同治五年分收柴項下

一收舊存柴捌萬柒千叁百柒拾捌觔

一收大黄洲柴壹百拾伍萬叁千壹百貳拾柒觔

一收秀才洲柴壹萬叁千觔

共收柴壹百貳拾伍萬叁千伍百伍觔

同治五年分支柴項下

一支普育堂柴伍拾玖萬玖千捌百伍拾觔

一支清節堂柴拾貳萬肆千柒拾柒觔

一支售出柴叁拾貳萬捌千捌拾壹觔
共支柴壹百伍萬貳千捌觔
同治六年分收柴項下
一收舊存柴貳拾萬壹千肆百玖拾柒觔
一收大黃洲柴陸拾玖萬伍千捌百觔
一收秀才洲柴壹萬玖千貳百觔
共收柴玖拾壹萬陸千肆百玖拾柒觔
同治六年分支柴項下
一支普育堂柴伍拾壹萬陸千捌百伍拾觔

一支清節堂柴拾叁萬柒千陸百柒拾叁觔

一支售出柴壹萬肆千玖百柒拾陸觔

共支柴陸拾陸萬玖千肆百玖拾玖觔

同治七年分收柴項下

一收舊存柴貳拾肆萬陸千玖百玖拾捌觔

一收大黄洲柴肆拾捌萬陸千叁百觔

一收秀才洲柴柒千捌百觔

一收印子洲柴肆萬貳千觔

共收柴柒拾捌萬叁千玖拾捌觔

同治七年分支柴項下

一支普育堂柴伍拾肆萬陸千壹百叁拾觔

一支清節堂柴拾肆萬捌百陸拾肆觔

共支柴陸拾捌萬陸千玖百玖拾肆觔

同治八年分收柴項下

一收舊存柴玖萬陸千壹百肆觔

一收大黃洲柴壹百貳拾叁萬壹千觔

一收秀才洲柴壹萬貳千陸百觔

一收印子洲柴貳萬捌千貳百陸拾觔

共收柴壹百叁拾陸萬柒千玖百陸拾肆觔

同治八年分支柴項下

一支普育堂柴伍拾萬柒千柒百陸拾觔

一支育嬰堂柴壹萬陸千陸百觔

一支清節堂柴拾壹萬陸千叁百伍拾叁觔

共支柴陸拾肆萬柒百拾叁觔

同治九年分收柴項下

一收舊存柴柒拾貳萬柒千貳百伍拾壹觔

一收大黃洲柴叁拾貳萬捌千貳百觔

一收秀才洲柴壹萬壹千肆百觔
一收印子洲柴叁萬玖千觔
共收柴壹百拾萬伍千捌百伍拾壹觔
同治九年分支柴項下
一支普育堂柴陸拾貳萬肆千貳百叁拾玖觔
一支育嬰堂柴陸萬捌千貳拾觔
一支清節堂柴拾壹萬陸千柒百肆拾柒觔
一支積年霉爛折耗柴貳拾陸萬柒千拾玖觔
共支柴壹百柒萬陸千貳拾伍觔

同治十年分收柴項下

一收舊存柴貳萬玖千捌百貳拾陸觔

一收大黃洲柴柒拾肆萬柒千壹百觔

一收秀才洲柴壹萬肆千肆百觔

一收印子洲柴肆萬柒百觔

共收柴捌拾叁萬貳千貳拾陸觔

同治十年分支柴項下

一支普育堂柴陸拾萬伍千叁拾伍觔半

一支育嬰堂柴柒萬伍千肆百陸拾捌觔

一支清節堂柴拾萬柒千拾玖觔

共支柴柒拾捌萬柒千伍百貳拾貳觔半

同治十一年分收柴項下

一收舊存柴肆萬肆千伍百叁觔半

一收大黄洲柴柒拾叁萬捌千捌百觔

一收秀才洲柴壹萬叁千貳百觔

共收柴柒拾玖萬陸千伍百叁觔半

同治十一年分支柴項下

一支普育堂柴伍拾柒萬伍千捌百伍拾捌觔

一支育嬰堂柴柒萬貳拾貳觔
一支清節堂柴拾萬肆千柒拾陸觔
共支柴柒拾肆萬玖千玖百伍拾陸觔
同治十二年分收柴項下
一收舊存柴肆萬陸千伍百肆拾柒觔半
一收大黄洲柴柒拾捌萬肆千肆百觔
一收秀才洲柴壹萬叁千貳百觔
共收柴捌拾肆萬肆千壹百肆拾柒觔半
同治十二年分支柴項下

一支普育堂柴陸拾伍萬陸千柒百伍拾叁觔半
一支育嬰堂柴伍萬伍千伍百肆拾叁觔
一支清節堂柴拾壹萬叁千捌百貳觔
共支柴捌拾貳萬陸千玖拾捌觔半
同治十三年分收柴項下
一收舊存柴壹萬捌千肆拾玖觔
一收大黃洲柴玖拾貳萬捌千捌百觔
一收秀才洲柴叁萬壹千貳百觔
共收柴玖拾柒萬捌千肆拾玖觔

同治十三年分支柴項下

一支普育堂柴陸拾萬陸千叁百陸拾陸觔半

一支育嬰堂柴陸萬貳千肆百伍拾觔

一支清節堂柴玖萬捌千伍百伍拾伍觔半

共支柴柒拾陸萬柒千叁百柒拾貳觔

光緒元年分收柴項下

收舊存柴貳拾壹萬陸百柒拾柒觔

一收大黃洲柴玖拾伍萬陸千叁百觔

共收柴壹百拾陸萬陸千玖百柒拾柒觔

光緒元年分支柴項下

一支普育堂柴柒拾萬叄百肆拾柒觔半

一支育嬰堂柴伍萬玖千捌百叄拾觔

一支清節堂柴拾萬叄千柒百柒拾貳觔半

共支柴捌拾陸萬叄千玖百伍拾觔

光緒二年分收柴項下

一收舊存柴叄拾萬叄千貳拾柒觔

一收大黄洲柴壹百壹萬叄千捌百觔

一收秀才洲柴叄萬壹千貳百觔

共收柴壹百叁拾肆萬捌千貳拾柒觔

光緒二年分支柴項下

一支普育堂柴柒拾玖萬柒千叁百貳拾伍觔

一支育嬰堂柴陸萬伍千叁百陸拾觔

一支清節堂柴拾壹萬肆千柒百柒拾觔

共支柴玖拾柒萬柒千肆百伍拾伍觔

光緒三年分收柴項下

一收舊存柴叁拾柒萬伍百柒拾貳觔

一收大黄洲柴陸拾玖萬陸千貳百觔

一收印子洲柴壹萬柒千觔

共收柴壹百捌萬叁千柒百柒拾貳觔

光緒三年分支柴項下

一支普育堂柴捌拾陸萬貳百柒拾玖觔

一支育嬰堂柴陸萬陸千伍百貳拾壹觔

一支清節堂柴拾萬肆千柒百伍拾捌觔半

一支積年霉爛折耗柴肆萬伍千陸百觔

共支柴壹百柒萬柒千壹百伍拾捌觔半

光緒四年分收柴項下

一收舊存柴陸千陸百拾叁觔半

一收大黃洲柴壹百叁拾萬貳千玖百

一收秀才洲柴壹萬伍千陸百觔

一收印子洲柴肆萬捌千伍百觔

共收柴壹百叁拾柒萬叁千陸百拾叁觔半

光緒四年分支柴項下

一支普育堂柴玖拾肆萬叁千貳百玖拾玖觔半

一支育嬰堂柴柒萬叁千捌百壹觔

一支清節堂柴拾壹萬壹千拾柒觔

共支柴壹百拾貳萬捌千壹百拾柒觔半

光緒五年分收柴項下

一收舊存柴貳拾肆萬伍千肆百玖拾陸觔

一收大黃洲柴壹百貳拾柒萬叁千觔

一收秀才洲柴壹萬伍千陸百觔

共收柴壹百伍拾叁萬肆千玖拾陸觔

光緒五年分支柴項下

一支普育堂柴壹百肆萬貳千玖百肆拾叁觔半

一支育嬰堂柴柒萬壹千肆百貳拾柒觔

一支清節堂柴拾肆萬肆千伍拾伍觔
共支柴壹百貳拾伍萬捌千肆百貳拾伍觔半
光緒六年分收柴項下
一收舊存柴貳拾柒萬伍千陸百柒拾觔半
一收大黃洲柴壹百拾貳萬陸千壹百觔
一收秀才洲柴壹萬伍千陸百觔
一收印子洲柴陸萬觔
一收採買柴拾陸萬觔
共收柴壹百陸拾叁萬柒千叁百柒拾觔半

光緒六年分支柴項下

一支普育堂柴玖拾伍萬叁千伍百肆拾柒觔半

一支育嬰堂柴陸萬玖千柒拾伍觔

一支清節堂柴拾肆萬玖千捌百貳拾伍觔

一支漢西門外鄰火延燒柴貳拾壹萬伍千觔

共支柴壹百叁拾捌萬柒千肆百肆拾柒觔半

光緒七年分收柴項下

一收舊存柴貳拾肆萬玖千玖百貳拾叁觔

一收大黄洲柴壹百拾玖萬伍千玖百觔

一收秀才洲柴壹萬伍千陸百觔
一收印子洲柴陸萬觔
共收柴壹百伍拾貳萬壹千肆百貳拾叁觔
光緒七年分支柴項下
一支普育堂柴壹百叁萬肆千柒百陸拾貳觔
一支育嬰堂柴陸萬玖千陸百捌拾叁觔
一支清節堂柴拾柒萬肆千叁觔半
共支柴壹百貳拾柒萬捌千肆百肆拾捌觔半
光緒八年分收柴項下

一收舊存柴貳拾肆萬貳千玖百柒拾肆觔半

一收大黃洲柴壹百貳拾柒萬陸千壹百觔

一收秀才洲柴壹萬伍千陸百觔

一收印子洲柴貳萬壹千觔

共收柴壹百伍拾伍萬伍千陸百柒拾肆觔半

光緒八年分支柴項下

一支普育堂柴壹百貳萬叁百伍拾觔

一支育嬰堂柴陸萬柒千觔

一支清節堂柴拾陸萬肆千玖百肆拾叁觔

一支積年霉爛折耗柴貳萬柒千柒百觔

共支柴壹百貳拾柒萬玖千玖百玖拾叁觔

光緒九年分收柴項下

一收舊存柴貳拾柒萬伍千陸百捌拾壹觔半

一收大黄洲柴壹百拾捌萬觔

一收秀才洲柴壹萬伍千陸百觔

一收印子洲柴肆萬肆千觔

共收柴壹百伍拾壹萬伍千貳百捌拾壹觔半

光緒九年分支柴項下

一支普育堂柴壹百拾肆萬伍百柒拾貳觔半
一支育嬰堂柴陸萬柒千拾肆觔
一支清節堂柴拾柒萬玖千肆百陸拾捌觔
共支柴壹百叁拾捌萬柒千伍拾肆觔半
光緒十年分收柴項下
一收舊存柴拾貳萬捌千貳百貳拾柒觔
一收大黄洲柴壹百伍拾貳萬玖千觔
一收秀才洲柴叁萬壹千貳百觔
一收印子洲柴捌萬玖千觔

一收採買柴貳拾陸萬觔

共收柴貳百叁萬柒千肆百貳拾柒觔

光緒十年分支柴項下

一支普育堂柴壹百肆拾柒萬壹千陸拾觔

一支育嬰堂柴柒萬肆千玖百玖拾伍觔

一支清節堂柴貳拾貳萬肆千伍百肆拾觔

共支柴壹百柒拾柒萬伍百玖拾伍觔

光緒十一年分收柴項下

一收舊存柴貳拾陸萬陸千捌百叁拾貳觔

一收大黄洲柴壹百肆拾壹萬陸千觔

一收採買柴貳拾壹萬肆千觔

共收柴壹百捌拾玖萬陸千捌百叁拾貳觔

光緒十一年分支柴項下

一支普育堂柴壹百叁拾陸萬捌千陸百叁拾陸觔半

一支育嬰堂柴陸萬伍千壹百叁拾伍觔

一支清節堂柴貳拾貳萬捌千肆百玖拾觔

一支鄰火延燒柴拾捌萬伍千觔

共支柴壹百捌拾肆萬柒千貳百陸拾壹觔半

江甯府重修普育四堂志卷五終

江甯府重修普育四堂志卷六

升授蘇松太道前江甯府知府六安涂宗瀛原輯
三品銜補用道江甯府知府桐城孫雲錦續纂

碑記

徐鉉言古宗廟立碑以繫牲後人因於其上紀功德降及秦漢以下廨宇寺觀隨在多有要其體裁雖殊皆所以昭示來茲以期不朽普育各堂舊址向在南門外佟園豐碑屹立誌其緣起甚悉兵燹後披荆剔蘚略可辨識爰搜合各堂舊碑摹其原文備錄於左續刊碑文附後

初建普育堂碑

周禮大司徒之職以保息六養萬民其三曰振窮謂拯救天民之窮者也遺人之職曰門關之委積以養老孤凡鰥寡孤獨廢疾者收恤之俾無失所繇來舊矣

國家重熙累洽規為制度較三代而大備京師有普濟堂育嬰堂栖息老疾養少存孤靡不具舉我

世宗憲皇帝擴覆載生成之量軫念民瘼更欲薄海內外窮黎均沾惠澤雍正二年五月特沛恩綸令直省於通都大邑皆照京師例仿而行之甚盛典也江甯舊無普濟堂三山門外育嬰堂傾圮廢弛歷有年所余於十一年冬建節兩江扺任之初即檄行各屬念省會人戶浩穰其民之惸獨無依老幼失所較他省為多涖茲土者冀於奉宣德化推廣皇仁將何以安全而長養之也旣而藩司李蘭力任其事與道府

等會議度地於聚寶門外之佟園爲堂者二各三楹爲屋大小合計一百八十有四
周以垣牆有黝堊無丹漆鳩工庀材閲數月而告成功既以多置田畝倡捐俸金自
僚屬下有差而鄉里聞風慕義復樂爲勸助共襄衣食醫藥之費因斟酌區畫詳立
規則擇紳士之老成者董其事委郡守邑令總其成於是會城内外矜寡孤獨老幼
廢疾之民窮於天者不窮於人窮於人者不窮於盛主之世或庶於周禮振窮之政
有當乎雖然剏始之難也有其繼之者乃能垂之永久無廢墜焉恭逢
聖主敷政維新湛恩汪濊欲使無一夫不被其澤無一物不得其所願司事者身體
力行庶幾仰贊高深於萬一也後之君子尚其勗之哉其費之所出與新舊所置田
地佃房洲塲之數悉勒於後

兵部尚書兼都察院右都御史總督江南江西等處地方軍務兼理糧餉操江趙宏恩拜撰江南江甯安徽甯池太廬鳳潁六泗滁和廣等處承宣布政使司布政使晏斯盛江南江甯安徽甯池太廬鳳潁六泗滁和廣淮揚徐海通等處督糧道布政使司參議王恕整飭江南通省驛傳鹽法兼巡江甯道按察使司副使孔傳煥江南江甯府知府張華年江防同知王霔督糧同知許炳元理事同知巴都善乾隆元年十一月穀旦同立

捐置冬衣銀碑

江南總督趙宏恩每年捐置兩季衣服銀壹百兩前任布政使司李蘭兩年捐銀壹百陸拾兩升任江安督糧道王恕兩年捐銀壹百陸拾兩前任江南驛鹽道包括捐

銀陸拾兩分巡蘇松道崔琳捐銀叁拾兩調任江甯府知府胡朝瑞捐銀肆拾兩江防同知王霆捐銀拾陸兩督糧同知張華年捐銀拾陸兩理事同知巴都善捐銀捌兩南捕通判戴朝冠捐銀陸兩前南捕通判李從坦捐銀陸兩北捕通判劉垚喬兩年捐銀拾貳兩上元縣知縣姚日升捐銀拾陸兩前署江甯縣知縣唐如柏捐銀拾陸兩原任翰林院侍讀馬豫捐銀壹百陸拾叁兩原任翰林院編修車鼎賁捐銀壹百兩原任翰林院編修熊本捐銀壹百兩原任江西臨江府知府吳恩景同弟恩正綖國民共捐銀壹百兩候選同知汪正州同汪增泰捐銀伍百兩候選州同吳永錫捐銀伍百兩候選知州談仕龍等捐銀伍百兩原任河南永城縣知縣顧斌捐銀伍百兩貢監生員胡志豐胡慧兼胡哲商捐銀壹百兩貢生陸苓捐銀壹百兩兩淮鹽

商黃仁德每年捐銀貳百兩王廣達汪恆豐徐向先汪仁裕汪日初張德樹汪晉德
汪啟源吳啟昌朱榮寶劉晉元羅德裕吳世昌汪助田馬德裕共捐銀壹千陸百兩

普育堂田產碑

一新建普育二堂房屋一百十四間坐落江甯縣聚寶門外佟園地方內收夏璋官房一百一十間價銀五百二十三兩八錢計買折蓋共用工料銀一千一百十九兩二錢九分零外塘三畝耆產收租銀三兩按粵寇之亂堂屋焚燬無存同治五年委員查勘招佃開墾每年承繳地租錢十千文嗣於同治十年經善後局飭撥基地十畝勒碑畫界永作義冢基內小塘五口今廢

一舊育嬰堂房七十六間內倒壞十八間現存房六十三間坐落江甯縣三山門外招租按此項房屋兵燹後契據遺失碑內未載坐落何地無從根查

一佃房一百十八間倒壞二十四間現存房九十四間園地一方約六畝坐落上元縣虹橋地方二處每年約收租銀二百五十餘兩虹橋園地每年租銀四百兩按此項佃房碑文紀載未清無從查考至上元縣虹橋園地光緒十二年五月間復經諭令甲長地保逐段稽查竟無人能指其處但以六畝園地每年租銀四百兩碑字必有外誤或係四十兩之譌容候園地查實再行定租

一舊育嬰堂田一百五十六畝共九十坵地二十七畝共三十坵坐落上元縣高莊地方每年麥租三十二石四斗八升稻租一百十二石六斗九升又房二進九間又唐氏施田十八畝四分共十二坵地三畝八分共四坵坐落上元縣新村地方每年麥租四石六斗稻租十八石九斗七升　以上二處每年交地丁銀十六兩四錢糧米八石九斗南豆一斗七升五合按高新二莊同治四年委員查勘實查得熟田九十七畝計七十坵荒田三畝五分計五坵荒

地一畝二分計二坵較碑文所載少田七十三畝九分少
地二十九畝六分碑載莊房二進九間今僅存基地一塊

一慈幼莊田九百六十八畝四分一釐零共四百二十坵坐落來安縣李家壩地方每年包租麥五十石稻三百石計稻種七十石八斗五升大麥種二十一石二斗九升小麥種七石八升上莊房二十五間下莊房三十二間應完錢糧銀六兩係包佃戶完納按此項莊田光緒十二年四月間經候補典史張壽榮會同來安縣查勘覆稱據來安縣志該田向爲來安補葺學宫之費康熙初年江甯府生員萬年長求歸育嬰堂權收嗣於道光元年知縣楊炘詳請歸還來安復充學宫歲修及建陽書院膏火當蒙閣督憲孫批准矣

一田三百三十六畝有零共一百三十坵地四畝五分六釐零共七坵坐落六合縣三岔河地方計稻種三十石大麥種九石小麥種三石每年麥稻可收百餘石草莊房二十間每年應完錢糧銀五兩九錢四分三釐按三岔河即裴家集碑載田三百三十六畝零地四畝五分零志載

同治四年查得實田水種二十四石畝數迥不相符光緒十二年五月間經候補典史張壽榮查勘覆稱該處鄉田大半成熟惟堂田全荒未墾亟宜飭縣清查以免失業秋間據六合縣知縣呂憲秋稟查該田現有兩石開種成熟其未開各田悉長柴薪亦經議繳洋蚨四員聽後募佃開墾

一太常寺田地七十五畝一分四釐坐落上元縣天壇地方佃戶每畝夏季包租銀二錢秋租銀三錢內有地十一畝七分八釐現在清査莊房四間每年田地租收銀三十二兩應完錢糧銀十二兩叁錢壹分按太常寺田即清涼庵中莊碑載田七十五畝零地十一畝零志載同治七年查得熟田二十四畝零熟地二十七畝零荒地三畝零數亦不符

一督憲趙公發紋銀三千四百八十二兩零爲修葺房屋工費並置田一百五十五畝七分地十畝五毫坐落江甯縣江甯鎮水橋安德三圖夏季包麥租二十九石六斗零秋季包稻租一百九十三石一斗零瓦倉房三間一披瓦莊房六間草房二十

間三披地丁銀每年應完八兩九分九釐四毫六忽閏年加銀四錢四分九釐九毫六忽漕米六石九斗七升四合待查

一田二百六畝二分二釐坐落鳳西二圖每年夏季麥租二十七石九斗九升零秋季稻租二百六十八石八升零又小租麥十四石四斗零小租稻二十五石一斗三升零每年應完錢糧銀十四兩四錢八釐六毫八忽閏年加銀伍錢七分八釐二毫五絲六忽漕米八石九斗六升二合九勺七杪待查

一上元縣候選經歷洪仁捐田一百七十七畝二分六釐零共九十二坵地二畝三分四釐零坐落六合縣橋頭集地方夏季收大小麥莞豆共二十一石秋季收稻九十四石八斗草房十一間瓦房一間每年應完錢糧一兩一錢五分一毫米八石三

斗六升三合八勺按此田碑載一百七十七畝零地二畝零志載同治四年查得水旱種二十石全荒未墾光緒十二年經候補典史張壽棻查勘畝數坵段均不相符秋間據六合縣知縣呂憲秋稟查該田坐落長城圩內向與民田夾雜積水未消無從勘驗須俟水落查覆云云

一江浦縣蔣秦氏捐田一百五坵荒田五塊私塘三面官塘六面大壩五畝五分計稻種十一石八斗五升麥種五石四斗每年約分大小麥二十餘石稻一百三十石瓦莊房十四間半草房一間每年應完錢糧銀一兩八錢九分五釐米三石七斗四升五合待查

一奉總督趙公撥入當塗縣普育二堂官洲九千五百三十三畝八分七釐五毫歲約收柴六千萬觔每年蘆課銀二十九兩八錢七分三釐四毫二絲二忽按此洲現經江甯縣職員胡恩燮佃則每年所繳洲課蘆柴詳見大黃洲圖說中

一原任池洲府江防廳升任金華府蘇領銀壹千兩歲收租銀一百二十兩按此款自經寇亂無從稽查亦不詳蘇君爲何許人也

趙公德政碑

聖人在上則下無窮民六府三事以爲治世之經而司烜之設瘍人之官醫師之職又皆所以導迎善氣消弭災沴其有天民之窮者則與以常餼而發政施仁恆必先之書曰不虐無告不廢困窮又曰懷保小民惠鮮鰥寡聖人在上而下無窮民以仁心而行仁政也我

皇上以聖繼聖重熙累洽致政之隆度越往古雍正二年制詔天下咸取則京師建普濟育嬰二堂天高地厚春生夏長之仁薄海蒼生其孰不優游於至化哉夫朝廷

之澤必有爲之承流宣化者而後達於天下晚近以來非無愛民之政而奉行未善惠澤鮮究流弊滋多則雖置福田之院建安濟之坊而欲民之無失其所葢亦難矣詩曰四國有王郇伯勞之言聖明之代必有贊治之賢大臣也癸丑冬制憲趙公奉簡命涖兩江利興弊除雲開月霽旬日之間不煩文告而吏肅民安於數千里之外公誠以存心明以鑑物敏以應事惠以濟人卓然有古大臣之風而夙夜匪懈尤以勤宣德意爲兢兢下車之始咨詢民瘼念普濟育嬰二堂痌瘝久切於宸衷而金陵地屬省會迄今未舉有懷惻然乃度地誅茆得佟氏之故園於聚寶門外公自捐俸三千七百金購良田四百餘畝置民屋數百間不日而二堂落成復歲捐百金以爲常藩道各憲以下俱歲捐有差勒於碑陰而屬其事於紳士考其成於有司於是油

幢阜蓋而絡繹者郡僚之監視也運斤荷鍤而百堵皆作者衆匠之勸功也輦載襁負而闐溢者老幼之至止也二堂之中朝烟霏而夕戶闔所司各盡其職者執事之無隕越也衣食有節而乳哺咸宜者老幼各得其所也秋禾棲於隴首而倉箱彌望者二堂之田也藥物則采製有方棺槨則緩急有備者養生喪死可以無憾也規模宏遠而章程畫一由此惸獨少于野之劬勞孩提無載路之呱泣含哺鼓腹沐浴於聖朝之仁心仁政者即誦公之明德於不衰而公方鰓鰓然有無窮之慮焉蓋天下之事其創始也固難而持久則尤難今二堂舉矣非有聞風慕義樂善不倦者以引伸於無已則興於前者不能無墜於後則惻隱慈愛之心油然於勸感之餘交相勉勵以踵事增美我矜人荷生成而躋仁壽永永乎與天無極而公之一心一德所以

勤宣德意者必如是而後爲至也猗與盛哉夫子惠困窮以萬物爲一體者
聖主大臣之德也歌詠太平紀功德以垂永久者鄉人之志也於是乎書
雍正十有二年歲次甲寅仲秋月吉日闔郡紳士車鼎晉吳恩景汪正朱宏策顧斌
熊本馬豫吳永錫胡慧秉談仕龍沈其位胡哲商陸岑公立

禁紳衿與堂事碑

乾隆五十一年十一月二十六日奉兩江總督部堂孫示開普濟育嬰堂額給銀兩
爲
聖朝養老慈幼之盛典本部堂歷任各省俱屬官爲經理從不派紳衿富戶董事管
理其事致滋擾累乃聞江省所屬州縣將普育二堂派出司事名曰紳衿每年一換

撑艘輪點堂中食用令司事塾年年朘削貽累無窮是使
朝廷德意轉成地方厲階實屬大干功令除通行各屬將普育堂事務一切官爲經
理外合即示仰各屬紳士耆民人等知悉嗣後如再行派充許據實確告以憑究辦
等因復於十二月初十日奉府正堂李面諭普育堂事務概屬歸官經理旋公同具
呈稟明總督部堂孫爲泥首謝恩叩示勒石以垂永遠事竊江甯普育四堂原爲善
政第派董事等經理不無支絀之虞恭逢大人仁心爲質明鏡高懸憲示昭彰無微
不燭復奉府憲傳諭概屬歸官經理董事等謹領德音益深感激恩同覆載夫復何
言第慮日久年湮更張善政董事等無從遵守有負鴻慈爲此冒叩大憲大人批示
勒石永遠遵行以垂不朽所有感激微忱恭叩謝恩頂祝無窮公侯萬代上稟等情

奉批弊政滋累雖通行三省革除自乾隆五十六年爲始俱令官爲經理據請勒石以垂永遠事屬可行仰即轉飭知照仍取碑摹申送備案等因奉此復於五十六年三月初三日接奉本府正堂李劄行開奉江甯布政使司陳轉奉總督部堂孫批詳董事等經管堂田所有五十二三四等年照額欠交麥租稻息該董事等既免入堂辦公應一體豁免賠交合飭遵行等因奉此遵將懇免選充董事各緣由敬謹勒石永遠遵行以垂不朽須至碑者乾隆五十六年四月初十日原充普育四堂董事朱之銓彭立德潘掄元李廷芳胡兆墨徐之桂崔自隆芮玉棟胡定李師韓方作梅陶敬修于錦陳嘉穎王崑犖李英遠德森楊琰高國綬鄭惠同立

清節堂碑記

在昔世尊如是我聞離摩耶而學道升忉利而說法感均生滅恩永天人雖外經之遺篇抑達人之宏願是以寶童懿俗猶承犍連之風賢刼凶兵立化城樓之乳至乃圜給獨孤水名功德普賢願海養洽貧窮文殊善權恩儕父母故知體親作孝不悖於儒宗恤困明慈頗具於內典矣江甯清節堂者水月菴苾芻鏡澄所募建也鏡公幼奉孀闈貧傷冷銼爰以母命出事沙門無耆兄弟既鮮天親豐干弟子卽名拾得誓非等於燔髮情實悲於捨身於是馨潔晨饈常假伊蒲之饌褊襴舞服卽憑金氎之衣翠竹已陰紫蘐斯悴遺命募建茲堂大恤嫠緯蓋陶嬰厲貞故悲寡鵠衛婦獨處自憐孤燕荼苦其味松茂爲悅也夫臺築懷淸昔人之明節閭署行義

熙朝之隆典至於處士哀寡貴后欽其風長史矜孤鄰母託其命今之義創出乎祇

林以彼方茲艮有謝矣矧其經繕榱櫨購營阡陌寶懷指痛之慕用彰耳鳴之德遂使桓發呂母仰菩薩之資糧粱婦孫嫗庇祇陀之舍宇劉家金鏡灌佛咸來滕孺寒疢瘵痾俱效是知德瓶常滿寄水必歸念此慈悲深足嘉尚盂蘭勝會水寺秋明甘露道場蓮臺春滿詎惟善法堂上應即於楗槌抑令孝德里中標聲於綽楔其徒蔡青雲者在家僧也須達多之布施龐居士之知識力贊斯舉功行爲多公以煥有微勞屬爲文以記石條具如左式成其志嘉慶十二年歲次丁卯孟夏月朔日南城曾煥撰

清節堂碑記

鰥寡孤獨天下無告之民也發政施仁王者所必先而博施濟眾大聖人以爲堯舜

猶病則夫能推一已無窮之心俾人人盡其可竭之力扶持焉教育焉全至清之大
節而培自遂之羣材是誠輔王政所未及而在上者樂爲表彰以觀其有成者也丙
辰歲余守江甯紳士有以恤嫠請者余出俸爲之倡併勸商民量力相助而其事獲
成越十一年余奉
命爲江甯藩使董事蔡榮具呈言榮與江都丁淮等輸貲萬金購田産設清節堂凡
郡中貞女節婦青年無依矢志守貞者報於官入堂養之終身年例應
旌節代之請所攜幼子女一同收養女擇人爲之嫁男十歲出就所立義學名集英
書塾延師授讀愚頑不成誦者俾就匠藝學一技以養其生謹陳條規檢定可否付
爲永式覘其法生養死葬日用衣食纖悉必具較前恤嫠之舉爲詳備心尤嘉焉下

其事於府縣核實聞於大府會余内擢司寇去未之竟也十五年余復兼漕節來淮安距金陵數百里非官守所司不得再至而彼都人士多從余遊語及清節堂咸曰此非獨蔡榮之力乃其師水月菴僧鏡澄大師願力所爲也鏡公六歲而孤其母俞氏貧不能全育二子乃以鏡公爲僧鏡公長立願保節婦以全孤於今三十餘年其爲人清介避俗多道義交從不入公門人不可得而親疎與善者言進之於所不及不善者强就見之必以言中其隱而潛化其過以歸於善濟人利物有見必爲孜孜若不及公去此二年餘都大夫具其名與事實達於部使者暨禮部矣今且建恤嫠堂以養七十無依之老人江南慕義之士信從而共襄理焉惜公不至江甯以奬其賢然公於江甯之民殆佛法中所謂有因緣者盍以言紀顛末俾信而有徵傳之後

世耶余聞而尤嘉之嗚乎士人讀聖賢書鮮不知民之宜愛人之宜濟也受一官理一邑於養老幼振疾苦列在政典者視若具文絶不措意不復關其痌瘝有舉一善事者或偏聽忌者之言而撓之或惡其不自己出而別出事端以罷之或縱刀筆吏苛求疵短聞者見者縮手自退而善亦不敢爲蓋利民之事無小大無先後誠推一己之心以度衆人之心尙懼其有所不盡況存見長之私於中祇沽此事之名不計彼事之受大害而一任諂諛媒櫱之小人愚弄欺蔽而不自知欲其惠澤之徧及於下也豈不難哉然則爲浮屠氏之學者乃能重名節計安全擴而充之爲益無窮不爭名於世不圖利於身其願力誠非易易而數年來主持斯事之郡邑大夫其公且明咸可頌也至捐金受

旌諸君子之名氏暨始事蕆事年月別刋碑陰不備書嘉慶十有七年歲次壬申仲秋月朔日雲夢許兆椿譔

江甯崇義堂碑記

崇義堂者江甯正覺寺鏡公既設清節卹嫠兩堂之後於嘉慶十七年擴充善舉又立爲教育人材之地者也堂在省城翦子巷講舍七十餘楹分爲四塾延經師四人居之上江兩邑童子其有入塾肄業者是爲堂課額以三十二人爲率其不在堂者別設內外課亦三十二人月兩試爲給以膏火有差無膏火而附考者爲附課皆於院試後太守合而甄別之以爲升降去取其清節堂孳嫠之子亦卽分隸各塾師入塾之初師先授以句讀材質聰敏者六藝經傳俾通習之堂中購書甚富不欲其小

學而大遺也他如講舍之圬墁塾師之脤修膏油煙墨之需衣履飲食之費規條詳列悉於堂中取給焉計自建堂以來住堂肄業得補博士弟子員者二十二人在課肄業者五十二人振之寒畯之中煦以詩書之澤噫可謂盛已且以造物之大何地無材世之負奇才絕能而散棄於蓬藋顛踣於饑寒奪其所業而弗克成就者不知凡幾也昔昌黎韓氏因浮屠文暢喜爲文章亟以聖人之道告之然文暢請於縉紳先生以詠歌其志亦惟心慕文物之盛而未能己於君臣父子之懿禮樂刑政之大昌正學而培士氣也今鏡公特建義學蒐養人材韓氏所謂博愛之謂仁行而宜之之謂義墨名而儒行者微鏡公其誰與歸吾願世之聞其風者仰

御題正覺之旨揭斯堂崇義之心推庠序之教申孝悌之義相與傳道解惑盡天下

英才而教育之其有功於世道人心者豈止佛家能度一切苦厄云爾哉余故於濤節鄦頤兩堂既爲之記復樂爲書之如此歙縣鮑城江甯蔡榮萬甫廷僉於此堂創始董成是皆慕義無窮者也亦例得附書

賜進士出身

誥授資政大夫巡視兩淮鹽政前兵部侍郎兼都察院右副都御史巡撫貴州等處地方提督軍務兼理糧餉加節制通省兵馬加三級南城曾燠譔

重建城中普育堂碑記

江甯府南城外故有普育堂四曰老民曰老婦曰育嬰曰殘廢粵匪之亂堂燬無存同治三年湘鄉相國使其弟沅圃中丞既攻克金陵自安慶移節江甯制府率方伯

萬公觀察李公龐公大敷善後之政招集流亡百廢俱興助牛種勸農修書院造士行保甲法以詰姦安良卹官裔士族以維廉恥禮義又令江甯太守六安涂君朗軒重建斯堂以收養無告之民鳩工庀材計食指給室廬米薪內外整肅條理燦然使巴州廖君綸桐城甘君紹盤仙源崔君國煊潁川高君福堂大足劉君桓江安傅君蘊懷甯路君耀禾六安藍君福恩桐城吳君敏樹江甯陳君開周謝君學元陳君伯銘分任其事罔不竭忱殫力宣布

朝廷德意以佐相國愛民之心由是孑遺之黎生氣盎然太守屬宗誠記始末且曰此本發政施仁必先四者之意願子之發其義也予惟鰥寡孤獨古所謂無告之民而遭亂離之後則所謂無告者固不止於此矣推仁人利民愛物之心必大生廣生

無所不周而後有以滿其量然而發政施仁則不能無緩急輕重先後多寡之序以爲之節所謂義也義以制仁而實所以全仁昔孔子謂博施濟衆堯舜其猶病者夫堯舜之病人知其仁之至也而不知其爲義之盡也惟其義盡是以仁至使不論本末大小以權其緩急輕重先後多寡之數而概欲博以濟之則必有宜施而不能施當濟而不獲濟者矣天地有春生不能無秋肅聖王欲休養生息不能無禮樂政刑秋肅者所以凝固其春生之氣而禮樂政刑所以維持休養生息之心於不意也然天地必以春生爲本王政必以休養生息爲先分雖有限而心實無窮是又爲人上者所宜加之意也夫太守奉相國命既善養窮民又率廖君修復清節堂義學以區別其間不惟養之而又有以教之以維風化其法良其意美也昔者光武中興漢統

既平大難一以吏治民事爲心明章之世循吏著史册者甚衆而漢祚因是得以久長然則扶國家以贊化育者其在斯與其在斯與同治四年夏五月桐城方宗誠撰并書

新建育嬰堂碑記

仁之量有加乎曰無加仁之心有窮乎曰無窮然則既有普育堂育嬰矣今茲復建育嬰堂於其道北非有窮而加之乎曰是正所謂無加無窮也同治四年湘鄉曾爵相閔難民子女之幼者無依也十二齡以下有母無母者咸鞠之於堂大率因母者十七八易曰物稺不可不養也仁也其後三年濟陰馬制憲命遵會典育嬰之制而立斯堂嚴規度遴乳媪厚稟糈設醫藥課嬰肥瘠而誅賞之書曰保抱攜持厥婦子

仁也昔也水火甫離瘡痏滿目故於上所長者育之漢賈彪魏鄭渾之重立其制懼其失父子之恩然未覩産子之被棄者非仁之有窮而待加也今則閭閻雖復小民之失業者衆於是有不舉子者故乳哺於斯堂越王於將娩者予之母與餼漢之鄭産晉之王濬皆爲産子者謀休復所以體好生之德非以仁之有窮而加之也天地能生物而不能必物之咸遂其生天地之仁幾窮父母能愛子而不能必所愛者之咸爲所愛父母之仁亦窮於斯有擴天地廣生之量盡爲民父母愷悌之心休養生息與無終極此則因其有窮而加之者已是二役也余皆親其事故爲記之同治八年仲秋月六安涂宗瀛謹撰

善後局新立四城義地碑記

同治十一年八月初七日奉善後局憲劄開照得省城內外清出義塚官地及前署皖南鎮劉與各保甲分局委員先後購覓荒山民基由本局發價立契買定作爲義塚在案但此等義舉自應劃清界址一律定界立碑以垂永久合行鈔單劄飭劄到該員立卽遵照會同上江兩縣將城廂內外清出義塚及新置義地據實查明丈尺是否相符會否概行定界立碑稟請核辦毋違切切等因奉經會同上江兩縣暨各保甲分局委員查照單開各義地處所逐一履勘計查明漢西門內坐字鋪普育堂劈出荒熟地一百六十畝儀鳳門外購定杜李二姓基地並清出官地合共三畝八分神策門外購定魯萬義等山地六塊合共十畝八分三毫聚寶門外普濟堂舊基劈出地十畝又丁姓荒山東西兩塊內東首業經葬滿西首現被營盤圍去一角俟

撤營時再行清理水西門外王家碑亭清出官地四畝四釐三毫又上新河螺絲橋購定地六畝三分四釐八毫均經按照四至丈尺一律定界立碑繪具圖式於十一月初三日稟奉批示所呈各處義地圖式閱悉仰即照此繪圖並前後劄飭稟件刊一巨碑竪立普育堂大堂壁間以防日久侵没此繳圖存等因奉此遵將新立義地繪刊全圖敬謹勒石永遠遵行以垂不朽須至碑者同治十二年歲在癸酉仲夏月穀旦立